2016—2017
中国大学生村官
发展报告

中国村社发展促进会　编

中国农业出版社

图书在版编目（CIP）数据

2016—2017中国大学生村官发展报告／中国村社发展
促进会编 . —北京：中国农业出版社，2017.7
ISBN 978-7-109-23230-3

Ⅰ.①2…　Ⅱ.①中…　Ⅲ.①农村—干部工作—研究
报告—中国—2016—2017　Ⅳ.①F325.4

中国版本图书馆 CIP 数据核字（2017）第 179221 号

中国农业出版社出版
（北京市朝阳区麦子店街 18 号楼）
（邮政编码 100125）
策划编辑　贾　彬　刘爱芳
文字编辑　耿增强

北京通州皇家印刷厂印刷　新华书店北京发行所发行
2017 年 7 月第 1 版　2017 年 7 月北京第 1 次印刷

开本：787mm×1092mm　1/16　印张：16
字数：400 千字
定价：80.00 元
（凡本版图书出现印刷、装订错误，请向出版社发行部调换）

编委会名单

在第九届全国大学生村官论坛暨全国"村长"论坛第十一次执委会议开幕式上的讲话（代序）

十届全国人大常委会副委员长
中国关心下一代工作委员会主任　　顾秀莲

2015 年 7 月 3 日

各位嘉宾、同志们、朋友们：

在全国全党热烈庆祝中国共产党成立 94 周年的日子里，我们从全国各地聚集在英雄城南昌，隆重举行第九届全国大学生村官论坛暨全国"村长"论坛第十一次执委会议。在此，我谨代表中国关心下一代工作委员会和全国大学生村官论坛组委会，对论坛的召开表示热烈的祝贺！向参会的 200 多名大学生村官代表和全国"村长"论坛 60 名执行委员致以诚挚的问候！向论坛与会议的承办地南昌市青山湖区以及湖坊村的同志们道一声感谢：你们辛苦了！

全国大学生村官论坛，是目前全国大学生村官代表相互交流学习的最大平台，迄今已成功地举办了八届。在这个平台上，有青春风采的展示，有智慧火花的碰撞，有成才经验的交流，有发展路径的探讨。依托交流平台，放飞青春梦想，这是属于大学生村官自己的平台，我们应该倍加珍惜，精心呵护，认认真真地把论坛办好，办成功！

开展选聘优秀高校毕业生到农村任职，是党中央在新的历史时期作出的一项重大战略决策，是人才培养的一项重要工程，是为党政机关和社会主义新农村建设培养后备和骨干力量，打造和强化党政干部来自基层一线的培养链，为我国的各行各业建设培养输送优秀人才。近年来，大学生村官工作更加受到中央领导的重视，习近平总书记曾就大学生村官工作多次发表重要讲话，他要求各级党组织和有关部门要切实关心大学生村官的成长成才，着力构建大学生村官工作的长效机制，努力使大学生村官"下得去、待得住、干得好、流得动"。

第九届全国大学生村官论坛的主题是：新农村·新机遇·我创业·我成长，我认为这个主题很好，与我国当前的形势高度契合。李克强总理发出号召："大众创业，万众创新"，新一轮的创业创新热潮正在全国各地兴起！大众创业，万众创新时代正在向我们走来！

在大众创业，万众创新的新时代，广大大学生村官肩负使命，怀揣梦想，励志历练，成长成才，创业创新，涌现出一大批创业成才的优秀大学生村官。

根据论坛组委会提供的材料和我了解的情况，出席这次论坛就有不少在农村作出突出成绩包括在农村创业成功的大学生村官：如安徽池州市石台县小河镇龙山村党总支第一书记王效龙，于2008年7月从安徽农业大学毕业后回村创业，发展养殖业。如今他的"龙山土鸡生态养殖园"已经发展为年出栏土鸡2万多只，年产值近300万元的养殖企业。同时，他带领村民成立了合作社，养殖土鸡近30万只，产土鸡蛋1 500万枚，年销售额达2 000多万元。7年来，王效龙由一名村主任助理，成长为全国农村青年创业十佳榜样、安徽省第十二届人大代表、安徽省大学生村官标兵、五四青年奖章获得者。

江苏省宿迁市2007届省选的第一批大学生村官陆松艳，现任宿迁市宿城区古城街道新苑社区党委第一书记，在任职近9年的时间里，她一直在农村一线从事包括党政建设、经济发展、社会管理、生态、文明、文化建设，扶贫济困等在内的工作。她多次被区直部门评为"优秀大学生村官""优秀妇女干部"，被授予"宿迁市第四届巾帼十佳创业之星"等荣誉称号。

2009年7月，毕业于北京大学软件与微电子学院软件工程专业、具有硕士研究生学历的霍计武，现为湖北省武汉市江夏区金水办事处武当村大学生村官、武汉金水河生态农业专业合作社理事长。在过去的两年里，他联合江夏区部分大学生村官和周边的残疾人、特困户在当地实验种植彩色花生获得成功，销售额已突破120万元，盈利40余万元，带领农户亩产增收6 000余元。《人民日报》《中国青年报》、中央电视台等上百家主流媒体作了报道，先后荣获全国乡村好青年、全国农村青年致富带头人等多项荣誉。

江西省宜春市奉新县赤田村村大学生村官方月萍，2008年3月从华东理工大学硕士研究生毕业，导师推荐她进入上海一家大型汽车净化器有限公司工作并取得了上海市户口。2011年年初，她毅然放弃了上海优越的工作待遇和前景，报名参加了江西省大学生村官考试，9月初正式成为一名大学生村官，几年来由于工作成绩突出，她先后被评为宜春市优秀大学生村官、江西省优秀大学生村官，并入围中央电视台"寻找最美村官"候选人。在大学生村官创业这一群体中，还有被称为"创业女神"的湖南省祁东县双桥镇洋湖村党支部副书记周文、山西省清徐县集义乡中辽西村的张新苗等许许多多的优秀人物，由于时间关系这里就不一一列举了。

大学生村官积极创业，各地党组织也给予了高度的重视和支持，并积极做好服务。江西省宜春市大学生村官工作在宜春市委、市政府的重视支持下，在宜春市委组织部的领导下，宜春大学生村官充分发挥自身优势，在全市范围内开展农村电子商务建设年活动。通过活动，建立起农村电子商务市、县、乡、村四级组织服务机构，用微方法开展工作，零距离服务群众，带领农民把电子商务应用于农产品流通和农村需求下乡的双向流通环节，优化农村生产经营模式，改善农村生活生产状况，将电子商务的触角延伸到农村市场，使农村电子商务成为农村提速奔小康、农民致富增收的新引擎。他们成立了宜春市大学生村官联合会，设立了 500 万元的创业基金，积极争取创业基金600 万元，施行了大学生村官创业贷款实施办法，建立了大学生村官创业培训基地 15 个，出现了一大批创业典型和先进人物。我们开会的南昌市青山湖区的大学生村官工作做得也非常好。我希望地方各级党委和政府都能像宜春市和青山湖区那样，切实做好大学生村官工作，为大学生村官创业提供良好条件和有力支持；希望广大大学生村官学习好的典型，进一步激发创业热情，增强创业本领，以优异的成绩促农村发展，让农民受益。

今天在我们举行的这届论坛上，继前三届论坛表彰的全国大学生村官十佳"村民贴心人"的基础上，我们又表彰了全国大学生村官 2015 年度十佳"村民贴心人"。在这里，我向他们表示热烈的祝贺！希望你们发扬成绩，再接再厉，取得更大成绩！同时，也希望大学生村官们向他们学习，以他们为榜样，在自己的工作岗位上做出新的成绩！

今天令我特别高兴的是，这又是一届群贤毕至、少长咸集、新老两代村官面对面交流的论坛。参加今年论坛会议的既有各地大学生村官代表，又有全国"村长"论坛执委会的全体成员；既有才华横溢、充满活力的青年才俊，又有历经沧桑、默默奉献在农村基层领导岗位上数十载的老一辈村官。在全国"村长"论坛执委会的 60 名执委中，有数十位全国劳动模范、数十位全国党代表和全国人大代表。这些优秀村官长期工作在农村基层一线，艰苦奋斗，勇于担当，开拓创新，造福一方。他们的精神品格和丰富经验，是一笔宝贵的精神财富，值得年轻一代村官学习和传承，大学生村官代表们能近距离地领略他们的风采，应该说是一次非常难得的学习机会；对于老一辈村官来说，也要善于学习年轻大学生村官的长处。他们有较高的学历，有创新创业的意识和热情，更有朝气勃勃的青春活力。你们新老村官相互学习，相互激励，对于提升村官队伍的整体素质，将会起到积极作用。

同志们、朋友们：

以习近平总书记为代表的党中央，提出了"四个全面"的战略布局。"四个全面"第一次将全面建成小康社会，定位为"实现中华民族伟大复兴中国梦的关键一步"；第一次将全面深化改革的总目标，确定为"完善和发展中国特色社会主义制度、推进国家治理体系和治理能力现代化"；第一次将全面依法治国，论述为全面深化改革的"姊妹篇"；第一次为全面从严治党标定路径，要求"增强从严治党的系统性、预见性、创造性、实效性"，锻造我们事业更加坚强的领导核心。每一个"全面"，都是一整套结合实际、继往开来、勇于创新、独具特色的系统思想，闪耀着辩证唯物主义和历史唯物主义的理论光辉。最近，习近平总书记在贵州省调研时指出，党的工作最坚实的力量支撑在基层，经济社会发展和民生最突出的矛盾和问题也在基层，必须把抓基层打基础作为长远之计和固本之策，丝毫不能放松。要重点加强基层党组织建设，全面提高基层党组织的凝聚力和战斗力，他还强调，基层干部是加强基层基础工作的关键。不久前，中央召开了全国农村基层党建工作座谈会，强调加强农村基层党建工作是做好农村工作的关键。中央政治局常委刘云山同志在全国农村基层组织工作座谈会上讲话也指出，搞好农村党建重点要抓好农村基层党组织带头人、大学生村官群体和选派到农村的第一书记。我国有近60万个村庄、400多万名村官，18万多名大学生村官，你们责任重大，你们的工作如何，对于"四个全面"战略布局在农村的推进和落实，对于加强农村基层党组织建设，有着十分重要的作用。全国"村长"论坛的各位执委要充分发挥优秀村官的传承作用，身体力行，带头学习好、落实好"四个全面"的精神实质；各位大学生村官要以"四个全面"为准则，激励自己创业创新，成长成才。希望全体村官们都要认真贯彻落实习近平总书记和刘云山同志的讲话精神，不辜负习近平总书记对大家的希望，切实搞好农村基层组织建设，当好农村基层组织的带头人，爱岗敬业，再接再厉，再创佳绩，争创一流，为实现中华民族伟大复兴的中国梦做出新的更大的贡献！

最后预祝第九届全国大学生村官论坛暨全国"村长"论坛第十一次执委会议取得圆满成功！

谢谢大家！

目　录 ▫▫▫▫▫▫▫▫▫▫▫▫▫▫▫▫▫▫▫▫▫▫

村官风采篇

综 合 报 告

2016—2017 中国大学生村官发展报告

中国村社发展促进会、中国农业大学、
淮海工学院大学生村官发展报告课题组

  2017 年是我国全面实施大学生村官计划的第十个年头。10 年前，也就是 2008 年 4 月 10 日，中共中央组织部、教育部、财政部、人力资源和社会保障部联合下发了《关于选聘高校毕业生到村任职工作的意见（试行）》的通知（组通字［2008］18 号）。10 年时间转瞬即逝，今天我们又站在了一个新的起点，回眸过去，大学生村官计划从轰轰烈烈地推进到目前进入发展新常态，我们有必要回望过去，寻找初心，让这一有助于农村发展、青年成长的战略决策不改初心，阔步前行。

一、溯 源

  如果要追溯大学生村官的源头，我们就有必要从 1992 年辞去人事部公务员的杨本伦谈起。已是主任科员的他，是毕业于中国人民大学国际政治系的硕士研究生，那个时候的中国，市场经济的浪潮充斥着每个角落，"下海"在全国逐步成为一种时尚。就在这年 8 月，杨本伦将一封"辞职回家乡务农"的报告递到了部领导的手里。消息一出，除了让人目瞪口呆外，好心的同学、同事纷纷劝他"别感情用事"。放着人人羡慕的京官不做，辞职却不经商，偏偏要回乡当农民。当时在国家机关尚无先例，人事部的领导对此拿不定主意，犹豫不决。在此期间，恰逢时任国务院副总理朱镕基到人事部考察工作，部里领导向朱镕基副总理汇报了杨本伦的辞职请求。朱镕基听后，批示指出："本伦的选择代表了一个方向。"

  当年 10 月，杨本伦离开北京，回到了阔别 10 年之久的家乡——山东省沂源县石桥乡东北庄村。此行，他不是荣归故里，而是扛着简单的铺盖卷回来当村支部书记。不仅如此，与他一同回到农村的，还有他的妻子。显然，他当时没有给自己留一丁点退路。他因此成为中国第一个"硕士村官"。

  当时的东北庄距沂源县城 20 多公里，全村 2 500 口人，人均不到一亩*山岭地。"堂堂的硕士研究生再回到咱穷山沟来，是在大城市混不下去了吧？是来捞足资本再往上爬，还是真心带领老少爷们发家致富？"在落后的农村，传统的村民百思不得其解，甚至是嘲笑。对于杨本伦的选择，一向支持、理解的妻子感到委屈，年迈的父母及兄弟姐妹们更是着急，并出主意"锻炼几年，抓紧回去"。

  但他在东北庄村一待便是 6 年。

---

 * 亩为非法定计量单位，1 亩等于 1/15 公顷。

杨本伦坦言，即便做足了思想准备，但每干一件事情，遇到的困难和阻力都超出了他的想象。在调整种植结构之初，要将东北庄村零零散散的土地形成规模，杨本伦经常顾不得吃午饭，十天半月无法回家。村民们回忆，当初为了把村里位置最好的一块坟地改建成市场，杨本伦曾被人打得头破血流。

就在东北庄村在经济上成功突围时，隐在传统农村间的各种矛盾也开始集中爆发。

"农村的事儿不是那么简单，不仅仅是干事，还要考虑村里、乡里等各种关系。"杨本伦回忆说，而这又不是其擅长的。1998年春天，沂源县一纸调令，任命其为县委党校副校长，而他本人则希望兼任东北庄村支部第一书记，被拒绝。4月30日，他黯然离职。

深圳是杨本伦南下的第一站。

在一家企业，杨本伦凭借其"硕士村官"的名头，起步职务是总经理助理。他也开始适应着从硕士村官到企业打工仔的角色转换。然而，在短短的几个月内，他却在多个企业间频繁跳槽，包括格兰仕集团。1998年8月，《硕士村支书　黯然别沂源》等报道纷纷见诸报端，将他再次推上舆论的风口浪尖。

"南下"的经历让他明白，打工的目的是学习，而不是表现自己，并去改变老板或者企业的思路、观点等，太重视自己，反而不能提升自己。

当年，他又再次快速地做出决定：别深圳，放弃月收入5 000元高薪，北上河北黄骅，每月领取800元薪水。此行的落脚点是黄骅信誉楼商厦，也是杨本伦众多来信中的一员。

又是一个十年。

2008年春天，杨本伦再次做出决定：创业。此时，44岁的他已是山东省淄博信誉楼商业有限公司董事长、莱芜信誉楼商厦董事长。

无疑，此举让他再次成为舆论焦点。他在山东数十个县城中，选择了德州市平原县，2009年9月12日，平原成和商厦开业了。2012年，杨本伦再次回到家乡沂源，成立成和商业。

在众多人看来，他的村官黯然离职、南下打工等经历是其败笔，但他不视为坎坷。他说，都是根据自己的意愿做出的选择，已在名利之外。如果借助"硕士村官"的名头，继续在仕途上行走，或许也会有个好的前程。如今，其原来的同学、同事大都官居高位，在彼此联系时，或他们的身影出现在电视上时，杨本伦脑海中有时也会有个"如果当年"的念头。

"我能从事自己喜欢的事，是幸运的；我还能养家，并创造财富，是幸福的。"杨本伦说，这就是他想要的生活。他说，他仍然不善交际，大多时间闭门谢客，最大的爱好就是看书。

如果说杨本伦的个人选择让他成为这个时代的早期探索者，那么组织行为的集体行动无疑为大学生村官这项工作赋予了新的时代内涵。

江苏省徐州市丰县是选聘大学毕业生入村任职的发源地。1995年，一个被称为"雏鹰工程"的人才培育计划在丰县实施。13名应届大学毕业生被选聘入村任职，成为江苏省第一批"大学生村官"。"雏鹰工程"连续开展4年，先后从400多名报考者中选拔出共计63名优秀大学毕业生下村任职。时至今日，这批大学生村官中的大多数人已走上了县镇领导岗位，成为当地基层领导班子的核心成员。丰县的实践证明，对于广大欠发达地区而言，大学生村官政策是一条短时期内选拔培养优秀干部、发展农村经济的成功道路。

丰县实施"雏鹰工程"的主要目的有两层：一是培养锻炼年轻干部；二是加强农村党组织建设，进一步优化村级领导班子结构。当时，之所以每年从应届大学生中选派德才兼备者到农村任职，主要是出于四方面原因考虑：一是农村社会经济发展的需要；二是农村战略性人才储备工程的需要；三是加强村级组织建设的需要；四是新时期干部人事制度改革的一项有益尝试，同时也是对新时期转变人才选拔培养、干部晋升、就业选择导向的一次有意义的探索。

丰县选聘大学生村官到村任职主要特点主要有以下几个方面：第一，招考条件明确。1995—1998年，县委连续4年印发了关于选派大学毕业生到村工作的意见，均对专业、学历、素质、数量等招考条件提出了明确要求。第二，角色定位清楚。县委组织部要求每名选派大学生当好三种角色，其中，当好干部是本职，当好学生是基础，当好先生是向导。第三，选派流程规范。由县委组织部门查阅报考大学毕业生的有关档案，了解其在校表现情况；当面考察其口头表达、应变、思维反应等能力；根据考察面试结果择优录取。第四，管理制度严格。县委组织部对每名选派大学生建档立卡，全面记录他们工作和生活的真实情况；明确县委组织部、乡镇党委、村级党支部等各级党组织的具体职责。第五，培养激励到位。对下村大学生实行帮扶措施；坚持试用期制度；坚持定期与不定期相结合的考察制度；实行干部年度工作成绩百分考核制度；下村大学生任职期满后，县委都根据他们的实际情况安排了工作岗位，并且敢于提拔他们到领导岗位。第六，配套措施完善。工资待遇方面，县委按照现职干部标准对待下村大学生，尽可能解除后顾之忧；期满出路方面，明确："两年后，据其现实表现和工作需要，可在乡镇明确相应职务或另行安排其他工作"。

就"雏鹰工程"的成效及其影响来说，首先就是探索出了一条短时期内选拔培养年轻干部的途径。20世纪90年代，丰县农村基层干部队伍存在的主要问题是年龄偏大、文化偏低，适应市场经济的能力不强，因而在群众中的号召力不够、凝聚力不强，领导核心作用没有真正发挥出来。下村大学生年纪轻、学历层次高、具有良好的政治、业务素质。在村里，他们可以在一定程度上弥补这些问题，给村级领导班子提供公共管理服务带来活力，给村民谋福利、奔小康指明方向。正如一位村民在1996年感慨的那样："一个大学生，比给俺们20万块钱都有利，就像诸葛亮给俺出谋划策，这个利益有多大。"但是，大学生也有自己的不足，毕竟刚刚步入社会，缺少必要的社会实践。为了使这些年轻干部早些成长为基层领导队伍的脊梁，上一级组织部门需要及早把他们放到艰苦环境中去磨炼其身心和意志，丰富其基层工作经历，加深其对农村基层社会的全面认识。"雏鹰工程"正是起到了这样的效果：经过各级党组织的精心培养和基层锻炼，一大批下村大学生得到锻炼和成长，并走上了各级领导岗位。据统计，1995年共选聘13名下村大学生，已经走上副科级岗位的5人，正科级岗位的6人；1996年共选聘13名下村大学生，已经走上副科级岗位的6人，正科级岗位的1人；1997年共选聘19名下村大学生，已经走上副科级岗位的14人，正科级岗位的1人；1998年共选聘18名下村大学生，已经走上副科级岗位的有11人。4年合计，占到了全县在职科级干部总数的5.1%，以及全县40周岁以下在职科级干部总数的 18.7％。

其次是有效推动了农村经济社会各项事务的发展。选派大学生要有干事业的热情，积极性高，愿意为村内的发展出谋划策。他们利用自身思维上、眼界上以及知识上的优势，结合农村工作形势，创造性地开展工作。他们的到来，将当时农村大力提倡的搞好两个文明建设推向了新高潮。例如，梁寨镇的李庆军，结合农村农民的实际情况，制定了一套"十星级"文明家庭户评选活动的办法，有效地调动起本村农民参与村内文明建设工作的热情；刘王楼乡的洪雷，和村干部一起带领民工开挖东水西调工程，仅用 11 天时间全面完成乡里下达的任务。由于他的到来，在他和村干部的共同努力下，这个有名的落后村各项工作都走在全乡前列，受到了百姓的交口称赞；套楼乡大王庄村的曹卫，用自己的工资买了许多科技书籍和科技信息材料送到农民手中。一位老农拉着他的手说："小伙子，送钱、送物不如送书。"

第三是对周边县市的示范带动效果明显。1995 年 8 月，丰县实施"雏鹰工程"的消息让大学毕业生兴奋不已，当年就有 200 多人报考。1997、1998 年两年，报考的学生陡增（这里有一个情况，根据前两年的经验，农村工作不一定必须强调高学历，所以对学历的要求基本放宽到大、中专；但报考人数陡增的重要原因，仍主要在于前两届"雏鹰工程"的成效）。丰县"雏鹰工程"的实施对周边地区具有很强的示范带动作用，也为临近县市提供了政策和实际操作上的参考依据。如与丰县接壤并同属徐州市管辖的沛县参考丰县的做法，于 1997 年 9 月向全县公布了"关于在应届大中专生中选拔下村干部的公告"（沛县从 1994 年就开始酝酿，但因无政策依据，所以一直没有实施；其中，1997 年上半年选拔了 129 名往届大学毕业生直接进入乡镇机关），吸引了 553 名应届大中专毕业生报名参加考试，最终选拔了 23 名作为下村挂职干部，到行政村（20 名）和乡镇企业（3 名）挂职锻炼，担任村主任助理或乡镇企业厂长助理（目前，已有 3 人走上正科级岗位，9 人走上副科级岗位；而 1997 年上半年选拔的 129 名往届大学毕业生中，目前科级干部 60 多人，正科级的 5 人）。沛县于 1999 年又选派了第二批大中专毕业生下村（由于 2000 年沛县合并乡镇，干部职数显著缩减，所以就未再继续选派。直至 2007 年江苏省全省推开时，才继续招录大学生村官）。

最后是对当前的大学生村官政策仍具有深远影响。时至今日，当年"雏鹰工程"的很多做法在今天看来仍具有很强的前瞻性，在很多方面都为后来的大学生村官政策提供了依据和借鉴。无论是从政策出发点，还是从招考条件、管理办法还是大学生村官任满后的出路安排来看，当前的大学生村官政策都能在"雏鹰工程"中找到影子（甚至有些方面还尚未达到"雏鹰工程"时期的要求，例如，每周汇报工作，下月工作计划需要村书记、乡镇书记签字）。2007 年 5 月 13 日《人民日报》第七版曾以"乡村，有我最美的十年青春"为题，对"雏鹰工程"1995 年招考的 13 名下村大学生进行了专门报道，文中提到："丰县雏鹰工程先后培养了百余名优秀的基层干部，实践证明，这是经济欠发达地区选拔优秀干部、发展农村经济的一条成功路子。"毫无疑问，这是对当年丰县下村大学生和"雏鹰工程"的充分肯定。该县电视台还曾花费半年多的时间，专门拍摄了反映下村大学生工作生活的专题纪录片《小村来了大学生》，相关报道在中央电视台播出之后引起了社会的极大反响。

如雨后的春笋，选聘高校毕业生到村任职在全国各地陆续展开。

1998 年，安徽凤阳县开始引入大学生科技村官。

1999 年，海南省推出大学生村官计划，定安、临高、东方等市县先后组织招聘大学生村官。

同年，浙江省宁波市采用公开招考方式，成为全国第一个推行"一村一名大学生"计划的地区。

2000 年 3 月，广州市天河区公开招聘 52 名大学生"村官"，全国各地 3 000 多名大学生前往求职。

2001 年开始，浙江省慈溪市公开招考慈溪籍大学毕业生到农村工作。

2001 年河南省鹤壁市开始了选派"大学生村官"的尝试。2002 年该市招聘 205 名大学生村官，拉开了河南省大学生村官工程序幕。

2003 年 10 月，平顶山市正式下发《关于选拔大专以上学历优秀青年到农村任职的意见》，此后两年时间，该市先后选派 2 058 名大学生"空降"到村，担任村民委员会党支部副书记或者村委会主任助理。

2004 年，河北省邢台市在试点工作的基础上，决定每年选派 1000 名大学生到农村工作，5 年内实现全市 5200 个行政村都有大学生"村官"的目标。

到 2004 年年底，全国启动大学生"村官"计划的省、自治区、直辖市发展到 10 个，主要分布在东、中部地区。大学生村官工作逐步进入到多省联动、以地区为单位的整体推进与探索阶段。

2006 年 7 月，河南省专门下发文件，计划用 3～5 年时间，基本实现全省每个村至少有 1 名高校毕业生的目标。到 2006 年年底，河南全省已有 7 618 名"大学生村官"到农村任职。

这一时期，大学生"村官"人数较少，但形式多样，逐步打开了改革开放以来知识分子回流到农村的正式渠道，为后来发展积累了重要的实践基础。

大学生村干部在河南省第五届村委会换届选举中所获得的成绩，就已经证明了这一群体获得了理想的社会认同。2005 年，平顶山全市有 1 831 名大学生被选进村"两委"班子，其中 12 人被选为村委会主任，6 人被选为村党支部书记，说明农村社会对大学生投身乡村建设工作的肯定与支持。

2006 年 2 月，中国农业大学组织的调查组在平顶山市下辖的汝州市小屯镇东村、耿堂村、骑岭乡、雪汶村进行了走访，了解到 86％的村民对大学生村官持欢迎与支持态度。当然，家庭认同度也是决定大学生村官能否安心农村工作的重要方面，调查发现，经过一年多时间，约 89％的未婚大学生获得了家人的支持；已婚大学生的家人支持率在 66％以上。

在北渡镇辉岗村担任村主任助理的王晓光，1997 年毕业于平顶山工学院房建专业，下村前已在湛河区文化广播局工作 6 年。在王晓光的带动下，他的妻子陈亚娜也报名下乡，到北渡镇胡杨楼村任村主任助理，将市区舒适的家全权交给婆婆。在村委会换届选举中，王晓光、陈亚娜夫妇均以最高票当选为村委会委员。

2005 年 7 月，中共中央办公厅、国务院办公厅印发了《关于引导和鼓励高校毕业生面向基层就业的意见》。按照中央关于鼓励大学生到基层就业的精神,各省、自治区、直辖市纷纷出台了相关政策。

北京市委、市政府结合北京实际,在2005年年底下发了《关于引导和鼓励高校毕业生面向基层就业的实施意见》(京办发〔2005〕32号)。这次招聘工作的《实施方案》就是《实施意见》的具体化。

同年,北京市选取了96名高校毕业生赴平谷、延庆两个区县担任村支书助理、村主任助理,开展试点工作,他们为京郊"新农村"建设以及北京市全面推行相关政策提供了经验。

2006年1月25日,北京市人事局公布了北京市委组织部、市委教育工委等10部门联合下发的《关于引导和鼓励高校毕业生到农村基层就业创业实现村村有大学生目标的实施方案》(以下称《实施方案》)。

《实施方案》指出,北京市将结合北京实际,采取公开招聘的方式,聘用北京生源的普通高校毕业生以及非北京生源的北京地区普通高校毕业生,担任村党支部书记助理、村委会主任助理职务,3年之内确保实现"村村有大学生"的工作目标,力争实现每村有2名大学生的目标。

根据《实施方案》给定的目标,北京市将在3年内招聘8 000名高校毕业生到农村基层去工作。2006年是计划实施的第一年,招聘2 000名应届大学生,2、3月份报名,4、5月份选拔,7月份下乡赴任,与乡镇政府签订为期3年的合同。

北京市这次大规模招聘大学生"村官"的行动是在中央提出"建设社会主义新农村"的背景下展开的,它所引起的广泛关注和释放的政策意义是不言而喻的。同时,在目前北京地区高校毕业生就业压力越来越大的情况下,学生踊跃报名,要求下基层锻炼,也彰显出大学生就业新的价值取向。

北京市启动的这次招聘活动中,政策很开放,不受留京指标的限制,而且免收报名费和考务费。给被聘者提供的待遇更是"价格不菲":被聘的大学生可以享受月薪2 000~3 000元的劳动报酬,由政府缴纳各种保险;聘用两年连续考核合格者,非北京生源可以办理北京户口;另外还有合同期满考研加分,优先录取为北京市公务员等。

过去号召大学生到基层工作而实际效果并不明显,从这次报名的热情我们可以看出,大学生对基层工作的兴趣大大增加。不可否认,北京市政府提供的优厚待遇是大学生踊跃报名的重要原因。有部分大学生直言不讳地说自己就是冲着"待遇"来报名的,有的说自己是冲着"北京户口"来的。但是更多的同学认为优厚待遇只是一个方面,他们更看重的是自己去农村可以得到锻炼,未来的发展空间比留在城里要好。

北京信息科技大学行政管理专业班长刘晓磊,北京生源,从小在城市长大,他说:"自己想到下边锻炼一下,毕竟农村对自己还是一片全新的天地,自己想获得这方面的经验,也做好了吃苦的准备。况且待遇也不错。"

尽管有许多人对大学生当"村官"的动机提出质疑,但不论出于什么动机,大学毕业后,人生旅途第一站选择在相对艰苦的农村奋斗3年,其勇气和毅力都是值得肯定的。当然,大学生在农村3年不是混日子,到时候考核不合格,所有的优惠条件都将化为乌有。

昔日的天之骄子已非"皇帝的女儿不愁嫁",在严峻的就业形势面前,他们的眼睛不再只瞄准外企、高薪、白领。哪里能发展自己，就向哪里去。农村广阔天地，大有作为。大学生把眼光转向农村基层，彰显大学生就业新的价值取向。

对于一个农业人口占总人口 63％的农业大国，城市化在相当长的时间还难以吸纳足够的农业人口，与此相关的城市化战略难以较快地缩小城乡差距，城乡二元结构还将在中国长期存在。2005 年 10 月，中共十六届五中全会将"建设社会主义新农村"确定为中国现代化进程中的"重大历史任务"。这一决策表明，目前只能立足于"建设农村"来解决"三农"问题，以工业反哺农业，由城市支持农村。

目前农村发展缓慢、落后于中国现代化整体发展进程的因素很多，其中人才因素不能不说是一个重要因素。别说是城里的大学生毕业后不去农村，就是从农村走出来的大学生也不愿再回到农村。人才从农村到城市的单向流动，使农村目前成为人才的"洼地"。

在"建设社会主义新农村"的背景下，《实施方案》所建构的"人才支持工程"凸显了新的政策意义。根据《实施方案》，这次大规模招聘"村官"助理的指导思想是："通过构建人才培养、选拔、使用、管理四位一体的机制，把引导和鼓励大学生到基层就业与服务首都社会主义新农村建设有机结合起来，落实到制度层面，作为首都引导和鼓励大学生到基层就业的示范工程和首都社会主义新农村建设的人才支持工程，为首都社会主义新农村建设提供留得住、用得上、有作为的青年骨干。"

据北京市委农村工作委员会的调查统计显示，现在京郊有近 4 000 个行政村，有村党支部书记 3 926 人，村委会主任 3 932 人。这些"村官"之间，大专学历以上的只有 1 701 人，占 21.6％，而且这些"大专以上学历"也基本上是参加成人教育拿到的。

从上述数据不难看出，时下"村官"的素质起点和知识结构，已经远远落后于农村发展的客观要求。大学生村官的到来，可以优化农村基层干部队伍结构，利用他们所学的知识、年轻人的闯劲和开拓进取之心，协助村级组织规划村镇建设，指导农民科学致富。

企业用人很重视"鲶鱼效应"，就是在一个团队中引进能干的活跃人才，使其他员工感到有压力和紧张，由此激活整个团队，使整个团队生机勃勃，充满活力。就大学生村官这个话题，很多人谈到"鲶鱼效应"，并期待着大学生的到来，能使当地村镇产生"鲶鱼效应"，带动一方经济的发展。

目前，全国有许多省份都在开始实施"村村有大学生"计划。据报道，中国现在具有70 万个行政村，加上基层社区以及其他的基层就业岗位，如果此项政策得到切实有效的推广，仅提供的就业机会就不可小觑。

有人把这次大学生下基层做"村官"比喻为新一轮的"上山下乡"运动。对此，曾经有过 7 年"上山下乡"经历，一贯倡导大学生下基层锻炼的北京信息科技大学人文社科系主任张玲莉老师说："社会环境不同了，当年是政治动员，知识青年出于一种政治热情，到艰苦的地方去从事农业生产。现在是自愿报名，国家主要是通过优惠的政策吸引大学生下基层，大学生更多的是为自己的前途着想。还有就是当年知识青年下放到农村身不由己，不知什么时候能回来，现在 3 年就可以回来了。"

让大学生终生从事村官并不现实，3 年的合同也合乎情理。如果这能成为一种长效机制，像铁打的营盘流水的兵一样，按届轮换，这样新鲜的知识，先进的理念，现代的生活方式才能源源不断地输送到农村中去。

北京市开展的大学生村官工作引起了中央领导的重视，2007年2月13日，中央组织部组织局给中央领导上报了《北京市开展大学生村官工作情况》，时任中组部部长贺国强批示指出："此份材料是我去北京调研时向北京市委要的，如可行，建议由组织局会同人才局经整理后，在全国转发，并作一宣传报道。"

同年6月20日，时任国务院总理温家宝在中组部组织局上报的《关于各地开展选聘大学生村官工作的情况报告》上批示指出："这是一项新生事物。要注意总结经验，完善政策，加强指导。"

6月26日，时任中组部部长贺国强批示指出："请按中央领导同志批示要求，组织局会同人才局继续抓好这项工作，并完善有关政策措施。"

也许是受到了北京市开展大学生村官工作的启示，2007年5月19日，江苏省委办公厅、省政府办公厅转发了江苏省省委组织部等部门《关于选拔千名大学生到经济薄弱村任职的实施意见》通知。5月22日，省委、省政府召开动员大会，对选拔工作进行研究部署。时任省委书记李源潮批示指出：此举系加强农村基层组织建设、加快扶贫富民步伐的重大举措，也是改革基层干部人事制度、扩大基层党政干部来源的重要改革。组织系统不仅要以民主、公开、竞争、择优的办法选配好这批干部，还要跟踪训练、培养、选拔好这批干部。

最终经过自愿报名、择优选拔，在江苏全省42所本科院校中选拔了1 011名应届本科及以上学历毕业生到苏北地区经济薄弱村担任党支部副书记或村委会主任助理，并开全国之先河，全部列入乡镇全额拨款事业编制、享受全额拨款事业单位工资待遇。

党的十七大以后，曾任江苏省委书记的李源潮担任了中组部部长，他认为有志向的大学生当村官是培养年轻干部的重要导向，也是建设新农村的重要举措。从长远看，可以使我们的党政干部队伍结构中有一批真正与农民一起摸爬滚打过的人，这对于我们坚持党的宗旨，保持与工农群众的血肉联系至关重要。

2007年12月18日，时任总书记胡锦涛在中组部上报的《关于选聘高校毕业生到村任职的建议》上批示指出："此事具有长远战略意义，赞成试行。要制定具体实施办法，明确有关政策，报中央审定。考虑到地区差别，似应有各地确定细则。"19日，时任国家副主席习近平批示指出："按胡总书记的明确要求，认真研究，抓紧制定有关政策和实施意见。"

2008年3月，中央组织部会同教育部、财政部、人力资源和社会保障部召开选聘高校毕业生到农村任职工作座谈会，部署选聘高校毕业生到农村任职工作。中央决定从2008年开始连续用5年时间选聘10万名高校毕业生到农村任职，每年选聘2万名，具体分配给各省（自治区、直辖市）的选聘名额，中央组织部等部门于每年年初下达，中央财政补助资金按实际完成名额计算下拨。

截至2008年2月底，全国共有28个省、自治区、直辖市启动大学生村官计划，其中17个省份启动了村村有大学生村官计划。

2008 年 12 月 22 日，全国大学生村官代表座谈会在北京召开，时任国家副主席习近平出席会议并作重要讲话。他和与会大学生村官分享了自己年轻时在梁家河担任村党支部书记的感受，他说那段经历是他一生中最为难得、最可宝贵的一段经历，也是最有收获、最值得回忆的一段经历。他指出，一个人有了在农村锻炼和工作的经历，对树立正确的人生观和人生目标、丰富自己的人生阅历，对懂得什么是实事求是、想问题办事情怎样从实际出发，对理解和尊重人民群众、进一步增进同人民群众的思想感情，都大有裨益。他对大学生村官提出了四点要求，即要志存高远、坚定信念，在推进农村经济发展、社会进步中实现自己的人生价值；要勤于学习、善于学习，在与农民群众摸爬滚打的交往中吸取营养、增长智慧；要勇于开拓、大胆实践，在建设社会主义新农村的伟大实践中经风雨、长见识、增才干；要尊重农民、心系农民，在服务农民群众中增进同他们的感情，赢得他们的信任、理解和支持。同时，他对组织管理部门提出要着力构建大学生村官工作的长效机制，确保大学生村官下得去、待得住、干得好、流得动。具体表现在以下五个方面：一是要建立合力推进制度；二是要认真落实资金保障政策；三是要加强岗位培训和跟踪培养；四是要规范管理，强化考核；五是要营造良好的社会氛围。

二、基本情况

近两年来，全国各地各级党组织按照 2014 年全国大学生村官工作座谈会提出的"培养干部、人才"和"加强基层组织"的大学生村官工作定位，紧紧围绕"保证质量、规模适度、完善政策、从严管理、健全机制"的工作要求，以补短板、解难题为重点，以问题为导向，切实加强和改进大学生村官工作，使大学生村官选聘质量稳步提升，队伍规模得到有效调控，大学生村官工作各项政策逐步优化，管理更加严格，机制不断完善。

表 1　在岗大学生村官自然情况

单位：人

基本情况 截止日期	在岗数	少数民族人数	男	女
2015 年年底	137 898	194 273	58 116	79 782
占比（%）		14.1	42.1	57.9
2016 年年底	102 563	17 020	42 900	59 663
占比（%）		16.6	41.8	58.2
同比增减	−35 335	2.5	−0.3	0.3

由表 1 可以看出，截至 2016 年年底，全国在岗大学生村官总数比 2015 年减少 35 335 人，2014 年年底的统计数据显示在岗大学生村官人数为 180 960 人，因此，2015 年减少的数量为 43 062 人。2015 年和 2016 年全年新选聘大学生村官分别为 21 738 人和 20 202 人。其中少数民族的学生占比提高了 2.5 个百分点，男生比例 2016 年较 2015

年下降 0.3 个百分点，女生比例有所上升。目前，在岗大学生村官中女生比例高出男生 16.4 个百分点。

表 2　在岗大学生村官学历情况

单位：人

截止日期 ＼ 学历层次	博士研究生	硕士研究生	本科生	专科生
2015 年年底	21	7 230	107 590	23 057
占比（%）	0.015	5.243	78.021	16.720
2016 年年底	102	6 806	82 440	13 215
占比（%）	0.099	6.636	80.380	12.885
同比增减	0.084	1.393	2.359	−3.835

在 2014 年 5 月 30 日召开的全国大学生村官工作座谈会上，中组部部长赵乐际在讲话中指出："对新疆、西藏、青海等少数民族地区和艰苦边远地区，根据有关规定，可适当降低学历门槛，并重视选聘懂双语的人员。"从这两年选聘的大学生村官情况来看，除西藏、新疆外，均为本科以上学历。从统计表中可以看出，博士研究生、硕士研究生和本科生的比例都在上升，专科生的比例下降较为明显。尤其值得一提的是博士研究生的数量呈现较大幅度的增加，2015 年年底仅有 21 人，到 2016 年年底时则达到了 102 人。

表 3　在岗大学生村官政治面貌情况

单位：人

截止日期 ＼ 政治面貌	中共党员	共青团员	群众	优秀团干和学生干部
2015 年年底	99 036	30 957	7 905	44 059
占比（%）	71.8	22.4	5.7	32.0
2016 年年底	70 902	25 423	6 238	35 609
占比（%）	69.1	24.8	6.1	34.7
同比增减	−2.7	2.4	0.4	2.7

从表 3 中可以看出，由于近年来高校发展党员注重了质量的提高，发展党员的数量有所缩减，从大学生村官队伍中也可窥见一斑。2016 年年底的统计数据表明，2016 年在岗的大学生村官中党员所占比例降低了 2.7 个百分点，而团员和群众的比例都相应增加了。优秀团干和学生干部的比例有所提高，增加了 2.7 个百分点。

表4　在岗大学生村官专业情况

单位：人

所学专业 截止日期	社会科学类	理工类	农林渔牧类	其他
2015 年年底	74 714	40 346	8 154	14 685
占比（%）	54.2	29.3	5.9	10.6
2016 年年底	56 474	30 296	6 261	9 532
占比（%）	55.1	29.5	6.1	9.3
同比增减	0.9	0.2	0.2	−1.3

从大学生村官所学专业情况来看，社会科学类的比例占据一半以上，2016 年年底高达 55.1%，比 2015 年年底的 54.2% 提高了 0.9 个百分点，这与当前高校毕业生因专业找工作困难程度不一有关系；理工类的次之，占近三成，农林渔牧类的比例也呈上升趋势，由 2015 年年底的 5.9% 上升到 2016 年年底的 6.1%。在实践中我们也发现，农林渔牧类专业的学生到农村后往往能够利用自己所学的专业知识很快取得村民和乡镇干部的信任，打开到村工作的新局面。但是，这类专业的毕业生从绝对人数来说还是少的。

表5　在岗大学生村官毕业院校情况

单位：人

毕业学校 截止日期	教育部及中央 部门直属院校	地方所属 院校	民办 高校	985、211 高校	其他
2015 年年底	17 473	109 629	10 184	14 111	612
占比（%）	12.7	79.5	7.4	10.2	0.4
2016 年年底	13 558	79 753	8 288	11 893	964
占比（%）	13.2	77.8	8.1	11.6	0.9
同比增减	0.5	−1.7	0.7	1.4	0.5

从近两年大学生村官毕业院校的情况来看，教育部及中央部门直属院校、985 工程、211 工程院校的毕业生有增加趋势，分别增加 0.5 和 1.4 个百分点。这与近几年来各地开展的重点院校毕业生"驻村实习"和优先选聘有很大关系。如江苏、江西实施"985 高校村官工程"，湖北对"985 工程、211 工程"高校实施优先选聘政策。同时，重点高校毕业生所占比例的提升也和近几年各地开展的大学生村官工作与选调生工作相衔接有关系，据了解，2016 年全国有 7 个省、自治区、直辖市实现大学生村官与选调生工作衔接。

表6　大学生村官进入村"两委"班子情况

单位：人

截止日期＼内容	总人数	党支部书记	副书记	村委会主任	村委会副主任	村"两委"委员
2015年年底	67 394	5 748	36 180	1 667	9 193	14 606
占比（%）	48.9	8.5	53.7	2.5	13.6	21.7
2016年年底	53 203	3 841	28 786	1 256	6 785	12 535
占比（%）	51.9	7.2	54.1	2.4	12.8	12.2
同比增减	3.0	−1.3	0.4	−0.1	−0.8	−9.5

　　2015和2016年，各地结合乡村两级换届，进一步加大对大学生村官的培养使用力度，一大批优秀大学生村官在农村基层摔打历练中崭露头角，走上乡村领导岗位。从表6可以看到，2015年和2016年，全国有67 394名和53 203名大学生村官进入村"两委"班子，虽然2016年绝对人数有所减少，但是相对所占比率却比2015年提高了3.0个百分点，需要引起我们注意的是，随着大学生村官在岗人数的减少，进入村"两委"委员的人数相对于同年的总人数来说，减少幅度较大，达到9.5个百分点。

表7　大学生村官进入乡镇领导班子情况

单位：人

截止日期＼内容	总人数	党委书记	乡镇长	党委副书记	乡镇党委委员或副乡镇长	同时兼任本村干部
2015年年底	4 778	5	26	250	4 523	645
占比（%）	3.5	0.1	0.54	5.2	94.7	13.5
2016年年底	9 020	5	61	369	8 646	811
占比（%）	8.8	0.06	0.68	4.1	95.9	9.0
同比增减	5.3	−0.04	0.14	−1.1	1.2	−4.5

　　截至2016年年底，大学生村官进入乡镇领导班子的人数较2015年年底有较大幅度的增加，净增4 242人，同比增加了5.3个百分点，担任乡镇长、党委副书记和乡镇党委委员或副乡长的人数都有大幅增加。进入乡镇领导班子同时还兼任本村干部的人数增加比例有所降低，从2015年年底的13.5%下降到2016年年底的9.0%，下降幅度达4.5个百分点。

表8　大学生村官进入县直部门领导班子情况

单位：人

截止日期＼基本情况	总人数	正职	县级团委、妇联	正职
2015年年底	765	59	355	49
2016年年底	992	109	453	84
同比增减	227	50	98	35

从表 8 可以看出，大学生村官进入县直部门领导班子的人数增加幅度较大，2015 年和 2016 年相比，总人数增加了 227 名，县直部门正职在 2016 年净增 50 人，县级团委、妇联在 2016 年间净增 98 人，其中正职增加了 35 人。在调研中，我们也发现，由于大学生村官有基层经验，加之具有年纪轻、有文化、有知识等优势，很容易成为县级共青团的一把手。成为县级妇联一把手的人数相对来说要少许多。

表 9　大学生村官担任县处级领导干部情况

单位：人

基本情况　截止日期	总人数	正职
2015 年年底	21	3
2016 年年底	78	10
同比增减	57	7

2016 年和 2015 年相比，担任县处级领导干部的人数有较大幅度的增加，2015 年年底全国仅有 21 人，而到 2016 年年底这个数字增加到了 78 人，也就是说，在 2016 年这一年的时间里，有 57 名大学生村官进入到了县处级领导干部的序列。尤为引人注目的是，担任正职的由 2015 年的 3 人猛增到 10 人，净增了 7 人。由此可以看出，大学生村官的成长速度是很快的，这些主政一方的年轻大学生村官，必将会成为未来崛起的政治明星。

表 10　大学生村官列入后备干部情况

单位：人

基本情况　截止日期	党政后备干部	县级	乡科级
2015 年年底	14 579	428	14 151
占比（%）	10.57	2.9	97.1
2016 年年底	6 443	210	623
占比（%）	6.28	3.3	96.7
同比增减	−4.29	0.4	−0.4

从大学生村官列入党政后备干部的情况来看，形势不容乐观，2016 年的数据较 2015 年的数据有了大幅度减少，减少的绝对人数竟高达 8 136 人，相对人数下降幅度也占了 4.29 个百分点。虽然县级的相对比例没有下降，但是绝对人数下降较大，这对于实施了近 10 年的这项计划来说，无疑应该引起我们的关注。

表 11　大学生村官当选"两代表一委员"情况

单位：人

基本情况　截止日期	总人数	省级以上	市级	县级
2015 年年底	2 419	83	335	1 986
2016 年年底	1 926	47	187	1 692
增减	−493	−36	−148	−294

与大学生村官列入后备干部的情况一样，2016 年大学生村官当选"两代表一委员"的绝对人数同样下降幅度较大，从总人数上来说，2016 年比 2015 年减少了 493 人，其中省级及以上减少 36 人，市级减少 148 人，县级减少 294 人，这一现象，同样需要引起我们的关注。

表 12　大学生村官流动情况

单位：万人

内容　截止日期	流动数	公务员	事业单位	自主创业	另行择业	考取研究生
2015 年年底	6.48	2.25	2.15	3 300	1.7	0.035
占比（%）	35.8	34.8	33.2	5.1	26.4	0.5
2016 年年底	5.92	2.16	2.56	1 100	0.6	0.028 7
占比（%）	42.9	36.6	43.3	1.9	10.4	0.5
同比增减	7.1	1.8	10.1	−3.2	−16.0	0

从表 12 可以看出，2016 年全国流动大学生村官 5.92 万人，比 2015 年同比增加了 7.1 个百分点，其中进入公务员队伍 2.16 万人，占 36.6%，与 2015 年相比提高了 1.8 个百分点；进入事业单位 2.56 万人，占 43.3%，与 2015 年相比提高了 10.1 个百分点。而自主创业、另行择业的人数大幅度减少，其中自主创业人数由 2015 年的 3 300 人锐减到 2016 年的 1 100 人，另行择业的由 2015 年的 1.7 万人锐减到 2016 年的 0.6 万人。两者同比分别减少了 3.2 和 16 个百分点。从大学生村官流动情况来看，这应该属于非正常流动，正是由于这种非正常流动现象的出现，导致了有个别地方流动强制性大而出现了大学生村官上访现象。

表 13　大学生村官累计流动情况

单位：万人

内容　截止日期	流动数	公务员	事业单位	自主创业	另行择业	考取研究生
2015 年年底	31.3	11.4	9.1	2.2	8.3	0.27
占比（%）		36.5	29.2	6.9	26.5	0.9
2016 年年底	37.2	13.6	11.7	3.3	8.3	0.298 4
占比（%）		36.5	31.5	8.8	22.4	0.8
同比增减	5.9	0	2.3	1.9	−4.1	−0.1

从累计流动情况来看，2015 年和 2016 年，全国累计流动大学生村官分别是 31.3 万人和 37.2 万人，2016 年净流动 5.9 万人。在所有流动的大学生村官中，进入公务员队伍的有 13.6 万人，占 36.5%，与 2015 年持平；进入事业单位的有 11.7 万人，占 31.5%，比 2015 年净增加了 2.6 万人，同比增加 2.3 个百分点，自主创业同样有所增加，而另行择业的人数虽然绝对人数没有增加，但是相对人数却有所降低，达 4.1 个百分点。从表 13 可以看到，由于一些地方分流强制性大，事业单位提供的岗位明显增多，在 2016 年在岗大学生村官人数减少的情况下，而流动的人数加大这一事实说明，2016 年是高强度流动的一年，这一年过后，相信在今后的几年内大学生村官的流动速度会有所降低。

表 14　大学生村官创业富民情况

单位：人

内容 截止日期	总人数	独立创业	合作创业	领办创业	创业项目	领办或合办 专业合作社	提供就业岗位
2015 年年底	14 699	5 345	9 354	2 568	11 343	2 686	151 731
2016 年年底	8 313	2 849	5 464	1 661	6 314	1 797	92 604
增减	−6 386	−2 496	−3 890	−907	−5 029	−889	−59 127

2015 年和 2016 年，各地紧紧围绕党中央打赢脱贫攻坚战的重大决策部署，积极引导大学生村官在脱贫攻坚第一线发挥作用、锻炼成长。据中组部有关部门负责人介绍，近几年新选聘大学生村官原则上全部派往贫困村，同时适当调整部分在岗村官到贫困村任职，全国有 26 057 名大学生村官到建档立卡贫困村任职，占在岗人数的 1/4，覆盖 21.9% 的建档立卡贫困村。但是，统计数据让我们对大学生村官在农村一线创业富民情况深感不安，由表 14 可以看出，2016 年大学生村官的创业人数比 2015 年大幅度降低，绝对创业的人数减少了 6 386 人，其中独立创业减少了 2 496 人，合作创业减少 3 890 人，领办创业减少 907 人；创业项目减少 5 029 个，领办或合办专业合作社项目减少了 889 个，提供就业岗位减少了 59 127 个。

三、主要做法与成效

1. 严格把好入口关，选聘质量更高

2015 年 4 月 25 日，中组部下发了《关于做好 2015 年大学生村官选聘工作的通知》，要求各地按照"保证质量、规模适度、完善政策、从严管理、健全机制"的要求，切实加强和改进大学生村官工作。要求着眼于"培养了解国情、熟悉基层、心贴群众、实践经验丰富的干部、人才"和"强基层组织、促农村发展、让农民受益"的工作定位，严把选聘入口，着力改善队伍结构，提升整体素质。新选聘的大学生村官，一般应为大学本科以上学历、学生党员或优秀学生干部。要进一步改善选聘结构，注重选聘重点院校毕业生，提高理工类特别是涉农等基层急需专业毕业生的比例，保持男女性别比例基本平衡，少数民族地区要重视选聘懂双语的学生。

通知中对选聘规模也提出了要求，要求各地要综合考虑目前在岗和流动情况以及基层

实际需求，合理确定新选聘大学生村官数量。要坚持量出为入、有进有出，注意控制选聘规模。要注重配置合理、分布均衡，不同地区、各类村都要安排大学生村官，在保证基本工作生活条件的前提下，鼓励他们到农村基层和农民群众最需要的地方、到条件相对艰苦的地方干事创业。在改进选聘方式方面，要求着眼于解决大学生村官的后顾之忧，探索与公务员、选调生录用和事业单位工作人员招聘相衔接的方式选聘大学生村官。坚持择优选聘，可采取学校推荐、组织考察、双向选择、驻村见习与考试选拔相结合等方式，真正把有理想抱负、热爱基层、有志于扎根农村的优秀毕业生选聘到大学生村官队伍中来。

江苏省为引导和鼓励更多"985"高校优秀毕业生加入大学生村官队伍，进一步提高大学生村官队伍素质，从2012年起开始实施"985"高校村官工程，把农村当考场、群众当考官、实践当考卷，采取个人报名、院系推荐、学校审核、驻村实习、组织考察等程序，选聘了一大批思想政治素质好，作风踏实，吃苦耐劳，组织纪律观念强，志愿到农村基层工作和有一定的组织协调能力和社会实践能力的"985"高校的中共党员或优秀学生干部到大学生村官队伍中来。该省2016年为了真正选聘那些有志于农村发展的年轻人到农村来历练，主管部门把大学生村官选聘考试与公务员、选调生考试同步进行，有效避免了一些人选择做大学生村官是后两者都考取不上的无奈之举。

江西省针对以往大学生村官选聘中存在的融入基层难、适应岗位难等问题，全面推行驻村见习、集中测试和述职测评的做法，把考场设到农村基层一线，2016年择优选聘了1 203名大学生村官，实现由"一考定人"向"实践选人"的转变。考生驻村见习由各县（市、区）委组织部集中安排在1～5个行政村熟悉农村情况，参与农村工作。见习结束后，通过集中测试、述职测评，最终确定选聘人选。

海南省将新选聘的150名大学生村官全部安排到党组织涣散村、建档立卡贫困村工作，采取"自愿报名、双向选择"的原则，要求本科以上学历、学生党员或优秀学生干部、吃苦耐劳、能适应基层工作等。由于岗位都在农村，工作、生活条件艰苦，该省首次明确除三沙市2个条件最艰苦的岗位全部选聘男村官外，其余各市县男女选聘比例各占50%。在考试方式上，海南省也做了一些创新，为报考人员提供了更多的选择权。村官选聘与省级公务员考试录用工作同步推进，报考村官岗位的可兼报公务员，一个平台报名、一张试卷笔试。同时报考村官和公务员岗位并入围面试的，按要求分别参加面试。海南省新聘村官岗位采取"阳光竞岗"模式。由各市县党委组织部组织拟聘用人员，按考试综合成绩高低排序，依次自主选择所任职村，重点保证建档立卡贫困村的干部需求。

2. 严管厚爱相结合，培养措施更实

严格管理才能管出成效，才能让大学生村官在农村这片广袤的大地上收获人生，同时，也要结合大学生村官自身实际状况，帮助他们克服人生地不熟的现状，尽快融入基层群众中去，为他们在农村干事创业打好基础。江苏省宿迁市委组织部副部长张卫东长期从事大学生村官工作，对大学生村官这个群体既充满了感情，也充满了期待，他就认为"没有人天生会当官，就看怎么培养""把大学生村官当玉雕琢，人人都有出彩的机会"。因此，宿迁市在培养大学生村官时，针对大学生村官中普遍存在的担心将来出路问题，该市把关口前移，为大学生村官的成长赢得更多时间，让其出路越来越宽。该市宿豫区大学生村官韩金珍，2009年刚到村时，就被安排参加了几次培训班。时间短的两三天，长的个把星期，还配了 3 个帮带导师，村书记负责指导工作，企业家帮扶创业，镇领导经常交心，使她很快由一个门外汉变成了行家里手。

河北隆尧安排大学生村官参加后备干部培训，该县组织部制定大学生村官年度培训计划，在全县后备干部、科级干部等培训中都召集一定比例的大学生村官参训。在日常工作中着重"以练代训"，抽调大学生村官参与重点活动、重点项目，让大学生村官在实践中经历多层面锻炼。

云南省 2016 年选聘大学生村官 3 000 人。在待遇保障方面，继续保留当选村书记、副书记、村主任、副主任、村务监督委员会主任的大学生村官，可享受大学生村官和村级负责人"双薪"待遇；聘用期满报考研究生初试享受加分，同等条件下优先录取等。受聘到 25 个边境县市和 3 个藏区县且为云南省属高校毕业的大学生村官，3 年聘用期满且年度考核均为称职以上的，可由国家代偿学费和助学贷款。此外，新聘大学生村官工作生活补贴发放标准由每人每月 1 800 元提高到 2 000 元（藏区每人每月由 2 800 元提高到 3 000 元）。

为保证大学生村官安心基层工作，解除大学生村官后顾之忧，福建省突出抓好"三落实"。一是落实生活待遇。确保大学生村官工作生活补贴达到中组部规定"比照当地乡镇公务员试用期满工资水平"的标准，按时足额发放，并积极为大学生村官落实食宿地点，配备生活必需品和办公用品。如南平市对重点县和市级贫困村大学生村官在服务期间工作生活补贴每人每年增发 1 000 元。二是落实岗位职责。针对每个贫困村、后进村的特点，坚持按有利于精准扶贫措施落实和发挥个人专业特长的原则，规范大学生村官岗位职责及要求，明确大学生村官在农村主要职责是当好"农业技术推广员""民事纠纷调解员""精神文明宣传员""远程教育站点管理员"和"为民服务直接代办员"，压实担子，历练才干。三是落实管理措施。各级组织部门更新完善了大学生村官基本信息库，确保每位大学生村官信息准确，便于日常工作联系。同时开通了大学生村官 QQ 群和微信群，掌握了解大学生村官工作生活动态，互相交流入村工作心得体会。明确县、乡两级不得以任何形式抽（借）调大学生村官，并实行"3+1"帮带机制，由农技专家、乡镇领导、村党支部书记共同帮带 1 名大学生村官，解决扶贫环节中的难题，使大学生村官在扶贫思路上有人引、扶贫方法上有人教、扶贫困难中有人帮。

3. 组织与市场互动，流动渠道更畅

近年来，各地在大学生村官期满流动方面积极作为，通过组织提拔、企事业单位招聘等多种多样的形式为期满大学生村官搭建平台，不断拓宽大学生村官发展的渠道。

广西壮族自治区党委组织部、人社厅、国资委等单位联合举办大学生村官及"三支一扶"大学生就业专场招聘会，本地区的国有企事业单位、发展潜力大的民营企业、股份制企业等共拿出 3 000 多个岗位任大学生村官挑选。通过组织引导、市场配置、双向选择等措施，引导服务基层的大学生村官多元化发展。

江苏省委组织部、江苏省教育厅联合举办大学生村官专场招聘会。100 多家国有企业和规模以上非公企业提供了 1 000 多个就业岗位。招聘会主要面向在村工作 2 年以上的在岗大学生村官，优先考虑在岗超过 2 个聘期，江苏高科、中国人寿、农业银行、苏宁云商集团、海澜之家、焦点科技等知名企业展位前均排起长龙。不少企业拿出"重磅"岗位，如苏豪集团拿出总裁助理、华泰证券拿出总部党群工作部等岗位吸纳优秀大学生村官加盟。有的企业则在招聘人数上体现出招贤纳才的诚意，中国人寿江苏分公司计划招聘30～50名大学生村官，中国人寿财险公司的招聘计划更是高达90名。

山西省始终让大学生村官队伍保持"一池活水"，在流动环节上进行积极探索和尝试。晋中市一方面采取多种措施鼓励和扶持大学生村官创业富民，一方面利用村级"两委"换届契机，支持大学生村官竞选"两委"主干，在第十届村"两委"换届中，全市有126名大学生村官当选村党组织书记，24名当选村委会主任。晋中市寿阳县为鼓励大学生村官踏踏实实在基层干事创业，县委组织部制定了"笔试＋考核"的事业单位定向选拔办法。笔试和考核比例定为4∶6，既引导大学生村官养成学习的习惯，同时向那些真正创业富民干实事的村官倾斜。在吸收基层好做法的基础上，山西从省级层面规范了从大学生村官中考核招聘事业单位人员的办法。办法规定：任满2个聘期，当选并担任村"两委"副职满一届的、担任村"两委"正职满3年的、聘期考核1次以上优秀（年度考核连续2年或累计3年以上优秀可比照聘期考核1次优秀执行）的、被省市委组织部评为"优秀大学生村官"的，可在编制限额内，通过考核招聘的方式聘用为县乡事业单位工作人员。

山西省还积极拓展多种发展途径，让大学生村官"亲农"优势派上用场。大学生村官在农村摸爬滚打了几年，不仅熟悉了农村，与农民结下深厚感情，而且掌握了一套基层工作方法。他们的这一比较优势，在流动中被一些行业尤其是涉农企业所看重。近两年，山西共向神华集团、中国人寿保险公司、邮储银行等中央企业和山西农村信用合作社、晋商银行以及其他省属国有企业输送了1196名实用人才。

甘肃面向大学生村官招录乡镇公务员时，组织考察安排在笔试之前。甘肃省2016年从优秀大学生村官中考试录用188名乡镇机关公务员。报名采取个人申请和组织推荐相结合的方式进行，包括笔试、面试、组织考察及资格复审、公示等环节，综合成绩实行百分制，其中笔试、面试成绩占比60%，民主测评、组织考察占比40%。值得关注的是，组织考察工作安排在笔试之前，由市（州）党委组织部负责，考察的重点是思想政治素质、工作能力、工作实绩、廉洁自律、群众公认度等。主要采取个别谈话、民主测评和实地查看的方式进行，目的是好中选优，确保干得好的村官能优先录用。

4. 释放青春正能量，帮扶脱贫更准

大学生村官作为新农村建设的骨干力量，肩负着带领群众脱贫致富的使命，各地为了充分发挥他们的优势，引导他们在脱贫攻坚的伟大进程中建功立业。

重庆市以精准组织措施助推精准扶贫，向1919个贫困村选派大学生村官，做到了全覆盖。引导大学生村官为脱贫工作出点子、与困难群众结对子、为脱贫致富找路子，使他们成为脱贫攻坚的一支骨干力量。重庆市委组织部按照"派人精准"的要求，根据前期调研结果，采取"四个一批"的方式向贫困村选派大学生村官，并立下"军令状"：不脱贫不脱钩。其中，有针对性地选派了1325名熟悉农业、畜牧业的到贫困村帮助发展产业；351名规划类、工程类专业的到贫困村协助开展基础设施建设；243名建筑类专业的到生态扶贫搬迁村帮助规划建设村民新居。到贫困村任职的大学生村官们坚持吃住在村，每天奔走在农村院落、田间地头，宣传扶贫政策、开展入户调查、收集社情民意、帮助制定脱贫计划。

山西省为鼓励和支持大学生村官在脱贫攻坚中发挥作用，专门出台了《关于在全省扶贫开发工作中充分发挥贫困村大学生村官作用的意见》，明确了四项职责，包括健全完善贫困人口档案、协助开展劳动力转移培训、帮助实施好扶贫开发项目、带头组织实施创业扶贫项目等。2015 年，该省建档立卡贫困村有 7 993 个，贫困人口 232 万。全省在岗的 5 433 名大学生村官中，有 1 457 名在贫困村任职，其他大学生村官通过轮岗锻炼也参与到脱贫攻坚工作中。大学生村官协助村"两委"和当地扶贫部门，对全省 115 个农业县（市、区）农村贫困人口的家庭成员情况、贫困情况、需求情况、被帮扶情况等进行了建档立卡，对贫困人口实行动态管理，做到贫困人口信息完备，帮扶措施、脱贫规划目标明确，为精准扶贫奠定了扎实基础。该省为充分发挥贫困村大学生村官带头人的作用，省里专门设立了大学生村官创业扶贫专项资金，支持大学生村官创业。重点围绕当地"一村一品""一县一业"特色产业，引导群众广泛参与带动能力强的产业开发项目。由大学生村官提出创业项目初步方案，经村"两委"集体讨论后，逐级报送省扶贫办，列入全省扶贫项目库；也可由组织部门推荐大学生村官领办、合办的创业项目，经各级扶贫部门审核后纳入省扶贫项目库。

福建省坚持把选聘大学生村官到村任职，作为精准扶贫、精准脱贫重要举措之一，并通过"三倾斜、三落实、三强化"，促进大学生村官在扶贫攻坚主战场发挥积极作用。该省把选聘大学生村官到村任职，作为解决农村人才匮乏的重要途径，并实行"三倾斜"，为脱贫攻坚提供人才保障。一是选聘计划名额向山区倾斜。针对省定贫困乡、村大部分在山区的实际，在选聘大学生村官计划名额分配时，重点向山区倾斜，2016 年全省计划选聘 800 名大学生村官，其中 4 个山区设区市分配选聘计划 405 名，占计划总数的 50.6%。二是分配安排向贫困村倾斜。从 2016 年开始选聘的大学生村官优先分配至建档立卡贫困村任职，主要担任村党组织书记助理、村委会主任助理和村级团组织书记、副书记等职务。三是从大学生村官中招录选调生向省级扶贫开发重点县倾斜。2016 年大学生村官期满招录选调生，定向给 23 个省级扶贫开发重点县每个县倾斜 3 名，共 69 名。为保证大学生村官安心基层工作，解除大学生村官后顾之忧，突出抓好"三落实"。一是落实生活待遇。确保大学生村官工作生活补贴达到中组部规定"比照当地乡镇公务员试用期满工资水平"的标准，按时足额发放，并积极为大学生村官落实食宿地点，配备生活必需品和办公用品。如南平市对重点县和市级贫困村大学生村官在服务期间工作生活补贴每人每年增发 1 000 元。二是落实岗位职责。针对每个贫困村、后进村的特点，坚持按有利于精准扶贫措施落实和发挥个人专业特长的原则，规范大学生村官岗位职责及要求，明确大学生村官在农村主要职责是当好"农业技术推广员""民事纠纷调解员""精神文明宣传员""远程教育站点管理员"和"为民服务直接代办员"，压实担子，历练才干。三是落实管理措施。各级组织部门更新完善了大学生村官基本信息库，确保每位大学生村官信息准确，便于日常工作联系。同时开通了大学生村官 QQ 群和微信群，掌握了解大学生村官工作生活动态，互相交流入村工作心得体会。明确县、乡两级不得以任何形式抽（借）调大学生村官，并实行"3+1"帮带机制，由农技专家、乡镇领导、村党支部书记共同帮带 1 名大学生村官，解决扶贫环节中的难题，使大学生村官在扶贫思路上有人引、扶贫方法上有人教、扶贫困难中有人帮。为发挥大学生村官在脱贫攻坚中的作用，注重从"三强化"入手，着力提高农村工作能力和水平。一是强化学习教育。针对大学生村官社会实践经验少、农村工作经验不足的实际，本着"缺什么补什么、需要什么培训什么"的原则，把大学生村官培训工作纳入干部教育培训统筹考虑，重点抓好岗前培训、中期培训和示范培训，提高他们的农村工作水平和脱贫致富能力。二是强化村校共建。运用高校有利资源，建立健全"共建共管、协调互动"的"村校共建"长效运行机制，定期组织有关高校专家、教授到村进行专题讲座，通过面对面地介绍农技推广、扶贫方法、扶贫经验，为大学生村官传道、授业、解惑。龙岩、漳州等市大学生村官推动20多个村与厦门大学、福建农林大学、龙岩学院签订合作协议，漳平市先后邀请厦门大学、福建农林大学教授举办茶业可持续发展讲坛，指导和培训茶农30多次。三是强化典型示范。在《福建支部生活》《福建组工文萃》、福建大学生科技信息网上开设大学生村官专栏，宣传大学生村官先进典型。

安徽省按照中央和省委关于坚决打赢脱贫攻坚战的决策部署，加大选聘大学生村官到建档立卡贫困村的任职力度，在选聘方案中明确向贫困村倾斜。省委组织部、省扶贫办等部门共同出台了《关于实施大学生村官创业兴皖富民行动的意见》以及《关于实施"支持贫困村大学生村官成长工程"的意见》，鼓励引导大学生村官积极投身到脱贫攻坚工作中，让他们在带领农民奔小康的进程中锻炼成长。该省在选聘前，市、县（市、区）都会调查摸底，确定新聘大学生村官任职村，注重向31个国家和省扶贫开发工作重点县（区）和片区县贫困村倾斜，鼓励大学生村官到条件相对艰苦的地方干事创业，要求在贫困村任职的大学生村官都作为驻村帮扶工作队成员，切实履行脱贫攻坚职责。亳州市对到贫困村任职的大学生村官进行重点培养，将表现突出、素质过硬、能吃苦、工作一年以上的大学生村官进行跨村任职，交流到贫困村担任村党组织书记或第一书记。该省还把扶贫开发、精准脱贫等内容作为大学生村官培训的重要内容，每年从31个国家、省扶贫开发工作重点县（区）和片区县中选调100名大学生村官，开展创业富民示范培训。各地对在贫困村任职的大学生村官，优先安排到省外发达地区参加学习培训；省委老干部局积极开展离退休干部与大学生村官结对帮带活动，全省共结成2 887个对子。同时，各地建立了乡镇领导班子成员、选派干部、村"两委"成员担任大学生村官工作导师的"3＋1"帮带制度，有的地方还安排县处级党员干部联系大学生村官，使大学生村官在脱贫思路上有人引、脱贫方法上有人教、脱贫困难中有人帮。该省还在扶贫开发重点县（市、区）实施"支持贫困村大学生村官成长工程"。每年遴选40个在贫困村任职的大学生村官，安排专项扶贫项目资金。申报项目的大学生村官须在村任职1年以上，要求当地有较好的资源优势和产业基础，有一定的经济辐射带动效应。每个项目村限报一个产业发展项目，资金规模控制在20万元以内。通过在项目村实施产业发展项目，鼓励和支持大学生村官创业，从而带动群众发展生产、脱贫致富。安徽省还在全省推广大学生村官量化积分考核办法。实行大学生村官记录工作日志制度，把走访贫困户、完成精准扶贫工作内容进度、成效等情况详细记录到工作日志上，做到"一日一记录、一周一小结、一月一总结"。同时，严明工作纪律，经常对大学生村官进行查岗，严查随意抽调大学生村官情况，促进大学生村官在推进脱贫攻坚中贡献力量。

5. 积极作为勇担当，锻炼收获更多

大学生村官来到基层，只有积极投身农村发展实践，用实际行动为老百姓提供创业服务、知识服务，通过创业引领、服务为民等实践活动，自身才能得到锻炼。

许多大学生村官来到农村，看到农村的土特产因为交通和信息的闭塞而不能卖出好的价钱，他们主动担负起农村土特产品的代言人，出现了"蜂蜜君""香菇君""小米君""核桃君""红枣君"等代言名词。黑龙江省五常市卫国乡卫国村主任助理焦洋洋为其所在村的五常大米注册了"骄阳农庄"品牌，让村民单独为米厂"量身定做"高品质五常大米，米厂在春耕时候下订单，定点收购。让农民种田的积极性提高了，也让他们的心里踏实了。河北省承德县岗子满族乡大西山村书记助理霍金磊，带领村民键盘上奔小康，随着"互联网＋"的推广，他看到了农村电商发展的希望。在他的努力下，村里的种植合作社种植规模发展到 280 余亩，其中草莓大棚有 180 亩。为扩大销路，霍金磊在"美团"上搞推广，利用互联网吸引市民来采摘。岗子乡地处偏远，快递服务业跟不上村民消费需求，霍金磊又办起了一家快递公司，将快递业务与村民代办结合起来，免费上门为村民办理业务。广宗县广宗镇赵家吾村副书记刘建峰所任职的村庄，位于县城周边，交通便利，童车和儿童玩具产业有一定基础，但一直做不大。刘建峰到村后，深入调查走访后认定：可以利用互联网的优势，来做大村里的产业。为教村民上网销售，刘建峰将自己准备结婚用的电脑搬进了村部，又向朋友借了一台，办起了电脑和网络培训班，带出了一批网店掌柜，让互联网嫁接到了传统产业，如今，网络销售已成为赵家吾村产业销售的主要渠道，童车和儿童玩具每月网上销售量达上万件（套）。山东利津县集贤乡郭屋村大学生村官丁奕凯刚到村任职期间，经过走访调研，他了解到村里的优质大米面临滞销难题。他决定把工作的突破口锁定在运用电商思维销售大米上，很快，他的目光聚焦在六丰商城，这是一家爱购集团投资控股品牌，既能保持网络购物体验，又能同线下实体企业联盟，但在实践中他发现网络销售还不是很理想，于是他多方联系，最后收到了来自湖南卫视节目制作中心的公函，愿意无偿提供一切便利为其销售大米，为此村民们见到丁奕凯都亲切地喊他"大米村官"。

江苏省徐州市铜山区何桥镇付村村支部书记刘计辉在 2015 年为村庄发展共争取并落实上级政策资金 1 500 多万元。完成投资 900 万元的国家级高标准农田建设项目，共修建水泥道路 1 万米，防渗渠 8 000 米，大小农桥 53 座，翻水站 5 个；完成投资 500 万元完成了省三星级幼儿园；完成投资 50 万元的禾俏生态农园的节水灌溉项目，为村民创业提供了便利；投资 10 万余元，建成公益性公墓；投资 10 万元完成了主干道亮化工程；完成 300 亩土地流转工作，已经种植绿化苗木 60 亩。通过这些项目的实施，改善了民生设施，为今后的村庄发展打下了坚实基础。河北省唐山市迁西县新集镇林家峪村党支部书记陈阳，到村任职后，发现村里的大片山地都种有野生酸枣树，只是口感太酸，没有市场。陈阳开始在酸枣树上动起了脑筋，他动员村里的几户人家，把酸枣嫁接成甜润爽口的马奶枣。林家峪村掀起了马奶枣嫁接热潮。全村马奶枣栽植面积超过 500 亩，年产鲜食马奶枣超过 150 吨，创造经济效益 100 余万元，村民人均增收超过 1 000 元。重庆市巴南区充分发挥大学生村官作用，针对"三留守"人员开展"1 带 3""6 个有"和"7 个 1"关爱活动，把关爱"三留守"人员工作做实。"1 带 3"指的是 1 名大学生村官结对联系 1 名留守儿童、1 名留守妇女和 1 名留守老人；"6 个有"是确保"三留守"人员有饭吃、有肉吃、有新衣穿、有暖棉被盖、有人帮、有人管；"7 个 1"是指大学生村官要做到登一次家门、问一次需求、做一次家务、贴一副春联、帮一次连线（与在外亲人亲情连线）、了一个心愿、陪一顿年饭。在 2015 年春节前夕，该区大学生村官及志愿者共给"三留守"人员送去大米 2.2 万袋，猪肉、腊肉、香肠等超过 25 吨，新衣服、新鞋等 2.3 万余件，棉被 2.2 万余床。四川泸州市纳溪区大渡口镇天堂村村主任助理谭清霞通过对任职村的走访调研，发现村民日子虽然红火了，但传统的民俗文化却在慢慢消失，入选四川省首批非物质文化遗产的纳溪民歌也出现了传承无人的问题。于是谭清霞决定在村里开设"民歌小课堂"，教孩子们学唱纳溪民歌和学跳纳溪舞蹈。为了让孩子们更容易领会，她还录了很多民歌 MV 视频，教孩子们随歌跳起舞蹈，激发了孩子们热爱家乡、热爱民俗文化的情感。

两年来，大学生村官通过积极投身农村发展，收获了不一样的青春。在中国共产党成立 95 周年之际，重庆市荣昌区安富街道通安村党总支书记、大学生村官张雪，河北省张北县张北镇党委委员、马连滩村党支部书记、大学生村官段妍青荣获"全国优秀党务工作者"荣誉称号；辽宁省沈阳市苏家屯八一街道官立堡村党支部第一书记吴书香，河南省济源市高新区良安新村党支部书记李涛分别荣获了第 19 届和第 20 届"中国五四青年奖章"荣誉称号；广东省广州市南沙区万顷沙镇民立村党支部书记、村委会主任梁杰铭，甘肃省成县鸡峰镇长沟村党支部书记张璇，四川省安县兴仁乡长沟村党支部副书记贺涛，北京市大兴区青云店镇大学生村官李彪，新疆裕民县阿勒腾也木勒乡阿勒腾也木勒村大学生村官帕哈尔丁·吐尔达洪，辽宁省丹东市元宝区六道口街道聚宝社区书记助理于磊，山西省阳泉市郊区平坦镇石板片村党支部书记田玲获得了全国向上向善好青年荣誉称号；河北省唐山市迁西县新集镇林家峪村党支部书记陈阳，辽宁省铁岭市昌图县太阳山村党支部副书记周雷，安徽省池州市石台县小河镇龙山村党总支副书记兼第二党支部书记王效龙，福建省三明市沙县高砂镇柳源村党支部书记陈扬钿，曾任江西省宜春市丰城市桥东镇蓝田村委会委员欧铭，河南省洛阳市嵩县大章镇大章村委会主任助理李进琼，湖南省浏阳市大围山镇永幸村党支部第一书记钟海，广东省韶关市翁源县龙仙镇桂竹村党支部书记助理沈仲灯，四川省宜宾市高县可久镇高坡村委会主任助理刁秋平，陕西省安康市汉滨区瀛湖镇清泉村党支部副书记曹文保等 10 名大学生村官共同获得了"奋斗在林改一线的十佳大学生村官"荣誉称号；吉林省四平市铁西区平西乡九间房村党支部副书记艾红叶，安徽省歙县郑村镇谭渡村大学生村官徐锋入选"中国好人榜"；此外，宁夏大学生村官张军明喜获"全国农村青年致富带头人"称号；湖南大学生村官秦玥飞出席了 2015 年博鳌亚洲论坛青年领袖圆桌会议；江苏省大学生村官郭长鑫和辽宁省大学生村官吴书香受邀参加了纪念抗战胜利 70 周年观礼；广西村官梁丽娜和江西村官梁志强出席了东盟＋3 村官交流活动等。

四、当前大学生村官工作中存在的不足

（一）大学生村官自身层面

1. 融入难，队伍稳定性有待进一步提升

大学生村官从校园来到农村，容易出现理想与现实、理论和实践之间的落差，这会导致他们对自己所面对的农村社会问题认识不全面、了解不深入，出现眼高手低、缺乏解决实际问题能力的倾向。不少大学生村官在与群众交流时往往论道理的多，与群众心平气和

拉家常的少，缺乏人际沟通能力，主动融入农村、融入村民的意识不强。同时，由于大学生村官初到农村缺少农村工作经验，不熟悉村情民情，不少人大多是协助村支书或主任做一些具体事务性工作，跑腿打杂现象比较多，这样长期下来导致其工作的创新意识、主观能动性等不强。加上到村任职时所带有的冲动性、盲目性和功利性等动机的支配，更有不少人"考"字当头，整日"辅导用书不离手，申论行测不离口"，名为"村官"却不履行"村官"之责、不务"村官"之实。"村民对大学生村官的看法"统计结果显示，有55.80%的村民认为"大学生村官是为了来镀金"。"没有继续留在村官岗位的原因"统计结果显示：有高达76.22%的人因为考取了公务员和进入事业单位而离开村官岗位。

2. 创业难，项目持续性有待进一步加强

大学生村官创业，既是锻炼村官自身的需要，也是帮助群众增产增收，带领群众发家致富的需要。大学生村官创业难主要表现在以下几个方面：一是好项目难找。大学生村官在农村基层一线，由于客观条件的限制，从事"高精尖"的具有创新性强的创业项目不现实，大多离不开种植、养殖和加工制造等传统的人力密集型行业，而种植养殖往往又不是大学生村官的强项，因此只有在加工制造方面选项目。由于他们刚走出校门不久，自身资源有限，眼界不够开阔，要寻找到一个适合自己创业需要的项目，往往难度较大。二是启动资金难筹。不管从事何种类型的创业，创业初期的启动资金对于刚离开校园的大学生村官来说都是一个坎，如果在大学期间没有创业经历和资本积累，父母不能提供有力的资金支撑，亲朋好友不能给予力所能及的帮助，或者是创业模式不能吸引到资本的注入，这都会对大学生村官在基层创业增加难度。三是帮扶政策难落实。从中央到地方，各地都鼓励大学生村官在基层一线创新创业，有不少地方还出台了扶持大学生村官创业的政策文件。然而，不少大学生村官反映要想得到有关创业政策方面的扶持仍然需要越过不少障碍。譬如创业贷款的获得仍然少不了需要亲朋好友或是公职人员的担保，政府无偿贴息贷款能够申请到的更是寥寥无几。同时，由于大学生村官队伍的流动性快，不少入职伊始开展的创业项目，由于大学生村官考录了公务员、事业单位或是经过其他渠道流出这支队伍，其创业项目往往也面临着萎缩或无人接棒的困境。

3. 干事难，主观能动性有待进一步发挥

大学生村官干事难主要体现在以下三个方面：第一，基层群众对于大学生村官在农村的价值存有怀疑态度。不少群众认为刚走出校门的大学生村官"中看不中用"，对农业生产、农村现状和农民需求知之甚少，对乡村社会的人情世故缺乏了解。也有不少村民认为他们是来镀金的，是待不久的"飞鸽"，早晚要离开，不可能在农村做出啥大事来。加之农村社会普遍存在欺生、排外现象，不愿意配合大学生村官干事创业。第二，村干部对大学生村官这一岗位存有偏见。大学生村官属于"空降兵"，他们的到来，被很多村干部认为是对自己职权的一种威胁，而没有看到或意识到中央实施大学生村官计划的长远战略意义，他们关心的仅仅是自己的位子会不会被抢，饭碗会不会被打，这就导致他们对大学生村官处处戒备，不愿意放权，更谈不上大胆使用培养，致使不少大学生村官成了端茶倒水的"勤务兵"或是忙于应付检查整理材料的书记员。第三，大学生村官本人对自身的职业认同存有困惑。大学生村官岗位属于"村级组织特设岗位"，很多大学生村官对这一岗位的性质缺乏了解，来到农村后，对于自己如何定位把握不准，经常受到待遇、考核、去留、升迁的影响，加上急躁功利的社会环境影响，导致他们对自己的职业认同缺乏内生动力。当然，还有一些地方因为村官待遇尚可，有一部分大学生村官消磨了拼搏的斗志，进取动力不足，甚至舒适的工作和生活条件已经让部分大学生村官滋生了不思进取、满足现状的思想，他们排斥有压力、有竞争、有淘汰的社会工作环境，不愿意脱离村官岗位进入社会重新择业，更缺少脱离大学生村官岗位而走上社会干事创业的勇气。

（二）组织管理层面

1. 政策落实不力

大学生村官制度是国家一项重要战略工程，中共中央办公厅、国务院办公厅印发了《关于进一步引导和鼓励高校毕业生到基层工作的意见》（中办发［2016］79 号）再次明确指出：继续组织实施大学生村官等基层项目，每年选派一批高校毕业生到基层服务。但有些地方并没有能够落实这一举措，个别地方甚至停止了选聘高校毕业生到农村任职。总体来看，各地在政策落实上主要存在以下几个方面的问题。第一，管理制度缺失。大学生村官到基层，需要走访，去学习怎样和农民交流，要去了解农村政策进而为做好工作奠定基础。但在实践中，很多大学生村官却成了乡镇和农村的"边缘人"，大学生村官由乡镇管理，最终目的是服务农村，但由于他们非农非官的身份，虽属所在乡镇管理，但乡镇既不能以一名普通乡镇干部去管理和要求，又不能以一名农村干部去对待；对村级组织来说，大学生村官与驻村干部基本没有区别，在他们眼里都是乡镇派来的，不属于村干部管理范围，因此导致大学生村官管理工作出现空当，使得成为游离乡镇和农村的"边缘人"，很难真正融入农村。第二，监督制度缺失。部分大学生村官成了工作和生活的"自由人"，对大学生村官是否坚守岗位、是否深入一线、其作用是否得到发挥等缺乏有效的监督机制。在落实中，虽然明确了管理的主体部门，但没有明确监督的主体部门，究竟由哪一级部门负责监督，没有明确提出，从而导致某些大学生村官形成懒散的工作和生活习惯，出现干与不干一个样、干多干少都一样的问题，严重挫伤优秀大学生村官的积极性。第三，激励机制缺乏。各地陆续出台有利于大学生村官职业的发展政策，吸引大量高校毕业生从事基层工作，但政策在具体落实上存在一定差距。虽然中央出台了选拔优秀大学生村官进入乡镇领导班子的政策，有些地方也出台了考核录用事业单位人员的有关规定，但是相对于大学生村官个人职业生涯发展需求来说，仍然是杯水车薪，导致许多优秀的大学生村官流失。

2. 职业通道不够清晰

服务期满的大学生村官出路问题一直存在，近年来，在中央出台的《关于做好大学生村官有序流动工作的意见》基础上，各地纷纷采取系列措施，不断拓宽流动渠道，有些地方给出 8 条流动发展措施，即：定向招录公务员、定向招聘乡镇专项事业编制人员、续聘优秀大学生村官、定向招录社区工作者、组织国有企事业单位招聘、协调有关高校落实报考研究生加分政策、鼓励扶持自主创业、积极推荐参加其他工作岗位招聘等。然而在实际操作中招录人数少、比例低、门槛高，其中还存在其他因素干扰，难以惠及大部分大学生村官。而续聘或者进入村"两委"、定向招录为社区工作者，不仅转岗后福利待遇低、条件差，而且后期保障不力。由于家庭背景、个人年龄等原因大部分村官到期后已不打算报考研究生，那么协调高校落实加分政策的实际意义不大。而鼓励自主创业、积极推荐参加其他工作岗位招聘，多是只有工作思路，没有具体可行的工作细则，操作起来意义不大。大多数村官反映对于工作和出路非常迷茫，多抱着"走着看""多手准备""到时候再说"的想法。

3. 保障措施不够完善

大学生村官管理在保障措施上存在以下问题。第一，缺乏专业的职业培训。很多村官在入职前虽然进行了短期的培训，但要在接下来从事 3 年甚至更长的职业实践，许多人到了村居后成为了"愣头青"，不会和村里老工作人员相处、不会和老百姓相处，有些甚至水稻和麦子都认不清楚。缺乏基本的农业素养和农业知识，就这样从学校来到到农村，自己不适应、村居也不适应。第二，工资福利偏低。大学生村官不算国家正式公职人员，且服务期满后要面对一次流动，职业发展路径间断，现行薪酬体系采用计划经济时代的固定工资模式，除固定工资外没有奖金，不具备激励性。很多地方大学生村官福利待遇只能够满足基本生活需求，无法面对现阶段不断上涨的物价、房价。很多无力承受小家庭的经济压力，难免产生消极想法，需要建立科学合理的薪酬体系。第三，实际工作中缺少导师帮助指导。导师如何选，导师如何带，怎样带、带什么，都需要相互沟通完善。带了一段时间以后要放手干，需要给大学生村官干事的平台，要善于搭舞台，要及时压担子。要结合好经济建设、社会建设、主体建设。很多大学生村官在基层变成了不需要花钱的高级劳动力，成为"复印达人""台账达人"，并没有为未来基层领导班子发展做培养。第四，大学生村官服务期满流动的途径狭窄和保障失力更埋下许多隐患。现有政策下，村官想要留下来只有参与村"两委"换届选举和选择续聘两种途径，然而无论哪种都是一份"临时"的工作，3 年或更短时间后会再次面临选择。导致很多有志于农村发展的大学生村官想到农村发展但是却经不起这样的牺牲和风险。真正将大学生村官以人才重视，做好人才的安家落户、教育培训、收入发展、医疗保健、社会福利等多方面配套措施，才能让大学生村官安心踏实为农服务。

（三）社会层面

1. 社会风气导向有偏差

主要表现在：第一，对大学生村官认识存在偏见。自 1995 年"大学生村官计划"在江苏省丰县率先启动，此后河南、浙江、北京、青海等地陆续实施这一计划，涌现出河南省鹤壁市、浙江省慈溪市先进典型，但由于相应制度设计方面存在缺陷，于是社会上有人"拷问"大学生村官计划，讥讽为"全国性时髦运动""新版上山下乡"，认为"大学生当村官荒诞甚于严肃"，担心会给"历史留下笑柄"，奉劝想当村官的大学生千万要理性，以免成为新的"失业群体"。这些都是一些社会偏见，由于不好的舆论导向给大学生村官造成极不好的影响。社会应该以发展的眼光看待大学生村官，作为一项长期制度性建设，正确认识这批下得去、用得上、留得住的高素质农村基层干部。第二，社会团体应该提供社会评优评奖、进行帮扶，弥补大学生村官职业发展的不足。政府给平台，青春舞台不空场、不缺席，村官在工作中碰到什么难题要去交流，建立交流机制，对话平台。可以创办大学生村官论坛，让志同道合的村官相互吸引，形成力量。同时区县可以举办小型村官论坛，不定期举办活动。第三，社会相关企业个人可以主动为农村发展提供资助。做得比较好的是贵州省的"春晖行动",传承中华民族饮水思源、反哺故土、回报社会美德,紧扣工业反哺农业、城市支持农村,以亲情、乡情、友情激活社会细胞,引导公民有序参与构建和谐社会。这是一种社会资源的整合,通过多种形式自愿参与到农村建设中,帮助大学生村官队伍成长壮大。

2. 学校宣传教育不理想

主要表现在两个方面:一方面是对大学生村官政策宣传不够,部分高校为了满足就业率鼓励学生到基层,没有做到很好地教育指导。现在很多农村出来的学生不愿意回到农村去发展农村,这是学校教育导向出了问题。不少大学生到农村当村官是为了分享大学生村官政策红利,对赴农村发展带有很高的期望值,大学生村官虽然不同于"三支一扶"(支农支教、支医和扶贫)和西部志愿者,但是也同样带有"志愿"的性质。在高校毕业生就业选择中,如果这种期望值过高,主要是有些人对大学生村官所从事的职业认识不足,在就业宣传中应该引导学生降预期、干长期。让学生认识到去基层是去富民、强民,是需要吃苦的,需要有坚强的意志和强大的决心,各高校就业办应认真参考《关于引导和鼓励高校毕业生面向基层就业的意见》和《关于选聘高校毕业生到村任职工作意见》,认真帮助毕业生了解大学生村官相关政策。另一方面是学校对社会主义新农村建设宣传不够。改革开放近40年,我国工业建设取得瞩目成就,有足够力量支持农村经济发展,工业反哺农业、城市支持农村,知识分子和青年学生应作为发展农村的人才先导,应鼓励有志于农村发展的大学生把目光投向农村。把科技、知识、文化带到农村,把先进技术知识、科技成果、管理思想、现代文明风气带到农村,服务农村建设,为建设新农村提供智力支持。

3. 村民对政策了解甚少

大学生村官政策对社会主义新农村建设和发展起到一定的促进作用,某些地区甚至发挥了决定性的作用。但是大多数村民对该政策一无所知,大大降低了农村和村民对大学生村官的关注度和期望值,影响政策实施。有些农村地处较偏远,由于交通、信息不畅通,老一辈农民文化水平较低、不识字、无法看书看报,对大学生村官了解少,只能从电视上的偶尔报道中得知。在调研中我们也发现,不少村民只知道村里来了大学生,但是往往很少能够见到他们的身影,这就不利于大学生村官在村里树立威信。有些村民甚至认为大学生村官不能适应农村工作环境、处理实际问题能力不足、阅历少、不了解农村现状,理想主义色彩浓重,不能在农村建设中发挥重要作用,使得大学生村官失去民心。

五、做好大学生村官工作的对策建议

对大学生村官工作怎么看,事关这项工作的质量和效果。只有怎么看的问题解决了,才可能创新谋划怎么干的问题。10年来的实践表明,做好大学生村官工作核心在于对村官工作的意义认识到位,对村官工作的定位把握准确,从而形成"主动抓、抓主动"的思想自觉、行动自觉,并结合实际"靶向发力"。

1. 以"树人"为根本,注重着眼长远

2017年是大学生村官工作在全国部署实施的第10个年头,从顶层设计来看,已经有了比较完善的规划、政策、体制和机制。2014年召开的全国大学生村官工作座谈会,提出了加强和改进大学生村官工作的明确要求，围绕"培养干部人才"和"加强基层组织"的工作定位，在提高选聘质量、加大培养力度、加强关爱教育、促进有序流动等方面把工作抓紧、抓实、抓到位。大学生村官工作是一项"树人"的工作，其工作定位决定了这是一项功在当下、利在长远的干部人才培养工程，自然应当遵循干部人才的成长规律，不可能像办企业那样当年投资当年收益，也不可能像栽果树那样，三五年就结出累累硕果。10年、20年之后回头看，这项工作必将对党和国家事业，对巩固基层执政基础有着突出的贡献。因此，对大学生村官工作要有战略思维，要有长远眼光，要有功成不必在我的胸襟，要从改善农村干部结构、推进社会主义新农村建设、培养优秀后备人才的战略高度去谋划，强化责任担当。大学生村官管理部门只有站位高了，才会自觉投入精力，投入智慧，投入感情，做到不左顾右盼，不等待观望，拿出既符合中央精神、又切合本地实际的硬招、新招、实招来。事实表明，只要加强领导、健全机制、创新载体、强化督促，大学生村官工作是大有可为、大有作为的。

2. 以"适岗"为前提，注重定向选聘

针对大学生村官报考动机的多样性，结合本地对各型大学生村官的需求实际，有重点地实行适岗选聘。通过了解掌握报考人员的求职动机，对于甘于吃苦耐劳、志愿服务农村的对象，重点选聘；对目标不明确，但迫于就业压力或者受到优惠政策吸引报考心切的对象，视情选聘；对于缺乏服务基层长远打算，只希望升职提拔或向外考录的对象，不予招聘。选聘中统筹考虑本地区对大学生村官的地域需求和专业需求，合理规划总量，科学掌控流量，注重分布的合理性，突出"五优先"，即县域本地的优先，所学专业与当地经济发展联系紧密的优先，有致富和带富项目的优先，有农村生活经历和工作经验的优先，在大学期间入党或担任学生干部的优先，不断提高大学生村官源头质量。

3. 以"践行"为关键，注重正面指引

纸上得来终觉浅，绝知此事要躬行。大学生村官要贯彻落实"两学一做"常态化，实现自我价值，关键在做、具体在行。一要争当党务村务的中坚力量。大学生村官作为村（社区）"两委"干部的源头活水，农村党员队伍的新鲜血液，农村基层组织的有生力量，要始终做到不忘初心，在平淡、细微、复杂的党务村务工作中发挥出中坚力量。二要争当创业富民的行家里手。大学生村官有知识、有干劲，善创新、懂发展，要将专业特长与农民致富需求相结合，把促进集体经济持续健康发展作为首要任务。要充分统筹自身信息、人才、项目等方面的资源，千方百计理清村级发展思路，因地制宜发展资产经营型、为农服务型、休闲观光型集体经济，打造"一村一品""一村多品"的产业特色，培育村级经济增长点，促进集体资产保值增值。三要争当美丽乡村的建设尖兵。大学生村官理念新、信息广，要自觉将绿色、低碳、循环理念贯穿到创建美丽乡村的实践中去。要协助村（社区）进一步完善村庄建设规划和土地利用规划，突出特色，打造个性，完善"七位一体"长效管护机制，科学描绘美丽乡村建设蓝图。四要争当基层治理的岗位前哨。基层范围小，矛盾却不少。大学生村官身处农村第一线，要充分利用好直接与群众打交道的优势，努力在化解矛盾纠纷、维护社会稳定方面发挥作用，促进农村社会和谐稳定。五要争当乡风文明的引路使者。大学生村官文化思维活跃，要积极组织群众开展丰富多彩、健康向上的文体活动，把健康文明的生活方式引入农村，推动社会主义核心价值观进村入户、融入生产生活和村规民约。进一步加强农村精神文明建设，努力建设"强富美高"新农村。

4. 以"培养"为方法，注重科学管理

省市县镇各级党委政府、机关部门要进一步健全和落实大学生村官教育培养制度，将大学生村官教育培训纳入干部教育培训规划。坚持因人施策、因材施教，根据大学生村官的职业发展规划，在综合培训中统筹课程设置，同时根据创业富民型、服务亲民型、村务管理型、专业技术型、复合发展型等各类大学生村官个体特点，加强小班化、菜单式、针对性的分类培训，帮助大学生村官朝着多样化方向发展。各相关机关部门要把大学生村官发展摆在更加重要的位置，着力整合政策资源、金融资源、人才资源、媒体资源，为大学生村官干事创业营造良好环境、提供更多帮助、创造更优条件。各基层党委政府要把从严管理工作抓常、抓细、抓长，完善工作实绩和群众满意度量化积分考核办法，提高群众满意度在考核中的分值比重。考核结果与定向招录、奖惩、培养、使用密切挂钩。注重考核结果的运用，强化"干得好发展得好"的政策导向，促进大学生村官快速健康成长成才。

5. 以"稳定"为原则，注重动态分流

各级党委政府要在大学生村官管理中体现人本关怀，尤其是对任期即将期满的大学生村官，要因地制宜、因人而异，在"留下来"和"流出去"之间慎重决策。主要做好以下几个方面工作：一是推荐重用。对于年度考核确定为优秀等次的，可优先推荐参加各类评先表彰、参选"两代表一委员"等；特别优秀的经组织考察后，推荐担任村（社区）"两委"正职或列入科级后备干部，有计划地安排到重点、难点岗位，重要村（社区）进行培养锻炼。二是留村留镇任职。不断提高村（社区）干部的工资待遇，鼓励期满的大学生村官继续留村（社区）工作。可以探索采用地方财政保障或政府购买服务岗位等形式，返聘服务期满的大学生村官，进一步拓宽大学生村官的流动渠道。三是考录机关和事业单位。根据省市规定，加大定向招考的政策倾斜，组织部门会同编办、人社等部门积极推进事业单位招聘符合条件的大学生村官，认真落实定向招考选调生、公务员、事业单位人员等政策。四是进入金融机构和企业。通过广泛宣传大学生村官优势和潜力，引导国有企业、金融机构、规模企业等企事业单位，优先招录符合条件的大学生村官，切实畅通大学生村官的就业渠道。五是自主创业。鼓励和支持大学生村官充分发挥自身优势和专业特长，就近就地自主创业。各基层党组织要对"老村官"逐一走访，做好政策宣传和思想政治工作，做到"见人见面见思想"。要落实"一人一对策"，逐人落实流动岗位，妥善做好分流工作。

大学生村官工作的实践表明，选拔高校毕业生到农村任职，鼓励高校毕业生到基层接受锻炼，是促进青年人才快速成长、增长才干的有效形式，是培养大批熟悉基层情况、对群众感情深厚的基层干部队伍的有效渠道，是保证中国特色社会主义事业薪火相传、后继有人的重要战略举措。

理论研究篇

大学生村官要努力成长为国家的栋梁

——2016 年 2 月 27 日大学生村官创业座谈会上的发言

胡跃高

今天的会议介绍使我有信心提出一个认识，即只要我们大学生村官创业者们认真地相互学习，就一定能够解决当今中国农村面临的重大问题。建议会议之后，大家将自己创业的过程、现状、感想，以及未来的设想写出来，与全国大学生村官们交流，自己要努力成长为大学生村官创业讲师，同时要注意彼此间相互学习，共同成长。下面主要讲一讲与大家相关的话题。

一、几点小建议

刘翠萍，为山西人，现为江苏常州武进市 3 年期的村官，谈到关于山西黄河大枣的项目。建议要在认真调查研究江苏当地及周边枣市场状况，了解有无人经营，价格如何的基础上，尝试进行经营，找到出路。张明波在河北唐山做普洱茶的项目值得借鉴。应该讲这是一个好的创业项目。

张慧，为八一农垦大学农林经济管理专业毕业生，2013 年担任村官，介绍佳木斯市生产的准有机大米、糯大米。建议要坚持有机生产方向。此外，东北是世界大豆的故乡，要增加有机大豆生产内容，国际上有需求，国内市场前景好。要在尝试基础上，一步步推进，生产与市场共同成长。尽管面临转岗阶段要求，创业工作还应坚持下去。

李念毓，2014 年到陕西铜川担任村官，所在村有 721 口人，交通便利，村中三留守问题普遍，产业不成型。自己用电商方式对所在村发展进行扶持，积累了一定经验。当地耀州瓷名闻天下，是唐玄奘玉皇宫译经之地，又是孙思邈故乡。建议要继续坚定服务乡亲们的宗旨，联络农二代与返乡青年，选择在容易入手的项目创业，做到产品出村庄货真价实，消费品下乡货真价实。

杨宁，广西苗寨村官，已经有了 6 年的经历。自己曾放弃了多次考公务员的机会，坚持在苗寨创业。最初从当地竹制品项目入手，取得成功，已经新选择到粉葛项目，建立了苗村倌电商网。建议进一步发现一个又一个好的苗家传统经营项目，联璧展示苗家文化。

杨牡丹，侗族人，在贵州贵阳担任村官已经 9 年，多次放弃考取公务员机会，发掘开发水族九仙糯产品。水族是"远古走来的贵族"，水书、马尾绣、东方的情人节名闻天下。建议进一步发现开发如马尾绣等传统经营产品，结合电商与实体店方式，发展与宣传水族文化事业。

樊子风，祖籍山西，中国农业大学毕业，为丰台区分钟寺村官。建议与"山水明田"结合，利用北京大市场，与有关全国大学生村官创业项目结合，推动创业工程建设发展。

张振峰，担任河北邯郸村官已经 6 年，经营甘丹冬枣 300 亩，2014 年开始尝试采摘经营，2015 年达到较高水平。帮助 30 多人就业，与县科技局联合开展百果园建设，农耕文化展览馆建设。建议总结前期合作社建设中的经验教训，在新的基础上，发展合作社事业。

李磊，2014 年担任河南省淮阳大学生村官，现为村支部书记。淮阳为旅游县，当地芦苇画、荷叶茶、七星黄花菜有名。其中黄花菜有 6 000 亩。开发的爱优先菜篮子网，100 公里范围内，1 个小时送到，产品服务有特色。建议利用现有全国农村发展条件，扎扎实实地建立温馨的服务体系，稳步推动旅游业综合发展。

文天龙，湖南长沙湘潭大学生村官，2015 年辞去企业的工业设计制造副总经理，担任大学生村官。所在地为省级 AAAA 级景区有 70% 的竹林，2015 年全村人均收入 2.4 万元。竹筒酒为古酒，利用一品湘山竹，生长半年砍下来，一节节地包装，在实体店、微商出售。村旅游发展公司经营有养马、度假、咖啡屋、房车、露营项目。对全村的住房摸底调查，对于外出打工者的家乡住房，通过合同方式租用，统一装修，用于异地养老，发展当地的旅游经济。建议发展多种形式的合作社，壮大村集体经济，适时考虑邻村之间的合作联社建设。

徐梁，2015 年在湖北担任村官，华中农业大学毕业。大四时曾搞过创业，没搞成。国家号召精准扶贫。自己放弃了推荐读研的机会，回家乡担任村官创业。目前选择自己爷爷连续 60 多年养土蜂蜜的技术，在省里答辩获得项目支持。电商营销效果不佳，开始时项目曾亏损 5 万～6 万元。实体销售要好一些。现在的合作社有 18 户，以现有的经营方式来看，项目还不能养活 4～5 个人，共同创业。建议稳下心来，从土蜂项目入手，扎扎实实，从技术上彻底掌握，要耐心地让产品取信于人。徐氏老字号品牌可以，也可以稍作变通，然后再扩展项目。注意要做一个十年创业计划。谨记"欲速则不达"的古训。

袁辉亮，药膳专业。高中开始就参与创业，培育园林树苗。2014 年开始担任福建龙岩市大学生村官。目前已经发展到 400 亩农场规模，有 178 人参与创业。经营项目有鸡、鸭、兔、猪、牛。如 35 日龄内鸡苗，笼养，避免感染，35 日龄后山上种草，放养。计划发展药膳鸡，用桑叶喂鸡，保证鸡的健康，同时药食同源，鸡肉产品有保健功能。已经与厦门商会、华润集团等市场对接销售，物流配送，农产品进城。计划成立龙岩市大学生村官创业园。建议要进行模式与制度化建设研究，走多种经营，分项目合作，单独核算，统一经营的综合性合作社发展道路。

党纪安，陕西大荔县村官。所在镇有 8 万亩冬枣，实现了人均 1 亩，当地建设有万亩有机冬枣示范园，全县年发展面积 2 万亩。上市季节每斤* 价格 100、80、60 元。当地老乡经营冬枣跟管理孩子一样精细，县政府非常重视产业质量管理，成立有专门的管理人员，清查农药。存在的问题是储藏困难，一般 10 月份收获完后，最长储存时间为 1 个月，

---

* 斤为非法定计量单位，1 斤等于 0.5 千克。

之后便烂果，或果味变质。建议在现阶段严格抓好质量关。县域产业结构单一，技术又有可替代性，中长期发展将面临更大的竞争局面。制胜法宝为群众性的质量控制体系，还有水资源可持续发展问题，也要考虑。

张明波，云南普洱人，西北农大硕士研究生毕业，现为河北唐山大学生村官。刚刚去林业总局面试，没成功。所在村为城中村，前几年观察到，当地人平时对普洱茶感兴趣，普洱茶价格高，一个茶饼几百、几千元。于是决定试一试销售。她筛选到烟花谷茶园的普洱茶，口感与味道好，选择一款茶叶，到茶厂代加工，打成饼，通过做微店，效果很好。现在已经发展了两个朋友，不到一年时间，已经有 6 万～7 万元的市场。目前主要销售还是朋友与熟人，相互转发，平台有限。她发现微店目前是年轻人的信息交流渠道，而饮茶人主要是 40 岁以上的人，存在渠道不畅的问题。看来，虽然已经有了一个好的起点，但这是从个性化信任到社会性信任的社会过程，建议拓展方式。只有用耐心、时间、创新来稳定销售，扩展成果。

二、创业工作中的若干技巧与方针

根据当前国家建设形势，提出以下大学生村官创业技巧与创业方针。

1. 将村庄有机生产作为创业品牌产品的基本目标方向　有机生产是国内外针对常规现代农业不足提出的对策性建设方案，已经有 100 年左右的发展历史，建立了相对完整的管理体系与技术体系，世界 170 个国家与地区有分支机构支持发展。国内已经颁布生产标准，环境保护部、农业部、国家认证认可监督管理委员会有专门机构与机制进行相关建设指导。建议山水明田项目与南京国环认证机构建立制度联系，请求支持，以保证项目低成本运行。管理是一方面，我们的创业团队要做到对照国家有机农业标准进行生产，使得所有大学生村官的创业产品都成为信得过的产品。

2. 积极尝试与坚定发展合作社创业组织管理体系　各地大学生创业者因具体条件采取个人成立公司、合资成立公司、协助当地公司创业、与群众成立合作社等方式。按照生产流程，可以将经营体分为生产与加工经营实体，以及纯粹加工服务经营主体两个类型。从大学生村官事业的特点来看，要努力尝试合作社经营管理体系，取得突破。世界上最大的合作社是丹麦与瑞典的阿拉福得合作社，有 16 000 多农户；第二大合作社是荷兰的菲斯兰卡皮纳合作社，有 14 000 多农户参加，提供了荷兰 80% 的牛奶，是世界 500 强企业。我国最大的合作社是山西永济的蒲韩合作社，有 3 800 多农户，113 位员工。此外，丹麦的 FDB 供销合作社拥有社员 130 万人，丹麦有一半家庭是该合作社社员，其零售业占丹麦市场份额的 38%。这些都是成功的实践。我国是社会主义国家，农村有最好的合作基础，1949 年后曾经有过系统的合作化实践。在认真总结历史经验的基础上，结合最新实践条件，不失时机地发展村级合作社，村内或村际间合作联社，区域合作总社是未来我国农业发展的根本出路。创业的大学生村官们当仁不让，坚定地扛起大旗，建立功勋。

3. 从小处着手，耐心积累经验，抵住诱惑，控制速度，生产与市场同步生长　任何事物的成长都是通过由小到大，积累发展的。一个好的创业项目的完成通常需要 10 年左右的时间。这就是"十年磨一剑"，"面壁十年"，"十年冷板凳"的内涵。在今天全球化形势下，要了解行业内部的关系，熟悉与被熟悉，建立信任联系，掌握行业技术，把握前沿技术，立于不败之地，在经营领域站稳脚跟，守住门户，稳扎稳打，建立可靠、默契的工作团队，树立品牌，这些工作需要10年左右的时间。转换工作领域，一切将需要从头再来。因此，大学生村官创业不要希冀短期内出彩，出大彩，而要时时提醒自己，是不是太快了，有没有头重脚轻。身为创业的大学生村官要经得起摔打，经得起挫折，学会在困难中学习、进步，接受多种多样的经验教训，能够识别诱惑，稳步建立抵制各种挑战的能力。在生产与市场两方面同步成长，成为社会百姓信赖的佼佼者。

4. 善于动员民众参与创业　应当时刻谨记，大学生村官创业最坚定的支持者是村民，动员成百上千的村民积极投身创业是我们的最终目标。要注意最终目标不是最初目标，实现最终目标需要方法。围绕这样的目标，可以采用大学生村官联手创业；自己带头先尝试，与村民组建合作社共同创业；引进公司启动创业等形式，殊途同归。随着国家"十三五"计划的展开，扶贫攻坚，新农村建设，城乡和谐建设任务的明确，越来越多的人认识到了乡村建设的重要性，全局意义上乡村领域大众创业的大势已经形成，蓄势待发。要注意团结与引导返乡村民参与创业，他们中相当部分人兼通城乡，能吃苦，有见识，是大学生村官最重要的创业合作者；要注意吸收农二代共同创业，他们的根在村里，特别要注意取得他们背后的父辈人的支持，然后在认真探索基础上，稳扎稳打，循序推进；要注意动员与吸收有乡村建设情怀的中老年离退休干部、知识分子返乡创业，他们群众工作能力强，城市市场背景好，人缘条件优越；要适时引导城市非农企业进入创业序列，他们有现代企业管理背景，有一定市场联系。但是无论如何，都要始终注意在整个过程中把取得村民的信任，既作为根本出发点，又作为创业成功的核心任务来对待。得到了这一点，就为你的创业提供了最终成功的保证；而失去了这一点，则意味着你的创业最终将失败。

5. 要用智慧来动员资金，为我所用　许多人创业见面就谈钱的问题，这是肤浅的表现。一般来说，创业成功有四个条件：第一，要有一个好的团队，管理人员，技术人员，质量控制人员都是有经验的，即要有一流的人员；第二，有一个好的项目，要经过国际国内技术论证，市场前景广阔，全面反复的考察，项目经济效益、社会效益、生态效益兼优，符合当地特色，村民参与潜力大；第三，好的启动路线图，即项目进程为由浅入深，由小到大，由质量到数量，由生产到销售，由企业到民众进行了系统的研究，计划稳妥，科学性强，可以实施。有人说，这些东西可以在发展中逐步解决，但这是错误的。投资方一定要见到这些考虑后才肯坐下来谈；第四，资金筹措。计划到了这样的程度，有团队，有项目，有计划，资金需求量有限，动员资金问题将变得简单起来。市场上天使基金，银行贷款，众筹，投行，股市，上市公司多系统并行，正在形成好项目难求的局面。而大学生村官创业项目属于最好的项目之列。因此，只要规划好、准备好，就会在动员资金上掌握主动。

6. 把家乡建设好，吸引城里人、国际友人来，共同筹谋建设　在考虑创业时，多数创业者考虑的是把产品卖出去，特别是卖到大城市去。事实上，这只是乡村创业初级阶段的任务。更高水平的任务是通过创业建设，吸引城里人，吸引国际友人到村里来度假、休养，建设康养产业。大学生村官是时代的先锋队，要引领时代进行创业建设，眼光就必须要宽广，既高起点，高水平，又脚踏实地。湖南湘潭文天龙的创业项目有极高的理论价值，值得大家认真研究与学习；山西永济的合作社事业项目有类似潜力，值得关注；杨宁在广西苗寨的创业项目可以在现有基础上更上一层楼。乡村是人类文明江河的源泉。我国乡村是世界文明史发展中历史最悠久、保留最完整、最具多样性的文明活化石。我国边疆地区、民族地区有着悠久的历史，在历史发展过程中完整地保留了丰富的文化资源，是全人类最宝贵的文明财富，为世界各国人民所敬仰。在新的历史时期，只要创业方式得当，就可以吸引大家前来体验与共享，进而学习、研究及参与建设，奠定城乡和谐与中外和谐的建设基础。

7. 注意生活细节，构筑具有时代代表性的大学生村官创业与企业文化　文化是有结构的。在国际间如有中国文化与西方文化，社会主义文化与资本主义文化；国内有城市文化与乡村文化，传统文化与现代文化等。近代以来，受全球化发展影响，中外文化、城乡文化、传统与现代文化、社会主义文化与资本主义文化激烈冲撞，相互交融，世界正进入更广泛意义上的"春秋战国"时期，进入到了思想大融合阶段，生态文明时代正在到来。这在客观上必然要求与之相适应的物质生产与文化内容与形态建设。大学生村官作为这一时期在中国乡村进行创业的先进力量，应在新型农业生产体系建设实践中，继承优秀传统文化，积极吸收西方文化精华，同时注意学习世界其他民族优秀文化成果，勇于探索，勇于实践，在具体思维与行为过程中，担当起文化创新者的重任，具体做好创业与合作社（企业）文化建设，自觉地在宏观整体上为建构具有时代代表性的生态文明新文化而努力。

三、农业的战略地位与大学生村官的历史使命

当前我国农业存在五个安全问题。分别为食品质量问题，影响人民群众身体健康；粮食安全问题，2014 年开始，我国粮食进口量已经连续 3 年超过 1 亿吨，占国家粮食年消费量的 15％以上；农村牧区社会安全问题，普遍存在乡村老人、妇女、儿童三留守问题；生态环境安全问题，水源、土壤、空气存在污染和/或资源匮乏问题；国际农业安全问题，世界各国普遍存在与我国类似的农业安全问题，相当部分国家危机已经爆发，陷入灾难之中，国际农业相互支援潜力极其有限，中长期形势趋于恶化。

全球农业问题全局性恶化，是以工业化、城市化、殖民化为核心内容的常规现代化思维造成的必然结果。这意味着世界只要沿着常规现代化的道路前行，全球农业形势就将更加严峻。全人类正面临着由工业文明向生态文明转型的迫切要求，认真评估农业现代化造成的恶果，实现农业转型发展是完成这一文明转型的根本基础。正是在这一意义上，有机农业建设具有全局意义。

历史上，中华民族曾经创造了灿烂的文明成果。1840 年以来，受中西方军事竞争中失败影响，西方技术、经济、政治、文化大量涌入中国，中西方进入交融阶段。1949 年后伴随着新中国建立，我国在军事、政治上实现独立，巍然屹立于世界东方。1978 年之后，改革开放，我国经济发展加快，2010 年成长为世界第二大经济体，成为影响世界经济发展举足轻重的力量。2007 年世界金融危机爆发，随后西方世界应对危机乏力，时至今日，经济走向持续衰落。资本主义世界严重的贫富两极分化，绝大多数发展中国家生态、经济、政治的全面恶化，造成大量世界难民，涌入发达国家及邻近国家，正在使世界

陷入深度社会经济危机之中。

历史地考察，任何新文明大厦的建立都必须以农业的新生为基础。一个时代，只要她的农业健康发展，其文明就繁荣；相反，只要她的农业衰败，其文明就失去了存在的最终基础。今日欧美文化衰落的根本原因不在于它的武器不先进，而在于它引导下的农业在全球意义上越来越不能满足全人类发展的基本需要。欧美力量在主导世界、自由发展400年后，使全球发展陷入深刻危机的事实，表明一个新的文明时代即将到来。重建文明意味着要在全球意义上建设全新的农业体系，世界众多有识之士自然而然地将目光投向了中国，投向了中国农业。

进入21世纪以后，依据国际国内发展新情况，国家审时度势，提出了转变经济增长模式决策，2007年进一步提出了生态文明建设目标，2008年启动大学生村官行动计划。十八大之后，国家在进行一系列拨乱反正工作的同时，全面落实小康建设任务，先后提出了精准扶贫、"一带一路"战略决策。我国自古有耕读相长的人才培养传统，近代中国革命史上一大批革命家均来自乡村，与农民群众有着深厚的感情，这在动员全国人民参加革命斗争和建设中发挥了决定作用。大学生村官行动主要涉及两方面战略问题。一方面为国家现代化建设事业需要一流的建设人才，如何造就有理想、有道德、有能力的青年建设人才，层出不穷地涌流出来，事关党和国家事业的兴衰成败，而这样的青年人才既需要有现代科学与理论知识，又能够结合实际，经历最困难的生产实践过程的磨练，能够在大风大雨中锻炼成长；另一方面，农业是国民经济的基础，是国家小康社会建设的关键所在。由于历史的原因，我国乡村人才奇缺。只有投入国家最优秀的建设人才，才能完成今日国家最伟大的建设任务。综合两方面情况可以明确看出，国家大学生村官行动是党和国家在新的历史时期，在从工业文明向生态文明历史过渡阶段，在国内建设与国际共同发展层面具有重大历史意义的战略决策。大学生村官创业行为与创业工程则是实现党和人民愿望的必由之路。

四、大学生村官要在创业中成长为国家的栋梁

今日大学生村官创业发展需要过五关。分别为：第一，生产技术关。要求掌握过硬的生产技术，技术体系，有时是独有的技术，有时是国际领先的技术或技术体系；第二，产品市场关。即生产的产品要有市场，或者为市场原有产品的良好替代品，如更高质量的大米，水果，蔬菜；或者是新开拓的市场，人人喜爱，如今日流行的智能手机；第三，企业或合作社关。在这样一个生产与市场中间，要求有一个组织管理与运行经营体系，或者是合作社形式，或者是企业形式。比较而言，合作社的组织要难一些，但是更具有广阔的发展前景与社会意义。因此，我们在这里更提倡合作社形式；第四，生态环境关。即长远发展中，这样的产品生产体系不是危害当地生态环境，而是有利于当地生态环境的改善与建设。如许多农药、除草剂的长期使用与滥用不利于当地生态环境，而有机农业可以在根本上保证生态环境可持续发展；第五，社会文化关。即整个生产过程、生产组织形式、产品使用与效果，有利于传承优秀的历史文化与开拓创造出新的社会健康文化，推动生态文明稳步发展。只有全部通过这五关的创业工程建设者，才是真正意义上履行了大学生村官历

史责任，推动了生态文明时代的生产力建设。显然，这是一项长期的工程建设过程。这要求大学生村官创业者有长期建设的思想准备，以保证始终如一，不走弯路。

要实现建设目标，应当一日三省，检查自己的思想意识，不断成长起来。大学生村官创业者一是要有先进意识。要以党和人民的利益作为一切行动的出发点，严格要求自己，刻苦学习，勇于实践，积极主动地经风雨，见世面，发挥先锋模范作用；二是要有质量意识。质量是产业的生命。没有质量，便没有产业。要在创业过程中将大学生村官与产品质量长在一起，在建立全社会新型信任关系中发挥积极作用；三是要有风险意识。在任何情况下都要时刻提醒自己，需要对有关创业项目了解更多情况，认识风险所在，尽早采取措施，保证在产业发展中始终头脑清醒，减免损失，同时积累工作经验，不断提高工作能力；四是要有团体意识。大学生村官是一个大集体。各地大学生村官、上下届大学生村官、在任与离任大学生村官一家亲，要努力在大学生村官创业队伍中建立联系，相互鼓励，相互支持，共同成长；五是要有过程意识。要懂得大学生村官创业有始无终，每一位大学生村官的创业工作均处于过程之中，每一阶段均面临这样或那样的问题，要谦虚谨慎，慎终如始，永远保持旺盛的工作热情；六是要有大局意识。认识到个人的创业工作是与群众的利益联系在一起的，自己所在的合作社或企业是与其他合作社、企业、行业联系在一起的，一地的产业是与多地的产业联系在一起的，所有的大学生村官创业工程是与全国社会经济联系在一起的。因此，在思想和行动中要逐步从容起来，稳重起来，始终立于不败之地；七是要有系统意识。我们已经处于系统科学时代，要了解创业工作的系统性、结构性、阶段性特点，熟悉左邻右舍与周边环境，主动工作，努力创造良好的工作氛围，持续推动创业工作有计划、有步骤、有序发展；八是要有创新意识。在持续、大量调查研究基础上，随着产业形势的认识，工作环境的了解，人才、技术、市场、政策与法律法规的熟悉，围绕提高产业社会效益、经济效益、生态效益总目标，在反复思考与广泛考证基础上，积极尝试项目创新，不断推出新产品、新市场、新概念、新天地；九是要有学习意识。要知道在乡村进行创业难度巨大，注意始终坚持向群众学习，向实践学习，向书本学习，向历史学习。处处留心皆学问。使自己变得丰富起来，要永远保持虚心学习的态度；十是要有服务意识。要始终将自己当作普通一员，人民群众是主人，自己是人民群众的服务员，全心全意为人民服务。人民一时不理解的，要放下来等一等，不可莽撞行事，要创造条件，诚心诚意等到民众理解时再行动。取信于民是创业成功之本。只要做到了以上几点，就将使我们的创业工作立于必成之地。在此过程中，一点一点、一步一步地成长为国家的栋梁。

陕西省大学生村官工作调研报告

周衍江

选聘高校毕业生到村（社区）任职，是党中央做出的一项重大决策，对加快推进社会主义新农村建设具有重大而深远的战略意义。为了深入了解陕西省大学生村官基层工作现状，制定出切实有效的政策，使我省大学生村官工作走在全国前列，陕西省委组织部组织一处发起了本次调研，本次调研立足全省大学生村官工作生活实际，经过 14 名大学生村官志愿者的不懈努力圆满完成。现将调研的有关情况总结汇报如下：

一、调研的目的及具体方法

开展此次调研是为了及时发现和掌握大学生村官工作生活中的热点、难点问题，方便组织部门对现有相关政策进行优化改进，促进对我省大学生村官进行规范化管理和科学化使用。

本次调研由 14 名大学生村官志愿者，在不影响日常工作前提下积极完成的。为了使报告反映的热点、难点问题更具广泛意义和实际意义，本次调研采取了网络问卷（见附件 1）的形式。利用组建陕西省大学生村官 qq 交流群、微信交流群的形式发放网络问卷，本次调研问卷的发放覆盖了陕西省大部分市县（区），掌握了大量一手资料，为调研报告的撰写积累了详实素材。由于时间有限，本次调研共收回调查问卷 676 份，涉及全省 11 个市 1 个区，我们随机抽取其中 500 份，占全省在岗大学生村官 1/10 左右。

二、调研中大学生村官的基本情况

本次调研中大学生村官的各项基本信息情况见附件 2。

三、推行大学生村官工作的积极意义

在调研中我们发现，我省的大学生村官大部分工作积极，能充分发挥自己的优势，协助村两委会做好村里的工作和当地乡镇交办的事项，使农村工作呈现出新气象。

首先，为巩固党的执政基础提供新的力量。大学生村官有远大的志向、发展的热情和积极的进取心，他们以村党组织书记助理、村委会主任助理的身份投入工作，为农村基层干部增添了新鲜血液。既让他们在了解农村、熟悉农村中尽快成长起来，又让他们在积累基层工作经验、增长工作才干中为巩固党在农村的执政基础做出了贡献。

其次，为推动新农村建设注入活力。大学生村官到了农村基层以后，大部分能利用所学知识和专业特长，积极为发展农业、致富农民、建设新农村做出了应有的贡献。为推动社会主义新农村建设注入了新的活力。

最后，选聘高校毕业生到村任职能够为农村发展提供人才支持。通过选聘高校毕业生到村任职，可以改变党政人才的成长模式，最主要的是他们了解农村，了解基层，与农民同吃同住同劳动，宣传、执行了党的政策方针，是党在基层最末端的神经元，是优化党政人才来源的重要组成部分。同时，也在大学生中树立新的就业理念和就业价值取向，为各类人才成长树立新导向。

四、存在的问题及分析

（一）身份定位模糊，岗位职责不清，各方面存在身份歧视和边缘化现象

由于大学生村官的身份定位不明确，是非在编人员，有的乡镇和村干部认为大学生村官是过客，是外人，是来镀金的，待不了几年就会走人，所以只把大学生村官当成打字员、跑腿工、免费劳动力，没有发挥大学生村官的实际价值；有的村干部则担心大学生村官会影响自己的权力和利益，在日常村务工作和会议中对大学生村官进行排斥，在换届选举中拒绝、甚至阻挠大学生村官参加；部分大学生村官自身也认为自己身份尴尬，没有实际的话语权，把自己定位在资料员、跑腿工层面，只从事村里日常工作，不能积极主动地要任务、挑担子，缺乏克服困难和做好工作的主动性。

（二）借调现象严重，考核机制不完善，激励机制、晋升通道缺失

（1）由于乡镇工作量大，人员紧张，有些地区把大学生村官当成免费劳动力，截留、长期借调到乡镇使用，导致大学生村官没有进驻所在村，使大学生村官承担了乡镇和村的两头工作，工作量大，加班情况严重。大部分地区对大学生村官重使用，轻培训，且各级领导对大学生村官不重视。

（2）考核机制不完善，考核程序、结果不透明，考核结果没有得到有效运用。本次调研中，部分调研对象反映当地年度考核和聘期考核过程不切实际、结构单一、形式化严重，考核过程不透明，考核过程中重材料轻工作实绩，考核标准不明确，考核结果不公开，个别地区存在考核结果由领导拍板的情况。

（3）激励奖励机制和晋升通道缺乏，导致部分大学生村官工作动力不强。选拔优秀大学生村官进入乡镇副科等政策落实较差，大学生村官很少被作为基层后备干部进行培养，大学生村官在各级党代表、人大代表，政协委员中的比例较低。

（三）工作环境艰苦，工资待遇偏低，发放不及时，保障机制不完善

（1）部分大学生村官所驻村地处偏僻，交通不便，导致大学生村官日常的住宿、吃饭、交通问题无法解决，特别是女村官的人身安全问题也是一个不可忽视的方面，这些因素严重影响大学生村官的正常工作。

（2）与公务员和事业单位人员相比，大学生村官的工资待遇偏低，差距较大（如下图

示），大学生村官又正处在婚恋生子、父母养老、买车买房等人生大事的关键时期，偏低的工资待遇严重阻碍了大学生村官的工作积极性，致使部分大学生村官为了生计被迫辞职，或整日抱书考试，严重影响了正常工作，导致农村基层经验丰富人才的流失，也违背了大学生村官政策的初衷。

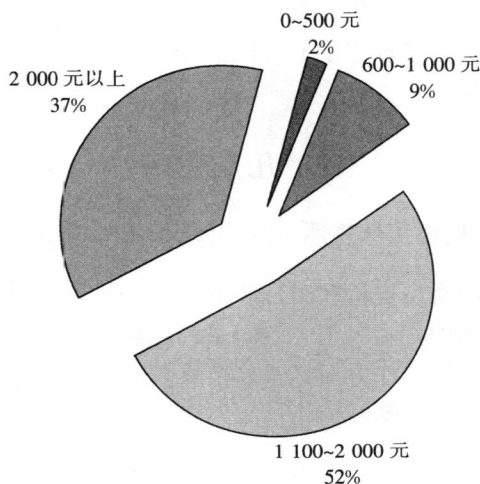

与当地新进公务员事业单位工资差距

（3）保障机制不完善，与公务员、事业单位相比缺乏五险一金，缺少交通、取暖、降温等补助和年假休息。与同工同酬的社区工作者相比，没有住房公积金，换届选举进入两委的没有发放相关补贴。社区工作人员补贴本来就比大学生村官高，进入两委每月还增加补贴 600 元，大学生村官没有每年体检的政策，导致部分大学生村官认为被区别对待，心理不平衡，心理落差较大。

（四）出路不明确，分流政策前后不统一，导致大学生村官认为前途迷茫，有后顾之忧

在大学生村官的分流工作上，政策前后不统一，有不公平现象。如针对 2016 年的大学生村官明确满 3 年服务期经考核合格转为事业单位，而 2015 年以前的老村官任职时间长、基层奉献多、工作经验丰富反而没有得到优先安置，严重挫伤了老村官的工作积极性。

各市分流政策不统一，甚至各县区政策都不统一，标准不明确。例如，咸阳市和渭南市等地方做得较好，每年在事业单位招聘中给大学生村官留有名额或专门组织从大学生村官中定向招聘事业单位人员，加大平时的分流力度，而西安市等市区做得就相对较差，不注重平时的分流，导致大学生村官积压较多，分流压力较大。

由于大学生村官出路和分流政策不明确，各地区执行力度不统一，导致在岗大学生村官对自己的前途迷茫，压力巨大，有后顾之忧，不能安心工作。

（五）没有明确的创业扶持和培养政策，创业资金、技术缺乏，创业积极性不高，难以带动村民致富

由于大学生村官初入社会，没有资金积累，培训机会较少，缺乏创业方面的相关指导，导致部分创业意愿强烈的大学生村官困难重重，即使通过家庭资助进行了创业，可是仍因为缺乏后续资金、技术，管理水平低等因素导致创业失败，不能因地制宜充分利用本地的各种资源带动村民致富。

五、几点思考

（一）如何解决大学生村官工作生活中的问题？

一是明确大学生村官的身份定位和岗位职责。使乡镇和村干部明白大学生村官的具体工作职责，而不是他们眼中的"临时工、资料员、跑腿工"，使大学生村官不受歧视。同时也明确了大学生村官自身的工作方向，明确田晓东部长所说的"八大员"职责，使大学生村官更好地为新农村建设做出奉献。

二是完善培训制度，定期组织大学生村官进行分类培训，要多组织具有针对性的培训（如：农村淘宝、农畜饲养、蔬菜种植、农产品深加工等）。

三是完善考核激励机制，使考核结果与出路相挂钩。专门成立大学生村官的管理机构，加强监督，防止各地区对大学生村官进行借调。完善大学生村官的考核机制，实行村、镇、县（区）三级考核制度，使大学生村官述职和村民民主测评相结合，使考核标准科学、明确、统一，使考核过程透明、公开，使考核结果与绩效奖励和出路分流相挂钩，激发大学生村官的工作积极性。

四是解决基本生活困难，增加工资待遇，加强各项保障。解决部分大学生村官日常的住宿、交通、吃饭和安全问题，提供基本办公设备，为大学生村官开展正常工作提供基本保障；增加工资待遇，其工资待遇水平可参照公务员和事业单位标准，落实五险一金，完善住宿、交通、取暖、降温等各项补助，与公务员和事业单位人员标准一致。明确年假制度，并严格执行；重视大学生村官群体的婚恋问题和身体、心理健康状况，完善体检制度。

五是为生活困难大学生村官，特别是怀孕生子的女大学生村官，协调区域工作调动，为其工作生活提供必要便利，让其感受到组织的温暖。

六是完善大学生村官担任村两委会班子成员职务津贴制度，对担任村两委会副职以上职务的大学生村官增发职务工资。

七是开通大学生村官服务热线，畅通沟通渠道。

（二）如何解决大学生村官的出路和分流问题？（可参考全国其他省市关于大学生村官的分流政策。见附件3）

（1）完善分流政策的一致性，使2015年以前的大学生村官也能与2016年新聘大学生村官享受满3年服务期经考核合格转岗为事业单位的政策。

（2）将大学生村官出路和选调生、事业单位招聘并轨，提供编制和资金支持，使大学生村官满3年服务期经考核合格，可以转任为原乡镇或原县区其他部门事业单位编制，任职满6年经考核合格可转任为原县区的选调生（公务员编制），经考核，特别优秀的满3年可提拔为副科级干部或转岗成为选调生。转任后将村官任职时间计入工龄，计算工龄工资。

（3）增加公务员、事业单位中的特设岗位招录比例，减少学历、专业、地区和年龄等其他限制。

（4）每年组织从大学生村官中招聘公务员和事业单位的定向招聘，加强平时的分流工作。由于部分地区存在拒绝或阻挠大学生村官参加两委换届选举，部分地区镇办则直接任命大学生村官担任副职，村官不占选举名额，这样就导致各区域的不公平，所以应该取消大学生村官必须担任村两委会副职满3年、6年后才能转岗的限制。

（5）将大学生村官的分流工作与国企、银行、学校、医院等单位的招聘相结合，缓解分流压力。

（6）各项政策应该优先考虑任职两年以上的老村官，向老村官倾斜。老村官工作时间长，奉献多，经验丰富，应该优先考虑与选调生和事业单位并轨，丰富农村基层人才储备。

（三）如何激励大学生村官自主创业，带动村民致富问题？

一是重视大学生村官创业，加大创业大学生村官宣传力度，力推相关创业项目及产品，为大学生村官创业提供全方位政策支持。

二是为大学生村官创业提供金融扶持，政府相关部门应该加强与金融机构沟通协调，为大学生村官创业提供无息（低息）贷款，提供担保，减少贷款流程。

三是加强创业培训指导，定期组织大学生村官进行创业交流、实地考察，提供创业实践机会。成立大学生村官创业指导顾问团，加强对大学生村官创业前、中、后期指导，提高创业成功的概率。

四是正在创业的大学生村官，在分流转正时候，依然支持其先前创业项目，让其继续发展，比如，允许其继续作为实体的法人代表。

五是对大学生村官创业进行合理分类管理，在工作时间、方式、内容等方面进行考虑，细化创业大学生村官的考核管理办法。

附件：1.《陕西省大学生村官调查问卷》（略）

2. 本次调研中大学生村官的各项基本信息

3. 全国各省份关于大学生村官的各项政策（略）

附件 1（略）

附件 2

本次调研的 500 名大学生村官的各项基本信息如下：

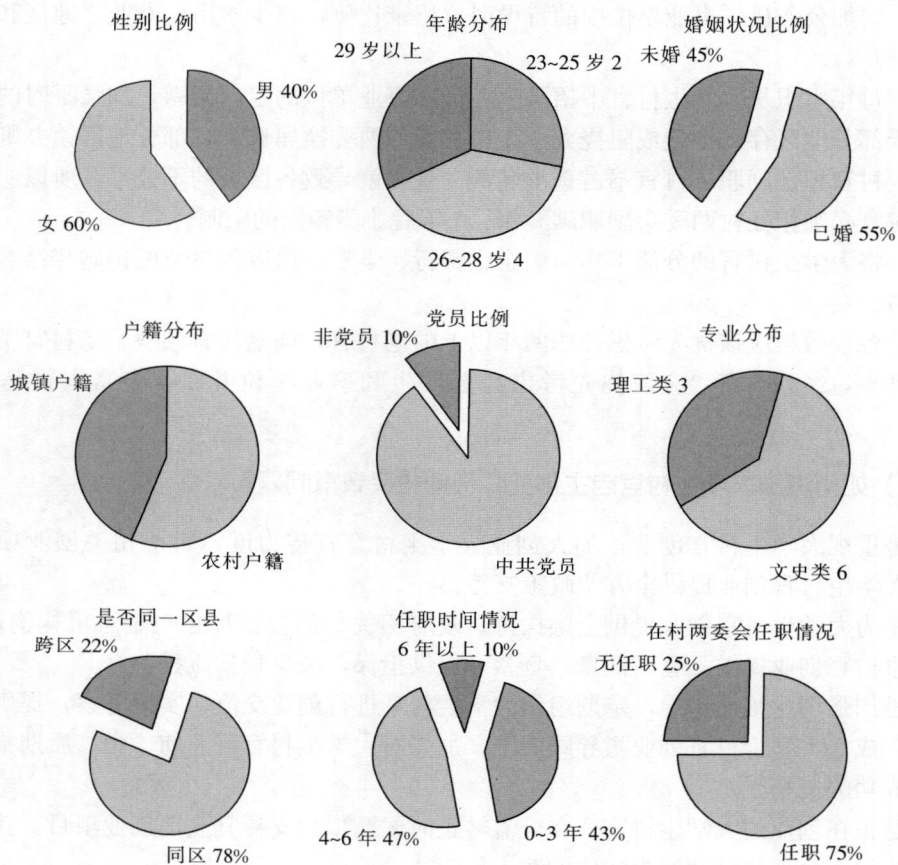

性别比例　　　　年龄分布　　　　婚姻状况比例

29 岁以上　23~25 岁 2　未婚 45%

男 40%

女 60%　　26~28 岁 4　　已婚 55%

户籍分布　　　党员比例　　　　专业分布

非党员 10%　　理工类 3

城镇户籍

农村户籍　　中共党员　　文史类 6

是否同一区县　　任职时间情况　　在村两委会任职情况

跨区 22%　　6 年以上 10%　　无任职 25%

同区 78%　　4~6 年 47%　　0~3 年 43%　　任职 75%

附件 3

全国各省份关于大学生村官的各项政策（略）

中部某省大学生"村官"现状调查

人力资源和社会保障部劳动科学研究所　张丽宾
山西体育职业学院　张晓蕊

　　选聘高校毕业生到村任职，是党中央做出的一项重大战略决策，对于引导高校毕业生面向基层就业创业、培养新农村建设骨干力量、改善农村基层干部队伍结构和培养党政干部后备人才具有重大意义。从 2008 年开始至今，全国已累计选聘大学生村官 30 万人，目前在岗 21.2 万人，覆盖全国 1/3 以上的行政村。2009 年，中组部等 12 部门联合下发了《关于建立选聘高校毕业生到村任职工作长效机制的意见》，正式提出了让大学生村官"下得去、待得住、干得好、流得动"的基本要求。现在，大学生"村官"工程在多年实践的基础上已经纳入了国家政权建设的范畴，成为我国社会主义新农村建设和政权制度创新的重要内容。大学生"村官"到农村基层工作以后，充分利用自己的所学和特长，积极为建设农村、服务农民、发展农业做出贡献，同时自身也得到了锻炼和提高，成为新农村建设的骨干力量。然而经过几年的实践，大学生"村官"的实施中出现了政策执行的偏差，部分"村官"的不作为，"村官"对出路的担忧，工资低等方面的原因，导致"村官"没有起到应有的服务基层，促进发展，增长见识，增长才干的作用。

　　本文采用深度访谈、不同视角的比较等研究方法对中部某省的大学生"村官"进行为期 2 个月的调查[①]。访谈对象有大学生"村官"、村里"两委"领导、村民、乡镇领导、已结束"村官"的部分大学生及其他一些关注大学生"村官"的人员，并收集了相关地市及省委组织部门的相关文件作为政策的依据。本文主要从访谈的"村官"的工作状况，面临的主要问题及建议等方面进行探讨。

一、现任大学生"村官"现状

　　大学生"村官"的现状主要分为工作现状、工资和担任职位现状两个方面。

（一）工作现状

　　大学生"村官"应该是服务农村，扎根基层，但各地政府在落实中存在偏差。2013 年底政策要求大学生"村官"必须进村，踏实工作。在"村官"的访谈中发现工作现状主要有以下三种类型。

　　1. "村官"住村，工作开展得很好　　"村官"从开始一直在村里工作，并在村里起到很大的作用。他们踏实工作，在创业、带动当地人致富方面起到领头雁的作用。他们和群

---

　　① 调查时间为 2014 年 2~4 月。

众打成一片，受到百姓的好评。

这样的"村官"多在市区周边的城中村或县区周边，他们有较好的工作环境和场所。

对于这样的"村官"，几年的磨练已经使他们很好地融入村里，受到村民的欢迎。两委也很愿意听取他们的意见，并将一些工作交给他们去做。

2. "村官"挂职在村里，但在当地乡镇工作　部分"村官"挂职在村里却在乡镇上班。他们在乡镇或社区里帮忙干杂活，在乡镇里是"万能的临时工"。他们只有在村里选举，起草文件，学习，调查等时候去挂职村，和村民接触机会少，对当地村民的现状了解不够深入，很难融入村里，其中也存在不在岗现象。

这类型"村官"多在城乡结合部、县城周边及管理比较严格的地区。

对于在乡镇工作的"村官"，只有在村里开会选举等时候参与村里的工作，当地村干部认为在文件的处理，材料的准备等方面有一定的作用，但作用不大。

3. "村官"挂职在村，但很少去　"村官"在村里工作，但村里事务少，他们只有在有事时候才去。例如选举、起草文件、开会等。这类型"村官"在经济不太发达的地区及管理松散的地区存在，而且还不少。

这类"村官"受地域的局限，村里条件相对较差。当地无企业，村民以种地为生，年轻人外出打工，村民以留守儿童和老人为主。"村官"在村里吃住没有地方，山上的交通不方便，安全得不到保障，不具备创业的条件。这类的"村官"只有在起草文件，学习，填表，选举等时候去村里。或乡镇有活干时临时抽调去工作。还有部分"村官"是因为村里两委不希望他们参与村里的事务。

村领导对这类型"村官"的评价是太年轻，不具备领导能力，几乎没机会参加村里的决策（个人和村里原因都有），只是做一些文字性的材料，记录等工作，基本不起作用。

（二）工资和职位现状

"村官"目前的工资在 2 000～2 300 元之间，对于经济不发达区域的"村官"生活可以得到保障，但对于城市周边"村官"并已经结婚的人，不够生活。大学生"村官"几乎没有灰色收入，部分"村官"还在啃老，适度提高他们的工资标准是他们所期望的。

按照组织要求，大学生"村官"是中共正式党员的，一般安排担任村党组织副书记或村党组织书记助理职务，是中共预备党员或非中共党员的，一般安排担任村委会主任助理职务。

在访谈中大学生"村官"除考入事业编、公务员或研究生外，几乎没有人主动提出辞职。

（三）对"村官"的评价

1. 乡镇领导对大学生"村官"看法不同　由于所处的地域不同，有两种不同的声音。有部分乡镇领导认为"村官"们很辛苦，在基层起到很大的作用，但也有部分领导认为他们基本不起作用。

对"村官"认可的领导的观点：大学生"村官"出发点是好的，但在政策的保障方面没有延续，看不到出路也是他们目前最大的痛苦。不稳定的工作，工资低，焦虑感强，没有保障，有后顾之忧。工作强度大，考试时没时间复习，随着年龄的增长，失去了很多机会。

对"村官"不认可的领导的观点：他们在村里做一些文字性的工作，年龄小，没有话语权，没有领导能力，在村中起不到什么实质性的作用。持这种看法的领导还不少。他们也认为"村官"没出路，工作积极性不高。

2. 对大学生"村官"没有很好地融入农村的看法 访谈中提到大学生"村官"没有很好地融入农村，大家认为主要有以下几方面的因素：一是个人的扎根意识淡薄，不积极主动融入，"跳板"心理存在；二是在边远农村工作，进村很少，如何融入；三是个人力量薄弱，想干事业，但人力财力不够；四是部分人挂村而在乡镇上班，基本不熟悉村里的情况；五是村里两委不团结，情况比较复杂等。

二、影响大学生"村官"作用发挥的原因分析

（一）大学生"村官"对前途充满担忧

部分大学生"村官"在村里所学专业无用武之地，对前途的担忧，面临生活困难，难融入农村。

1. "村官"的出口不畅 由于感觉前途渺茫，部分"村官"表现出焦虑的心情，影响了其作用的发挥。每个受访者都提到出路的问题。我们的出路在哪里？有部分考入事业编，公务员编或考研，但还有剩余的相当一部分人他们为自己的出路担忧！更为焦虑的是已经签 3 次的"村官"们，以村官的身份工作 9 年后，如果我们被解聘我们怎么办？对于目前政策规定的五条出路，他们认为：鼓励大学生"村官"担任村"两委"这是不现实的，不是当地的居民你没有选举权，而且认为自己没有足够的实力；扶持大学生"村官"自主创业，他们认为可行性不大，受当地的基础条件、审批程序复杂、项目达不到一定规模、得不到政府的支持等条件的制约，创业者并不多；引导大学生"村官"另行择业是他们不想选择的，不愿意放弃自己目前的工作也是目前"村官"的困扰，他们觉得放弃，多年的辛苦就白费了；继续学习深造，年轻村官认为很现实，但工作多年的村官认为很难。繁忙的工作没时间学习，而且很多人已经成家，面临生活的很多方面的问题，他们更多人的期望还是身份的转变。考取公务员和事业编是目前大部分"村官"最想要的出路。

2. 考试岗位少及存在不公平现象 国考和公务员的考试已经不再加分，乡镇公务员以及对"村官"特定岗位的要求受到专业和年龄等方面的限制，他们认为目前考试的岗位太少。而且在考试中面试环节存在不公平性，有些村官反映考试指标逐年递减，有人甚至没有考试的机会。

3. 缺乏创业扶持 受地域、个人自身等条件的限制，创业"村官"并没有新闻媒体所报道的那样广泛。"村官"谈到创业有想法，但不实际。搞项目，资金的引进比较难，如果没有一定的规模，政府是不会投入资金的。创业的审批程序也较复杂，创业培训并不多。

（二）大学生"村官"的选拔和管理存在疏漏

1. 大学生"村官"的选拔机制有待完善 大学生"村官"进村任职，前期的选拔和

后期的管理存在很大的差异。在实践中，尽管政策在逐渐完善中，但依旧出现了"村官"和政府部门的意愿难契合。大学生"村官"进村后心里落差很大，自己不太想参与村里的事，部分人把"村官"当成"跳板"。与农民打交道的积极性并不高，存在"不作为"心态。存在不愿意扎根农村的想法。年长的"村官"经过几年的磨炼，无所作为，有得过且过的想法。在访谈中提到所学专业与工作的关系，大部分"村官"认为专业知识无用武之地。

基层分管部门则认为，"村官"的选拔机制方面很少考虑基层的意见。乡镇缺岗但是他们没有权利报岗，权利只在上级部门。他们更希望用当地的"村官"，毕竟熟悉工作。

2. 大学生"村官"的管理机制需要完善 大学生"村官"在基层工作但考核却在区（县）一级。基层领导感觉到只能用人，没有用人权，意见得不到采纳。

一些地方政府在落实政策中存在问题，疏忽对"村官"的监管，甚至对不作为不上班的"村官"起"保护伞"作用。监管力度不够，落实政策只顾眼前利益。对"村官"的创业等方面起不到实际扶持的作用，没有起到很好的带动他们扎根农村创业的积极性。此外，女大学生"村官"的安全问题也值得关注。访谈间他们提到安全的重要性，驻村时女大学生"村官"存在安全隐患。

3. 身份的尴尬 受传统文化的影响及多年工作环境的实践，他们更希望得到的是一份稳定的工作。目前大学生"村官"参照事业编，其他方面和事业编有很大的区别。在村里不是村民，在乡镇上他们是编外人，而且在社会上得不到应有的尊重，他们认为目前的身份很尴尬。

三、建　　议

针对大学生"村官"的现状，笔者认为，要激发大学生"村官"的工作热情，良好的顶层设计是关键，要用制度激励村官，建立更加合理的延续政策，促进更加公平的机制，让踏实肯干的村官看到希望，让不作为者淘汰出去。

（一）完善大学生"村官"的出路政策

1. 提供给大学生"村官"更多的岗位机会 结合"村官"实际需求，为他们扎根农村提供机制保障，解决"村官"后顾之忧。提供大学生"村官"更多的岗位，政策上能有些倾斜（乡镇公务员岗），特别是对于时间比较长且在本职岗位上辛苦工作的"村官"多一些机会。每年各级政府的招考，要优先考虑现有"村官"，逐年解决他们的编制问题。对于踏实肯干得到老百姓认可的"村官"，改革考核机制增加免试入编，提供他们更努力工作的平台。结合当地实际逐步消化现有"村官"。

2. 开辟新的就业渠道 在原有基础上，可以把优秀的大学生村官向专职的党支部书记，城市社区书记，主任方向培养。让他们在编制上放心，安心工作，成为广大基层人民的贴心人，基层稳定的维护者。现在社区有很大的缺口，解决部分"村官"身份后考虑他们去社区工作。

3. 鼓励大学生"村官"创业 在创业资金和审批程序上能给予优惠。加大对大学生村官创业的扶持力度，尤其在工商、税务和信贷政策的支持力度。但必须有相应的监管机制，避免出现创业基金下放，没有后续的监管。

4. 提高"村官"的基本工资 最现实的问题是经济的困扰，如果能适度提升大学生"村官"的待遇，解决他们的生活问题，也是他们所期望但认为难实现的一件事。

（二）加强对大学生"村官"的管理

1. 完善大学生"村官"的考核机制 目前对"村官"的考核，更多的是听本人意见、乡镇一级领导意见，很少有人去问村民意见、村干部意见，最真实的声音传递不出来。建议完善对大学生"村官"的考核办法，采用民主评议的办法，制定明确的考核指标，采取不定期的检查、暗访等方式，而不是过度依赖当地乡政府的监管，真正起到激励大学生"村官"为村民服务的作用。

2. 建立大学生"村官"淘汰机制 加强对大学生"村官"监管力度，杜绝"吃空饷"现象。对于不作为，"吃空饷"的村官不再聘用。

（三）完善大学生"村官"的选拔机制

1. 充分考虑专业和地区的需要 在大学生"村官"前期的选拔中，选择专业更适合农村的大学生，避免出现资源的浪费和专业的荒废。要完善异地村官的政策，解决偏远地方没人去的问题。对于安全无法保障的村庄，尽量不安排女大学生"村官"。

2. 对大学生"村官"开展入职前的培训 对大学生"村官"开展入职前的思想教育、国情培训，解决大学生"村官"的思想认识问题；开展创业培训，提高他们带动当地村民创业的能力；开展领导能力方面的培训，解决年轻大学生领导能力不足的问题。总之，大学生"村官"也要做到培训上岗。还应为大学生"村官"指定工作导师，并明确导师的责任。

选调大学生村官在农村
发挥作用情况的调研报告

龙居镇银匠王村书记助理　侯田田

建设社会主义新农村是我国现代化建设进程中的重大历史任务，选调大学生"村官"作为农村的新生力量，引导他们在农村、在基层最大限度地发挥作用，对我国的新农村建设具有深远意义。而镇党委、政府作为管理机关，对他们的作用发挥起着关键性的作用。我镇充分引导大学生村官发挥优势，大力发挥其在新农村建设中的作用，为大学生"村官"干事创业提供了坚强的精神后盾和发挥才干的舞台。

一、我镇选调大学生村官情况

龙居镇近两年选调的大学生村官共有 5 名，均为女性，其中大学本科 2 名，研究生 2 名，正式党员 4 名，分别毕业于 4 所学校，其中 985 高校三所，省内普通高校一所，所学专业涉及法学、环境科学、造纸共 3 个专业门类。目前，4 名大学生村官均在村担任村党支部书记助理。

二、我镇选调大学生村官发挥作用情况

一是引导其做好基础村级工作，当好贴心人、做好带头人。采用传帮带的形式，由镇安排科级干部进行帮带，并与村两委对大学生村官的工作和生活经常进行沟通和交流，确保了大学生村官在村工作的顺利开展。监督和保证大学生村官每周到村工作，参与基层党组织标准化建设，并与村"两委"成员一起参与值班。原则上要求大学生村官对本村情况进行调查摸底，并编制村情档案，出具农村工作调研报告，协助村两委建立和维护村级档案管理工作。在此基础上，引导其发挥联络员作用，搭建镇、村沟通的桥梁，及时将镇级工作部署，会议精神传达到村，并把村情民意及时向镇直相关部门反映。同时鼓励大学生村官发挥引导员作用，鼓励其引导和帮助村两委带头成立生产合作社，发展现代农业。通过带头创业、种植试验田、试种新作物新技术、协助进行科学技术讲解等，降低农民对学习新知识，运用新技术的顾虑。

二是优化村级干部队伍结构，提升了村级干部队伍整体素质。通过大学生村官，调动了农村干部干事创业的积极性，有效地优化了村两委干部结构。我镇各村普遍存在大批中青年农民进城务工现象，使村级干部队伍建设面临文化层次低、年龄老化、工作能力有限、方式简单、积极性不高的困境。大学生村官的到来在很大程度上改善了这一状况，通

过把一些新知识、新技术和新理念带到农村，在经济方面发挥带动作用，较好地解决了村级基层组织建设薄弱、经济发展相对落后、医疗、文化等社会事业水平较低等实际问题，为广大农村干部队伍增添了新的生机和活力。得到了广大村民的好评。

三是鼓励其发挥专业优势和兴趣特长，投身新型农民学校创新培训行动。利用已健全的新型农民学校培训体系，我镇引导大学生村官发挥自身专业优势和兴趣特长，创新新型农民培训课程，充当新型农民培训中的讲师。如我镇新农校及时将侯田田创立的"大学生村官普法联盟"和王慧娟创立的"新芽行动"纳入培训体系，创造性地开设了"农民法律讲堂"和"青春期成长课堂"，法律课程致力于培育"尊法学法、守法用法"的新型农民，青春期课程则通过聚焦最受关注的子女教育问题，进一步推动了我镇新型农民健康、优质生活理念的普及。通过将教育培训对象分类细化，有针对性地开展培训，确保各个层面的农民都能接受有针对性的专业科目培训。如普法教育中，针对中小学生、妇女、外出务工人员及社区矫正人员等，大学生村官普法联盟开设了不同的法律课程。"新芽行动"则开发了面向不同年龄层次家长的讲座及课程版本，以家长讲座与中学生青春期课程作为核心内容，为外出务工家庭解决子女青春期问题提供方案。将大学生村官与新型农民培训结合起来，不仅增加了新农校培训课程的多样性，有效降低了培训成本，还增加了培训频次，提升了新型农民培训效果。

四是利用大学生村官创新传统工作方式，用微信平台带动全镇党建。针对农村党员党课授课形式单调、干农活没时间、人员难集中等问题，我镇借助微信传播速度快、范围广、使用率高、维护成本低的优势，将新媒介形式与党建挂钩，通过大学生村官运营微信小平台打造移动掌上党建大舞台，利用"龙居先锋"微信订阅号，积极推进"学习型、创新型、服务型"党组织建设。及时推送龙居动态信息和咨询，开通"微信党课""微信党校""新型农民培训"等子栏目，通过提供菜单式点课，使党员群众根据自己所需，随时随地接受党的教育。改变新农校传统的课堂授课模式，每天直接将先进经验、致富典型以及党员群众喜爱的文化作品、法律知识、科技知识等推送到党员群众的手中。利用微信平台的回复功能，随时收集党员群众的感受体会和意见建议，并由专人负责归类整理，及时回复。建立了推送党建信息的重要窗口，打造了基层党建的前沿阵地，创新了党建宣传的新型载体，畅通了下情上达的交流渠道。

五是倡树文明乡风，构建新型农民文化生活氛围。由于我镇4名大学生村官均为女性，利用这一优势，镇新农校与团委、妇联联合，以大学生村官所在的村为试点村和中心村，鼓励她们利用业余时间到村里去教跳广场舞，组织一些农民喜闻乐见的文艺演出等形式向群众宣传科学知识和文明新风，丰富村民的精神文化生活，带动其树立科学、文明、健康的生活方式，构建和谐的村庄人际关系。同时建立和丰富农家书屋，倡导读书新风，变农民被动学习为主动看书学习，在丰富群众文化生活的同时，更新了农村传统思想观念，提升了新农村建设中新型农民的文化素质。

三、选调大学生村官基层工作中存在的问题及原因

虽然我镇对引导"选调大学生村官"尽快适应"村官"这个特殊岗位做了大量工作。

但据调查了解，大学生村官在农村工作、学习及生活中还是存在着一些困难和压力：

1. 思想难扎根　2013 年，山东省将选调生和大学生村官并轨，以选调生的选拔标准招录村官。选调村官大多从校门直接走到基层，对新政策、新身份的认知不足，缺乏正确认识和理性看待。在内心依然存在着将"选调村官"当跳板的想法，把其当做是一种在就业压力和选调生考录优惠政策吸引力下作出的选择，缺乏真正热爱农村、扎根农村，在农村建功立业、实现自我价值的思想基础，对适应农村艰苦环境、条件的心理准备不足，承受能力较差。同时婚恋问题也越来越成为阻碍在农村基层岗位上的大学生村官，尤其是女大学生村官的大难题。加之我镇目前 4 名选调村官中，有两名来自外地市（潍坊、滨州），一名来自其他县区（河口区），另外一名来自胜利油田，外地大学生村官与当地人沟通存在些许困难，而且初来乍到，农村交通不便，交不到朋友，业余生活难免感觉孤独和单调。加之新政策实行后，2013 年以后的选调村官与 2012 年及以前的选调生、与自己同期毕业的同学相比，没有编制待遇和福利，工资与当地公务员、与自己的同学等相比有差距，心理落差大，容易产生逃离基层的心态。另外选调大学生村官任职两年即期满，使村干部、村民包括自身都觉得村官到农村工作是暂时的，不可能长久，因此难以产生扎根农村、干事创业的热情。培养对农村的感情，明确农村的发展前景，增加扎根基层、干事创业的动力需要时间和实践，更需要有关部门和领导的引导和鼓励。

2. 工作难深入　调研走访发现，新任选调大学生村官大多面临工作难"深入"的困境。如在村工作感到无从下手、专业不对口、不会人际关系处理、村里人缺乏认同感、水土风俗不适应等。造成这些情况的原因主要有以下几点：一是农村人际关系复杂、利益纠葛较多、工作琐碎繁杂，新上任的大学生村官很难在短期内被农村所接纳，更难对村级工作直接插手。二是所学专业与农村工作联系不大。我镇大学生村干部在校所学专业包括法律、大气科学、造纸等多方面，没有与农村密切相关的涉农专业，加上大学生村官学历高，一定程度上存在着眼高手低、想法计划与实际不合的情况。三是自身缺乏农村工作经验。目前我镇 4 名选调村官均为应届毕业生，直接从校园到农村基层任职，经历单纯，普遍缺乏基层特别是农村工作经验，有的甚至根本没有农村生活的经历。四是受传统观念的束缚和性别原因，开展工作存在一些不便。当前农村两委成员大部分为男性，对大学生村官，尤其是女大学生村官存在不同程度的"不重视、不放心、不信任"心态，导致女大学生村官在开展工作、值班、入户走访时存在一些不便。加之农村家族势力盘根错节，有时会为了自身利益受损而排斥"外姓人""外来"的大学生村官，使得大学生村官想法建议不被重视和采纳，不利于开展工作。

3. 能力待提高　选调大学生村官都是受过正规高等院校教育的青年，经过了层层选拔到村任职。与一般的农村干部相比，具有年纪轻、学历高、视野广、理念新的特点，既是农村建设的参与者，又是农村发展的领航人。因此其能力上的欠缺会直接阻碍着大学生村官在新农村建设中作用的发挥，主要体现在：缺乏运用专业知识解决问题的能力、足够的人际沟通能力、实际工作中的组织管理能力、自我心理调适的能力。农村工作复杂繁琐，人际关系比校园更为复杂，往往刚参加工作的大学生心理落差大，难以胜任和适应。加之当前针对大学生村官群体的培训较少，目前来看，选调村官仅在入职前在临沂大学参加了一次省委组织部组织的入职培训，而在踏上工作岗位以后，相应的培训太少，大学生村官们往往手足无措，比较茫然，亟须相关部门组织一些工作后的相关培训，帮助其弥补自身的不足，完善知识结构，将其尽快转化为实际工作能力。

四、保障选调大学生村官基层发挥作用的建议

一是加强制度建设，提高待遇保障。选调村官作为一项新政策、新生事物，需要有一系列措施来保障政策落地。首先要解决村官政策宣传不到位的问题，提高各镇街对选调村官政策的认识，真正把村官放到村里去，保障大学生村官在村里干事创业。其次继续建立完善相关的配套实施，诸如建立健全必要的规章制度，监督和检查大学生村官在村到岗服务情况，以防止大学生村官身不在村；同时制定大学生村官相关培训计划，针对其工作需求和能力提升，量身打造培训课程和内容，弥补理论与实际相脱节的基础上提高其服务的能力，保障其作用和优势的发挥。最后要提高大学生村官的待遇和保障，减少其心理落差。比如根据地方实际情况，实现与公务员增长工资等的同等待遇，为其提供五险一金的基本保障，在发放精神文明奖、取暖费等补贴方面实现与基层公务员的同工同酬，来解决他们的后顾之忧，才能真正为农村、为基层留住优秀人才。

二是加强对选调大学生村官的帮扶和引导，帮助其在农村开展工作。大学生村官在农村的大舞台上干事创业需要多方面的支持，一方面各级党委、政府要重视大学生村官这个群体，制定和执行一系列制度和奖励措施，扶持有创新、有价值的项目。如实行定向帮扶村官政策，组织部的工作人员、各镇街的科技干部可以每个人直接定向帮扶一个创业村官，通过帮带，帮助大学生村官更好地在农村开展工作、干事创业。另一方面各级党委、政府要积极协调相关职能部门在资金、技术、项目、税收等方面对大学生村官给予优惠，让大学生村官鼓足干劲去发展。最后组织部门、镇街等牵头成立"大学生村官之家"，定期召集大学生村官和相关部门领导在村官之家进行交流和座谈。开展和其他县区、地市的村官交流活动，学习其他人的经验，整合大学生村官群体的力量，扩大其发挥作用的范围，使大学生村官能真正参与并热爱基层工作。

三是大学生自身要准确定位，提升扎根基层、服务"三农"的意识。一要明确自我定位，强化基层意识。端正态度，正确处理理想和现实之间的关系，激发自己服务农村的热情与责任感，背负起建设新农村的历史使命，脚踏实地，树立促农村发展、让农民受益的目标，把自己的远大抱负与到基层实践紧密结合在一起，锤炼自我，立足长远、扎根农村、服务三农，不能把"选调村官"作为"跳板"。二要强化学习意识，做好与农村工作相关的知识储备。关注"三农"和新农村建设，主动学习市场、信息、经营管理等方面的知识。了解和掌握与农村相关的政策、法规和发展动态，主动为村民讲解和宣传；主动与村干部、村民交流沟通，提高人际交往能力和分析、解决实际问题的能力。三要强化群众意识，村中无小事，把群众冷暖挂心头。要真心俯下身子，关心农民，体贴农民，哪里艰苦到哪里去，哪里群众有困难就奔向哪里。多去田间地头与村民同劳动、同生产，多跑村民家中面对面交流，主动针对"三农"工作中的问题开展调研。努力在促膝交谈中了解村情民意，因势利导做好"三农"工作，从小事做起，踏踏实实、勤勤恳恳地做好村官工作。

关于如何落实开展新农村
党建工作的思考

——基于后黄村党支部党建示范点的调研

福建省蒲田市荔城区西天尾镇后黄村大学生村官　陈　进

一、后黄概况

后黄村位于福建省莆田市荔城区西天尾镇以东 2 公里处，素有"荔城区华侨第一村"的美誉。东临涵江区梧塘镇，南接本镇碗洋、澄渚村，北靠三山之首烽火台。全村方圆面积约 1.5 平方公里，6 个村民小组，254 户，人口 1 015 人。全村经济以水稻、蔬菜、枇杷、龙眼等种植为主，农民人均收入 8 000 元。几年来，在村党支部的领导下，乘着"美丽莆田·幸福家园"的政策春风，村两委班子团结务实，勤政为民，按照"五个好"党支部标准，按照新农村建设要求，充分发挥党组织的战斗堡垒作用和党员的先锋模范作用，不断开拓进取，不断转变观念，促进后黄村经济又好又快发展，成为"全国文明村""全国民主法治示范村""全国妇联基层组织建设示范村""全省先进基层党组织""省级卫生村""省级文明村"。

二、背景与起因

党的基层组织，是党的全部工作和战斗力的基础。党的领导能不能得到加强和改善，从严治党的方针和干部队伍建设的任务能不能落到实处，归根到底取决于党的基层组织建设状况。在社会主义市场经济新形势下，在"知本位"逐渐统领风骚的今天，党的基层组织建设，尤其是农村党支部的建设更显得至关重要。近几年，后黄村党支部面向全村发展工作，做到突出重点，夯实基础，全面部署，扎实推进，明确任务，从严要求，从自身的特点和实际出发，认真履行党章规定的职责，在健康、有序、规范发展农村党员上狠下功夫，切实改进和加强对党员的教育、管理和监督，一方面坚持和改进我们过去在党员培养、发展、管理方面长期形成的思想观念、活动方式和工作方法，另一方面在加强中改进，在继承中创新，通过制度化、规范化的形式，把党员培养、发展、管理工作提高到一个新水平，努力把后黄村党支部建设成坚强的战斗堡垒，为党的基本路线方针政策在基层的顺利贯彻执行和党的未来干部的培养和选拔，提供了强有力的素质保证。

三、做法与经过

1. 抓服务帮致富 后黄村属丘陵地带，农民收入主要来源于粮食和果树，科技是第一生产力，科技致富十分重要。村党支部发动社会各部门和热心村民捐赠书籍，建立了第一家村级图书室，目前后黄村图书室已有藏书 8 000 多册，每天对外开放，同时借助农家书屋为交流平台，开展"种养技能培训班"和"专家送技到田间"活动，如前岑 31 亩的水田，因土质问题，粮食得不到丰产，为此，党支部邀请镇农技站科技人员下村实地考察，对土壤进行检测，建立挂钩帮扶小组，高效率培植包菜试验田 31 亩；同时，鼓励妇女成立经济合作小组，种植西红柿大棚蔬菜基地，引进先进种植技术，以优质西红柿销售国内外，每亩产值达 9 000 元；聘请省农科院专家现场指导，引进枇杷"早钟六号"和"龙眼方冬"优良品种，提高村民收入；同时引进胜丰、永丰两家鞋面加工厂，小型手工业作坊，就地解决富余劳动力 200 多人，经济的发展使村民们对支部一班人投来了钦佩的目光。

2. 严管理强队伍 农村党员队伍建设好坏，直接关系到党在群众中的威信和地位。几年来，后黄村党支部坚持党的思想建设、组织建设和作风建设。思想建设方面，党支部重点抓了骨干党员的模范带头作用，教育他们要服从大局，服务大局，号召他们先富快富，引导他们做农民勤劳致富的带头人。经过几年的努力，党员的思想觉悟大大提高，勤劳致富的本领大大增强。村里的各项工作在全体党员的大力配合下，得到了全面发展。组织建设方面，党支部在加强自身建设的同时，积极发展优秀年轻人成为一线党员。注重发扬民主，走群众路线的作风得到群众的认可。几年来，凡是重大决策都召开村民代表和党员大会讨论，实行党务村务联动公开。支部成员洁身自爱，廉洁自律，保持支部班子的纯洁，在群众中树立良好形象。

3. 干实事聚民心 村党支部以"干实事"为手段，以"聚民心"为目标，后黄村因地缘优势，作为莆田市的"后花园"，因地制宜的发展乡村旅游，取得良好效果。按照上级文件指示，我们委托上海慧笔规划建筑设计有限公司和雅克设计有限公司厦门规划分公司已完成编制《荔城区西天尾镇后黄村修建性详细规划》，先后建成莆仙小吃一条街、真人 CS 户外拓展基地、乡愁广场、滨水景观休闲带等多元化的硬件设施，在全村基本实现了净化、亮化、美化、绿化，让村民有一个舒适、安逸生活环境的同时，提升村庄品味，丰富文化内涵。2015 年年底顺利通过 3A 级的旅游景区评审，这是对我们工作的肯定，我们将继续在党支部的带领下，争创 4A 级乡村旅游景区的建设。

四、成效与反响

后黄村党支部以建立"生态休闲乡村旅游"作为新农村建设的目标，在不断夯实党建根基的同时，强调以人为本，构建和谐村居，营造温馨家园，打造了学习型、经济型、服务型村级党组织。

1. 政策宣传教育重视程度有所提升 利用广播、黑板报等方式播报当前最新的政策，增设卫生，综治，科技，社会栏目专栏，帮助村民普及教育，了解国家的基本政策，如在计生方面，每期的双查一教都 100％完成。

2. 发展环境得到很大的改善 投入 500 多万元用于道路硬化亮化和安全消防等基础设施建设。为了改善环境，在卫生整治方面，专门建立一套制度，由专职卫生负责的村委负责管理，同时与村民签订卫生公约，与保洁员签订责任书。从小处抓起，扮靓新农村。

3. 干群关系密切 重视村务公开工作，立足群众想知道的、迫切关心的事并如实地公开，让百姓能够及时清楚地了解村里事务，拉近干群关系，赢得民心，并被评为市级"村务公开示范村"。成立村级志愿服务队，"巾帼志愿者服务队"定期开展村级志愿服务活动，了解村民所需所盼，及时帮助村民解决日常生活困难。

4. 营造温馨美好家园 成立以治保主任为组长的治安巡逻队 6 人，每月至少 6 次进行全村巡逻，近年来未发生一起刑事案件，民间调解成功率 100％，营造了温馨和谐稳定的生活环境。如今的后黄村，路平、灯明、水清、家洁、院美，"老有所乐""老有所为"成为了当地佳话，展示出一幅欣欣向荣、和谐美好的社会主义新农村的绚丽画卷。

五、体会与启示

通过实践我们认为，推进基层党建工作项目化发展的关键，是要坚持统筹兼顾。后黄村根据项目的性质和进展情况，把基层党建工作及时落实到位。我们认为，推动基层党建工作项目化发展落到实处，需要从以下三个方面入手：

一是要在总体安排上统筹谋划。深入开展调查研究，分析总结本地基层党建工作中的经验和做法，认真查找存在的问题和不足，有针对性地制定实施意见和具体措施，对推进基层党建工作项目化发展三类项目进行统一部署，明确任务、工作重点、责任主体和时间节点。

二是要全面加强党的思想建设。按照上级的党建工作的指示，后黄村通过整合和凝聚各方面力量，齐心协力抓好党建工作的有序推进，在工作力量的摆布上，既要突出重点，又要注重均衡，既要有所集中，又要适当摆布，统筹协调推进。

三是全面实行规范化、制度化管理，推进党的组织建设。

要强化监督检查，按照时间进程表和工作推进表的部署，工作一项一项抓，环节一个一个抓，及时研究新情况、解决新问题，确保全省基层党建工作项目化发展的整体推进、取得实效。

"乘风破浪会有时，直挂云帆济沧海"，后黄村党支部一心一意带领群众发展经济，扎扎实实为群众办实事，赢得了群众的信赖和支持，打造了"温馨、和谐、幸福"的家园。

基于区域环境谈当好村官和
服务农业农村经济发展

上海市松江区佘山镇新镇村　杨舒雯

　　笔者有幸于 2014 年 7 月被选聘为松江区佘山镇新镇村的大学生村官，投身到了基层服务工作之中。本文将选取经济地理学角度，也结合笔者自己的村官经历，从佘山经济地理区位条件出发作简单分析，论述如何选择工作方式，把握住佘山及其农村的区位优势，如何当好村官，服务农业农村经济发展。

一、从自然区位来看

　　佘山镇位于上海市松江区的西北部，在亚热带季风气候下，雨热交替、四季分明，水道纵横，土质也较适宜水稻等作物生长。而在长三角平原上出现天目山余脉，东、西佘山、天马山等九峰虽不高，但都是绿树覆盖、相当秀丽，坐享如此丰富的土地和山林资源，也是让佘山镇多了几分神奇、几分魅力。

　　借助"天时地利"，佘山的水稻、桃子、草莓、兰笋等种植都有较好的自然条件，在农业经济发展中，大学生村官可以对这些农产品的生产、销售、加工等都加以关注和研究，帮助农民更好地开展生产，获得更多利益。

二、从社会经济区位来看

　　1. 从旅游区位来看　一直以来，佘山都是以旅游度假而闻名的。上海市唯一一个国家级旅游度假区坐落在佘山，佘山国家森林公园、上海欢乐谷、月湖雕塑公园、辰山植物园等景点每天都吸引着无数游客前来，尤其在天马集镇归并于佘山镇管辖后，佘山集中了更多的旅游度假资源。

　　因而在佘山担任大学生村官，需要为景区旅游和农村旅游双发展贡献力量。以笔者所在的新镇村为例，我村依托大片桃园，在桃园附近、公路的沿线建起了桃园农庄。附近有几个草莓大棚，主人也慢慢做起了大棚草莓采摘的农家乐。虽然我村农家旅游的规模还不是很大，但笔者确实看到了旅游极强的发展潜力——因为离佘山景区较近，农庄、大棚的服务做得不错，又有乡村美好的环境衬托，可以领略浦北较少见的田野风光，不少游客会携亲朋好友前来，享受佘山美景的同时又能体验大自然。笔者因此充满信心和热情，在平日的工作里也积极为我村做农家旅游的村民提供服务和帮助。

　　2. 从交通区位来看　从地铁条件看，佘山紧紧依靠着地铁 9 号线，可在一小时内到达上海市中心徐家汇，与 9 号线另一端浦东的联系也越发紧密，而青浦方向在建的地铁 17 号线也将为未来的佘山提供一个新的地铁选择；从公路条件看，佘山附近有 A9 沪渝高速、A30 上海绕城高速、A5 沈海高速、A8 沪杭高速等高速公路，也有嘉松公路、沈砖公路、泗陈公路、外青松公路、辰花公路、昆港公路、沪青平公路等公路；从铁路条件看，佘山较接近松江南部及上海虹桥的轨道，高铁、动车、火车均可选择；从飞机条件看，佘山受虹桥机场的影响最为明显，通过虹桥机场可以增强与全国各地甚至全球各地的联系。

"要想富，先修路"，例如大学生村官可以协助农民将农产品的市场做大，线上做好售卖和宣传，线下可以有极好的物流条件来进行配送。借助佘山周边多种多样的交通条件，大学生村官也可以立足佘山、放眼世界，在佘山这片土地上做出更多的文章。

3. 从市场区位来看 有了前面对交通区位的探究，再借鉴奥古斯特·廖什的市场区位论，笔者尝试以佘山为圆心，画一个半径约为 60 公里的圆形。粗略地看，上海市区、江苏苏州市、浙江嘉兴市都可以囊括在这个圆形内。

为何画出这个圆形呢？60 公里大致是"一小时交通圈"，在一小时路程后，上述三地的客流可抵达佘山，市场已经覆盖到了江浙沪三个省市。再加之现在的交通越来越便捷，也不乏有一些来自更远地方的消费者来到佘山，佘山市场服务圈的半径越来越长，与外界的联系也越来越多，"走出去"和"引进来"都更方便快捷了。

紧紧把握市场需求，大学生村官可以为村里带来更多与时俱进的理念，让农民们在致富、农业农村谋求经济发展时，学会抓住这些消费者，推出适合市场的服务方案，这都是农业农村经济发展的新利益点、新潜力点。

三、总体研究区位条件，对佘山村官工作的意义

1. 投身基层必须足够了解基层 对佘山经济地理区位条件进行细致的研读，是为了帮助我们更全面、系统、科学地掌握基层的情况。大学生村官扎根在农村基层第一线，不管是来自本村的，还是选聘后再进驻的，都有这个义务做到了解村内的大事小事，与村民保持好沟通交流。

以笔者的经历为例，作为非本村本镇人士，刚来工作时因为不了解，造成了些许不便。随后的一段时间里笔者进行了细致的了解，从村子的地形方位，到自然村的村民居住情况，从农用地使用，到配套的农家乐等服务。笔者深刻体会到，运用曾"浅尝"到的经济地理学知识，一点点挖掘村子的大小事情，慢慢地就能摸清了，熟悉了，别人如若问起来，我们也可以说上个一二三。足够了解基层，我们的工作就方便了很多，与村民也贴近了不少。

2. 因地制宜才能真正立足 有很多自主创业的村官同仁，选择了"接地气"的因地制宜方式，例如看中了本地的山货特产，在原产品基础上做深加工，或是拓展销售渠道，再或是挖掘线上市场，进而创业。再例如发现了农村大自然中的教育意义，开设起了"自然学校"，体会自然的同时丰富了亲子活动的内涵。

这些案例虽没有发生在佘山，但确实让笔者多了几分体会。例如我们可以从有佘山特

色的水蜜桃、兰笋等入手，打造佘山的品牌，发展佘山旅游的配套服务，不管是哪个角度，能做到因地制宜，就能给我们的农业农村经济发展找出特色和亮点来，打造不一样的品牌来吸引更多的关注。

3. 看待发展要统筹协调可持续　就似在交通越来越进步的今天，市场区位因素就会随交通区位因素的变化也变得不再那么局限，经济地理教会我们把能牵涉到的区位条件都综合起来，因为它们是有机的整体，剥离任何一个因素来看待问题，都是不可取的做法。

同时，我们越来越看重农业农村的生态价值，农村是否能继续保持原始的风貌，或者是否能坚持农业可持续发展从而建设有特色的农村，这些都是值得我们思考的。

对大学生村官来说，我们考虑经济地理区位条件时就要想到统筹协调、可持续发展，可以用的优势资源要学会科学整合、积极运用，可以通过我们大学生村官的力量增加、增强的区位条件要学会努力去创造、改进。

虽然对于经济地理学的知识只是"浅尝"，但笔者发现从这个角度出发作一些简单的区位条件分析，就可以让实际身处、生活、工作于佘山的村官对佘山情况有一个极好的认知和思考。站在经济地理学的理论高度上，村官可以看得更远，学会系统把握区位条件，学会抓住优势因地制宜谋发展，学会统筹协调走可持续的发展道路，于自己这是当好村官的方法论，可以给自己的事业发展添砖加瓦，于基层这是更踏实地为农业农村经济发展服务，最终要让百姓生活得更好。

双创视域下大学生村官创新创业与农村发展

——江苏省丰绿蔬菜种植专业合作社调查思考

一、问题的提出

目前，一个国家的创新能力已经成为综合国力竞争与可持续发展的重要力量。2008年4月，中央组织部会同有关部门，认真贯彻落实中央的要求，合力推出"大学生村官计划"作为我国农村发展的重要战略。2014年的夏季达沃斯论坛开幕式上，李克强总理首次提出要大力推进"大众创业、万众创新"的国家发展战略，明确要求要深入实施农村青年创业富民行动。紧接着，2015年6月国务院便发布了《关于大力推进大众创业万众创新若干政策措施的意见》，从而把"大众创业、万众创新"的国家发展战略上升为国家意志。而在随后召开的十八届五中全会上，中央又明确地提出要把创新摆在国家发展全局的核心地位，这显然是国家"大众创业、万众创新"发展战略的升级版。在这举国"大众创业、万众创新"的热潮背景下，我国农村各阶层、各群体纷纷积极地投入到创新创业的活动中。而作为我国农村青年创新创业的重要主体，大学生村官业已成为推进国家"大众创业、万众创新"发展战略最活跃、最积极的群体之一。这两者的契合，也就不难解释当下我国出现的大学生村官创新创业的热潮。

在此基础上，本研究主要对大学生村官的创新创业开展研究。总结典型地域大学生村官成功创业的经验，剖析影响大学生村官创业的核心要素和主要瓶颈，进而探知大学生村官成功创业的规律性路径以及在创业过程中是如何带动当地农村发展的，力图从中概括出推动大学生村官创新创业的基本途径与办法。

二、研究概况

（一）研究过程与方法

1. 研究选点　大学生村官制度在江苏起源、发展、走向成熟并在全国范围内推广实

---

① 本文系江西师范大学大学生村官创新创业研究课题，课题组负责人：骆江玲，指导老师：韩玲、韩桥生，调研组成员：莫珂璐、熊文清、黄丽云、陈燕、赖纪卿、陈凤平。

施。在大学生村官创新创业方面，赣榆区开展得如火如荼，涌现出众多代表和创业明星。通过阅读资料并且在江苏省大学生村官研究所所长李义良老师的推荐下，我们选取江苏省赣榆区作为调研地点。

2. 研究过程 从选定研究主题、拟定申报书，到实地调研、最后形成调研报告，此间历时近 4 个月，研究全过程共分为五个阶段：

第一阶段是选题申报阶段。课题组成员在查阅文献、反复论证、讨论交流的基础上达成初步共识，经请教老师后选定大学生村官创新创业作为主题，并进入问卷和访谈提纲的设计与整理修改，形成正式的作品申报书。

第二阶段是实地调查阶段。2016 年 12 月，课题组深入连云港，以自上而下的介入方式，通过对政府人员、大学生村官、村干部和村民进行深入访谈和发放问卷获取第一手资料，了解各方对大学生村官创业的态度，摸清大学生村官创业情况，同时收集相关的调研资料。

第三阶段是资料整理阶段。课题组集中时间在寒假期间整理访谈录音、调研活动照片、纸质问卷以及调研日志等，对调研资料进行统合后反复研究，逐步形成调查报告的逻辑主线。

第四阶段是讨论交流阶段。课题组召开多次会议，一方面针对已有材料进行查缺补漏，随后补充寻要缺漏材料；另一方面指导老师解答成员困惑，课题组进一步达成共识，通过成员交流讨论初步确定报告框架，提交给指导老师修改审定。

第五阶段是文本写作阶段。调研报告采取团队写作方式，由于成员写作风格及特点各有不同，这需要主笔人反复进行修改整理、成员之间头脑风暴、修改，使每个部分成为连贯的整体，几易其稿才形成现有的研究报告。

3. 研究方法 本研究主要采取社会学相关调查理论，运用文献研究、定量研究和定性研究相结合的研究方法。文献研究主要是通过对相关论著和实地调研取得的一手资料进行研究、讨论交流。定量研究主要由一系列的程序和内容构成，包括问卷设计和数据收集、整理和运用 spss 统计分析等方法。本次调查依托于赣榆区组织部对 15 个乡镇的大学生村官随机发放了 100 份问卷，回收 95 份，回收率达 95％，有效问卷 89 份，有效率达 89％；针对 4 个村（富裕村、中等村各 1 个，贫困村 2 个）的村民随机发放问卷共有 100 份，回收 89 份，回收率达 89％，有效问卷 81 份，有效率达 81％。定性研究主要通过访谈、观察、参观等方法获得大学生村官创业的第一手资料；本次调查深入访谈 11 次，其中政府人员座谈会 2 次、大学生村官 6 次、村民座谈会 3 次。

（二）创业模式分析

通过查阅相关资料、与随行人员交流以及一周的深入调查，课题组发现赣榆区大学生村官创业模式多种多样，最为普遍和突出的有 4 种：私营企业、农业合作社、农村淘宝以及"互联网＋农业"模式。

1. 私营企业模式 大学生村官在工作期间，以利用农村资源为前提，出资设立、承担风险并以雇佣村民为劳动力的营利性经济组织，这类属于私营企业模式。在调研对象当中，梁怀省和郭长鑫是属于个人创业带动村民致富，郭长鑫通过创办渔网加工厂；梁怀省充分利用政策以及当地资源通过发展大棚种植创业、建立农家乐，二者都为当地村庄提供众多的工作岗位，增加了村民收入、拉动村庄经济发展。但在另一方面他们也面临着厂房不足、资金周转不灵、市场难以打开等现实困境。

2. 农业合作社模式 大学生村官依托于合作社通过流转土地进行规划种植，提高土地利用效率，达到创业富民的效应，为村庄带来更多的集体收入。从有效的村官问卷数据分析来看，赣榆区大学生村官依托合作社创业的比例约为 88.7%。课题组从访谈中也发现，相比于私营企业模式，农业合作社更能为村庄集体创收、为村民致富。在调研中，谌小伟所创办的伟民林果合作社便是此类模式的典型案例，谌小伟通过实地考察和学习在倪林村引进无公害、无污染葡萄种植，带领村民走集体经济的道路，每年盈利达到 15 万元，能给村庄创造 13 万元左右的集体收入，用于支持和建设倪林村的基础设施，使得倪林村最后能够摘掉"贫困村"的帽子，使得经济效益进一步提高，创造出更多的产值，农民也随之受益，收入更为可观。

3. "农村淘宝"模式 大学生村官利用农村淘宝这个平台，将农村当地的一些特色农产品通过网络销售到全国各地。但是由于农民的文化程度普遍偏低，对"农村淘宝"这种新颖的创业模式在短时间内很难接受，所以导致了目前"农村淘宝"这种创业模式在实际操作过程中面临着很大的困境。目前灌云县瓦房村的"农村淘宝"主营项目是对农产品进行简单的包装，然后直接通过淘宝销售，采取薄利多销的模式，获取的利润较少甚至存在亏本的现象。在调研过程中发现，"小晶生鲜"是"农村淘宝"创业模式一个比较成功的案例，通过对比其他调研对象可以发现，"小晶生鲜"的成功得益于其集中了整个县的资源，它是全县农产品的一个集中销售点，同时在销售上采用了线上线下分离的模式，线上销售交给专业的运营团队，而线下主要负责进货渠道的联系和固定客户的销售。而且"小晶生鲜"的产品根据季节以及市场的反应作出及时的调整，这在一定程度上拓宽了销售途径，也降低了农户的生产风险。虽然"小晶生鲜"取得了一定成功，但在其发展过程中所遇到的困难也折射出目前存在的一些阻碍"农村淘宝"健康发展的问题。例如政策支持力度不够，互联网相关人才匮乏，对农产品的附加价值没有进行深度开发，快递费太贵导致成本太高等等。

4. "互联网＋农业"模式 主要是依托农业合作社、借助电商的平台，由内而外、由外而内有机结合的综合性的集体经济发展模式。由内而外、由外而内的有机结合表现为彭秀政不仅有效利用当地资源，带动全村村民创业，而且取得了政府的大力支持和市场投资机构的指导。在与彭秀政的访谈过程中，他谈到区政府会组织创业培训，提供无息贷款。由此可见，政府对大学生村官创业是有一定的支持力度的。除此之外，彭秀政还积极开拓市场，带领村民做微商，开淘宝店。当下，应用物联网、云计算、大数据、移动互联等现代信息技术，推动农业全产业链改造升级是对发展现代农业提出的新要求。面对滞销的黑豆，彭秀政通过创办酱油酿造厂对黑豆进行深加工生产出附加值更高的黑豆酱油，再将传统销售方式与现代销售方式相结合，拓宽市场。彭秀政开创的这一农业现代化的模式，村民不是为自己代言，村民是为村里代言。它等于是一个扇形往外推，但是受益的是村里人。这样全村人就参与进来了，其他的像自己做微商微店的那种就是个人的。全村创业、互联网＋农业产业的融合是彭秀政创造的这一模式的最大特色。这一模式的运用成功地带动了全村经济的发展，使曲坊村摘掉了"贫穷"的帽子。

三、案例印证——以丰绿蔬菜种植专业合作社创建为例

(一) 村庄背景

曲坊村位于苏北地区,东朝黄海、西临华北平原,村庄地势平坦,耕地面积大。该村总面积达 1 300 亩,耕地面积为 960 亩;共有 248 户农户,总人数达 936 人。调查发现,"人"特别是人才、青壮年的缺少成为制约村庄发展的重要因素。据彭秀政介绍,三留人员是主要的在村人口,共有 201 人,约占全村总人口的 21.3%;而占全村人口比例近 80% 的青壮年大多选择外出务工。其中选择到苏南地区、山东青岛等大城市务工的人口共有 320 人,占总人口比例的 34.1%;在就近地区务工人数有 416 人,所占比例达 44.6%(图1)。

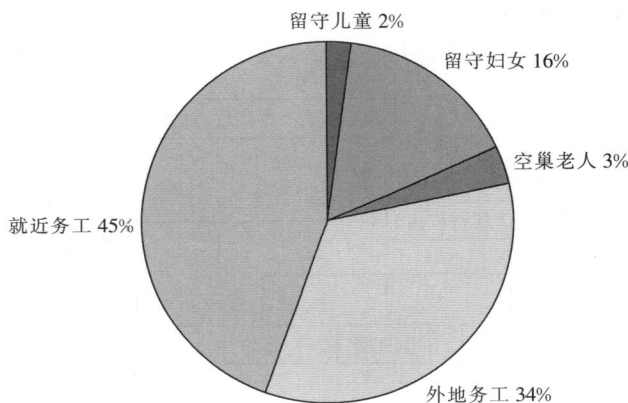

图1　曲坊村人口结构 (2017 年 1 月)

(二) 村官简介

彭秀政,毕业于合肥师范学院动画艺术专业,2013 年大学毕业后加入大学生村官队伍,成为曲坊村一名普通的大学生村官。先后担任曲坊村主任助理、村书记助理、村副书记、村书记。在 2016 年 12 月的干部考察当中,彭秀政被提拔为城西镇副镇长,现担任丰绿蔬菜种植专业合作社总经理和曲坊园酿造厂经理,彭秀政的一次次被认可均得益于他辛勤的付出。

2013 年,刚入村的彭秀政被安排了一项艰巨的任务——销售滞销的金丝瓜。在村民愁得发慌之时,彭秀政通过跑市场和利用电商平台一举售罄金丝瓜。伴随这一挑战的成功,彭秀政获得了村民、村干部的认可和信任。

作为大学生村官,他矢志创业、致富乡民,流转土地 960 亩建立蔬菜种植专业合作社,筹资 300 余万元创立曲坊园酿造厂,种植红桃 300 亩,大力发展农村电商,吸纳村民在家门口就业。彭秀政借助酿造厂打造了一条"种植—加工—销售"的产业链;他的采摘式销售红桃引来大批游客入村。彭秀政在其创业之路上,借助一个合作社的力量成功地将农村的一二三产业进行融合,创造出更加综合化的经济发展模式,为村庄发展注入现代化的"血液",一改村庄落后面貌。彭秀政在创业之路上,用行动将他人发出的一个个问号转化成叹号。

（三）合作社运作机制

1. 建章立制、规范合作 农业合作社作为我国产业化过程中出现的一种以服务社员为宗旨的现代农业经营组织，能够实现农民之间的横向联合，有效地整合农业和农村资源[①]。由于其独特的优势所在，创办农业合作社业已成为我国农村发展集体经济最普遍的一种形式，亦是大学生村官创业道路选择之一。彭秀政的到来，给合作社的建立提供了人才支撑，促进了合作社的建立。2013 年 7 月 20 日，由李大淮、李启春、张世彬、李恒、李富宁、李良德、李启浦、蒋余军 8 人发起召开设立大会，成立丰绿蔬菜种植专业合作社。

合作社下设成员（代表）大会、理事会、监事会。成员大会是本社的最高权力机构，由全体成员组成（图 2）。理事会是本社的执行机构，定期向成员（代表）大会提出有关业务、财务等工作报告。监事会代表全体成员监督检查理事会和工作人员的工作。除此之外，本社还对财务管理，合作社的合并、分立、变更、解散和清算设有严格的规章制度。

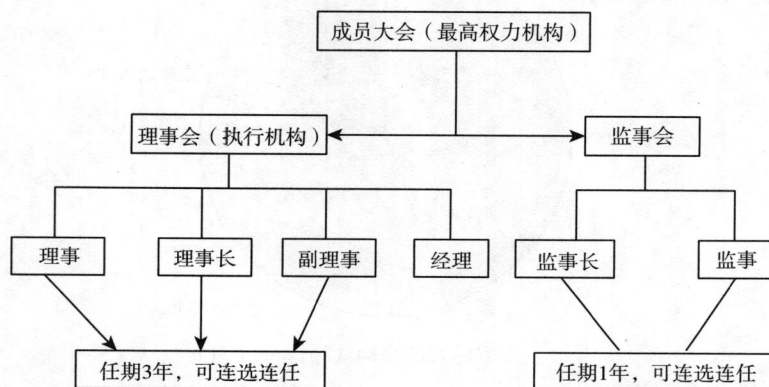

图 2 丰绿蔬菜种植专业合作社组织架构图

（1）成员入社。曲坊村村民享有入社自由的权利，也可根据自己意愿申请退社。2013年，依托于合作社，以彭秀政为领头羊，村两委对全村土地进行流转，村民以土地入股，到第二年实现全村农户加入合作社。在土地流转过程中，初到曲坊村的彭秀政面临很多难题。"这是一项颇为棘手的工作，有十余户村民不同意流转，老李组织村干部去群众家里做思想工作，也安排了我 3 户，当我第一次敲开村民家门，村民说，你不是本村人，不要跟着瞎掺和，我红着脸回到村部。"在老支书李大淮的帮助下，彭秀政与村民面对面交流，通过与村民拉家常，仔细对比土地的收入账数，把流转政策简单讲透，让村民消除内心的顾虑，解决了土地流转"钉子户"的问题。

曲坊村村民入社后享有专项优惠，除了享受收益分配的倾斜政策，实现收益的绝大部分用于向入社村民分配红利外，还可以在追加出资上拥有优先权。所有入社的成员组成成员大会，并有代表组成成员代表大会，成员大会定期召开，召开成员大会有困难时，可召

---

① 刘洁，祁春节. 我国农业合作社制度创新的动力机制及完善对策［J］. 农业现代化研究，2011，03.

开成员代表大会，履行成员大会职权。

（2）理事选举。理事会由成员大会选举产生，共有 7 名成员，设理事长 1 名，副理事长 1 名。理事长和理事会任期 3 年，可连选连任；除此之外，理事会还会聘任 1 名经理。合作社的理事长是李大准，原村党总支书记，大家都叫他"老李"，一位 20 世纪 80 年代的大学生，放弃北京优越的待遇，自愿返回县城工作，在即将退休享受安逸生活之际，却毅然选择回村带领村民致富的"怪人"。合作社的经理由彭秀政担任，在老书记的帮助下，走上了一条创业富民之路。在创业过程中，老李拿出个人存款作为合作社的启动资金，在合作社运作过程中，他用自己的房子、车子抵押贷款，筹集了 100 多万元资金建厂房、买机器。在彭秀政提出创办酱油酿造厂的时候，老李说："小彭的想法是条新路，不论对村里还是村民，都能带来较高的经济效益，我们要给年轻人机会，小彭，你只管大胆放手去干。"

理事会会议表决，实行一人一票。对生产经营计划、人事和财务管理等重大事项集体讨论，并经 2/3 以上理事同意方可形成决定。理事会由理事长主持。理事个人对某项决议有不同意见时，须将其意见记入会议记录并签名。理事会开会须邀请执行监事或者监事长、经理列席，也可以根据需要邀请成员代表列席，列席者无表决权。

（3）利润分红。全村村民以土地入股合作社，社员即全村村民可参与合作社利润分红。在谈及利润分红时彭秀政说："在我们不盈利的情况下，比如我们亏损或者不盈利的情况下，确保村民每亩能拿到 800 多元的租金"，"如果我们盈利的话，我们都会以 800 元的股点给你分红。这一块确保老百姓不会吃亏"。无论合作社盈亏如何，合作社对村民不造成风险，至少能保障每年 860 元的土地流转费用。

另外，为保障社员每年的流转费用，合作社对全村 960 亩土地分类投资。对此，彭秀政说道："目前种植 550 亩的果树，有红桃、核桃、梨树、枣树。然后我们还剩下 400 亩，就是确保每年土地的盈利给老百姓土地租金这一块。我们种植高标准田的小麦、水稻。因为果树的盈利很短、很慢，它得 3 年以后才能盈利。所以，我们这三年就利用这 400 亩土地赚的钱确保老百姓每年土地租金问题的解决。"

利润分配属于财务管理方面，合作社制定专门盈余分配方案，建立社员账户，由财务人员详细记载社员的出资额、应享有的公积金份额以及社员与合作社的交易量。社员与非社员分开核算，利润分红体现公平、公正、公开原则。

2. 政府驱动、帮扶助力　江苏省的实干作风将政策导向与政府帮扶二者契合，连云港市、区各级政府能将对村官创业的支持落到实处而非流于形式，使村官想创业、敢创业、创成业。启动资金的提供、创业培训的开展、规章制度的完善，无一不在为村官保驾护航，为创业提供实实在在的保障。在与彭秀政的访谈中，他提到："乡镇政府对村里的创业行为越来越支持。我估计镇里、县里接下来几年对创业的支持力度会更大。"连云港市到乡镇各级政府对彭秀政创业的鼎力支持，对合作社的运营和发展起到了重要作用。

彭秀政所在的赣榆区政府通过举办创业大赛为大学生村官搭建创新创业交流平台。村官如何在自己的创业小天地里得到外部力量的支持以获得更强的生命力？在江苏省，创业大赛是村官创业项目往外迈出的第一步。2016 年 5 月 10 日，彭秀政在赣榆区举办的"创领青春业兴赣榆"首届大学生创业大赛决赛中，凭借自己在曲坊村的创业实践，荣获一等奖，并在大赛中获得风投公司的资金支持。赣榆区委组织部的张主任说："我们市里的创业大赛，请的一些评委都是投资基金的企业家"。企业家作为创业大赛的评委，一方面能够摆脱政府人员在创业项目上的评审盲区，对项目的发展前景、实施规划做一个恰当的点评和指导，另一方面，风险投资基金能够借此对大学生村官的创业项目提供相应的赞助和扶持。例如，创业者提出创意，由评委们进行相应的指导，之后，投资公司或者其他风险投资进入，并在发展的每个阶段都会辅之以相应的资源对大学生村官创业进行扶持。

另一方面，彭秀政还能参与市委、区委的相关创业培训。在访谈中，彭秀政表示自己参加过很多次培训，"都是聘的专业老师来给我们培训的，有针对性，村官创业、农产品营销、电商都有，对我们的理论、想法有很大的丰富性"。连云港市委组织部的肖老师说："除了常规的培训之外，连云港会组织'SYB'创业计划书培训，叫'创办你的企业'的培训"。并且，政府在全市范围内发布了23位创业指导专家，由他们学习之后，通过村官课程直接把相关政策、内容宣讲给各个村官。赣榆区的李科长也表示："大学生村官培训在组织部门还是比较多的，首先省里都会安排一定的时间，对大学生村官有扶贫创业，有村两委新农村建设专门的培训，其次我们对大学生村官有入职培训，肯定会讲到这个创业，我们有村两委正职培训，这个培训时间比较长，而且是和创业挂钩的，它的主题就是如何带领村党组织发展好集体经济，这个是一个很重要的培训。"

3. 整合资源、合作发展　连云港市委组织部的肖老师在访谈中提到，"创业领域，其实村官相对来说就是也不能全说是农业，它是靠什么呢？关键是看本地的资源"。赣榆区委组织部的李科长也表示："有创业富民的意识之后要根据当地的实际情况来。"利用当地资源，既增强了村官创业的可操作性，又能解决农村部分资源过剩的问题。农村最丰富的资源是土地，流转土地发展高效农业是首选创业项目。酿造厂的成功之处在于，他将土地、农产品、村民全部纳入创新创业体系之中，整合村里所有人力、物力、财力进行全村创业、集体创新，支撑合作社的运作和发展。

2013年，村集体投资种植黑豆，曲坊村成为黑豆种植专业户，几十万斤黑豆产出有余的情况下，彭秀政萌生了利用现有资源优势建立酱油酿造厂的想法。"一天很巧，看着《舌尖上的中国》中的黑豆酱油，我茅塞顿开，"滞销的黑豆成为贫穷落后的曲坊村跨进第二产业的敲门砖。赣榆区的酿造酱油曾是远近闻名的好产品，彭秀政说："查史料，访民间，我寻得高人归，找到了传统工艺酿造技艺的传承人、原国营赣榆酿造厂的刘升吉。"刘升吉担任技术厂长，村集体提供农产品和建厂空地，2014年3月，酿造厂在鞭炮声中风风火火地破土动工，村南闲置的晒谷场上建起一座座厂房。2015年，第一批酱油投产，从此，一粒小小的黑豆，承担起全村人的梦想。

酱油在大缸中孕育，彭秀政的工作也转移到村北的红桃基地。农村剩余劳动力和土地资源为映霜红桃的种植和管理提供契机。由于曲坊村青壮年劳动力外出打工，村庄土地由留守的老人耕种。但是"像你每亩地自己种的话，每年你的盈利不会超过500元钱，除去人工、化肥、农药、种子、收割费用和你自己干活的费用，基本不赚钱。因为有的老百姓也不想种地，种地一个耽误功夫，二赚不到钱。你每亩给他860元已经超过他自己种植的盈利了。"因此，2013年，在全村960亩土地全部流转的基础上，彭秀政、李大淮从山东省青州市益民果树研究所引进了400亩映霜红桃，200多名农村剩余劳动力为果树种植和管理提供了外在支持。2015 年 10 月，红桃进入第一次采摘期，彭秀政以此在红桃园开发乡村旅游采摘项目。

4. 盘活资金、突破瓶颈　筹集创业资金历来是创业者最为头疼也是最为困难的环节，彭秀政亦是碰到过此类情况，但是通过各方关系的疏通、取得村民的支持之后，资金链得以修复、贯通、盘活，突破创业资金这一瓶颈。

合作社成立之初，资金是其运作的一大难题。受限于村庄的外来者的身份，如何取得曲坊村民、村干部们的信任和支持，从而盘活资金是彭秀政创业面临的第一道坎。初来乍到的他接手村官的第一件事便是卖滞销的金丝瓜，跑遍赣榆大小市场，最后利用微商平台将滞销的农产品全部售罄。在干出第一份业绩之后逐渐得到村民和村干部们的认可，大家也就慢慢地愿意相信这位年轻的小伙，有干劲、有想法、能吃苦，为村庄集体服务。这也是彭秀政融合三方资金的重要基础和前提条件。因此在创办丰绿蔬菜种植专业合作社时，在大家的支持下，村干部通过商业贷款出资 180 万元，村民入股融资 30 万元（图 3），此外，江苏省政府以贴息的方式为彭秀政提供创业贷款。赣榆区委组织部的李科长表示，"政府会贴息，省里面把这个利息给贴掉，无偿使用。每年省里面会给下发一定的创业扶贫资金，我们根据项目根据他的影响力、类型来进行一定的扶持"。在对彭秀政的创业项目综合考量之后，合作社也获得了全额贴息贷款。另外，连云港市每年会组织大学生村官优秀创业项目评选，"评选出来的优秀创业项目，我们给 10 万块元奖励"。访谈中，彭秀政提及他在连云港市 2015 年的创业大赛中获得优异成绩，"去年的 10 万，就是那个创业支持的资金，我全部都放在村里边。"

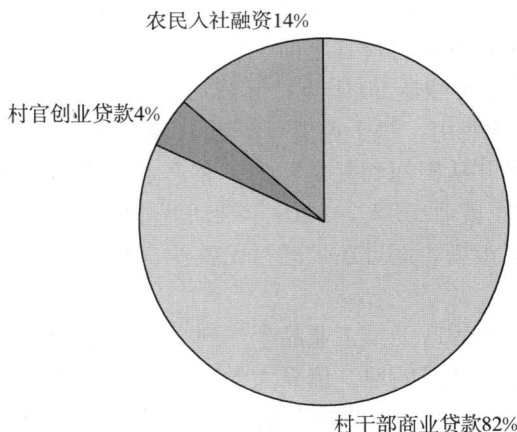

图 3　丰绿蔬菜种植专业合作社原始资金来源图

5. 发展电商、拓宽市场　现代科技的发展使得互联网的触角伸向世界每一个角落，农村和城市的地理界限逐渐被打破。农村创业要面向未来，在现代经济中实现可持续的发展，就应顺应"互联网＋"发展浪潮，将电子商务引入农村。在农村信息化建设逐渐完善的影响下，以电商助力农村经济发展具有一定的可行性，同时也能有效提升农产品的市场竞争力。面对农村电商的物流、人才、基础设施建设瓶颈，彭秀政探索出"村民为合作社代言"的销售新途径。

在访谈中，彭秀政表示自己运营电商两年，其中最大的感受是市场前景很广很大，但是存在单价太低、盈利太少的困境。在传统的交易市场四处碰壁之后，彭秀政采取网络销售金丝瓜的方式，建网店、拍照片、上传产品、商家洽谈、包装发货，不到一个月的时间，滞销的 35 吨金丝瓜一售而空。但由于产品单价低而物流费用高，远程销售未取得良好效益，仅在省内销售。面对仓库里囤积的红桃，彭秀政发动村民，指导他们开设淘宝店或采用微商模式，销售合作社的产品，使"合作社每个社员都是我们的销售员"。村民卖出的产品由合作社统一发货，村民只需要每天提供地址即可，其中村民可获得 5% 或 10% 的提成，工资按月一结。2016 年红桃采用村民代销模式，销售量达 2.5 吨。彭秀政说："卖以后效果很好，最后卖得都没货了，因为我们现有的货不是特别多，要是货源充足，卖个二三十万、三十四万都没问题"。

6. 产业融合、联动发展 自彭秀政创业以来，曲坊村致力于打造农产品生产、农产品加工和农产品消费一体化的完整产业链，协调一二三产业在曲坊村的布局和实施。一二三产业的融合发展实现了农业由低端向高端迈进、单一型向复合型发展、由量的扩张向量质并重的华丽转型[①]。曲坊村日益呈现出现代化农村的崭新气象。

在农产品加工环节，彭秀政根据市场需求，以传统工艺酿造黑豆酱油，增加农产品科技含量。农业领域创业所产出的产品基本为初级农产品，价值含量低，面对农产品滞销难题，彭秀政引导村民走农产品深加工的道路。"2013 年的时候流转土地种的黑豆，经济效应还不错，但后来市场太便宜了，卖得不赚钱，后来考虑到是否能对此进行深加工。因为考虑到光有农业效益太慢，必须有一个工厂，靠工业化来带动。"曲坊村将廉价的黑豆进行深加工，在这一过程中农业生产得以继续，农业产业链拉长，黑豆由低效益行业向高效益行业流动。在彭秀政上任曲坊村村官之前，每千克黑豆产出 7~12 元；采用传统工艺酿造酱油之后，200 千克黑豆可酿造 50 千克特级酱油、100 千克二级酱油、100 千克三级酱油，均价 10 元，除去其他费用，每千克黑豆产出 16 元。产业链的延长，使黑豆摆脱初级加工品的地位，成为一种"从田间到餐桌"的完整产业，提高了农产品的附加值。另外，酿造厂于 2015 年带动村民就业 13 人，2016 年带动就业达 30 人。黑豆从产业链向价值链的跨越，不仅扩大了黑豆市场，而且还带动村民就业，对推动曲坊村经济整体效益的提高发挥了巨大作用。

同时，在销售环节，彭秀政助推工业品生产到文化创意的转型，通过举办红桃采摘节打造曲坊村旅游度假生态消费目的地。依靠大学专业所长，彭秀政用文化和创意手段改造农产品，自主设计了"曲坊园""东曲坊"的商标和图形，"包装箱、瓶子都是自己设计的"，他打造的农业品牌引爆农业价值，将农产品的资源优势转化为市场品牌优势，用文化创意拓展农产品发展新空间。为了打开映霜红桃的销路，彭秀政办起了红桃采摘节，他通过旅游局、旅行社做宣传、谈合作，以时下红透的微信积赞兑换方式吸引了大批的游客前来采摘，为游客提供全方位的红桃文化体验之旅。

---

① 王剑非. 打造农业产业集群品牌新形象，探索一二三产业联动的标准化示范项目新模式 [A]. 刘智洋. 2013 全国农业标准化研讨会论文集 [C]. 北京：中国标准化杂志社，2013.

（四）合作社发展绩效

大学生村官是我国农村发展的一支重要力量，在农村可以大有作为，能够更好地将所学知识运用于合作社经营与管理、推进农村治理与发展。2013 年以来，彭秀政带领村民开展的创新创业活动便是最好的印证，其创业绩效首先表现在村民身上，村民生活方式的改变，生活条件得到显著的提高，从而提高了村民的幸福生活指数；其次，全村村民入社，共同为合作社的出路谋发展、供智慧、提支持，进一步改善了村风民貌与村庄社会环境；最后，合作社的建立与成功营运，优化了村两委组织结构，推进村庄基层组织建设。

1. 村民幸福指数提高　创业富民是大学生村官创业的出发点和落脚点。农业合作社的建立与生产凝聚着集体的力量、发挥着集体的智慧。从调研的数据和访谈结果可以看出，彭秀政创业活动的开展，改变了村民的生活方式，改善了村民的生活条件，多元化收入促使村民幸福生活指数得到提高。问卷数据显示，共有 91% 的村民认为大学生村官创业使得自己从中获得福利，体现在解决家人就业、增加家庭收入以及改善与其他村民的关系三个方面。根据与彭秀政的访谈记录可以看出，按照合作社现有模式，村民土地流转可以获得每亩 800 元收入，进入合作社务工可以取得工资每年大概约有 10 000～20 000 元，融资入社盈利情况下可以在年终取得利润分红。村民由原先的一份不足每亩 500 元的种地收入变为流转土地收租金、入社分红取利润、合作社务工拿工资等三份多元化的收入，可以说是极大地提高了村民收入水平。

课题组在与村民交流时，村民李大津竖起大拇指说："这个合作社办得好，全村人都得益于这个合作社，我们的生活有很大的改变。以前我们是自己种地，现在是在合作社种黑豆、闷瓜、金丝瓜、芥菜等，同样是种地，在合作社种拿到的钱就更多，大家都愿意流转土地，都愿意加入合作社。"同时课题组也发现，村民们都是喜笑颜开的，村庄里面几乎看不到一栋土坯房，基本都是红砖水泥房，还有不少的小洋楼、小别墅。此外创办合作社、酿造厂不仅仅带动了本村留守妇女和老人的再就业，还吸引力周边村庄剩余劳动力就业（图4），富民效应蔚为大观。可以说彭秀政的创业活动切切实实给村民谋来了好处，改变了村民的生活方式，改善了生活条件，提高了村民幸福生活指数，为曲坊村的发展贡献了巨大的力量，助推全村达到全面小康社会的水平。

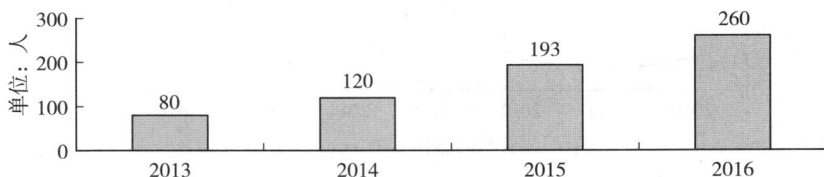

图 4　2013—2016 年曲坊村集体经济带动就业人数变化图

2. 村庄社会环境改善　合作社和酿造厂逐步建立后，彭秀政凝聚全村力量发展集体经济，曲坊村村风村貌与社会环境有了明显的改善。

2013 年刚入职的彭秀政从卖金丝瓜开始做起，慢慢地将滞销的农产品通过跑实体市场以及微商、电商平台卖出去，喜获丰收，工作能力逐渐得到了村两委以及村民们的一致认可。随后彭秀政在村两委的支持下利用村干部商业贷款、村官创业扶持贷款以及农民融资等方式筹集一笔资金，开始对全村流转好的土地进行平整，划片分区、统筹规划，与此同时还大力加强基础设施建设，将水泥路通到家家户户的门口，极大地方便了村民出行，村风村貌得到极大改变。访谈中，彭秀政回忆说："在我和老书记没来之前，村里面集体收入很少，而且每年还负债一二十万元。总的来说曲坊村就是一个落后村、差的村，村里面水泥路什么的都没有。后来政府那边的项目就是修了水泥路，下水道，还有这一些污水处理厂基础设施这一块。"

到 2016 年，也就是彭秀政带领村民创业致富的第四个年头，从第一年的亏损 100 多万元开始，到第二年慢慢摸清市场、减少亏损，再到第三年的产值 200 多万元、盈利 30 多万元，合作社与酿造厂的发展与壮大在归还商业贷款的同时还增加了村集体的收入，通过运用和盘活这笔资金，为曲坊村的基础设施建设提供了重要支持。更为重要的是合作社与酿造厂的盈利进一步增加了曲坊村民的收入，农民得到实实在在的实惠，使得村民心更齐，力更大，凝聚力得到进一步的加强，村子里的一些人与人的纠纷越来越少而且也更好得到解决。此外，村民入社要经过生产销售—盈利分配—资产财物—档案管理制度等方面的学习培训，合作社制度化的运营环境，大大提高了入社村民的规则意识，守约守规意识成为曲坊村风的一道新的风向标，极大改善了村庄的社会环境（图 5）。此外，彭秀政还盘活资金在村部设立图书室，现有图书 5 000 余本，主要涵盖三农、儿童教育、健康养生等方面，适合村民阅读。图书室每天都对外开放，可以在图书室阅读也可填写借书借条借回家阅读，周末会安排儿童到图书室开展活动，也会利用暑假召集大学生在村图书室兼职对村儿童进行教育辅导。图书室所带来的"文化下乡"效应明显，大大改善了曲坊村的人文环境。

现代工业的发展使得工业产品充斥着世界的每个角落，随之而来的白色垃圾围村、公共卫生隐患等农村环境保护问题成为学界研究的新课题，厄待各界合力解决。曲坊村也不例外，环境卫生问题亦是厄待解决之问题。在彭秀政的积极倡导下，利用村集体收入购置大批卫生洁具车，配置专人通过就地焚烧垃圾等方式解决村庄卫生问题，使得曲坊村的公共环境问题得到很好的解决，村容村貌焕然一新。

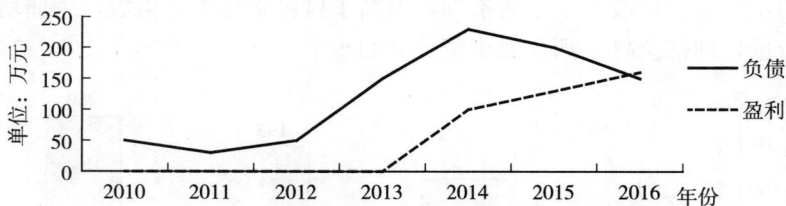

图 5　2010—2016 年曲坊村集体经济发展状况图

3. 村庄基层组织优化　创新创业活动在凝聚全村村民力量的同时也优化了村庄组织领导结构，使得村组织活动越来越规范化，迸发出新的活力与生机，极大地促进了村庄基层组织建设，推进村民自治进程，真正达到自主治村、自我强村的目标。

通过发展村庄集体经济，一方面促使村庄基层组织领导配置得以优化，曲坊村党组织现有书记 1 名、副书记 1 名、委员 4 名，村委会现有主任 1 名、副主任 2 名、委员 2 名，另有合作社理事长 1 名、会计 1 名、出纳 1 名，管理者 3 名，完整地配备了村领导班子。

由于农村缺乏人才，曲坊村暂时实行村社合一的管理模式，村干部兼任合作社管理者，每人负责一项业务。在另一方面集体经济的发展也使得村两委的决策与发展方向得到印证，丰绿合作社与酿造厂的建立更是使得村民的收入大大增加，老人有工作不至于闲慌在家，留守妇女也能够一边工作，一边照顾好小孩，两全其美不误事，这进一步增加了村两委在村民中的威信，有更多的村民愿意配合村两委的工作，最终使得村两委的治理水平提高。在谈到大学生村官创业的作用时，赣榆区委组织部李科长如是说："就是通过这种创业富民的形式能够增强一个党组织的凝聚力，改变这个村的村民风貌。村企业之所以能够办好，就是有一个带头人、有一个好的组织，让这个村办企业壮大，壮大以后党组织也越来越强，村里越来越富，这是一个规律对不对，所以说大学生村官创业还能增强一个党组织的凝聚力。"同时，在对比 2013 年之前与现在的村组织建设情况的过程中，彭秀政谈到："现在村组织建设越来越正规了，在他来的时候就是村组织规范化很差，很懒散随意。现在越来越正规了，每天都有村干部在这边值班。基本上我们来得很早，一般单位上班是 8 点半，我基本 7 点半前就到村里了。"在论及创业与本村的基层党组织建设有没有什么联系时，彭秀政更是肯定地说："要是党组织建设规范正规的话，对创业有好的推动作用。要是懒散的话，影响很大。农村就在于氛围，如果一个村的气氛好的话，不管是对创业还是基层党组织建设都特别好；气氛差的话，基本上很难开展创业或基层党组织活动。它有一个推动作用。"同样，为了更好地发展曲坊村的集体经济，彭秀政还请了连云港市设计院的专家来曲坊村实地考察，根据曲坊村的现状以及未来发展方向进行设计规划，将曲坊村的每一处土地都进行严格细致的划分，形成专业的作业方案，将每一个片区划分到 5 位村干部手中，每一片区的作业聘请专人负责，责任到人，制度明确，这更加证明了曲坊村村两委的治理成效与能力。

党的十八届三中全会强调要"推进国家治理体系和治理能力现代化"[①]，首先就要推动农村基层治理体系和治理能力的现代化，要"创新完善农村基层党组织设置""加大农民合作社中建立党组织的力度"。村民认可村两委的领导能力与治理水平，使得村两委的工作能够更好地开展，进一步提高村民自治水平，发挥社会主义新农村建设优势，构建乡村文明。

（五）合作社发展经验

励志改变乡村面貌而扎根于泥泞中的大学生村官彭秀政，虚心拜人民群众为师，在广阔天地摸爬滚打，不怕吃苦、不怕吃亏、不怕受累，不惧失败和挫折，积极投身于创业富民的伟大工程中。虽然饱受心酸与挫折，但其创业之精华可供借鉴。彭秀政在曲坊村的创业过程中，因地制宜，充分发挥现代人才在乡土社会中的作用，培养专业化农民，将传统的农产品与现代元素融为一体，提供了具有可借鉴意义的经验。农民主体地位的明确、农村三大产业的融合，有效缓解了农产品供给的充裕与农民的增收的突出矛盾。

1. 现代人才与乡土社会相结合　具有厚重"土"气的乡村，存在农民思想的顽固保

---

① 中共中央：《中共中央关于全面深化改革若干重大问题的决定》，人民出版社，2013 年。

守之危，但不乏土地的有效利用之机。落后的曲坊村在面临大量金丝瓜滞销时，彭秀政，一名受过高等教育的大学生村官凭借年轻人的闯劲，充分利用自己在校所学知识及创业经验，成功将滞销之危转化为创业致富之机。网络销售金丝瓜让电子商务成功入驻农村这片"土"地，黑豆的精深加工规避了原料市场的危机，时尚的红桃园的"集赞送桃"宣传方式，黑豆酱油和红桃的独特包装设计充分将文化等做法为乡村发展引入了现代元素。彭秀政的到来在给曲坊村带来了促进农村发展的化危之措之时，促进了农民传统意识的突破。据彭秀政所说，红桃丰收时我们采用了现在网络上流行的"微信集赞"方式送红桃，一开始说的时候，村民很支持，可是到后来人家真正来拿桃的时候，他们看到别人白白拿走红桃，很是心疼，很难接受，甚至有些人情绪特别激动。后来，我解释道，这是一种很好的宣传方式，可以让更多的人知道我们的红桃，这对我们未来的销售是很有帮助的。"集赞送桃"从一开始的被支持到中途的不解再到最后的接受，反映的是农民传统的"等价交换"的买卖观念的突破。

2. 专职农民的培养 在传统的土地耕种过程中，集百任于一身的农民在丰绿蔬菜种植专业合作社的有效发展下逐渐转向专职化。为更好地促进合作社的运转，合作社培养专职人员。专职种植黑豆人员、酿造厂的专职员工、桃园的专职管理人员、淘宝店的供址专职人员岗位的设立为农民向专职化发展提供了条件。如在红桃园的管理过程中，合作社采取的是分工责任制。彭秀政在访谈时说道："在桃园管理方面，我们就是分工，我们一个桃园划成四块，你们5个人负责这一块。就是今年所有的管理都是你们的，包括摘果，剪枝，套袋及之后的日常管理都是你们的。如果说你们这一块产量低的话，他每年都会在你的工作里边相应给你扣一部分下来。因为是你工作疏忽。"专职的管理人员承担责任降低了桃园管理时出现误工、怠工情况的出现率。再者，在红桃的销售方面，合作社做到了让农民真正参与进来。正如彭秀政谈到的，我们给他培训让他开店，比如说你开一个淘宝店我们给你1 000元钱的押金，让你拿押金去开店。开完店后卖村里的产品，卖的产品我们统一发货，你只需要每天提供地址即可。针对性的培训有助于农民成为专业淘宝店主。农民的专职化充分调动了农民的积极性，农民在为合作社务工的过程中还掌握了新技术等，促使农民个人自身价值得到较大的提升。从而使农民肯定了自己在合作社的作用，这对合作社的有序和高效发展起到了极大的促进作用。

3. 乡村本土资源与技术创新融合 黑豆滞销成为全村人的心头事，而黑豆的精深加工燃起富民的星火。传统日照发酵酿造工艺与现代装瓶、包装流水线的结合提高了农产品的附加值。黑豆的精深加工，实现了农村一二产业的完美结合。独具特色的东曲坊酱油和曲坊园红桃的包装成功，用文化创意拓展了农村产品发展的新空间。正如彭秀政在谈到产品的包装时提到，我现在就感觉到我自己设计得太土了，我们必须要找那些大设计师给我们做那种简单明了的设计。创新性的包装能第一时间吸引顾客。

一粒黑豆，曲坊村一二产业的融合发展得以实现；一片桃园，电子商务在曲坊村的土地上散发了光芒；一次采摘，曲坊村的观光休闲旅游业得以萌芽。丰绿蔬菜种植专业合作社立足于曲坊村本村资源，大力引进现代元素，打造了"种植—加工—销售"的产业链，实现了农村三大产业的融合，有效地将农村的"危"转化为创业富民的"机"。曲坊村的彭秀政借助丰绿蔬菜种植专业合作社成功完成了农村一二三产业的融合，引领曲坊村的农业迈向现代化。

四、启　示

　　彭秀政，和全国 30 多万大学生村官一样普通而平凡，扎根基层、服务农村，没有可歌可泣的事迹；但却就是在这基层一线当中，我们看到了农村发展的希望和愿景。反观时下，唱衰农村之语甚嚣尘上，城镇化背景之下农村解体、耕地破坏、经济下滑等问题确实存在，似乎在新媒体时代，农村的种种乱象被无限放大，逐渐形成广为传播的农村哀怨情绪，农村发展似是遥遥无期。但是当我们真正深入农村，实地与农民接触、开展调查研究便会发现，农村虽然问题丛生却也存在不少发展机遇，大学生村官的创新创业活动恰恰是村庄转变的重要机会。彭秀政在曲坊村的村官历程便是最好的例证，曲坊村从一穷二白到脱贫富裕奔小康，村庄的发展与村官的创新创业活动紧相连、共进退。只要农村具备充足条件与机遇，农民便会积极行动，心往一处想、劲往一处使，全力投入到家乡的建设、发展与管理过程当中。

　　立足中国现代化发展全局来看，大学生村官创新创业也是意义非凡。首先，其有助于解决大学生村官出路问题，实现由就业向创业转变，以事业留人，从而使大学生村官从"飞鸽牌"向"永久牌"转变，培养真正扎根农村、奉献农村、服务农村现代型人才。其次，大学生村官成功创新创业是促进农村发展的希望所在，不仅能够激发农民群众的创业热情，带动农民群众转变观念、接轨市场，更能有效带动村级集体资产的盘活利用和解决农村剩余劳动力，加快实现村庄脱贫、助力精准扶贫，进而推动农村经济又好又快发展。最后，大学生村官创新创业的过程，就是大学生村官发挥自身聪明才智、丰富阅历、锻炼自我、加快成长的过程，是理论知识的一次实践补充，是个人能力的一次锻炼提高，是大学生村官个人价值和社会价值的提升。一言以蔽之，大学生村官深入基层、开展创新创业活动，对我国农村发展和现代化进程具有重要意义。

　　正是看到大学生村官创新创业的活动推动效果，江苏省大学生村官研究所将曲坊村设置为大学生村官实践培训基地，供来自全国各地的大学生村官参观培训、学习经验并实践之。但是要实现村庄发展非一日之功。中国大部分农村依然是国民经济发展的薄弱之处。对相对保守、传统的农村来说，知识与人才并重，经济发展最需要的是创新，新观念才有新气象，闯劲足才能走好致富路。但无知识的农民最不擅长创新，难以找到农村经济发展的新动力。因此，在新农村建设紧缺高素质人才的背景下，留住大学生村官，引导、支持、鼓励其开展创新创业活动，将摆脱农村经济的短板效应，为中国农村发展开拓一片新的天地。

调查报告篇

大学生村官制度的演进
及地方实施的逻辑分析

江西师范大学马克思主义学院　骆江玲

一、问题提出

　　大学生村官制度实施以来，一直饱受争议，有些专家对制度质疑泼冷水，认为农村问题需要一个熟人社会的组织体系来解决问题，以发展农村的名义引进外来大学生，不但错置了空间，且以个体替代组织的方式是该制度错误的核心所在（贺雪峰，2008）；且国家为培养大学生付出巨大成本，农村环境不利于大学生发挥聪明才智，只有在城市环境才能为国家做出更大的贡献（党国英，2005）。有些专家对大学生村官制度持支持态度，认为大学生"村官"作为推动新农村建设的骨干队伍，一定会显示出不可或缺的中坚作用地位（胡跃高，2009）。还有些专家从宏观背景角度切入，认为这项制度是以国家战略调整和宏观制度变化为背景的，既不是一个孤立的现象，也不是一般的好人好事（温铁军，2009）。

　　争论的焦点归纳起来大体是：大学生村官是否能解决农村问题？大学生驻村为官是不是人力资源的浪费？大学生村官制度是不是国家战略的组成部分？首先，大学生村官既无法解决农村所有的问题，也无法解决困扰农村发展的重要问题，大学生村官制度是补充农村人才短缺的现实设计，这只是一个导向性的开端。其次，大学生在城市就业已经非常艰难，农村为官只是多了一条就业路径并丰富了履历，且期满后可自由选择。其三，大学生村官制度的出台只是农村发展政策系列的组成部分，并且可以看到至少有两种基本的转变，过去成立村庄党支部主要是以"管"为主，现在派驻大学生村官主要是以"帮"为主，这一方面是顺应乡村自治的社会发展趋势，从直接干预向宏观调控转变；另一方面大学生村官的进和出不完全受行政操控，更多的是用人单位和大学生村官双方自愿的市场行为。

　　确实，列出众多理由来支持该项制度继续走下去并不是件费劲的事情，但关键是怎么能让制度发挥它应有的作用，这才是一项更复杂但更有必要深入讨论的话题。这里至少涉及两个问题，一是大学生村官究竟应该发挥什么作用，要求过高则如一纸空文，要求过低又落入人才错置的窠臼；二是大学生村官制度的运行逻辑及现实情况是否有利于大学生村官发挥作用，经验告诉我们，中央和地方有着不同的利益，地方不同层级的政府也有着不同的利益，如何调适这些利益主体，对于大学生村官发挥作用将大有裨益，反之则不然。

基于此，本研究不再探讨大学生村官制度的去与留的问题，以免再次落入到质疑制度本身的死循环当中，也极易陷入到国家—社会的二元对立中去，得出的结论或建议也大多针对中央政府，忽视了地方政府、村干部、村民和大学生村官本身，因此，研究的主要目的更多的是抛砖引玉，将精力引向探讨制度如何可以运转更为顺畅，并使大学生村官能够在一个相对好的环境中发挥应有作用。

二、大学生村官制度的演进过程

大学生村官制度的出台与历史的逻辑是相统一的，具有历史继承性。建国以后出台了"知识青年上山下乡""社教运动"和"干部下乡"等一系列的政策，这些政策的目标都是围绕农村经济社会的稳定和发展，形式都是人才从城市流向乡村。大学生村官制度在目标和形式甚至内容方面与历史出台的相关政策有着惊人的相似。但是，大学生村官制度有着时代的特征，如：知识青年上山下乡政策是通过行政动员实现，而大学生村官制度是通过自愿有偿的方式驻村为官。目前，学界较为认同大学生村官制度的三阶段说，为萌芽（1995—2001年）、发展（2002—2005年）和普及（2006年至今）三个阶段（吕书良，2008）。萌芽阶段最早可追溯到1995年江苏省丰县的"雏鹰工程"，之后，海南省、浙江省、河北省怀来县等都相继出台了呼吁高校毕业的大学生到农村工作的制度。但是这个阶段的大学生村官制度还很不完善，规模也很小，整体在社会的影响力也很小。发展阶段的运行机制相对来说较完善，各地实施规模较大，社会影响力也较大，另外，在提高农村干部整体素质、促进农村经济发展、稳定农村社会环境等方面也取得了明显的成效。普及阶段大学生村官队伍迅速壮大，2010年大学生村官数量突破了20万人，且大学生村官制度运行机制也比较完善。

综上所述，从大学生村官制度出台的时间、内容和阶段目标综合来看，大学生村官制度的连续性很强，本文提出了预备、制度出台和制度完善三个阶段，具体如下：

第一阶段是大学生村官制度的预备阶段。这一阶段主要是中央综合考虑：一是城乡二元结构中农村发展明显滞后于城市，国家干预成为解决农村发展的一种途径；二是大学生就业已经成为当下的老大难问题；三是缺乏人才是制约农村发展的一个重要瓶颈这样的大背景。因此，这一阶段主要表现为中央鼓励高校毕业生面向基层就业，如2006年5月29日，中组部、教育部等14部门联合下发《关于切实做好2006年普通高等学校毕业生就业工作的通知》，强调各地区应贯彻落实引导和鼓励高校毕业生面向基层就业的各项政策措施，要求各省级政府有关部门最迟应在当年6月出台具体实施意见，其中有很多优惠政策用以鼓励和吸引各高校优秀毕业生投入到农村中去，为农村做贡献。2007年初，中央发布的"1号文件"《中共中央、国务院关于积极发展现代农业扎实推进社会主义新农村建设的若干意见》中做了非常重要的决定：在有条件的地方，可选拔大专院校和中等职业学校毕业生到乡村任职，改善农村基层干部队伍结构（表1）。

表 1　学生村官制度的预备阶段

时间	政策名称	涉及大学生村官制度的重要内容
2005 年 6 月	中共中央办公厅、国务院办公厅印发《关于引导和鼓励高校毕业生面向基层就业的意见》（中办发［2005］18 号）	1. 完善鼓励高校毕业生到西部地区和艰苦边远地区就业的优惠政策；2. 逐步实行省级以上党政机关从具有 2 年以上基层工作经历的高校毕业生中考录公务员的办法；3. 大力推广高校毕业生进村、进社区工作；4. 加大财政支持高校毕业生面向基层就业的力度；5. 实行面向基层就业的定向招生制度；8. 加强对高校毕业生面向基层就业工作的领导。
2006 年 5 月	中组部、教育部等 14 部门联合下发《关于切实做好 2006 年普通高等学校毕业生就业工作的通知》	积极组织实施好引导高校毕业生面向基层就业的项目，探索政府开发基层公共服务岗位的新机制。
2007 年初	《中共中央、国务院关于积极发展现代农业扎实推进社会主义新农村建设的若干意见》的 1 号文件	在有条件的地方，可选拔大专院校和中等职业学校毕业生到乡村任职。

　　第二阶段大学生村官制度的出台，这一阶段的时间跨度大致是一年，重点是以制度的形式确立大学生村官的合法性。2008 年，以中组部发文《关于选聘高校毕业生到村任职工作的意见（试行）》为政策起点，自此这项工作业已正式转入国家主导的工程建设阶段，被舆论热评为"新时期的上山下乡运动"；2008 年 12 月 15 日，胡锦涛同志在中央财办的有关材料上批示："确有完善大学生村官有关政策的必要"。2008 年 12 月 22 日，习近平同志出席大学生村官代表座谈会并发表重要讲话，提出要努力使大学生村官下得去、待得住、干得好、流得动。2009 年 1 号文件提出要实施一村一名大学生计划[①]。同年，中组部再次发文对大学生村官选聘、培养、管理等制度进行细化和补充，并建立了该项工作的长效机制（表 2）。

表 2　大学生村官制度的颁布实施阶段

时间	政策名称	重要内容
2008 年 4 月	中组部、教育部、财政部、人保部联合发布文件《关于选聘高校毕业生到村任职工作的意见（试行）》（组通字［2008］18 号）	选聘数量和名额分配；选聘对象、条件和程序；选聘任职；待遇和保障政策；管理及服务；财政补贴；组织实施。
2008 年 4 月	《教育部办公厅关于做好选聘高校毕业生到村任职相关工作的通知》（教学厅［2008］6 号）	1. 充分认识选聘高校毕业生到村任职工作的重大意义。2. 加强组织领导，切实做好教育动员和报名选聘工作。3. 全面落实教育系统的各项优惠政策，形成积极的政策导向。4. 采取综合措施，为毕业生和服务地提供持续的服务和支持。5. 开展"基层就业、激情创业"宣传活动，营造良好舆论氛围。6. 继续实施好有关基层就业项目，进一步拓宽基层就业渠道。

---

① http://finance.ifeng.com/roll/20090202/344358.shtm，中广网

（续）

时间	政策名称	重要内容
2008 年 12 月	习近平同志出席大学生村官代表座谈会并作出重要讲话（中组发〔2009〕4号）	大学生"村官"是加强党的基层组织建设和推进社会主义新农村建设的重要力量，也是党政机关培养和储备来自工农一线后备人才的重要来源。
2009 年 2 月	《中共中央国务院关于 2009 年促进农业稳定发展农民持续增收的若干意见》	要稳步推进高校毕业生到村任职工作，实施一村一名大学生计划。
2009 年 4 月	中组部《关于建立选聘高校毕业生到村任职工作长效机制的意见》（组通字〔2009〕21 号）	1. 建立定期选聘制度；2. 建立岗位培训制度；3. 建立配套保障制度；4. 建立跟踪培养制度；5. 建立正常流动制度；6. 建立齐抓共管制度。

　　第三阶段是大学生村官制度的规范和完善阶段，这一阶段的重点一是针对试行阶段出现的问题提出解决方法，如习近平同志提出的大学生村官五条出路；二是将制度细化成可操作的相关措施，如中组部和人力资源和社会保障部、国家公务员局联合发文《关于开展从大学生"村官"等服务基层项目人员中考试录用公务员工作的通知》，提出中央机关（不含省级以下直属机构）专门设置 100 个录用计划，用于招收大学生村官等服务基层项目人员；三是进一步规划大学生村官制度，如中组部、中央机构编制委员会办公室、教育部、财政部、人力资源和社会保障部、国家公务员局联合发文《关于进一步加强大学生村官工作的意见》，提出大学生村官管理的 13 个重点方面，并提出加大从大学生村官等服务基层项目人员中考录基层公务员的力度；而且由团中央、农业部等部门启动实施了大学生返乡创业的行动，并成立了全国大学生村官创业联盟（表 3）。这个阶段的工作没有终点，必将深入进行。

表 3　大学生村官制度的推进和完善阶段

时间	政策名称	重要内容
2009 年 9 月	中组部、民政部等《关于鼓励和支持大学生"村官"创业富民的通知》（组厅字〔2009〕39 号）	明确大学生村官创业扶持政策，搭建创业的实践锻炼平台，为促进大学生"村官"在农村基层更好地经受锻炼、增长才干，引导他们为繁荣农村、发展农业、致富农民作出积极贡献。
2010 年 5 月	中共中央组织部办公厅《关于做好大学生"村官"有序流动工作的意见》	1. 鼓励留村任职工作；2. 择优招录乡镇和其他党政机关公务员；3. 扶持自主创业发展；4. 引导另行择业；5. 支持继续学习深造。
2010 年 7 月	中央组织部、人力资源和社会保障部、国家公务员局联合印发了《关于开展从大学生"村官"等服务基层项目人员中考试录用公务员工作的通知》（人社部发〔2010〕52 号）	提出 2011 年度中央机关及其直属机构考试录用公务员工作中，中央机关（不含省级以下直属机构）专门设置 100 个录用计划，用于招收大学生村官等服务基层项目人员。大学生村官等服务基层项目人员报考公务员，既可报考定向考录的职位，也可报考其他职位，不再实行加分等优惠政策。

（续）

时间	政策名称	重要内容
2011 年 5 月	中组部下发《关于做好 2011 年大学生村官选聘工作的通知》	要求各地"要坚持同等条件下党员和优秀学生干部优先，回原籍任职的优先""两个优先"原则。在确保"五条出路"条条走通的基础上，建立健全有序流动的工作机制，实现合理去留。
2011 年 5 月	农业部办公厅《关于举办 2011 年农村实用人才带头人和大学生村官示范培训班》	主要从培训内容和培训对象做了具体的规定。
2012 年 7 月	中组部、中编委办公室、教育部、财政部、人保部、国家公务员局《关于进一步加强大学生村官工作的意见》（组通字［2012］36 号）	1. 明确目标规划。2. 规范岗位管理。3. 改进选聘工作。4. 加强教育关爱。5. 注重实际使用。6. 强化管理考核。7. 健全保障机制。8. 积极扶持创业。9. 鼓励留村任职。10. 完善招考制度。11. 加大选拔力度。12. 拓宽发展渠道。13. 加强组织领导。
2014 年 3 月	中组部组织二局召开了大学生村官全国人大代表座谈会	10 名全国大学生村官代表出席会议并发言，中组部组织二局相关负责同志鼓励大学生村官坚持岗位，正确对待村官工作，向群众学习，经历党性锻炼，无悔青春年华。
2014 年 9 月	中组部、人社部和国家公务员局印发《关于做好艰苦边远地区基层公务员考试录用工作的意见》	要拓宽基础公务员来源渠道，加大从大学生村官等服务基层项目人员中考录基层公务员的力度，经过 3～5 年，定向考录比例一般应达到当年乡镇公务员录用计划的 30％以上。《意见》明确了降低艰苦边远地区基层公务员进入门槛的办法，提出适当降低招考职位学历要求，放宽招考专业限制，适当调整报考职位年龄条件，不限制工作年限和经历，合理确定开考比例，单独划定笔试合格分数线等六条措施。
2015 年 3 月	团中央、农业部、中国农业银行发出通知，在农村青年创业致富"领头雁"培养计划和现代青年农场主计划框架下，启动实施大学生返乡创业行动	在全国层面，通过创业培训、金融支持、导师辅导、产业扶持、跟踪服务等方式，每年重点支持不少于 1 万名大学生返乡创业，并对市场前景好、带动作用强的创业项目予以扶持，旨在鼓励和引导返乡创业的大学生成为家庭农场主、农业职业经理人、农民合作社领办人、农业企业家和农业社会化服务组织负责人。
2015 年 4 月	中组部《关于做好 2015 年大学生村官选聘工作的通知》	按照"保证质量、规模适度、完善政策、从严管理、健全机制"的要求，切实加强和改进大学生村官工作，严格选聘标准。
2015 年 5 月	中国村社发展促进会大学生村官创业工作委员会第一次筹备会议在北京召开	成立了大学生村官创业工作委员会，为中国村社发展促进会二级机构，简称全国大学生村官创业联盟。

从这三个阶段出台的相关政策来看，每个阶段的重点不一样，且环环相扣，一方面这项制度前后已近 10 年，体现了中央推行大学生村官制度的决心和努力，另一方面大学生

村官的数量已经攀升到 20 多万，体现了制度已经发挥了作用。但是，制度设计的初衷与愿景都表现为理想的一面，实施过程并不是一帆风顺。再加上早期部分省市先行驱动起来的大学生村官行动的失败经验，如根据媒体报道的一些案例：海南省持续 7 年之久的大学生"村官"计划渐趋停滞①、江苏省海安县提出了大学生村官的后期管理问题，江苏海安县于 1999 年 7 月面向全县招聘了一批大中专毕业生"村官"，3 年过去了，这些"村官"几乎全部离开了自己的岗位，致使这个规划成了半拉子工程（胡建兵等，2002）。以至于该项制度遭到了社会批评以及舆论造成的现实压力，甚至质疑这个计划是否能持续？这个政策是权宜之计还是长期战略？

这些问题放在现在甚至以后，很明显会带来新问题，随着市场力量的不断壮大，经济社会已经进入到多元博弈的时代（孙立平，2006），在这样的背景下，大学生村官制度实施过程中，中央政府、省市县乡等地方政府、干部、村民等村庄力量以及大学生村官均围绕各自利益进行多元博弈，当然，这种多元博弈并不是市场经济下特有的产物，实际一直存在，但是在市场经济的条件下，这种博弈会不断加强，例如，研究发现不少大学生村官将该职位视为跳板，这显然不是政府和乡村愿意看到的事情。

三、大学生村官制度实施的整体逻辑

国家（中央政府和地方政府）、村庄（村干部和村民）是大学生村官制度演进和实施的主要主体，不同主体因为自身的利益和机构中的位置，往往在行动中表现出不同的逻辑，这些逻辑构成了大学生村官制度实施的整体逻辑，也是推进和完善该制度的内生动力。

大学生村官制度在各层级执行的时候容易出现政策设计初衷时的偏差，这主要表现为两种形态，一种是真实性执行，指围绕中央制定制度的目的，综合考虑地方具体情况，因地制宜的制度创新和相关实施谓之为真实性执行；一种是失真性执行，政策执行失真是指公共政策在执行过程中出现与政策内容不符、偏离政策目标、违背政策精神的现象（图1）。

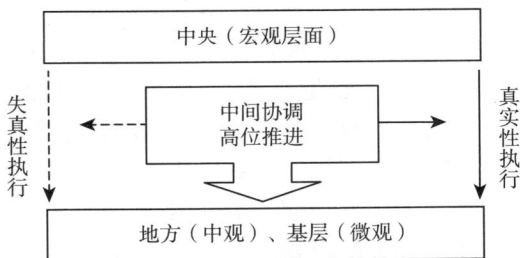

图1　大学生村官制度实施中的整体逻辑

（一）中央政府的运行逻辑

中央政府作为重要利益主体对制度的实施产生很大影响，特别是选择空间和实际行动

① 海南省大学生村官计划渐趋停滞［N］．中国青年报，2006-3-1．

极有可能改变制度约束的强度乃至方向，但是其行动深受环境影响，外部环境将嵌入到其行动中不断的制造新环境，中央政府根据环境变化不断调适，以使制定的政策更加完善。图2反映了大学生村官制度实施过程中不同利益群体的各自角色以及互动机制。首先，中央政府制定政策并下拨财政到地方政府，地方政府也相应地配套一系列政策和财政辅助中央政府。然后，地方政府通过省、市政府对政策的细化以及县、乡政府的具体管理，又下到行政村具体执行。其次，这个过程不是直线进行，是循环往复的过程，如乡村等具体执行者在实施过程中出现问题又将通过这个路径反馈给地方政府，并层层反馈至中央政府。其三，中央政府接到相关的情况指令，将考虑如何进一步完善或补充大学生村官制度，以此，形成一个周而复始的不断改进和完善的政策制定和生产复制的过程。

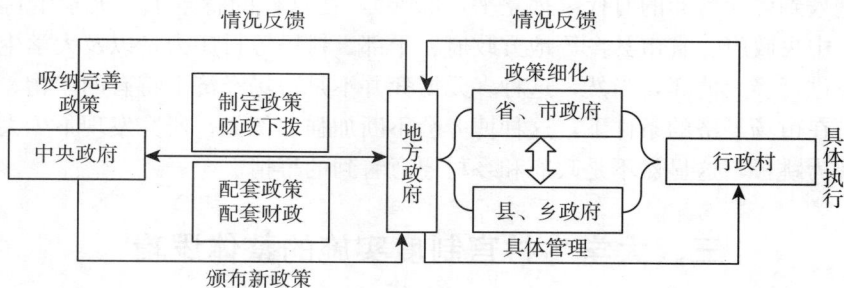

图2　大学生村官制度运行的整体逻辑

（二）地方政府实施逻辑中的"关系运作"

中央和地方政策逻辑关系主要有以下5种（鞠伟，1997）：一种是推动关系，指地方和中央的政策在逻辑、内容上完全一致，没有分歧；二是强化关系，指地方依照中央政策制定出体现地方的利益和特征的政策；三是似然关系，地方和中央政策结构一样，但基本利益不一致；四是非似然关系，指地方和中央政策完全不相容，但是都有存在的独立理由；五是不一致关系，指两者利益完全不一致，地方可能摈弃中央政策或迫使中央政策发生变化。目前看第五种关系还没有具体的体现。

1. 推动和强化关系　国家号召大学生村官去农村有几点目的：一是推动新农村建设和农村地区城市化进程；二是改变农村产业结构、盘活农村经济总量和改善农村环境；三是建立高等教育与农村联系的桥梁；四是促进农村基层组织建设、法制建设以及和谐文化建设。这些内容地方和中央表现出高度一致，因此中央颁布大学生村官制度的相关政策后，地方也会颁布相应的政策推动大学生制度。

地方在细化中央政策的时候，不仅是按照结构推出，还根据各地特征进行个性化设计，但设计不脱离中央政策的框架，起到的是推进政策实施的强化作用，这也是中央政策给予的自由裁量权。如陕西省考录程序中加入了组织推荐环节，即参加考试的人员必须先经过各级组织和群众推荐，强调了群众公认。江苏省在面试中设计了大量农村工作实际操作问题，使平时工作踏实、勤于思考的大学生村官脱颖而出。

2. 似然关系和非似然关系　中央政府在制定大学生村官制度的时候，形式上尽力做到放之四海皆准，但地方政府根据各自的情况会对放之四海而皆准的中央制度进行新的创造，添入新元素，这些元素与中央政府制定的初衷并不一致。更多情形下，这类行为体现在上下级基层政府持续双向的互动过程中。因为这些应对策略和行为常常与上级政策指令不符甚至相悖，所以他们大多是通过非正式方式加以实施，即基层政府间的"共谋行为①"，这种现象也是基层政府在执行政策时所表现的灵活性和适应性（周雪光，2008）。如中央制定的政策中，中组部多次强调，大学生村官在第一个聘期内必须在村里工作，乡镇机关和上级部门不能截留和借用。可是，在调研中发现，仍有县及乡镇部门明知故犯，或把大学生村官看作乡镇党委、政府的"最佳外援"，舍不得放回村里；或是出于安全考虑，不敢把大学生村官放到村里；或是把大学生村官当"过客"，高高挂起，没有真正交任务、压担子。这些现象在调研的村庄中都有不同程度发现。利益不同导致了中央和地方的考虑和做法不同，而地方政府执行的灵活性也是因为政策本身有许多执行灵活性的空间，如国家政策的执行细则由各地政府制定或相应调整，或者对执行政策过程中的灵活性默认甚至鼓励。这种执行灵活性为上下级地方政府之间在执行政策过程中加以解释变更等提供了合法性基础（周雪光，2008）。

总之，地方政府在执行来自中央政府的各种政策指令时常常共谋策划，采取"上有政策、下有对策"的各种做法，联手应付自上而下的政策要求，导致实际执行过程偏离政策初衷的结果（周雪光，2008）。出现类似的现象主要有以下几个方面的原因：一是压力型政治体制下，以县及乡基层政府和乡村并非消极被动的政治行为体，它有着自身相对独立的利益诉求，可以调整制度制定的方向并选择抵制。二是压力型政治体制下，县乡基层政府和乡村必须在"完美行政"和"地方利益代表"中不断平衡和修正。

（三）村庄层级的运行逻辑

村庄是一个相对封闭的结构，大学生"空降"至农村很难融入其中，一方面村干部、村民的宗族派系或血缘亲属等内生因素形成的社会结构，像"一道网"一样排斥外来的大学生村官。另一方面由村干部组成的权力结构，像"一扇门"一样将大学生村官隔离在农村权利场域外或成为村权代表的村干部的附属。譬如调研过程中经常能够听到大学生村官的抱怨，"我们就是外来的，现在要作为村庄的管理者，谁愿意听你的话，不配合又怎么管理"，同时也能听到众多村民质疑的语言，"大学生对我们不了解，我们也不熟悉他们，根本不可能把握得住复杂的乡村社会关系以及处理好乡村事务"。大学生村官的抱怨和村民的质疑恰恰符合乡村的实际情况，农村作为乡土社会，其社会结构的组成是以血缘为基础并像水的涟漪一样层层向外扩展（费孝通，2005），大学生村官通过行政媒介进驻乡村必然要受到这些社会结构的阻碍。去过农村的研究者大概都知道，村干部必须具备的因素可能是多方面的，但是一个关键的因素是其所在的姓氏、派性或宗族等必须在村庄有一定威望，村支书和村主任的选拔更是如此，显然他们治理村庄的能力多数产生于村庄本身的社会结构当中，这就决定了大学生村官即使是赋予一定的"官名"或者"官权"，实际上也很难或者根本做不到嵌入到乡村当中掌握这种社会权利。

1. 从村干部层面分析 多数村干部认为大学生村官：一是该职位只是一个暂时跳板；

---

① 在中国行政体制中，基层政府间的共谋行为已经成为一个制度化了的非正式行为（周雪光，2008）。

二是对农村社会尤其是当地的社会尚不了解；三是能力不足，尚无能力处理村庄事务等。因此，对于村干部而言，大学生村官只是国家作为一个干预体放置在农村，但是国家并没有真正授权给他们，而他们到了村里后又受村干部的管辖，村干部也没有放权给他们，换句话说，村干部为了某种自身的利益也不同程度地排斥大学生村官，在农村事务上对于村官也是一种变相的控制，使大学生村官处于一种职位的尴尬。从上述分析看，村干部在大学生村官制度执行中一是关系逻辑，二是权利逻辑，这两者在大学生村官制度在乡村实施中有不同程度的体现。

2. 从村民层面分析 多数村民对该制度并不了解，认为大学生村官：一是入村为官的目的是协助村干部，与其无关；二是从经济利益上分析，因为村里没有钱，想做大事非常难，大学生村官自己又没有社会资源，在村里是人生地不熟，有职无权；三是从面子关系上分析，村干部都是土生土长的本村人，在村里都有一定的宗族势力和亲情关系，做起工作来大家都会给点面子，但是大学生村官没有这种关系也就没有资格享受面子的待遇。正如牟成文（2013）所认为的村民无论是作为一种特定职业，还是作为一种特定身份，或是作为一种特定符号，都需要贯穿于特定的信仰之中。但是，在物质主义的语境里，村民的信仰正在趋近于"单向度化"或者纯粹物质化。由此可知，村民一是关系逻辑，二是实惠逻辑，这两者在大学生村官制度在乡村实施中也有不同程度的体现。

上述分析表明，中央政府由于在政治力量对比与资源配置权力上均处于优势地位，在大学生村官制度的演变和推进过程中起着主导作用，主要体现在：（1）中央政府根据自己的利益对可能的制度方案进行选择并自上而下地组织实施，对危及自身利益的方案予以排除；（2）中央政府对已出台的制度，根据其实际施行结果进一步进行修正和调整。地方政府在执行大学生村官制度时，省、市、县、乡等不同层级将根据当地的实际情况采用非正式方式，而非正式方式可能有助于集中到省层面向中央提出诉求，从而对大学生村官制度的变迁产生重要影响。综合来看，中央高位推进，省、市、县、乡等各层级根据具体情况相应推动的层级执行，以及出现的真实性和失真性的执行构成了大学生村官制度实施的整体逻辑。

四、大学生村官制度实施逻辑的结构分析

吉登斯的社会结构论本质上是二元的结构，即社会结构不仅对人的行动具有制约作用，而且也是行动得以进行的前提和中介，它使行动成为可能；行动者的行动既维持着结构，又改变着结构，并对行动者的行动产生新的影响，即不断地重新构建（Giddens，1987）。

从大学生村官制度实践的角度看，二元结构不断的重构会导致两个方面的变化：一是制度基于行动者的不同利益诉求不断地完善，逐步朝设计的方向前进，二是行动者的利己行为不断扭曲制度设计的初衷，导致制度不断偏离。以吉登斯的理论为基础，结合考虑大学生村官制度的实施情况，大致可剖析为三个层面（图3）：第一层是结构与行动的关系，即在一定规则和资源条件下，不同行动者的出发点和利己行为之间博弈所产生的问题；第二层是国家与社会的关系，即以大学生村官制度为载体，国家与乡村社会之间"控制—自

治"的博弈导致的问题；第三层包括中央与地方、乡村内与外两层二元结构，中央与地方关系即在中央设计与地方实施过程中两者行动并没有体现出铁板一块的情况所导致的问题，乡村内外关系即大学生村官融入以血缘为纽带组成的乡村社会所遭到的排斥力带来的问题，分析具体如下。

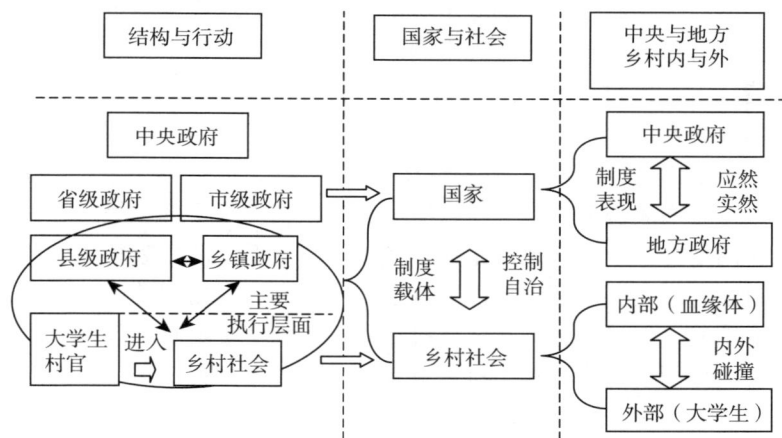

图3 大学生村官制度实施逻辑的结构分析

一是从结构与行动的二元关系出发，将制度执行的规则和资源视为结构，将中央、省、市、县、乡视为结构中的行动者，并且在这个框架下进行利己行为，在这个过程中最重要的问题是不同的层级行动者的利己行为易导致制度失真：出现问题缘起于不同层级行动者执行制度的需求和逻辑不同，中央政府制定和推进大学生村官制度的目的是支持农村发展和强化对乡村的管理；地方政府尤其是基层政府在围绕中央制定制度的精神执行的同时考虑到地方的规则和资源等实际情况，往往表现出弹性执行；乡村社会尤其是其权利核心可以接受外来的支持，但对国家强化管理易产生排斥；大学生村官基于奉献进入乡村支持发展较为少数，多数是为了自身利益选择将该岗位作为跳板。以上这些行动者的逻辑往往会导致制度设计的目标产生偏离现象，如中央政府强化对乡村管理的逻辑容易使乡村社会产生排斥，地方政府的利己行动容易使制度扭曲，乡村社会基于自治和权利的保护对大学生村官的赋权行为直接表现为排斥，大学生村官则视制度为跳板。这些不同行动者所处的外部环境形成了行动者行动的框架，不断对行动者产生影响并使其调整行动。不同的层级行动者的利己行为汇聚是一个行动集，其导致的问题也会形成一个问题集，也就是结构的失真问题。

二是从国家与社会的视角出发，多数观点认为大学生村官制度颁布的一个重要目的是进一步固化国家在乡村社会的权利，简言之，就是通过制度加强对乡村的管理，而乡村社会一直以来都在政府的管理和本身自治之间进行平衡。这样就会导致国家控制与乡村自治之间的博弈，国家通过大学生村官制度深入到乡村社会和乡权中必然会遭到乡村社会的排斥，主要会出现以下问题：一是目前的大学生村官仅能在村庄任虚职，处于有名无权的境地，即使进入到村两委，也多数游离于乡村权利之外；二是从事的工作主要是上传下达等敲边鼓的事情，没有接触到乡村社会发展的核心问题，能力也难于胜任这些工作。现实表明大学生无权难于做事或成事，因此这个博弈的结构在某些方面是不利于大学生村官在乡村的实权制度，妨碍了制度积极目标的实现。

三是从中央与地方、乡村内外的视角出发，首先中央政府与地方政府同属国家机器，本应铁板一块，但是站位和利益的不同决定了其行动上可能一致也可能不一致，不一致的行为一部分可调整后改善制度，一部分难于调适可能使制度产生消极的影响，县乡作为制度主要执行层面的行动者，最可能表现出利己的利益，如将大学生村官视为基层政府短缺人手的补充，造成大学生村官在乡村锻炼的时间和机会大大减少，培育效果可能大大降低。其次乡村内外关系的体现主要表现在：一是地方政府等（外生因素）和村干部构成的权力结构，像"一扇门"一样将大学生村官隔离在农村场域外，直接影响其发挥能动作用。在实践中，一方面表现为大学生村官服务对象仅指向村干部，另一方面大学生村官工作范围多限于村两委办公地，结果就是大学生村官制度在实践中表征为"脱离农民群体谈服务农村"的口号；二是村干部、村民等（宗族派系和血缘亲属等内生因素）关系在村庄场域形成的社会结构，像"一道网"一样排斥外来的大学生村官，间接影响其能动作用发挥。在实践中，一方面表现为大学生村官对复杂关系难于把握，另一方面表现为村民不信任外来者能处理好乡村事务（骆江玲等，2013）。这两层结构表明其中的二元都存在与制度实现积极目标相反的利益，使制度出现一定程度的偏离。

五、小　结

根据上述分析得知如下：

一是大学生村官制度的演进大致可以分为三个阶段，不同阶段侧重不同。第一阶段是大学生村官制度的预备阶段，明确价值导向鼓励高校毕业生面向基层就业，第二阶段是大学生村官制度的正式出台，以制度的形式确立大学生村官的合法性，第三阶段是大学生村官制度的规范和完善阶段，重点是对试行阶段出现的问题提出解决方法。

二是各级政府不遗余力推动大学生村官制度。中央政府制定的相关政策和各级政府配套实施的各项政策、各种措施都反映出国家大力推行大学生村官制度的决心。

三是大学生村官制度的层级性执行以及失真性、真实性表达的整体逻辑。大学生村官制度是中央高位推进，沿着中央、省、市、县、乡和村的执行路径不断地被再规划和细化，地方会根据相应的特色和实际情况进行具体化处理和相对的自由裁量，最终形成不同地方、不同特点的大学生村官制度，形成了大学生村官制度执行的层级性。大学生村官制度在各层级性执行的时候容易出现政策设计初衷时的偏差，包括：真实性执行，指围绕中央制定制度的目的，综合考虑地方具体情况，因地制宜的制度创新；失真性执行指公共政策在执行过程中出现与政策内容不符、偏离政策目标、违背政策精神的现象。

四是大学生村官制度的实施逻辑取决于实施大学生村官制度的主体的逻辑。首先，该制度的推动还处在由中央政府主导和控制的阶段，从制度的内容和出发点看，中央和地方高度一致，但是不一致表现出来的博弈往往成为制度推进和完善的原动力之一。其次，地方是由省、市、县、乡等构成，不同层级的利益出发点也有不同之处，博弈的结果往往会通过省一级向中央提出诉求，这些诉求如果是在中央的制度框架或者制度实施的目标框架下，往往能起到"诱致"中央政府默认、许可甚至推广（林毅夫，1994）。其三，乡村是制度发挥作用的目的地，其社会结构对大学生村官制度作用发挥具有直接影响，制度设计吻合或很大程度吻合乡村的特色情况，制度的运行会更加顺畅，反之，则表现为与县、乡尤其是乡政府进行直接博弈，自下而上地对制度结构产生冲力，这种冲力与地方政府自上而下的控制力交互作用形成的一种合力，在很大程度上也决定了大学生村官制度的演进进程。

五是大学生村官制度实施逻辑的结构。从结构与行动看，不同的层级行动者的利己行为汇聚是一个行动集，其导致的问题也会形成一个问题集，也就是结构的失真问题。从国家与社会看，这个博弈的结构在某些方面是不利于大学生村官在乡村实权制度，妨碍了制度积极目标的实现。从中央与地方、乡村内外结构看，这二元结构中都存在与制度实现积极目标相反的利益，使制度出现一定程度的偏离。

新农村建设视野下赴基层
青年成长成才路径研究

——以江苏大学生村官为例

江苏省大学生村官研究所　李义良

　　培养造就大批来自基层一线、对人民群众有着深厚感情的优秀年轻干部，对于我们国家当前和今后的发展至关重要。优秀年轻干部的成长，从总体上说，是个人素质、组织培养和工作环境等方面多因素综合作用的结果。江苏为了培养锻炼一支优秀的基层干部队伍，自 2007 年起，就开始了选聘高校毕业生到农村任职（以下简称"大学生村官"）工作，到目前已有 10 年时间，他们在基层一线干事创业、服务为民的实践中历练成长，聘期期满后，有些成为了带头致富、带民致富的"双带型"村干部，有些成为了县直机关、乡镇领导干部，有些走进了企业成为企业管理骨干，有些考录为公务员、事业单位人员，等等。纵观这一群体的成长路径，既有其自身规律发挥作用，又有外在环境、制度安排等多因素影响。本文将重点就大学生村官这一群体的成长成才路径进行探讨。

一、江苏大学生村官的历史变迁

　　江苏大学生村官工作经历了探索（1995—2007 年）、发展（2007—2014 年）和提升（2014 年以后）三个阶段。

　　1995 年，徐州市丰县实施"雏鹰工程"，选聘 13 名大中专毕业生到农村任职，拉开了江苏选聘高校毕业生到农村任职的探索征程。国务院发展研究中心社会发展研究部佘宇研究员在"丰县'雏鹰工程'的回顾与启示"一文中指出：丰县实施"雏鹰工程"的主要目的有两个方面，一是培养锻炼年轻干部；二是加强农村党组织建设，进一步优化村级领导班子结构。该县之所以每年从应届大学生中选派德才兼备者到农村任职，主要是出于四方面原因考虑：一是农村社会经济发展的需要；二是农村战略性人才储备工程的需要；三是加强村级组织建设的需要；四是新时期干部人事制度改革的一项有益尝试，同时也是对新时期转变人才选拔培养、干部晋升、就业选择导向的一次有意义的探索[①]。

---

　　① 佘宇、秦冬梅，丰县"雏鹰工程"的回顾与启示，［EB/OL］（2013 - 04 - 16）http：//www.cet.com.cn/ycpd/sdyd/ 827046. shtml

1995 年以后，江苏的常州金坛市、徐州沛县、连云港东海县等地陆续加入探索行列。仅"雏鹰工程"连续开展 4 年，先后从 400 多名报考者中选拔出共计 63 名优秀大学毕业生下村任职。时至今日，这批大学生村官中的大多数人已走上了县乡领导岗位，成为当地基层领导班子的核心成员。在金坛、沛县和东海县的调研也发现，当年到农村基层任职的一大批高校毕业生已经走上了基层领导干部的岗位。2007 年 5 月 13 日《人民日报》以"乡村，有我最美的十年青春"为题，对江苏各地探索选聘高校毕业生到村任职工作进行报道，指出这是基层选拔优秀干部、发展农村经济的一条成功路子。

2007 年，省委、省政府在各地探索的基础上，在全省高校中选聘 1 011 名优秀毕业生到苏北五市 1 011 个经济薄弱村任职。此后连续几年，我省选聘高校毕业生到村任职工作进入快速发展时期，截至 2015 年，共选聘 25 273 人（表 1）。这一阶段选聘的大学生村官，有多人已经进入了县处级干部队伍行列挑起了重担，南京市栖霞区栖霞街道办事处主任兼西花村社区党支部书记的石磊，他所在的栖霞街道在 2015 年投资 200 亿元的华侨城欢乐谷项目签约落户，产值超千亿的金陵石化正在转型升级，同年，实施项目拆迁 2 000 余户，搬迁沿江 31 家砂场码头，整顿 1 个违规商业市场和 63 家存在各种隐患的工企单位，新建了 3 个市民广场和 2 个活动中心。一大批大学生村官走上了乡镇和县直部门领导班子岗位。

表 1　2007—2015 年省选聘大学生村官情况统计表

年度	2007	2008	2009	2010	2011	2012	2013	2014	2015	总计
选聘数	1 011	1 670	5 010	3 969	3 827	3 195	3 104	2 047	1 440	25 273

2014 年初，习近平总书记复信大学生村官，希望大学生村官"热爱基层，扎根基层，增长见识，增长才干，促农村发展，让农民受益。"2015 年，中组部部长赵乐际在全国大学生村官座谈会上提出"保证质量、规模适度、完善政策、从严管理、健全机制"二十字方针①。江苏认真贯彻落实习近平总书记复信精神和中组部总体要求，以务实举措推进大学生村官工作。2 015 明确提出选聘对象必须是中共党员或优秀学生干部，新选聘的 1 440 名大学生村官中，"985"高校毕业生 466 人，占 32.4%，涉农专业毕业生占 5.5%，结构进一步优化，从优秀大学生村官中招录选调生 400 名。经过近 10 年的发展，江苏大学生村官工作形成了自身品牌，进入了一个全新的提升阶段。

目前在岗大学生村官 13 459 人，其中省聘 10 487 人，市、县（市、区）聘 2 972 人（图 1）。几年来，我省大学生村官累计流动 16 294 人，其中进入公务员队伍 6 206 人、占 38.09%，进入事业单位 4 216 人、占 25.9%，进入国有企业 2 092 人、占 12.84%，继续学习深造 307 人、占 1.9%，自主创业择业 2 744 人、占 16.84%，其他渠道离开 729 人、占 4.5%（图 2）。

---

① 赵乐际. 在全国大学生村官工作座谈会上的讲话，2014.5.31.

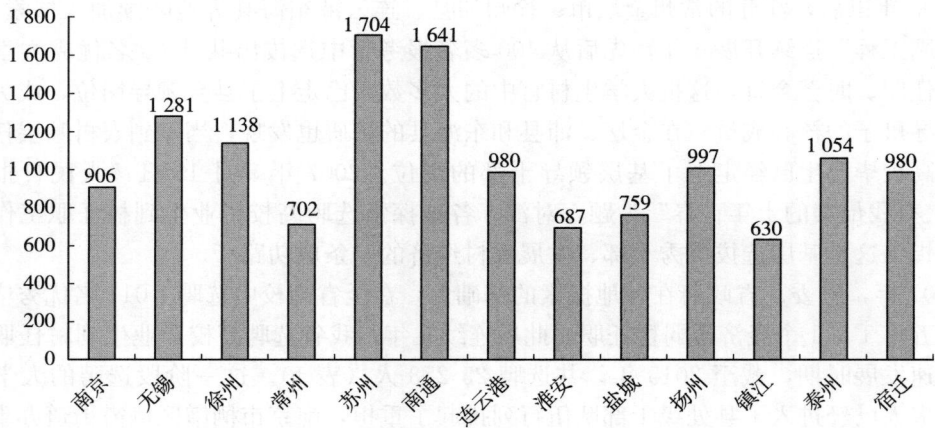

图 1　在岗大学生村官按市分布情况

数据来源：省选聘办 2016 年 4 月

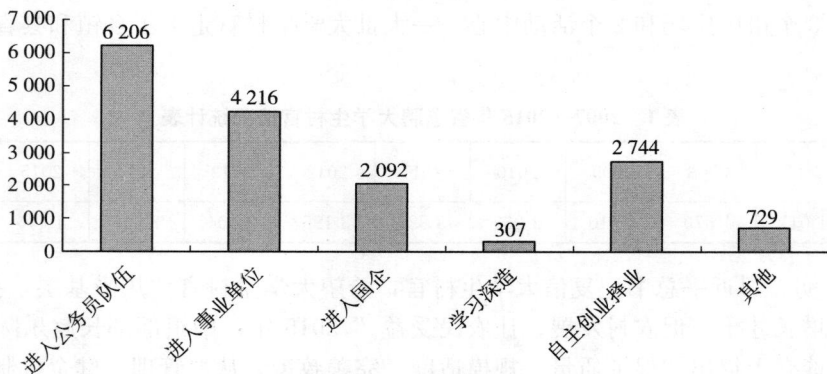

图 2　在岗大学生村官按市分布情况

数据来源：省选聘办 2016 年 4 月

在对我省 1 309 名大学生村官随机抽样问卷调查显示，在岗大学生村官所学的专业以工学类、管理学类和文学类为主，所占比例分别为 24.45%、24.22% 和 18.41%（图 3）。就毕业院校情况来看，毕业于 985、211 院校的分别占 6.26% 和 6.72%，一本院校 12.61%，二本院校 42.78%，三本院校 36.44%，专科学校 3.67%（图 4）。从学历层次来看，本科生占 93.58%，硕士研究生以上学历占 5.65%，专科生占 0.76%。从来源地情况看，来自农村的大学生村官占比最大，达 44.54%，地级以上城市占 19.71%，县城占 23.91%，乡镇政府所在地的占 11.84%（图 5）。

二、江苏大学生村官工作取得的成效与存在的不足

（一）取得的成效

江苏大学生村官工作实践表明，选聘高校毕业生到村任职，对于改善农村基层干部队

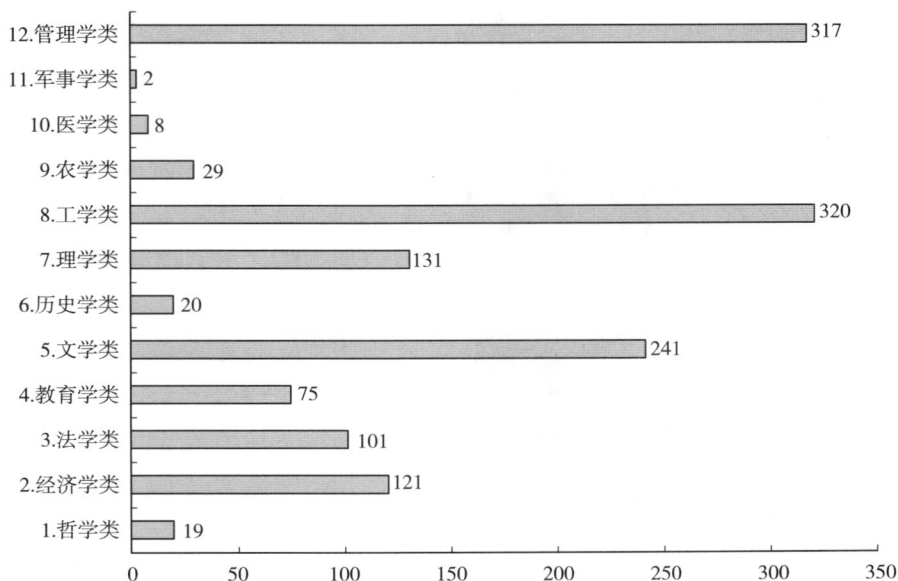

图 3　大学生村官按所学专业分布情况

数据来源：大学生村官研究所 2016 年 4 月

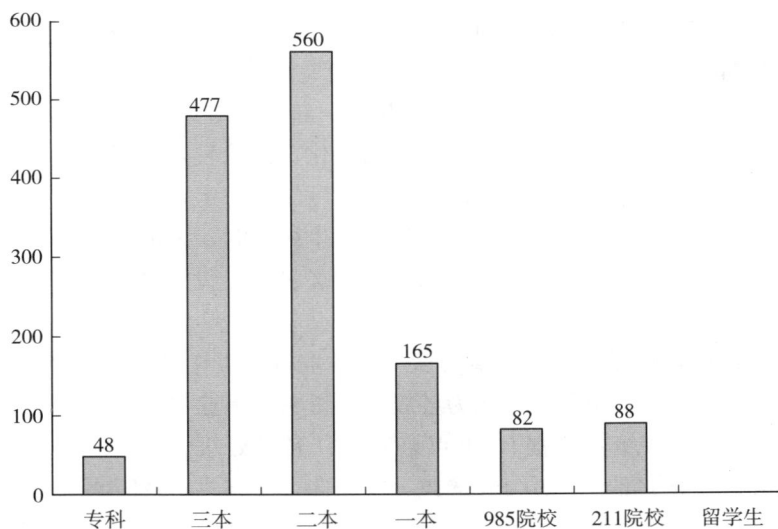

图 4　大学生村官毕业院校分布情况

数据来源：大学生村官研究所 2016 年 4 月

伍结构、培养新农村建设骨干力量和党政干部后备人才，推进新形势下农村改革发展和夯实党在农村的执政基础具有重大意义。江苏大学生村官工作所取得的实效，概括起来，主要有以下几个方面。

1. 为农村基层组织建设注入了新鲜血液　广大大学生村官到村任职后，充分发挥工作激情和创新思维，促进了村级制度化、规范化建设和工作水平的提升，加强了基层党组

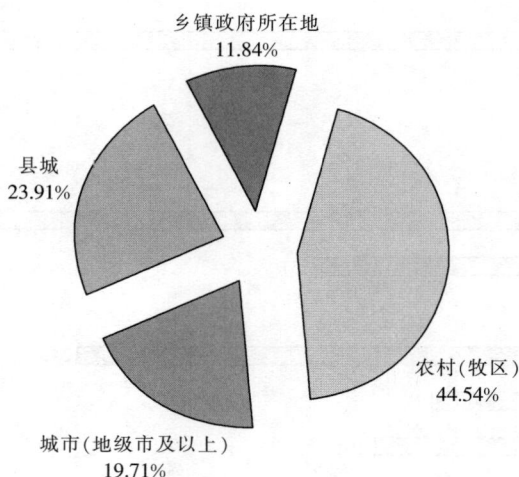

图 5　大学生村官来源地分布情况

数据来源：大学生村官研究所 2016 年 4 月

织建设，在村兴办社会事业，推动扶贫事业发展，给基层工作带来了新的气象。全省现已有 1 146 名大学生村官担任村"两委"正职，5 849 人担任村"两委"副职，821 个省定经济薄弱村有在岗大学生村官 507 名，6 成以上村居（社区）实现覆盖。在对全省 1 095 名大学生村官问卷调查显示：84.75% 的人认为在基层组织建设中发挥了作用。同样在对 456 位组织管理部门和基层村干部问卷调查中，有 80.04% 的人认同上述观点，高达 90.57% 的人认同大学生村官的到来"改善了基层干部队伍结构"。在基层调研中，基层干部群众评价大学生村官到来后给农村发展带来的变化，谈论较多的就是村里的干部队伍中出现了年轻人，并对他们想干事、肯干事的积极态度给予肯定，有些评价相当高。盐城东台市头灶镇袁陈村村民徐永龙在评价他们村的大学生村官时，说道："大学生村官来了后，用了三年不到的时间干了过去十年干不成的事。这么多年，我们村先后换了 11 位村支书，真正干事的就数他。"

2. 为党政干部队伍建设储备了重要力量　大学生村官工作经过近 10 年的发展，一大批优秀青年在基层历练中脱颖而出，成为各级党政机关、事业单位重要后备干部来源。全面实施"百千万干部人才培养工程"，重点培养 100 名县处级、1 000 名乡科级和 10 000 名村"两委"正职后备干部。通过公开选拔、换届选举等方式，及时将实绩突出、表现优秀、群众认可的大学生村官推上基层领导岗位。全省现有 547 人担任乡科级及以上干部。邀请大学生村官代表列席地方党委全会，帮助他们增强大局意识。积极选树优秀大学生村官典型，使大学生村官学有榜样、赶有目标。全省有 586 名大学生村官当选为县级以上"两代表一委员"，其中党的十八大代表 1 人、十二届全国人大代表 2 人。同时，培养了一大批知农、爱农、为农的对农村有深厚感情的青年干部人才，对全省 1 309 名大学生村官随机问卷调查显示，高达 88.39% 的人认为"对农村有深厚的感情"。

3. 为各行业各领域输送了优秀人才　全省已有 4 216 人考入事业单位、2 092 人进入企业，中国电信、中国人寿保险、中国邮政集团等企业和单位，累计从我省大学生村官中招聘XX员工。大学生村官在农村实践锻炼中形成的工作踏实、不怕吃苦、爱岗敬业、勇于进取的优良品质，在新的岗位上凸显出其独特优势和发展潜力，越来越多的人因表现突出走上重要的岗位，越来越多的单位把招录员工和吸纳人才的眼光投向大学生村官。村官问卷显示，86.86%大学生村官认为这一政策的实施"为各行各业培养了后备人才"。调研也发现，那些进入国有企业的大学生村官能很快适应工作，并能够在新的工作岗位上做出成绩。2009年任职大学生村官，现任中国电信常州新北区河海局局长的蒋丽琴说："我和没有做过村官的人待人接物和处事态度不一样，我碰见事情总会想办法处理，不管干什么工作都会踏踏实实去做。"

4. 为农民致富增收拓宽了新的渠道 广大村官充分发挥头脑灵活、接受新生事物快的优势，利用各级党委、政府设立的大学生村官创业基地、创业扶持资金等，结合自己所学的专业知识选准选好创业项目，起到了农村创业致富带头人的作用。截至目前，江苏有4 747名在岗创业大学生、3 370个创业项目（分别占全国的32.3%、29.8%），资金总投入30.3亿元，带动就业创业16万余人，帮带脱贫4万多户。村官问卷显示，82.5%的大学生村官认为自己"发展经济的能力"有所提高，95.36%的人认为"整合利用资源的能力"得到了加强。

（二）存在的不足

大学生村官工作是一项农村干部人才培养的工作，有其自身的规律性，同时又是一项政策性很强的工作，需要组织管理部门和社会各界关心关注，不断完善政策。在近几年的工作实践中，有以下几个方面的问题需要引起关注，并应适时作出政策调整。

1. 大学生村官工作长效机制亟须完善 从当前江苏大学生村官实施情况来看，主要有三个方面的问题：一是在政策文件方面。定向招录选调生和公务员、事业单位工作人员等政策实施后，受到了基层和大学生村官的欢迎，但同时也有两个问题需要引起关注，一个是政策导向出现偏差，大学生村官不安心工作一门心思备考现象比较普遍；另一个是政策执行不够到位，在事业单位招聘中，有9个省辖市没有明确定向招录大学生村官，其他4个市虽然明确了，但也未达到30%的要求。二是在工作机制方面。从横向来看，大部分省辖市都没有建立选聘工作小组，主要是组织部门在抓，组织部内部也大多是综干条口在抓，没有把组织条口力量整合起来，工作合力不足；从纵向来看，目前，大学生村官管理培养使用的主体在县乡两级，但选聘主体在省市两级，责任主体不明晰，人权、事权不统一，影响了县乡两级的积极性。三是在分类指导方面。由于苏南、苏中、苏北经济社会发展差异性，大学生村官的工作环境、待遇保障和个人诉求也各不相同，因此在政策制定和工作指导上需要因地制宜、分类指导，给基层空间。

2. 招录选聘的源头亟须优化 目前，江苏在岗大学生村官有13 457人，与全国各省相比人数是最多的，近3年分别选聘3 104名、2 047名、1 440名，新进的数量仍然不少，不同程度地影响了群体质量，增加了管理难度，更给"老村官"分流带来了压力。调研中，各地也普遍反映，选聘规模不宜再扩大，最好控制在行政村总量的1/3到1/4之间。在选聘结构上，要尽量满足基层需求，调研发现，基层希望多一些涉农涉法、规划城建专业的，多一些能吃苦、适应基层工作的，多一些本地的，苏南对本地生源的呼声更加强烈。调查问卷显示，25％的基层干部群众认为，应注重选拔农业类专业学生。从去年选聘情况看，涉农专业毕业生占5.5％，与基层需求还有一定差距。在选聘方式上，仍有改进的空间，目前大学生村官选聘由省、市两级组织人事部门组织实施，县乡村三级在"选谁来"和"谁来选"上参与度不够，基层建议坚持需求导向，由基层上报计划，并派人参加选聘工作，提前介入把关。

3. 培养管理的效度需要加强　一是管理不够严格。有的措施不力"不会管"，管理制度不健全、方法不对路；有的事不关己"不愿管"，认为不拿钱、不占编，只要帮着做事就可以了；有的缺乏担当"不敢管"，怕得罪人，对表现不佳但没有重大错误的，不敢解除聘用合同。二是考核不够完善。一些地方没有对大学生村官工作职责细化具体化，导致大学生村官不知道究竟"干什么"，上级部门考核时搞不清到底"考什么"。此外，职责任务不清，还导致一些大学生村官被抽调到乡镇机关和县直部门帮忙，长期不在村里工作。三是培训不够有效。综合问卷调查和调研情况，大学生村官培训时间基本上有保证，但还存在"形势理论培训多、实用技能培训少""课堂培训多、参观考察少""本地培训多、外出培训少"的"三多三少"问题①。

4. 有序流动的渠道需进一步创新　从基层和大学生村官反映看，大家对我省目前引导他们多元发展的做法比较认同，但也都希望，通过多种途径，解决大学生村官最关注最迫切的"身份"编制问题。问卷调查显示，62.5％的大学生村官、71.5％的干部群众认为"村官应当有序流动、多元发展"，65.1％的大学生村官希望考取公务员、进入事业单位和乡镇领导班子，82.9％的干部群众认为大学生村官的培养方向是乡镇公务员和事业单位工作人员。有两个具体问题需要引起关注：一是定向招录中存在"会干的不如会考的"问题。调研中大家反映，一些不安心工作专注于考试的，往往考得好，而一些埋头干事创业、得到干部群众认可的，由于忙于村里事务，缺少时间备考或本身不擅长考试，反而考不上。调查问卷也显示，44.9％的大学生村官、55.2％的干部群众认为"存在于事不如考试现象"。二是转任本地村干部存在后顾之忧的问题。对苏北来说，如果解除现有待遇，转任本地村干部，其待遇保障将下降到一半左右。由于他们不像当地村干部那样有土地、房屋等，仅靠这份工资无法养活一家人，后期还存在落选的风险。对苏南苏中来说，转任村干部经济上影响不大，但也存在后期被辞退和落选的问题。对此，有的地方提出，可以考虑由地方财政"兜底"，保留他们目前的待遇保障，并与推进村干部队伍职业化衔接起来②。

5. 思想动态应引起更多关注　江苏明确大学生村官工作期限政策出台后，基层及大学生村官总体上认可的，但由于配套政策没有及时跟上，加之宣传解释不够到位，这一重大政策变化，引起了大学生村官队伍的思想波动，多数人都经历了"震惊、迷茫、接受、找出路"这样一个心路历程。主要有五种类型：一是闷头赶考型，大多数人都对发展前途感到担忧，都想通过考试找出路，一些以前不想参加考试的人也开始准备考试了，少数人甚至放下工作不管，时时刻刻拿着书本学习准备考试。二是平和接受型，主要是90后刚

---

① 李义良．大学生村官工作要处理好五个关系［N］．光明日报，2014.07.03 - 7.
② 温铁军．大学生村官与新农村建设［J］．学习月刊，2009（6）上．39 - 40.

选聘的大学生村官，他们年纪轻、思维活跃，没有成家立业，生活压力小，到村任职主要是基于个人价值追求和获取基层经验。三是继续期待型，这些人有志于扎根基层并取得一定成绩，得到干部群众认可，但又不具备考试优势，他们大多表示只要给个身份编制，愿意一直留在村里或乡镇干，甚至有一些人还表示，即便不解决编制问题，也要一直村里干下去。问卷调查显示，13.8％的大学生村官任职期满规划是留任村干部。四是怨天尤人型，极少数人对上级的文件存在抵触心理，抱怨的话不时挂在嘴边，消极的情绪时常带到工作之中。五是意志消沉型，少数人激情消退，斗志减弱，存在临时工思想，工作推一下动一下，甚至推了还不动。

三、江苏大学生村官成长成才路径研究

针对大学生村官工作中存在的突出问题和薄弱环节，在总结各地实践经验的基础上，要按照控制总量、提升增量、优化存量、稳定变量的总体思路，就江苏大学生村官成长成才机制建设提出如下思路。

1. 在人员数量上，注重调控总量，保持适度规模 按照中组部提出的"总量保持在覆盖1/4左右行政村"的要求，江苏全省共有 15 226 个行政村，大学生村官总量应该保持在 6 000 人左右。目前，江苏大学生村官在岗人数1.3 万，需要控减 7 000 人左右，调控压力比较大。如果从今年起，实施大学生村官工作调控计划，在测算论证的基础上，制定工作规划，合理规划总量。可以分两步走：第一步，控增量、减存量。采取减少选聘数量、加大分流力度的办法，加强总量调控，从 2016 年起，全省每年新选聘 700 人左右，分流 3 000 人左右，每年减少 2 300 人，用 3 年时间，到 2018 年实现控减 7 000 人左右的目标。分流路径为，每年定向招录选调生 500 人左右，公务员 700 人左右，事业单位工作人员 1 000 名，通过选拔党政干部、转任本地村干部、自主创业、国有企业招聘、考研等其他形式分流 800 人左右。第二步，量出为入、动态平衡。在 2018 年全省大学生村官总量 6 000 人左右的基础上，从 2019 年起，每年新选聘人数大体上按照分流人数确定，做到量出为入、有进有出，实现动态平衡，保持一定流量、保证一池活水。

2. 在选聘过程中，注重把好入口，提高选聘质量 质量决定工作实效、关系长远发展，只有入口严、质量高，才能出口活、发展好。江苏选聘的大学生村官总体素质是高的，但也存在标准不高、方式不够规范、结构不够合理的问题。需要从以下三个方面改进选聘工作。一是严格标准。今后，新选聘大学生村官，必须符合两个条件，一个是大学本科以上学历，一个是学生党员或优秀学生干部。二是规范程序。推行大学生村官选聘程序与公务员、选调生招录并轨，同一套卷子，实行同步考试、面试，录取分数可以适当降低。同时，探索兼报第二志愿的办法，即报考选调生、公务员的，可同时报考大学生村官，扩大选才范围。对于 985 高校的学生，探索采取学校推荐、组织考察、双向选择、驻村实习与考试选拔相结合的方式，把有志于扎根农村的优秀毕业生选聘到大学生村官队伍中来。三是优化结构。结构优才能功能强、质量好。在专业结构上，针对推进农村发展稳定的实际，扩大选聘涉农涉法、规划建设、社会管理等专业毕业生的比例；在地域结构上，针对语言好沟通、工作好开展、容易留得下来的实际，以选聘本地毕业生为主，但外地的要不少于一定比例；在学校层次上，针对985、211高校毕业生相对容易流失的实际，以选聘普通高校毕业生为主，但要保证一定比例的985、211高校毕业生。四是改进方式。自下而上提出选聘需求计划，由省级有关部门统筹考虑全省分流情况、基层上报计划等情况，合理确定全省选出总数，分解下达到省辖市，由市委组织部具体负责选聘工作。

3. 在培养使用中，注重严格管理，促进作用发挥 在调研中，基层普遍反映，大学生村官队伍政治素质比较好、纪律性也比较强，只要把从严管理落到实处，就能够管出好形象、管出好效益。针对大学生管理考核中存在的一些突出问题，应着重从三个方面加强管理。一是严格教育培训。把大学生村官纳入干部教育培训规划，落实市县委责任，分层分类开展培训。突出涉农政策、法律法规、实用技术和群众工作方法，采取集中轮训、菜单选学、跟班体验、网络互动、参加重要会议等方式，抓好岗前培训、岗位培训、经常性培训。推行乡镇干部、党组织书记与大学生村官结对子制度，通过"老师博"的传帮带，帮助他们尽快适应农村环境、进入工作状态。二是严格日常管理。综合宿迁、扬州等地实践经验，建立目标管理制度，对试用期满、考核称职、符合任职条件的，原则上应担任村"两委"或以上职务，明确岗位职责、确定工作目标，按年度细化任务，做到有岗可待、有事可干、有责可究、有据可考。严明在村工作纪律制度，聘期内，乡镇不得长期截留，县级以上部门不得借调使用。可由县级组织部门有计划地组织大学生村官参加集中性工作，到信访、拆迁、综治等岗位锻炼，但一年内累计不得超过两个月。三是严格考核评价。建立试用期考核、日常考核、年度考核、聘期考核制度，完善考核评价指标体系，实行工作实绩和群众满意度量化积分考核办法，提高群众满意度在考核中的分值比重，树立起注重实干、群众公认的良好导向。考核结果与续聘、定向招录、奖惩、培养、使用挂钩，切实发挥考核"指挥棒"作用。建立退出机制，对试用期和第一个聘期考核不合格的，及早解聘或不再续聘。

4. 在聘期期满后，注重优化政策，实现有序流动 大学生村官能不能流动得好，有没有后顾之忧，事关这支队伍的健康发展，事关这个品牌的吸引力，事关这项工作的生命力。这些年，中央有关部门就大学生村官流动出台了一系列政策，取得了良好的成效，但仍有进一步提升的空间，需要抓好落实。同时，要根据形势任务变化，针对政策执行中存在的问题，用系统的办法、"兜底"的思维，健全完善政策，规范操作办法，推动大学生村官有序流动、多元发展。一是定向择优招录一批。要进一步规范从大学生村官中招录选调生的办法，会同人社、编办等部门，完善从大学生村官中定向招录选调生、公务员和事业单位工作人员的有关政策。在具体比例上，2016年至2018年，根据总体规划，大幅度提高大学生村官、基层事业单位工作人员和村（社区）"两委"正职三类人员的招录比例。在准考条件上，一般要在村工作满2年、担任村（社区）"两委"副职以上的，由乡镇党委、县级组织部门根据考核结果提出报名人选，采取考试加考核方式确定总成绩，考核权重不低于30%，让"干得好考得好""干不好的没资格考"。二是精准培养选拔一批。深入调查摸底，严格考核考察，准确掌握一批志愿扎根基层、担任村两委正职且实绩突出的，通过明确乡镇事业编制、进乡镇班子等办法，鼓励他们在基层干事创业，培养一批吴仁宝、常德胜式的优秀农村干部。三是国有企业招聘一批。加强沟通协调，积极争取支持，采取国企专场招聘会、村官赴国企实习等形式，推动驻苏央企和各级国企定向招录大学生村官。四是自主创业分流一批。做大大学生村官创业富民基金，进一步完善创业富民有关政策，对于目前创业有一定成绩的村官，引导他们脱离大学生村官身份，专心搞企业，有关创业优惠政策可以保留几年。五是保留待遇兜底一批。对两个聘期期满、没有其他出路的，根据各地具体情况，可以保留他们的专项事业编制待遇，继续留村工作或转任社区工作者，解决他们的后顾之忧。

5. 在政策完善上，注重健全机制，确保健康发展　大学生村官工作能不能行之有效、行之久远，建立科学管用的长效机制很关键。根据江苏实际，重点从三个方面下工夫。一是加强组织领导。制定大学生村官工作职责任务清单，明确各级及有关部门的责任，省委组织部主要负牵头抓总责任，市县委组织部负主体责任，乡镇党委负直接责任，村党组织负协管责任，选聘工作小组成员单位负协作责任。县乡两级是大学生村官工作的关键层级，特别要注意调动县级组织部门和乡镇党委的积极性，充分发挥他们的重要作用。二是加强督查指导。加大督促检查力度，实行年度检查与日常督查相结合，普遍检查与重点抽查相结合。建立大学生村官工作调度和通报制度，定期调度重点工作进展情况，每年对全省进行一次集中检查并下发通报。三是加强思想引导。建立谈心谈话制度，县级组织部门负责同志和乡镇党委负责同志，定期与他们谈心谈话，掌握思想动态，及时指出问题，搞好心理疏导，帮助解决困难。要发挥典型示范作用，大力选树志愿扎根基层、密切联系服务群众、工作实绩突出的大学生村官典型，充分用好报纸、网络、广播、电视等阵地，广泛宣传好的做法经验和先进事迹，用身边人身边事教育引导好大学生村官。

大学生村官择业动因
及其"跳板"思想引导研究

南京农业大学　吴国清　杜　静

我国大学生村官的实践探索最初从江苏等地开始，2008 年起上升到国家层面的选派项目，定性为"村级组织特设岗位"。截至 2013 年底，全国累计选聘大学生村官 41 万人，预计到 2016 年全国累计选聘大学生村官可达 50 万人左右，在岗近 20 万人，其中江苏省目前在岗大学生村官近 1.5 万人。为忠实纪录我国大学生村官的真实现状、真实想法和真实诉求，2013 年夏季以来，南京农业大学"大学生村官课题组"以"大学生村官之路和目前最大的诉求"为题连续多年开展了大学生村官访谈活动（以下简称"大学生村官访谈"）。访谈的形式灵活又多样：实地访谈、电话访谈、邮件交流、QQ 交流、微信交流等；访谈的内容鲜活又琐碎：择业动因、工作写真、生活写真、创业写真、学习写真、最大诉求等；访谈的对象以江苏省为主体，也涉及全国大多数省份。在连续多年访谈和调研过程中，笔者对现已汇集的 360 多份访谈纪录和 50 多万文字的原始素材进行独到的信息筛选后发现：被访者约九成主要是基于实现个人梦想或就业压力和优惠政策而选择大学生村官职位；其中超半数大学生村官或多或少有"跳板"思想，正如一位大学生村官虽不愿具名，但说得很有代表性，选择下农村基层的初衷"主要是为了缓解就业压力，将其作为今后考公务员、考研或进入其他好单位的一个台阶、一块跳板。"基于此，笔者坚持"用事实说话"的原则和风格，对大学生村官这一新生群体的择业动因和"跳板"思想进行客观描述和简要评析，力求为读者提供有价值的事实背景和访谈启示，也给国家有关部门的决策工作提供生动鲜活的参考价值。

一、在就业压力和优惠政策引力下作出的选择

"大学生当村官的原因有很多，也比较复杂。首先是严峻的就业形势，这几年应届毕业生基本上没有办法第一时间找到满意的工作；还有就是国家鼓励大学生去农村工作，并且各地相应地出台了一系列诱人的政策，如解决户口、考公务员优先录取、考研加分等。可以说，到农村担任村官，是相当一部分大学生在就业压力和优惠政策引力下作出的选择，这也是我选择这份工作的主要原因。""大学生村官访谈"中，江苏省宿迁地区一位女性大学生村官随后又补充说，"但不论出于什么动机，还是要在相对艰苦的农村呆上三年，而这三年肯定不是混日子，到时考核不合格，所有的优惠条件对我们来说都将成为泡影。"当初为什么选择做一名大学生村官？回答这类问题时，不少人表达出就业压力下的无奈选择。在苏州吴中区担任村官快两年的一位男性大学生村官坦言："谈到我的村官之路，我

不得不惭愧地说，我并不像一些人那样是很早就坚定了投身农村建设的梦想而选择村官之路的。当年毕业，由于一时就业压力大，而作为一名南大毕业的学生，一时找不到工作，而当时，恰好因 985 院校的学生可以免试成为村官，我便报名参加了，当时的目的，虽说带有一定的想法去农村锻炼锻炼，但更大的目的还是为了暂时解决我的就业问题，何况村官的收入也相对来说算是不错的。"

镇江市京口区象山街道何某在邮件交流中讲述了自己的故事："我的大学生村官之路是从我大学时代开始的。因为我高考考得还不错，所以顺利地考上了某名牌大学的通信工程专业。由于高中时成绩好所积累的自信，在刚上大学时我天真地认为只要好好学将来必定能找到理想的工作，更何况我又上了一所一流大学以及能够结识这么多良师益友呢。可是，读了这个专业之后我发现，比我更加精通、更加有天赋的人实在是太多了，而在目前这个大学生就业难的大潮中，我心中理想的工作机会却少之又少。于是从大三就开始准备国考，虽然有时有所懈怠，不过就总体而言还是兢兢业业。10 月份报名，11 月考试，我怀揣一颗忐忑的心进入了考场，两场笔试过后，我的大脑一片空白，我依稀记得在当时我的脑海里只有一个念头，那就是无论结果如何，终于结束我那段因备考而'非人'的日子了。不知道是早有落榜的心理准备还是自己觉得技不如人，总之我坦然地面对并接受了落榜这个结果。在面临就业的时候，我选择了回到家乡并报考了江苏省大学生村官，不知道是为了响应国家的号召，还是在自己尴尬的择业之路上选择一条将来相对有所发展的道路，总之我顺利地通过了选拔成为一名大学生村官。"

"大学生村官访谈"中，江苏省外的不少大学生村官也表达出相同或相类似的看法。有一份邮件这样讲述："研究生毕业后找工作感觉很迷茫，当时的就业环境不是很好再加上自己的专业受限（马克思主义理论），所以就报考了村官，被分到河北省迁安市唐庄子村任职。刚开始就只是为了解决就业问题而选择做了村官，后来在工作中发现自己对这份工作越来越喜欢，因为这里的工作环境压力相对较小，就业环境比较单纯，可以为自己走出校门走向社会做一个过渡，同时做村官还有利于以后的发展和深造，对于以后报考公务员也拓宽了渠道。在这里一边工作一边学习准备考试，感觉还是可以的。"浙江省丽水市庆元县一位不愿具名的大学生村官回复邮件说："刚开始我也和许多大学生村官一样有着一些'心理矛盾'，当初选择'村官'主要是为了缓解就业压力，将其作为今后考研、考公务员的一个台阶、一块'跳板'，自然很多精力也放在复习备考上。看着村官选聘的有关文件和政策，听着各级组织'扎根基层，服务农村'的教导和培训，自己虽觉得应该'好好干'而不应该有'跳板'思想，但依然从一开始就做着离开农村的打算。自己拥有较高的文化素质，掌握着一定的实用技术，应当在推动社会主义新农村建设等方面发挥自身价值，而在实际工作中，自己从事的主要工作，排在首位的是农村基础性管理工作（主要包括党务管理、普查调研、政策宣传、计划生育、处理信访等）。但是经过这么久的工作，我开始逐渐适应村官生活，融入了张地村的群众中，更加有激情将工作做好。当地村干部和村民信任我，工作环境和待遇也不错，也许这也是实现自己价值的一种方式。"

二、主要基于对农村（家乡）和祖国的热爱

我是土生土长的农村人，喜欢夏天"床前明月光"的静谧，也喜欢听那阵阵蛙鸣，所以我对农村有着深厚的感情。上大学填志愿时我就想着能否找到一个有农业相关专业的学校，最终了解到西财天府学院有"农村区域发展"专业——是实验班，就毅然填了它。在大学4年里，碰到了许多志同道合的同学，我至今记得我们是本科33班，我们专业班是33个人，我们寝室有3个人都是农村区域发展专业……

我们国家是农业大国，许多地方都是粗放型农业，这加深了我学习农业科技的兴趣。我希望自己国家也能向欧美国家实现农业现代化的建设，希望贫困地区的农民能依靠农业科技来致富。平时在学校图书馆我喜欢看农业科技园建设、种养技术之类书刊，在网上就喜欢搜《致富经》和陕西农林卫视、农业科技苑等节目来看，在学校和家里曾经观看了许多养鳝、养鱼、养蛙、养蛇之类的书籍视频。记得大四面临着择业时，在网上不经意之间，发现还有村官这个职业，内心非常激动，仔细了解它的工作内容和征求家人意见后，就回荣县参加大学生村官考试，经过面试等程序后，顺利成为了荣县望佳镇鹿角村村官。以上是网络访谈（QQ交流）后整理的内容，明显感觉到这位任职不到一年的四川省村官，不忘初衷，正渴望用自己的知识、热情努力为农村和农业工作贡献自己微薄的力量。

"你为什么想当村官？又为何选择江苏？"实地访谈中问及毕业于吉林农业大学植保专业、籍贯云南普洱的王姓村官，他略作思索后回答："之所以选择江苏是因为江苏的村官工作是走在全国前面的。当初想来当村官是因为自己本身来自农村，对这方面比较感兴趣；同时经常看一些大学生村官先进事迹报道，挺崇拜像石磊一样的村官。也知道农村是国家最基层，也是最容易出问题的地方，而且出了问题又难解决又严重。毕业那时看到各地的各种'社会事件'，想自己来当村官能为百姓和国家做点什么，想服务基层。"随后又告诉大家，今年初刚被借调到街道农业服务中心，要搞个现代农业示范园，可能有机会大干一场。

"大学生村官访谈"中，不少大学生村官表达了帮助农民致富、促进农村发展的共同愿望。一位不愿公开个人信息的大学生村官透露，报考大学生村官，是源于内心深处那份对农村的挚爱和对农民的感恩："我生在农村、长在农村，亲身体会过农民的辛酸与苦楚，亲眼目睹了农村的落后和闭塞，尽最大努力帮助农民致富、促进农村发展是我最大的梦想。"毕业于淮海工学院，2008年就来到江苏省句容市郭庄镇的一位大学生村官谈到："毕业那年选择做村官一方面是就业压力，另一方面当时村官是新鲜事物，想去尝试一下。加上自己本身也是来自农村的孩子，对农业、农村方面的工作有亲切感，做大学生村官，希望能在农村能有一番作为。由于种种方面原因，让我在大学毕业最终选择了做大学生村官，并且一直做到现在。"一位湖南省大学生村官很坚定地说："我自小从农村长大，是农村这片肥沃土地养育了我，我要回报这片土地。在大学期间参加了学校组织的活动，大三暑假期间就率先报名去农村支教，我去的是张家界土家风情寨，自此我就爱上了土家族的人文风情，所以毕业后毅然决然选择了来到这片土地。希望能服务农村，能为基层负责，带领公母寨村民致富！"

三、主要基于实现个人梦想和个人需要

邮件交流中，有一位大学生村官虽不愿具名，但说的真情实意："我是农村出来的大学生，虽然大城市生活更加便利，更加舒适，但回到家乡为自己家乡做一些事一直是我的梦想。每个人对生活都有不同的理解，我对生活的理解很简单，生活就是梦想实现的过程，趁着年轻你要做一个追梦者，而不是做一个现实主义者。当你渐渐成长成熟，你会懂得比追梦更难能可贵的是圆梦。当梦想照进现实，你的生活才更完美。"

在江苏省盐城市，大学生村官郭碧玉的名字非常响亮，她拥有"盐城市十佳大学生村官""江苏省大学生村官创业富民先进个人""全国优秀大学生志愿者"等荣誉称号，2012年担任射阳县长荡镇党委副书记、镇长。今年"五一"假期前夕，来自南京农业大学植保专业的一位学弟采访她时，身为学姐的她很乐意地回答了相关问题。"我 2006 年毕业于南京农业大学，毕业后参加江苏省'苏北计划'大学生志愿行动，在盐城市亭湖区文峰街道办事处办公室任综合文秘一年。其实当时我只管分发报纸，我家就在附近，原本可以把那种生活继续下去，然后找个人结婚，相夫教子，琐碎而安稳地活一辈子。但那样一来，四年动物科学的学习就毫无意义了，我最不能忍受的就是这一点。2007 年招聘大学生村官时，我毅然抛开了已经拥有的那份平静，成为江苏省首批大学生村官。"随后，她很自然地回顾了新南村的发展与其有着密不可分的联系，并表示："在新南村，我和农民朋友已经有了深厚的感情，我要把心留在农村一线，把才华展示在农村一线，把青春奉献在农村一线，长期扎根在农村一线。"

一位籍贯奉贤、在浙江省已担任村官快三年的大学生村官在回复邮件中真情表白："作为一名从小在农村长大的孩子来说，我能深深地感受到农村和城市之间的不同，特别是在上海这样的大城市，虽然上海的郊区比起其他省市的农村相对来说还是发展得很好的，但是比起市区的差距还是很大的。像我的家乡奉贤，身处上海的最东面，经济发展相对于市中心来说还是落后很多的，特别是对于大学毕业生来说，在这里的就业机会没有市区多，发展前景没有市区好，很多人选择在大学毕业后留在市区工作。但是其实农村更加需要知识分子，特别是像村委会这样的基层工作单位，现在的村委会的现实情况是大部分工作人员都是老一辈工作人员，在几十年前他们是知识分子，有能力有干劲，但是随着社会的进步和发展，他们当年的文化知识已经远远跟不上现在的工作需要了，比如最简单的一个方面，现在政府工作都要实现电脑化办公化，这就令很多老干部头痛不已，有好几次我回村里的时候碰见他们都在听他们纷纷感叹村里对于大学生的需要。我选择报考村官，不仅仅是选择一份工作，更是看到了这份工作将带给我的机会和我能在这份工作上的价值体现，能够真正做到学以致用。现在国家在各方面积极地扶持农村发展，这里正是我发挥自己能力的好地方。"

"大学生村官访谈"中，也碰到令人有些吃惊的回答。一位已在北京担任村官多年的大学生并不讳言："之所以选择在毕业之后成为一名村官是考虑到作为外省籍生源，毕业后从事北京大学生村官职业，相当程度上是为了更好地留在北京发展，也有奉献基层的理想主义成分在里面。"一个中国传媒大学的女研究生虽然没有告知她担任村官的地方详细

资料，但在经过了大概 1 个小时的 QQ 交流后，大致讲述了她的村官之路。她之所以会去当村官可能是出于命运。她的专业是通信，主修方向是数字广播，如果去 IT 行业，作技术，待遇相对较高，但是同时要与时俱进，不停地学习新的知识。但是这样的工作，相对来说，就失去了与人共事的机会，大部分时间是与机器对话。她曾经在三星研究院实习，那里确实是靠专业能力吃饭的地方。但是也会发现，人与人共事的机会仅是项目的探讨，怎样与人相处，怎样了解他人性格，怎样相互学习，这些在工作里根本学不到。她说可以将一些原因归结为性格的原因。当时在她迷茫的时候，正好有村官的招聘，她就尝试去了，结果就被选上了。

还有一位从安徽农业大学本科毕业以后回家乡工作的大学生村官回答得很淡定："我父母都是土生土长的农民，所以我从小在农村长大，我对农村的情况十分了解，并且也正是由于我长在农村，去了城市后发现自己与其他人存在着很大的差距，尽管这几年我努力弥补，但竞争力远远不如其他人，所以我在思索再三后，我决定回家乡工作，既锻炼了我的能力，也尽自己所能帮助村民解决一些纠纷，也可以照应父母。"

四、大学生村官"跳板"思想的积极引导

从"大学生村官访谈"不难看出，大学生村官是一群有血有肉的中国梦和个人梦的实践者，写在大地上的大学生村官访谈报告最接地气，不需要过多创意和修饰！但择业动因往往是多元和综合的，从首要的或最主要的方面看，大学生村官择业动因可以大致归结为三大类：一是主要基于就业压力和优惠政策作出的选择，二是主要基于对农村（家乡）和祖国的热爱作出的选择，三是主要基于实现个人梦想和个人需要作出的选择。"大学生村官访谈"材料初步统计显示：三大类依次约占大学生村官择业动因的 40%、7%、53%（如图 1）。

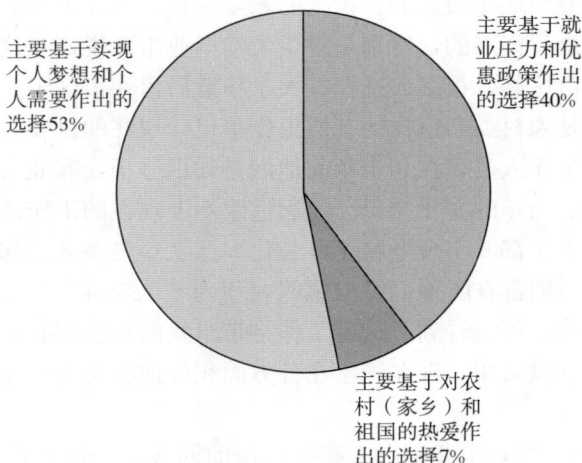

图 1 被访谈大学生村官择业动因统计图

很显然，就业压力大和找"好工作"难是近年来面临的客观环境，每一个毕业生必须正视和积极应对；国家和地方各项"优惠政策"是鼓励和引导优秀高校毕业生到条件相对

艰苦的农村基层干事创业的重大引力，为此必须坚持改革创新，不断发挥大学生村官工作政策的导向作用。但更为重要的启示是："主要基于实现个人梦想和个人需要作出的选择"不仅始终是大学生村官择业的首要或最主要动因，而且在梦想与现实之间，大多数大学生村官或多或少有"跳板"思想，这种"跳板"思想直接规定或间接影响着大学生村官群体的社会思潮和日常实践，也影响到社会方方面面对大学生村官群体的评判。

"跳板"是用以过渡之板，在不少场合人们可以看到，譬如搭在大江大河码头边与轮船边沿之间的跳板，可方便人们安全上下轮船；现实世界中的"跳板"思想，意味着让人们从一个环境走向另一个更好环境的平台，或者说，更是人们从一种境遇迈向另一个更好境遇的必要"过渡"。可见，跳板本身具有积极功能，一般而言，"跳板"思想对大学生村官等群体的成长和进步也有着积极意义。

首先，要让大学生村官"跳"进最好课堂——"增长见识、增长才干"

几年前，习近平同志在一次主持召开大学生村官代表座谈会时明确指出："农村基层是青年学生熟悉当代中国社会、了解中国基本国情的最好课堂，也是我们党培养人才、锻炼人才的重要阵地。"多年来的实践证明，大学生选择下农村基层锻炼成长，形成面向基层就业的良好氛围，不仅有利于他们在农村基层增长见识、丰富阅历、磨炼意志、增长才干，而且有利于帮助大学生树立正确的价值观和择业观，增进与农民群众的感情，提高服务社会的能力。2015 年暑期笔者在江苏省扬州市江都区调研时发现：2013 年以来，江都区委组织部启动实施大学生村官"450 培养计划"，即计划通过 2～3 年努力，在村"两委"正职等 4 个方面的数量分别达到并动态保持 50 个，以此来加快大学生村官成长成才步伐，提升大学生村官规范化管理水平。在此现实背景下，2015 年江都区在岗大学生村官 231 人，其中 48 人担任村"两委"正职（村级党组织书记 18 人，村委会主任 30 人），另有 12 人进入乡科级领导班子，136 人自主创业或抱团创业致富项目 64 个，以涉农项目为主，覆盖了农业、工业、服务业等多个领域，吸纳当地上百农民就近就业。"大学生村官访谈"中还发现：虽然从职务安排来看，江苏大多数乡村大学生村官即使担任"村里一把手"，也不免受到乡村"熟人社会"制约；虽然大多不是"村里一把手"，大学生村官的工作内容和社会管理行为主要以辅助性和协助性事务为主，但绝大多数大学生村官在"增长见识、增长才干"的进程中，对村情民意和未来发展规划比较清晰，精神面貌总体积极向上，工作干劲充足和创业或创新脚步不断加快。

其次，要让大学生村官"跳"得更高——"促农村发展，让农民受益"

2014 年，习近平同志在给一名普通大学生村官——山东省烟台市福山区福新街道垆上居委会张广秀的复信中指出："改变农村面貌，帮助农民群众过上好日子，推动广大农村全面建成小康，需要党和政府的好政策，也需要千千万万农村基层干部带领广大农民群众不懈努力。"他真切希望广大农村基层干部和所有大学生村官"热爱基层、扎根基层，增长见识、增长才干，促农村发展，让农民受益，让青春无悔。"习总书记的复信是对全国所有大学生村官和农村基层干部的殷切期望和重托，也恰从一个侧面回应了要让大学生村官"跳"得更高——在服务农民、发展农业、建设新农村中作出更大贡献的认识和实践问题。就奋斗在新农村建设第一线的成千上万大学生村官而言，"热爱基层、扎根基层"这是大学生村官首要的思想觉悟和价值取向，既然选择"村级组织特设岗位"和村官这一职业，大部分人就要有"下得去、待得住"的理性思考。"增长见识、增长才干"这是对大学生村官自身成长成才的实践要求和必经阶段，基层历练和大学生村官历程可能最能考验人和助人成长成才。"促农村发展，让农民受益"这是大学生村官工作的核心内容和基本目标，也是"干得好"的最直接体现；作为一名大学生村官，只有通过干事创业和实实在在的工作，才能最大限度地践行党的群众路线和得到村民的真心认可，也才能"让青春无悔"成为更多人的崇高价值追求和人生价值。

"大学生村官访谈"中还发现：无论在基本上属于完全工业型的村庄，还是大多数农业型村庄，通过选举进入村"两委会"领导班子的大学生村官，在法律上、事实上都获得了村民的高度认可；他们无论在主持村庄党支部或村委会工作，还是在协助村主要负责人发展经济、监管财务、调解矛盾等事务性工作中，可以更公平公开，更有创新思维，群众也更信任他们。这些年轻的大学生村官们超脱于乡村"熟人社会"、超脱于乡村家族势力、超脱于乡村宗族或宗派，有知识、有眼界、有创新、有活力、有实干、有实效，在不少农村地区人才大量外流的背景下，有可能成为改变农村传统政治生态的新生力量，有可能成为创新乡村治理的不可或缺的新生主体。

最后，要让大学生村官"跳"得更远——向各行各业输送优秀人才

从大学生村官制度设计本身来看，既要确保大学生村官"下得去、待得住、干得好"，也要确保大学生村官"流得动"——"引导大学生村官多样化发展，实现有序流动"已在《关于进一步加强大学生村官工作的意见》（组通字〔2012〕36 号）等文件中均有明确规定。事实上，鼓励"干得好"的大学生村官留村任职只是一种政策导向；加大政策倾斜力度，激励"干得好"的大学生村官扎根农村干事创业的人数和比例毕竟有限，向各行各业输送优秀人才才是根本目标和"二次就业"大势所趋。据《大学生村官园地》2014 年 9 月 15 日披露：江苏省"1 011 工程"实施已经 7 年了，在 1 011 名大学生村官中，目前还有 120 余人仍然坚守在基层一线。事实上，大学生村官在服务期满之后，这一庞大群体的"二次就业"问题近年来已开始凸显，成为一个必须高度重视和进一步解决好的问题；大学生村官选聘毕竟是组织行为，各地若解决不了这一特殊群体的"二次就业"，各人若解决不好自身的"二次就业"，将来搞不好就是很大的社会问题。

很显然，离开大学生就业压力大和大学生村官面临"二次就业"的现实环境，抽象地谈论大学生村官的"跳板"思想是徒劳和无益的；国家有关部门和理论界、学术界引领每一个大学生村官确立正确的"跳板"思想并付诸实践乃是明智和有效选择，也是让大学生村官"跳"得更高和更远的重要条件。诚然，国家和地方各项"优惠政策"是鼓励优秀高校毕业生到条件相对艰苦的农村基层干事创业的重大引力，为此必须坚持改革创新，不断改进、完善和落实大学生村官工作政策制度等，以进一步营造良好的就业或"二次就业"政策环境。但更为重要是：大学生村官明天要"跳"得更高和更远，关键在于今天自身要"干得更好"，"干得好"才能得到村民的认可和社会的认同。从更长远来看，青年时代选择吃苦也就选择了收获，青年时期多经历一点摔打和磨炼，有利于走好一生的路；大学生村官既然选择了"村级组织特设岗位"，也就意味着要志存高远——把实现个人梦想与乡村经济社会发展紧密结合起来，与国家民族发展需要紧密结合起来！

加强农村党组织建设
打赢精准扶贫攻坚战

苏州大学马克思主义学院　李　庆

　　"十三五"规划提出"共享"的发展理念，到 2020 年我国现行贫困线下农村人口脱贫，贫困县全部摘帽，解决区域性整体贫困的发展目标。共享发展守住民生底线，让全体人民共享改革发展红利，让全体人民在共建共享中有更多的获得感是实现"两个百年"奋斗目标的重要内容，更是中国特色社会主义的本质要求。2012 年 12 月，习近平总书记在河北省阜平县看望困难群众时指出："消除贫困、改善民生、实现共同富裕是社会主义的本质要求，是我们党的重要使命"。在 2015 年中央扶贫开发工作会议上又强调指出："全面建成小康社会，最艰巨最繁重的任务在农村、特别是在贫困地区，没有农村的小康，特别是没有贫困地区的小康，就没有全面建成小康社会。"农村贫困人口脱贫是全面建成小康社会的底线目标，更是全面建成小康社会最艰巨的任务。据国家统计局数据显示，按照现行人均年收入 2 800 元的脱贫标准，2014 年末我国还有 7 017 万农村贫困人口，我国的扶贫开发工作已经进入啃硬骨头、攻坚拔寨的关键时期和冲刺阶段。需要举全党之力，动员、凝聚一切可以动员的力量参与到扶贫开发工作中。千百万农民的团结奋斗共同努力，是脱贫致富的根本条件。讲凝聚力，必须讲核心，农村扶贫致富的核心就是农村党组织[①]。农村基层党组织是农村各项事业的领导核心，是党在农村各项扶贫政策的推动者、贯彻者和执行者，是脱贫第一线的核心力量。农村脱贫任务越艰巨，脱贫工作越深入，越要把扶贫开发与农村基层党组织建设紧密结合起来。打赢"十三五"时期的扶贫攻坚战，最根本最关键的是引导农村基层党组织"摆脱贫困"。在扶贫攻坚的实践中强化农村基层党组织的功能，不断提高农村基层党组织的制度化、规范化、法治化、自主化、智能化、知识化、专业化、精细化水平，倾力打造服务型、廉洁性、法治型、智慧型农村基层党组织。以党建促脱贫，切实增强农村基层党组织在扶贫开发工作中的政治引领和经济服务功能，最大限度地发挥基层党组织的感召力和凝聚力。

一、加强基层党组织的治理能力建设，提升基层
党组织治理制度化、规范化、法治化水平

　　加强基层党组织的治理能力建设就是在"十三五"扶贫攻坚时期，把农村扶贫脱贫任务与加强农村基层党组织建设紧密结合起来，加强农村基层党组织治理能力现代化的帮扶

---

　　① 习近平．摆脱贫困［M］．福州：福建人民出版社．2014，第 160 页。

力度，切实加强基层党组织的队伍建设、作风建设、制度建设，提高基层党组织治理的规范化、制度化、法治化水平，打造服务型、廉洁性、法治型的农村基层党组织。把摆脱农村基层党组织治理的"贫困"作为农村扶贫脱贫的首要任务，以党建促脱贫，夯实农村扶贫攻坚的核心力量，倾力打造真扶贫、会扶贫、能脱贫的基层党组织。

基层组织是党执政的基础，是保持党的先进性和战斗力的前沿和关口①。打赢"十三五"时期扶贫攻坚战，实现全面建成小康社会，重点在农村，难点在农村，重心在基层，关键在基层党组织。把完成农村贫困人口脱贫任务与加强农村基层党组织建设紧密结合，是由农村基层党组织的地位和作用决定的，是贯彻"十三五"共享理念的必然要求，是实现全面建成小康社会的必然之举，是社会主义的本质要求，更是农村基层党组织自身发展的需要，具有历史的必要性和实践的迫切性。截至目前，我国还有 7 017 万农村贫困人口尚未脱贫，时间紧迫，任务艰巨。然而在引领扶贫脱贫的过程中，我国农村基层党组织的先进性和战斗堡垒作用并没有得到充分的彰显和发挥，呈现出领导力量薄弱涣散、宗旨意识淡薄、规范化程度欠缺的问题，主要表现在：一方面，随着城市化浪潮的推动，乡村精英大量涌向城市，农村基层党组织队伍老龄化、流动化现象明显，力量薄弱涣散，缺乏生机活力。受制于年龄、知识层次、思想观念的影响，农村基层党组织领导干部对中央的扶贫要求和贫苦群众脱贫诉求不能够精准把握，对国家精准扶贫的方针政策往往认识不清、理解不透、贯彻不力，严重影响农村基层党组织战斗堡垒和先锋模范带头作用的发挥。另一方面，农村基层党组织干部队伍为民服务宗旨意识淡薄，加之缺乏有效及时的监督考核，在落实中央扶贫方针政策上打折扣、搞变通，规范化、程序化不足，喜欢"垒大户""造盆景"，好"锦上添花"，少"雪中送炭"。有的把扶贫项目作为礼物，馈赠亲朋好友。有的农村基层干部把扶贫项目当作"唐僧肉"，与困难群众争利，中饱私囊，通过扶贫项目自己"先富"起来，成了百姓深恶痛绝的"硕鼠"。习近平总书记多次强调指出："检验我们一切工作的成效，最终都要看人民是否真正得到了实惠，人民生活是否真正得到了改善，这是坚持立党为公、执政为民的本质要求，是党和人民事业不断发展的重要保证"②。因此"一切空话都是无用的，必须给人民以看得见的物质福利"③。然而，以上种种乱象严重背离中央精准扶贫政策的初衷，严重隔离了党群干群关系，严重阻碍了农村扶贫脱贫的进程。

顺应扶贫开发新形势，破解扶贫脱贫新难题，加强农村基层党组织建设需要重点做好以下几方面工作：一是要加强农村基层党组织队伍建设和管理。习近平总书记强调："要把扶贫开发同基层组织建设有机结合起来，抓好以村党组织为核心的村级组织配套建设，鼓励和选派思想好、作风正、能力强、愿意为群众服务的优秀年轻干部、退伍军人、高校毕业生到贫困村工作，真正把基层党组织建设成带领群众脱贫致富的坚强战斗堡垒④。农村富不富，关键在支部；支部强不强，关键看干部。坚持力量下沉，重心下移，选拔优秀

---

① 习近平. 干在实处 走在前列 [M]. 北京：中共中央党校出版社. 2006，第 427 页。

② 习近平. 全面贯彻落实党的十八大精神要突出抓好六个方面工作 [J]. 求是，2013 年第 1 期，第 6 页。

③ 《毛泽东选集》第 2 卷，人民出版社 1993 年版，第 467 页。

④ 参照习近平总书记 2015 年 6 月 18 日在贵州召开部分省区市党委主要负责同志座谈会上的讲话。

人才充实到农村基层党组织干部队伍中来，努力打造一支真正懂扶贫、通民情、接地气、善实干的扶贫工作队伍，筑牢一支带不走的工作队。竭力培养一支"心中有党、心中有民、心中有责"、能够为人民群众诚心诚意办实事、尽心竭力解难事、坚持不懈做好事的基层扶贫攻坚力量。恢复贫困地区的"造血功能"，切实发挥基层党组织战斗堡垒和先锋模范作用。把党和国家的各项惠民富民扶贫政策真正落到实处，把党和国家的温暖真正送到百姓心坎上。二是要进一步规范扶贫脱贫程序，逐步完善农村基层党组织监督、考核、奖惩机制，推进农村基层党组织制度化、规范化。农村基层党组织要严格按照精准扶贫程序，规范做好扶贫脱贫的入户调查、民主评议、公示监督、审核把关等工作。对扶贫工作层层把关，确保整个识别过程规则公正、程序公开、结果公平。广泛接受群众监督，及时调查处理群众反映的意见和问题。对贫困户和扶贫项目实行双向动态管理，定期对扶贫对象进行核查，切实把"家底"摸清摸透、摸准摸实，做到扶贫对象有进有出，确保贫困一个不漏、脱贫一个不留。把扶贫工作做深、做实、做精、做细、做出成效，使贫困户能够在国家的扶贫政策中得到实惠。与此同时，建立扶贫资金违规使用责任追究制度，实施最严格的督查问责制度，扶贫资金阳光化管理，加强审计和稽查工作，杜绝"跑冒滴漏"现象，集中查处扶贫领域的职务犯罪，对挤占挪用、层层截留、虚假冒领、挥霍浪费扶贫资金的行为从严从重惩处。彻底扫清农村基层治理过程中的沉渣污垢，做到敢管敢治，严管严治，长管长治，营造风清气正的基层政治生态。在扶贫过程中，精准管理，精准考核，制定明确科学的考核指标体系，层层抓落实，形成扶贫自觉，增强基层党组织的责任感和使命感。在扶贫攻坚的实践中切实提升农村基层党组织的制度化、规范化、法治化水平。与此同时，要进一步完善"能者上、平者让、庸者下"的农村基层党组织用人机制。要坚持在扶贫一线考察干部、检验干部，对在扶贫开发过程中表现突出、特别能战斗、特别有作为的个人和组织，加大先进典型的培育力度，激励广大基层干部投身扶贫开发事业，带领贫困群众加快脱贫步伐。

二、提升基层党组织扶贫攻坚的志气，增强基层党组织扶贫攻坚的信心、决心、恒心、耐心

地方贫困，观念不能"贫困"。扶贫先要扶志，要从思想上淡化"贫困意识"。不要言必称贫，处处说贫[1]。担负扶贫脱贫重任的农村基层党组织有摆脱贫困的鸿鹄之志，有强烈的责任担当意识，才能有扎实的扶贫行动，才能把国家的精准扶贫政策落在实处，才能如期保质保量地完成扶贫脱贫的任务。2012年习近平总书记在河北省阜平县看望困难群众时说："只要有信心，黄土变成金。"因此，在扶贫开发过程中要坚持物质帮扶和精神帮扶相结合的原则，引导农村基层党组织摆脱精神上的贫困。扶志，就是通过理想信念教育和榜样示范引导等方式，给基层党组织强筋补钙，激发内生动力，提振农村基层党组织脱贫致富的志气和信心，解决观念的贫困，让贫困地区思想先富。扶贫必先扶志，通过"扶志"引导农村基层党组织自力更生、艰苦奋斗、敢于担当、勇挑重担，面对困难不消沉、

---

① 习近平. 摆脱贫困 [M]. 福州. 福建人民出版社.2014，第2页，第8页。

不畏惧、不退缩，坚定脱贫致富的必胜信念，提高基层党组织引领脱贫致富的自主性。打造有斗志、有活力、有激情的农村基层党组织，激活农村基层党组织的力量，为扶贫攻坚提供强大的精神动力和坚实的组织保障。

农村基层党组织作为扶贫脱贫的一线核心力量，带领村民攻坚克难、脱贫致富是义不容辞的责任和使命。然而在"十三五"扶贫攻坚的关键阶段，在农村基层党组织干部队伍中还存在着"安贫乐道""穷自在""手心向上""等靠要"的不想为现象；存在着"晒晒太阳看看表，舒服一秒是一秒"消极怠工不愿为的情况；还存在着"遇到困难绕着走，不积极寻医问药"畏难不敢为的现象。以上种种"当着和尚不撞钟"的不作为乱象，是严重的"贫困意识"，贻误农村脱贫发展的最好时机，是最大的腐败。在农村基层党组织中存在的"贫困意识"严重背离了共产党人全心全意为人民服务的宗旨，严重阻碍了扶贫方针政策的推进落实，是信仰、责任感、使命感缺失的表现，是农村脱贫路上最大的绊脚石。因此，在"十三五"扶贫攻坚的关键阶段，需要多措并举，加强对农村基层党组织"扶志"力度，摆脱"贫困意识"的束缚，增强信心，提振士气，凝聚力量，推动扶贫攻坚任务保质保量如期完成。

习近平总书记多次在不同的场合指出"扶贫始终是我工作的一个重要内容，我花的精力最多"，充分体现了总书记浓浓的民生情怀，更为广大农村基层干部树立了努力标杆。农村基层党组织要全面认识农村扶贫攻坚任务的重要性、紧迫性，牢记使命、勇挑重担、坚定信心。在扶贫攻坚过程中，锤炼党性，砥砺品行，磨炼意志，增强本领，增强打赢扶贫攻坚战的信心和决心。加强农村基层党组织的"扶志"力度，需要重点抓好理想信念教育和榜样示范引领工作。加强理想信念教育。崇高信仰始终是我们党的强大精神支柱，人民群众始终是我们党的坚实执政基础。只要我们永不动摇信仰，永不脱离群众，我们就能无往而不胜①。在扶贫攻坚过程中，农村基层党组织普遍存在的不想为、不愿为、不敢为的"贫困意识"乱象是宗旨意识淡化、理想信念动摇、脱离群众的集中表现。而"坚定理想信念，坚守共产党人精神追求，始终是共产党人安身立命的根本。对马克思主义的信仰，对社会主义和共产主义的信念，是共产党人的政治灵魂，是共产党人经受住任何考验的精神支柱"②。现阶段要根据农村基层党组织实际状况，用他们喜闻乐见的方式，加强马克思主义理论教育、中国共产党先进性教育，切实提高马克思主义理论素养和党性素养。与此同时，充分利用中国传统文化和红色文化教育资源，引导农村基层党组织更新观念、解放思想，激发广大农村基层党员干部扶贫攻坚的热情、激情、豪情，增强责任感、使命感、危机感。全面提高农村基层党组织的思想道德素质，鼓舞士气，培养滴水穿石的韧劲，坚定扶贫必胜的信心。榜样示范引领。一方面通过农村基层优秀党组织的榜样示范和感召作用，激发扶贫脱贫的积极性。各级党组织尤其要充分挖掘身边的榜样，身边的榜样更有力量，他们不高大上，就在身边，就在眼前，实实在在，质朴生动，可敬可佩，可以复制，可以模仿。所以说，身边榜样更有说服力。另一方面要充分挖掘发挥农村优秀基

---

① 习近平. 全面贯彻落实党的十八大精神要突出抓好六个方面工作［J］.《求是》，2013 年第 1 期，第 7 页。
② 习近平. 紧紧围绕坚持和发展中国特色社会主义学习宣传贯彻党的十八大精神［N］.《人民日报》2012 年 11 月 19 日。

层党组织党员干部对贫困户的榜样示范作用。党员干部冲在前，摘掉穷帽就不难。农村基层党组织的党员干部要牢记使命，充分发挥共产党员的模范带头作用。开拓思想，转变观念，在扶贫攻坚的过程中，做给群众看，带着群众干，帮着群众赚。通过党员干部的榜样感召示范作用调动广大贫困户自觉脱贫的信心。

三、加强基层党组织的智力建设，提升基层党组织脱贫攻坚的智能化、专业化、精细化水平

农村基层党组织作为扶贫攻坚的一线核心力量，其素质高低和能力大小直接决定扶贫脱贫进程的快慢。扶贫必先扶智。当务之急是要增强农村基层党组织的智力建设帮扶力度，切实增强农村基层党组织脱贫致富的能力和本领，提高基层党组织引领农村经济发展的能力，克服本领恐慌，能力不足的困境。扶智，就是为顺利完成扶贫脱贫任务，在新形势下加强对农村基层党组织的智力建设，引导基层党组织树立正确的发展理念，坚持正确的发展原则，通过培青纳优，换脑提神等工程，增强发展智慧，全面提升基层党组织扶贫攻坚的智能化、专业化、精细化水平，为扶贫攻坚提供坚强的智力支持和人才保障。

治贫必先治愚，扶贫必先扶智。人才是加快发展的首要问题。要切实增强贫困地区"自我造血"功能。目前，我国扶贫攻坚任务仍然十分艰巨。要如期脱贫致富，后发赶超，当务之急是提升贫困地区群众的文化知识水平，增强他们脱贫致富的本领，尤其是要抓住党员干部这个关键少数。加强农村基层党组织智力能力建设一方面是农村脱贫致富任务的必然要求。"十三五"规划建议提出要提高农业标准化和农业信息化水平，确保2020年7 017万农村贫困人口全部脱贫。另一方面，目前广大贫困地区面临人才短缺、本领恐慌的问题。具体表现在随着城市化浪潮的推动，受"人往高处走，水往低处流"思想的影响，乡村精英大量流向经济发达地区，哺育人才的乡土却得不到人才的反哺，农村"人才洼地"现象严重阻碍了农村发展；另一方面贫困地区农村基层党组织干部文化水平普遍偏低，发展理念滞后，开放意识淡薄，对党的扶贫政策往往理解不透、贯彻不力；缺少一技之长，在带领村民脱贫过程中面临能力不足、本领恐慌的困境；老办法不管用，新办法不会用，软办法不顶用，硬办法不敢用。严重阻碍农村基层党组织战斗堡垒作用的发挥。

现阶段加强农村基层党组织的智力建设，要坚持重心下移、资源下沉的原则，重点做好以下工作。一方面是激发内生动力，培青纳优，换脑提神，培育乡土人才，全面提升农村基层党组织本土党员干部素质。首先是严把入口关，选拔一批有思想、有技术、有能力、有素质的优秀人才充实到农村基层党组织中。其次要加强对乡土人才的培训。通过带出去看和引进来讲相促进，理论培训和实地参观考察相结合，面对面授课和远程教育相补充等方式，有针对性、有目的性地加强对贫困地区农村基层党组织的教育培训力度。不断丰富培训内容，重点培训党的扶贫脱贫政策、科学文化知识、先进的经营管理知识、发达地区发展经验等知识，引导贫困地区农村基层党组织党员干部开阔眼界、增长见识、提高本领。激发内生动力，要坚持眼睛向下，善于从群众的实践中汲取营养，获得真知。要大力发现、培育一批"田专家""土秀才"，充分发挥乡贤作用，增强贫困地区发展后劲。与此同时，要加大乡村教育投入力度，多措并举，全面提高乡村教育质量，让教育激发贫困

地区发展活力，阻滞贫困代际传递。另一方面要筑巢引凤，加大人才引进力度，为农村基层党组织提供智力补充。乡村是人才洼地，哺育人才的乡土却得不到人才的反哺。乡村实用人才的短缺在一定程度上阻碍了乡村的发展。在贫困农村人才数量和质量都不能够满足发展需求的情况下，要积极寻求外界补偿，筑巢引凤，加大人才引进力度，为农村基层党组织建设提供智力补充。在实践探索中不断完善大学生村官制度。严格程序，明确标准，选拔一批真正热爱农村、熟悉农村、志在农村的知识青年充实到农村基层党组织队伍中，为农村经济社会发展注入源源不断的动力和蓬勃向上的活力。与此同时要特别重视引进高层次创新创业人才。加大引进人才的使用、管理、激励机制，靠政策吸引人，靠管理留住人，靠待遇发展留下人。让引进的人才能够下得去、待得住、干得好、流得动。进一步完善人才激励补偿机制，让优秀人才人尽其才、贡献智慧、安心扶贫。最后，加强贫困地区农村基层党组织智力建设，要切实增强贫困地区发展智慧，遵循正确的发展原则、树立正确的发展理念。农村基层党组织在扶贫攻坚过程中要坚持人民主体地位，把实现好、维护好、发展好贫困人口的利益作为自觉追求。坚持科学扶贫理念，树立正确的扶贫观，多做打基础，利长远的事情，注重扶贫短期效果和长远效益的结合，树立绿色发展理念，保护贫困农村脆弱的生态环境，实现绿色扶贫，绿色脱贫。在扶贫脱贫的过程中要全面贯彻落实"创新、协调、绿色、开放、共享"的理念，创新扶贫思路、加强扶贫地区之间的沟通交流、让贫困群众在共建共享中有更多的获得感。

论我国农村扶贫开发中的精准扶贫

——兼论大学生村官的优势与作用

淮海工学院马克思主义学院　李秀芸

脱贫攻坚是实现十八大提出的"两个一百年"奋斗目标须打赢的世纪决战。当前，"不容一个人掉队"的"全面建成"目标时间紧、任务重，迫切需要一些非常规的政策和举措。精准扶贫战略是对以往国家扶贫开发方式的一种创新和突破，是扶贫进入到关键阶段所进行的更深层次的改革，彰显了以习近平为总书记的新一代中央领导集体对农村扶贫工作的高度重视，更为中国当前和今后一段时期的扶贫开发提供了重要遵循和指导。

一、精准扶贫内涵特征

（一）内容体系

关于精准扶贫的内涵，学界从不同角度给予了差异化的解释、定义，并提出了各种各样不同的政策主张。梳理总结相关认识发现，他们相互之间对精准扶贫的概念其实并没有根本的分歧，而且这也并不影响我们对于内容体系的理解。一般认为，精准扶贫主要是就我国农村贫困居民而言的，是针对农村不同贫困农户状况、结合当地实际情况，遵循客观规律、运用科学有效程序对扶贫对象实施精准识别、精准帮扶、精准管理的扶贫方式。

精准扶贫从内容体系上主要包括四个环节，即精准识别、精准帮扶、精准管理和精准考核。其中，精准识别是前提，指通过申请评议、公示公告等一系列步骤，把贫困对象有效识别出来，并建档立卡，摸清致贫原因和帮扶需求。精准帮扶是核心，即因贫施策、精准到户到人。精准管理是保障，其重点在于保证扶贫对象的基本资料、动态情况等信息要真实、可靠、管用，确保项目安排及资金使用精准、措施到户精准、脱贫成效精准。精准考核手段，是指通过对扶贫工作情况的量化考核，强化精准扶贫政策实施的效果。

（二）精准扶贫政策特征

1. 精准发力，到村到户　精准扶贫核心在于"扶真贫、真扶贫"，从根本上拔"穷根"，实现真正意义上的脱贫致富。要义在于精准化工作理念，"一把钥匙开一把锁"。即无论是贫困人口的识别，还是扶贫政策的实施，抑或贫困人口的管理每个环节都追求"精准度"，也就是谁贫困就扶持谁，扶到点上、扶到根上、扶到家庭。由此习近平总书记提出了"六个精准"（精确地瞄准，精确地实测，精确地配置资源）思想，为新时期扶贫工作指明了方向。

2. 整合资源，握拳出击 贫穷是一种系统性弊病，扶贫开发就应是系统性工程。为此精准扶贫更加注重资源整合，打"组合拳"，着力构建以政府为主导的专项扶贫、行业扶贫、社会扶贫等多方力量有机结合、互为支撑的大扶贫格局。国务院扶贫开发领导小组作为跨部门和主流化的核心枢纽，主要是组织调查研究，切实强化社会合力，凝心聚力，最大限度挖掘、整合、运用各方面的资源和力量，针对不同贫困状况，制定符合实际的扶贫计划、政策，协调解决开发建设中的重要问题，体现了集中力量办大事的制度优势。各省、自治区、直辖市、以及县级相应的扶贫组织机构，充分利用自身优势带领所联系的贫困户主动行动，积极把扶贫过程中产生的意见和建议加以提炼和概括，形成信息反馈，为精准扶贫工作的后续开展提供理论支持和参考意见。

3. 分级负责，差别指导 精准扶贫既是扶贫攻坚的一种新理念，更是一种新要求。为确保扶贫到户目标任务的实现，精准扶贫在管理体制上实行分级负责，逐级分解，责任到人，不脱贫不脱钩。按照"领导联村、单位包村、干部驻村"的要求，各级党委、政府一把手负总责，制定扶贫规划，强化扶贫攻坚考核，发挥政府主导作用。同时，严格责任目标考核，考评结果作为帮扶和受帮扶单位和领导班子和领导干部政绩考核的重要内容。基于致贫原因的复杂性，习近平总书记提出了"四个一批"（即通过扶持生产和就业发展一批，通过移民搬迁安置一批，通过低保政策兜底一批，通过医疗救助扶持一批），即要求帮扶措施更加有针对性，要做到分批分类，差别指导。

4. 外扶内立，共同参与 以往的救济式扶贫实践，确实让一大批贫困户实现了脱贫致富，但在一定程度上助长了"等靠要"及大锅饭思想。再加上很多贫困地区文化生活单一，贫困者文化素质偏低，易产生一些不思进取、安贫固穷思想。精准化扶贫强调扶贫先扶志，致富先治心，把扶贫和扶志结合起来，以精神扶贫助推精准扶贫。一是深入开展"10·17"国家扶贫日活动，积极倡导共同参与理念，弘扬关爱文化，做大做强外部帮扶平台，汇聚足够扶贫资源并准确"滴灌"到贫困群众中去，为物质上脱贫致富打下坚实基础。二是帮助营造利于现代意识生长发育的社会氛围，引导启发贫困群众的内心觉醒，使其对扶贫政策有正确的理解和全面的领悟，教育贫困对象树立脱贫志向。

二、精准扶贫政策面临的认识偏差及技术难点

（一）思想认识偏差

1. 部分贫困群众的认识偏差 表现之一，把扶贫当"福利"，认为不拿白不拿，"靠着墙根晒太阳，等着别人送小康"，对政府救济存有一定依赖心理；表现之二，脱贫信心不足。有些贫困群众因为种种原因长期陷入贫困无力自拔，自信心丧失，对脱贫致富不抱希望，认为是可望而不可即的事情。也有一些贫困群众虽然有致富愿望，但他们不知从何处着手，茫然无措，处于畏难、被动状态。之所以产生上述认识偏差和消极心态，原因之一是对精准扶贫的宣传没有完全到位导致，原因之二是贫困群众自身文化素质不高、脱贫致富能力欠缺导致，另外，以往农村扶贫政策的惯性影响也是其中一重要因素。

2. 部分领导干部的认识偏差 表现之一，把精准扶贫看成是又一场运动式脱贫。受传统政府"唱独角戏"的扶贫习惯思维和模式的影响，不少人认为精准扶贫依然是政府给

钱，或者节假日赠送一些生产资料、生活资料①。致使"不少地方在精准扶贫的实施过程中，存在突击式短期行为，重输血轻造血比较普遍"②表现之二，觉得精准扶贫没有必要。认为只要经济发展了，贫困问题就自然而然解决了。因此将主要精力放在拉项目、找资金上。表现之三，对精准扶贫有畏难、悲观情绪。精准扶贫具体实施过程繁琐，工作量大，还要面对着缺钱、缺项目、缺资金、缺人才的困难局面，面对着严峻的7 000多万人几年内全部实现脱贫的现实状况，一些干部由此产生悲观的顾虑。上述表现主要原因在于不能正确判断扶贫形势，对精准扶贫理解不透、认识不深，对农村扶贫帮困工作认识不足导致。

（二）精准扶贫面临人力、智力的制约

1. 精准识别工作量巨大，扶贫人才数量不足　农民收入等各种数据需要进村入户采集、核实、记录和汇总填报，其中会涉及数十类上百项的各种表格，需要大量人力投入，而地方基层扶贫部门普遍缺少人手。许多基层扶贫机构参差不齐，多数为临时、挂靠机构，且编制很少。驻村干部一般是来自于政府机构或事业单位，他们只是被临时抽调，时间为2年左右，扶贫工作对他们来说只是暂时性的，2年过后还要回原单位，所以驻村扶贫干部容易出现"身在村庄心在机关"的现象。

2. 推动农村经济发展，基层党组织的引领水平亟待提升　精准扶贫中大量的工作必须发挥村干部的作用，但是大量乡村精英外流致使许多地方的村委会班子普遍年龄老化、整体素质偏低，其知识水平、科学素养、治理能力与当前的形势与要求难以匹配，思想观念滞后、缺乏带领农村发展的思路和规划，其战斗力、号召力、凝聚力相对较弱，难以担当"领头羊"的重任；有些村委会班子不够团结，遇事推诿、见利相争，工作不积极，导致人心涣散；有些村委会班子责任心不强，工作中怕得罪人，做"好好先生"。这都在一定程度上影响了精准扶贫政策的实施效果。

3. 脱贫攻坚任务艰巨，缺少"既精又专"的高效人才支持　扶贫工作千头万绪，人才是精准扶贫战略顺利实施的关键所在。有了人才，就会有好的思路和办法，如果没有人才支撑，扶贫效果难以长远。然而现实中由于客观条件的限制，全国各地的贫困地区基本都是人才凹地：发展扶贫产业、现代特色农业缺少懂市场、懂技术的专门人才；随着互联网＋的逐步推广，电商扶贫发展方兴未艾，贫困地区急需大量金融人才、互联网人才；改善当地的教育、提高劳动技能，又缺少稳定的师资队伍。智力短缺显然成为制约农村扶贫开发的主要瓶颈。

（三）技术难点

1. 精确测算农村居民人均纯收入有一定难度　目前我国城市居民一般是工资性收入，查询银行账单即可统计测算，广大农村居民经济收入则缺乏刚性标准：一是其收入很少走银行系统；二是一般村民鲜有记账的习惯，其收入只是事后根据农作物的收获量、市场交

① 邓维杰.精准扶贫的难点、对策与路径选择［J］.农村经济，2014（6）
② 李慧，吕慎.精准扶贫要过几道坎［N］.光明日报，2014年8月7日第013版.

易额、打工收入等粗略估计，因此只能是个模糊的数据，难以精确；三是村民个体当下的心理状态对其收入数据的收集也有一定影响，有的为了得到贫困扶助故意报低收入，有的为了面子故意报高收入。加之，受农业生产的脆弱性和市场的影响，农民的收入时常处于不稳定状态中，所以很难及时、准确获得农户的真实收入情况，结果有些地方采取轮流坐庄或扶贫资金均分来化解矛盾和冲突。

2. 精准判定贫困度有难度　目前，我国绝对贫困已大大减少，大量存在的是相对贫困，而相对贫困之间的收入差距并不明显。在建档立卡调查表中，致贫原因被细化为因病、因残、因学等十多种类别。这种分类方法虽然有助于确定各扶贫对象致贫的主要原因和帮扶方向，但在贫困规模和区域确定的条件下，要把贫困程度进行排列是一件较难的事情。精准扶贫实行的是差别扶持政策，使"贫困帽子"的含金量越来越大，贫困程度相差不大的农民往往因利益问题互不相让，极易引发新的社会矛盾和不稳定因素；再者，动态识别成本太高。精准扶贫注重对扶贫对象的实时监测和考核，然而建档立卡工作，需要经过识别、审核、录入等多个环节，周期一般定为3年。同时各种贫困具有不确定性、动态性，农户家庭收入往往也处于不确定的变化之中。在这种情况下，要想对扶贫对象进行适时调整，做到有进有出，进出有据，及时更新扶贫信息需要很大的工作量和任务成本。

3. 供与求的匹配难精确　精准扶贫提醒我们决策要科学，扶贫规划要求做到"六个到村到户"，要让有限资金发挥最大效益，提供服务更加体现贫困群体所亟须，确保贫困对象能获得看得见、摸得着、见实效的有针对性的扶贫措施。但现实中由于种种主客观原因，经常发生供求错位现象，很难做到"点对点"的精准扶持。错位之一，现在我国绝大多数地区通常采取"部门包村"的扶贫办法，这种方式好处在于能"一对一"，弊端在于扶贫力量强、资源广的包抓单位未必恰好匹配到贫困程度较深的贫困对象；错位之二，按照国家政策规定，为了提高造血机能，扶贫资金的70%需用于产业发展。但是由于现在剩下的贫困户大多是自我发展能力差的"硬骨头"，往往缺乏收益载体不具备有关项目要求，再加上基层情况复杂，致贫原因复杂，贫困对象需求各异，所以实际帮扶工作中，产业项目扶贫很难与贫困对象直接挂钩；错位之三，在资金运用方面，有些扶贫干部为了完成任务而弄虚作假，把精准到户做成了面子工程、形象工程，在具体操作中故意淡化扶贫专项资金的专属、特惠性质，绝大部分用于基础设施等公共事业支出，而非贫困户直接受益的产业项目及"两不愁三保障"等项目。也有些扶贫工作人员认为实行一户一策精准帮扶耗费人力、时间，工作量太大，所以常常忽视贫困对象的话语权，采取简单的一刀切的平均主义，这种懒政做法也容易导致供需间的脱节。

三、精准扶贫需要大学生村官的积极参与

（一）大学生村官在精准扶贫中的优势

1. 身处一线工作，贴近群众的平台优势　选聘高校毕业生到村任职是党中央作出的一项重大战略决策，目的主要是为党政干部队伍培养后备人才，为社会主义新农村建设培养骨干力量，同时培养各行各业的优秀人才。关于其工作安排，2012年7月29日，中共中央组织部、中央机构编制委员会办公室、教育部、财政部、人力资源和社会保障部、国

家公务员局联合下发的《关于进一步加强大学生村官工作的意见》里明确规划："大学生村官到村任职第一年，一般担任村党组织书记助理或村主任助理，重点了解熟悉农村工作，整理一套涉农政策、走访一遍全村农户、完善一套村情档案、形成一份调研报告、提出一条发展建议、学习一门实用技术，努力实现角色转变。从第二年开始，考核称职、符合任职条件的，原则上应担任村'两委'委员或以上职务并明确分工，帮助村民发展致富项目、领办合办农民专业合作社、组织开展群众文体活动、参与排查调处矛盾纠纷、为村民代办各项事务、不断提高能力素质。"综合文件精神，大学生村官工作在村工作期限一般2～3年，岗位性质为"村级组织特设岗位"，聘用期间工作目标要求是在村里工作。由此可见，大学生村官具有最接近农村群众的天然身份优势，具有顺理成章贴近基层一线工作的平台优势。

2. 与时俱进，追求进步的政治优势 思想政治素质决定着人的思想观念、价值判断和利益取舍。从高校应届毕业生选拔村官是党中央着眼于培养未来后备人才而做出的一项重大战略决策，大学生村官的思想政治素质直接关系到党和国家各项事业的成败。所以，在选聘工作中，从报名推荐、资格审查、考试考察都是重点把关，在选聘范围上原则要求为全日制本科及以上的优秀学生党员、优秀学生干部和优秀团干部，选聘的首要基本条件就是要具有良好的思想政治素质，有着积极向上的价值取向，有到基层一线工作的志愿。大量的实践已经证明，经过层层严格选拔的大学生村官，总体上是思想政治素质较好，有较强的爱国主义情感，是具有奉献精神的一个优秀群体。较之普通村干部和普通群众，具有更强的政治敏锐性，更能深入理解党和国家的相关政策和措施。

3. 知识层次高，文化素质强的智力优势 大学生村官都受到过系统的高等教育，文化水平较高，个人素质相对比较全面。相比文化水平低的村干部，大学生村官具有更强的学习能力、接受新事物的能力，更容易理解把握党的方针政策、国家的法律法规。再加上大学生村官在校期间大多是学生干部，相对比较擅长表达自己的思想，利于和村民沟通。而且，大学生村官来源于各个专业，具有比较系统的专业知识体系，尤其是普遍懂得利用现代技术手段，这些优势可以为新时期的精准扶贫提供相应的各种服务。

4. 年轻活跃，敢闯敢拼的创新优势 李大钊说过，"青年者，人生之王，人生之春，人生之华也"。身为青年的大学生村官正处于青春最美好的时光，年轻富有活力，就像早上八九点钟的太阳，精力充沛，干劲十足，有激情。比普通村干部更有年龄优势，具有敢想敢干的条件，有先进的社会理念，是乡村治理的新鲜血液，完全可以利用素质优势，在新时期脱贫攻坚中发挥独有的作用。

（二）大学生村官参与精准扶贫的路径选择

1. 发挥村官平台优势，加强农村政策、业务学习，做好精准扶贫政策的宣传工作
大学生村官身处落实国家各项政策、方针的"最后一公里"，有着熟悉基层，了解群众的工作优势。依托这个平台优势，结合精准扶贫的目标任务，大学生村官既要积极协助基层干部贯彻和落实好中央和上级党委、政府的政策措施，又要通过走门串户访谈、会议宣讲、墙报标语等各种形式，宣传好精准扶贫相关会议精神、相关政策措施及上级党委、政府的思路、重大举措，及时把党的精准扶贫政策传达到群众当中去，让贫困农户了解政策、熟悉政策，使信息畅通转达，让惠民政策尽早周知。同时及时解答贫困户的疑惑和提出的问题，用听得懂、记得住的语言和道理教育引导贫困村群众转变思想观念、激发内生动力，增强"造血"功能，切实发挥政策的最大效应。

2. 发挥政治优势，访贫问苦，做好精准扶贫调查研究工作 相对于村干部，大学生村官是群众眼里的"局外人""第三方"，没什么牵连和瓜葛，再加上比较强的思想政治素质和组织观念，这对精准扶贫工作的客观、公正展开非常重要。大学生村官要立足于自身政治优势，积极发扬不怕苦、不怕难、不怕累的奉献精神，努力克服贫困村工作、生活等各方面条件相对较差的困难，投身于精准扶贫专项调研工作中，紧紧围绕脱贫致富目标，按照县、镇两级统一安排，根据属地公布的扶贫标准，通过有效、合规的程序访贫问苦。把真正的贫困人口、贫困程度、贫困原因找清楚，并将贫困对象的基本资料、帮扶情况、帮扶责任人、脱贫时限等信息梳理归类、全部登记在册，做到底数清、情况明，为开展精准扶贫提供第一手资料，为群众脱贫致富提供精准政策指引，为扶贫开发工作建言献策。

3. 发挥知识优势，精细着力，做好精准扶贫的服务工作 农村事务千头万绪，精准扶贫工作任重道远。"上面千条线，底下一根针"，大学生村官是处在农村一线的知识群体，是服务新农村建设的新生力量。为切实推动农村扶贫攻坚工作，大学生村官应充分发挥自身文化水平高、知识新、信息灵活等独特优势，紧盯发展动向，对照脱贫目标，运用自己的知识帮助贫困户寻找切实的致富点子，或提供农村法律法规帮助，或通过各种网络平台，引导农民群众参加远程教育培训，推进电子商务进村入户，切实增强贫困户的致富水平和发展本领，帮助打好脱贫攻坚战。

4. 发挥年轻创新优势，铺路搭桥，助推精准发力效能的实现 大学生村官年轻有朝气，思想敏锐，思维活跃，是扶贫脉络中的重要血管。针对一些村党组织软弱涣散、村干部受教育程度不高，带头致富能力不强等问题，大学生村官可以补充基层组织新鲜血液，在一定程度上帮助村干部强化村集体组织功能；凭借着工作的热情、现代的理念、良好的沟通能力，可以引领村民逐步改变观念，推动农村民主政治建设。可以把单个分散的农民组织起来以提高市场竞争力，也可以组织农民参与扶贫过程，增强其脱贫主体意识。

当前，扶贫攻坚战的号角已吹遍全国，身处基层农村这一扶贫主战场的大学生村官们自然责无旁贷。这既是党和国家的热切期望，也是大学生村官的分内之事。针对精准扶贫中的困难和挑战，经过层层选拔的大学生村官完全可以参与其中，充分利用自身优势，把扶贫资源尽可能挖掘出来，使扶贫政策含金量尽可能释放出来，并在一定程度上对基层政治民主建设，起到一定的推动作用。

新农村建设背景下完善大学生村官行政价值观的路径及对策思考

淮海工学院马克思主义学院　李　蓬

行政价值观属于公共行政学的范畴，适用对象是公共行政主体，而大学生村官隶属于农村基层自治组织，不属于行政主体，乍看起来两者有些"搭不着边"，但大学生村官和行政价值观之间却存在一个微妙的契合点——农村基层自治。作为一种宏观指导，行政价值观可以引领、约束大学生村官的行为，完善大学生村官的人格，对大学生村官在农村有效发挥作用具有极为重要的意义。新农村建设背景下，为了使大学生村官形成更科学的行政价值观，解决其行政价值观存在的问题，必须要有政府的引导、社会主体的大力支持，只有政府、社会主体、大学生村官自身几方面相互协调、共同作用才能达到完善大学生村官行政价值观的效果的最优化。

一、确立政府的主导地位

政府作为大学生村官政策的制定和实施者，同时也是行政价值观的主导者，政府倡导什么样的行政价值观，大学生村官就相应地具备什么样的行政价值观，政府的行为对规范大学生村官行政价值观起着决定性的作用。

1. 加快立法进程，形成相应法律体系　"行政价值观是公共行政的灵魂，法律和政策则是行政价值观的外衣，是实现行政价值观的工具和保障"[①]。法律本身也蕴涵和体现着价值取向，完善法律建设对培养和规范大学生村官行政价值观具有引导、约束、保障等重要作用。

通过法律培养和规范大学生村官行政价值观主要体现在行政伦理立法方面，当前我国的行政伦理法律体系相对空白，有必要对行政伦理立法或者将行政伦理的内容及其要求融入某些法律文件中。行政伦理立法就是把符合国家要求的行政伦理行为规范经过国家立法机关认可上升为国家意志、法律法规，诸如美国的《政府工作人员道德准则》《美国政府行为道德法》《美国政府行为道德改革法案》《行政部门雇员伦理行为标准》，韩国的《公职人员伦理法》、日本的《公务员伦理法》等[②]，通过行政伦理立法的方式对公务员基本行为规范、价值取向都作了明确的规定，而我国目前尚无一部关于行政伦理的法律、法规、规章，只有在《公务员法》中略有提及，但由于其规定过于原则、宏观，缺乏具体操

---

①　刘祖云. 行政价值观乃公共行政之"魂"[J]. 中共南京市委党校南京市行政学院学报，2003（6）.

②　高惠珠. 政治伦理学—历史唯物主义的视野［M］. 哈尔滨：黑龙江人民出版社，2012：233.

作性而难以产生实际效应，同时对公务员之外从事社会行政的其他工作人员如大学生村官起不到任何有效作用，所以政府有必要将行政伦理立法纳入国家立法规划中，早日制定符合我国国情的行政伦理相关法律规范。

在制定行政伦理相关法律规范的同时，对大学生村官的行政立法也刻不容缓，当前，大学生村官政策还更多地停留在政策层面，尽管中组部联合有关部门就大学生村官政策下发了众多文件和通知，涉及大学生村官的方方面面，大学生村官在政策层面可以说是细致到不能再细致了，然而却找不到任何关于大学生村官的相关法律文本，甚至"大学生村官"字样，这与大学生村官作为党和国家的一项重大战略决策不相符。法律的缺失，必然导致大学生村官角色危机化及职责的混乱，非常不利于大学生村官形成正确的行政价值观。那么就需要通过一定程序，至少在政府层面，由国务院调查研究，制定大学生村官工作条例，明确地将有关政策上升为国家意志，同时在条例中融入行政伦理的系列要求，对大学生村官的价值取向、行为要求等方面做出详细的规定。

2. 注重政策实施，强化政策落实效果　在重视通过法律来培养和规范大学生村官行政价值观的同时，对现有的大学生村官的相关政策的实施效果也要重视。中组部联合有关部门就大学生村官政策下发了众多通知，涉及大学生村官的方方面面，那么现在的重点就在于政策的实施效果，在政策实施过程中切实培养和规范大学生村官行政价值观。

首先要注重落实选聘机制的效果，切实选聘出致力于服务农村的高质量高校毕业生到村任职。随着大学生村官政策的深入开展，各地选聘人数逐步提升，同时报名人数也倍增，对大学生村官的选聘显得尤为重要。要严格选聘标准、创新选聘方法，增强选聘工作的针对性、实效性，提高选聘质量，这就要求大学生村官主管部门要优化考试内容，在笔试中注重发掘大学生在农村工作的潜能，提高其在农村建设中发挥专长的概率；在面试中注重对大学生村官求职动机的考量，科学地评估报考者对大学生村官职业的理解、对农村工作的热情。最终选聘真正有志于服务农村的大学生，将那些"镀金者"拒之门外。通过科学高效的选聘，淘汰那些觉悟不高、不符合国家及农村需要的报考者，从而从根本上保证了应聘成功的大学生村官初步具备预想的行政价值观。

其次是注重落实保障机制的效果。首先是要保障大学生村官基本的、合理的物质和精神需求。大学生村官放弃繁华的城市，服务并奉献于农村，他们理应得到相应的物质保障，离开物质保障，为村民服务、带领村民致富等只能流于空谈。大学生村官也有其自身物质和精神的需求，如果片面强调大学生村官服务村民，轻视他们的物质和精神需求，就违背了以人为本的理念。其次要注重大学生村官的"出口"保障，打造出一个能进能出、能上能下的有序流动机制。2014 年 13 部门联合印发的《关于做好大学生村官有序流动工作的意见》对做好期满大学生村官有序流动做了具体安排，解决了大学生村官的后顾之忧，大学生村官才能用全部的精力去服务村民、奉献农村，从而有利于大学生村官形成科学的行政价值观。

最后是注重考核机制的效果。当前对大学生村官考核的制度不断完善，考核力度不断加大、考核方法日趋规范，各种创新做法不断涌现。可将大学生村官的行政价值观作为对大学生村官的重要考核项，根据考核结果，对那些具备高尚行政价值观的大学生村官及时地给予正强化，使其继续保持，对于不作为、乱作为、行政价值观偏离的大学生村官及时进行惩戒教育，并给予充足的帮助使其向正确方向发展。

3. 培养行政文化，重视行政人格塑造　行政文化与行政管理活动密切相关，是社会公共行政管理活动在思想观念领域的具体体现①。其中，行政价值观支配行政主体的思想与行为，决定行政活动指向，是行政文化的核心内容。良好的行政文化氛围对大学生村官树立正确的行政价值观至关重要，正确的行政文化能够引导大学生村官树立科学的行政价值观。

培养行政文化应以国家为主体，以中国特色社会主义国体和政体为依据②，我国历史悠久，传统行政文化中有许多宝贵遗产，那么行政文化的培养离不开对这些优秀传统行政文化的传承。然而在继承优秀行政文化的同时，必须对传统行政文化中的糟粕予以扬弃，彻底清除这些不良传统行政文化的影响，才能促进大学生村官行政价值观的形成与规范。

行政人格是党政机关和国家公务人员等公共行政主体与其他部门、其他职业者相区别的内在的特性，"是公共行政主体的尊严、品格、品质及其理解与实现的行政价值的总和，是公共行政主体在社会生活特别是公共行政领域中地位和作用的统一"③。行政人格的塑造有利于进一步树立大学生村官的权威，塑造其良好形象。如果大学生村官没有坚定的行政人格，则有可能在农村工作中会受不良影响深陷其中或者工作举步维艰，难以开展，可见塑造大学生村官行政人格显得极为重要和紧迫。

4. 加大培训力度，善用思想政治教育　"价值观的发生和确立，既有自发的一面，也有社会自觉引导、有目的地构建的一面，其中，教育在价值观的形成和巩固中起到特有的重要作用"④。完善大学生村官行政价值观单纯依靠法律、政策的硬性约束是不够的，还需要教育培训的主动引导。在教育培训中，有目的、有针对性地构建行政价值观，从而进一步完善大学生村官行政价值观。加大培训力度并不是指单纯的针对完善大学生村官行政价值观为目标，加大培训力度，应将完善大学生村官行政价值观的培训教育与其他各种在职教育培训相结合，突出行政价值观教育，这样大学生村官在培训教育中既增长了专业技能，又完善了自身的行政价值观，达到培训效果的最大化。"喊破嗓子不如甩开膀子"，要加大对大学生村官的培训力度说起来容易，但落实起来却不是那么容易，由谁来主办培训、具体培训什么内容、以什么样的形式培训、培训后想要达到什么目标、培训期间如何协调大学生村官的工作等问题都阻挡在对大学生村官进行培训的道路上，导致对大学生村官的培训教育停滞不前。而思想政治教育以其高度灵活性、针对性、可操作性为解决这一问题提供了新路径，那么就要善于发挥思想政治教育的作用。在大学生村官培训教育中善用思想政治教育，必须注意以下几点：

首先，要明确思想政治教育主体。要做好大学生村官思想政治教育工作，必须要有一支高素质的队伍——思想政治教育主体。在大学生村官思想政治教育过程中，各级党委组织部门应是大学生村官的思想政治教育主体，应当按照大学生村官政策的具体要求，结合

① 徐晓雯，丛建阁. 行政管理学（第二版）[M]. 北京：经济科学出版社，2009：412.
② 林兵. 行政文化与伦理研究[M]. 北京：中国社会科学出版社，2011：155-180.
③ 陈建斌. 文明行政视野下的行政人格[M]. 湘潭：湘潭大学出版社，2014：24-30.
④ 何士青，徐进 论服务性政府的伦理构建[J]. 中国行政管理 2008（5）.

实际，积极开展相关思想政治教育活动，要选派具有较高的思想政治素质和业务能力的思想政治教育者；要深入实际、调查大学生村官的实际动态，不断探索大学生村官思想政治教育的新方法、新内容。

其次，要丰富大学生村官思想政治教育内容。长期以来思想政治教育存在着"思想政治教育是个筐，什么都往里面装"的错误思维，要完善大学生村官行政价值观，对大学生村官思想政治教育的内容就必须要紧紧围绕行政价值观的完善这一核心，在此基础上结合实际，不断丰富和深化大学生村官思想政治教育的内容，总的来讲，一是不能离开我国行政价值观形成的重要理论基础——马克思主义及其中国化理论成果，离开了这些基础性理论和指导思想，行政价值观就会偏离社会主义方向，大学生村官行政价值观的研究将会没有实质内容、空洞无物；二是社会主义核心价值观教育，社会主义核心价值观对行政价值观具有统领作用，大学生村官通过践行社会主义核心价值观，进一步深化对行政价值观的理解，将自身行政价值观与社会主义核心价值观有机结合，从而形成科学的行政价值观；三是法治教育，法治观是大学生村官行政价值观的重要组成部分，将法治教育作为对大学生村官思想政治教育的一项内容显得极为重要也很紧迫。对大学生村官进行法治教育要加强普法教育，提高他们依法办事的能力、运用法律手段治理农村的本领；通过法制教育，警示大学生村官远离贪污腐败，廉洁从政，真正服务好农村和村民。

最后，要融贯大学生村官思想政治教育方法。在对大学生村官各个方面充分了解的基础上，融会贯通多种思想政治教育方法，探索出一套符合大学生村官成长、符合新农村建设需要的新方法。具体而言，一是要由单一的"理论灌输"教育转变为多样性的"相互渗透"教育。大学生村官思想政治教育的主管部门要结合大学生村官在工作、生活中遇到的实际问题，有针对性地进行"渗透"教育，同时更要甄别不同大学生村官个体差异，因人、因地、因时制宜；二是变"被动接受"为"主动学习"，充分激发大学生村官的积极性、主动性，大学生村官思想政治教育主管部门要创造条件、营造良好氛围，使大学生村官抛弃原来被动学习的不良习惯，引导大学生村官积极主动学习；三是主动运用新载体，随着科技的进步，一些传统思想政治教育载体已不能很好地适应新形势下思想政治教育工作的需要，这就要求大学生村官思想政治教育主体创新教育新载体，发现新的教育渠道，充分发挥现代电子媒介的优势，利用网络教育、电视会议、微博、微信、QQ 等电子媒介，从而提高大学生村官思想政治教育工作的实效性。

二、重视社会主体的辅助作用

社会主体同样对规范大学生村官行政价值观有着相当大的影响，规范大学生村官行政价值观离不开社会主体的配合，社会主体主要包括高校、农村以及大众媒体。

1. 以高校为前站，建立预培养模式 高校作为大学生村官的直接"孵化地"，对大学生村官行政价值观的形成起着奠基作用，高校教学中强调什么样的价值追求则"准大学生村官"就会形成什么样的价值观，并且这一价值观会影响他们很长时间，这就要求高校建立完善的大学生村官行政价值观预培养机制，使大学生村官在入职前能基本形成科学的行政价值观。高校建立大学生村官预培养模式应注意以下几点：

一是学校要足够重视。高校应该认识到国家选聘高校毕业生到农村任职的重大战略意义，高校有责任有义务对这项工作足够重视。高校应该成立大学生村官职业宣讲团，将大学生村官职业列入大学生职业生涯规划中进行宣传指导；根据大学生村官政策要求以及当前农村实际状况，有效整合学校师资力量，设置与"三农"密切相关的专业课程或选修课程，进行有针对性的培养，从而使有志于服务农村的大学生提前做好准备，从而使广大"准大学生村官"们能更好地履行将来的村官岗位职责，为形成良好的行政价值观奠定基础。

二是注重培养内容。高校在大学生村官行政价值观预培养的内容中，不仅要注重大学生村官基本知识和能力的培养，更要重视行政人格和价值观的塑造，两者不可偏废，将这两者统一起来构建"准大学生村官"胜任力，经过对大学生村官任职所需要的胜任力特征进行科学的分析和界定，构建一个切实可行的大学生村官核心胜任力模型（见下表）。高校根据大学生村官的核心胜任力模型有针对性地开展教育，不仅有助于提高教育效率，更有助于使大学生村官进行全面的教育，使得"准大学生村官"能力与认知同步提升。

大学生村官核心胜任能力模型

核心胜任能力	能力因子
思想政治素质	正确的价值观和人生观，坚定的政治立场、坚强的意志，服务精神等
公共服务能力	诚实为民，踏实肯干，清正廉洁，责任心强，善于运用行政方法与技能等
学习创新能力	创新思维、分析能力，开拓进取，主动学习，增强基层工作本领等
敬业精神	无私奉献，热爱农民，服务农村，吃苦耐劳，扎根农村等
自我价值	干事创业，追求卓越，勇于实践，热情工作，良好的心态等
"三农"知识	具有农业技术、农机服务、农业经济等知识，了解农村政策及法律法规等

三是注重培养效果。高校应该建立针对大学生村官预培养模式效果的评价反馈机制，适时对大学生村官的预培养模式进行评估，及时发现预培养过程中的不足并讨论完善。高校不仅要评估培养模式，还要对培养内容进行评估，结合国家政策和农村实际需求的变化及时对培养内容进行调整，以培养出真正符合国家要求、满足农村需求的大学生村官，否则便会流于形式，不会产生实质性效果。

2. 以农村为核心，培育成长土壤 大学生村官具体工作在农村，直接面对村民，大学生村官的行政价值观正是在农村这片土地上形成和完善，农村环境对大学生村官的形成具有决定性作用，农村中良好的管理模式、有效的互动机制是大学生村官行政价值观生长的土壤。

首先离不开农村"善治"这个大背景。善治即良好的治理，它是随着治理理论的兴起而提出的新概念，为公共行政提供了一种全新的分析框架[①]。善治可以弥补农村基层自治运行中的缺陷，为大学生村官行政价值观的形成和发展提供良好的环境。完善大学生村官

---

① 陈广胜.走向善治［M］.浙江：浙江大学出版社，2007：109-110.

行政价值观同样也需要善治的农村，这是因为随着纪委反腐力度的不断加强，在大老虎被打的同时，潜藏在农村中的"苍蝇"也逐渐显现在大众的视野中，很多农村的村委会没有经过全体村民选举，村委会连任好多年没换届，更有个别落后农村存在家族式、村霸式治理等问题，农村村干部不作为、乱作为、操纵选举、贪污挪用涉农补助等现象时有发生。如果让大学生村官在这样的环境中工作，不仅不会形成理想的行政价值观，更有可能产生同流合污、为虎作伥等违法犯罪行为，违背了国家选聘大学生村官的初衷。所以农村必须要有一片善治的土壤，大学生村官行政价值观才能在这片土壤上扎根发芽、茁壮成长。

其次离不开村级干部的大力支持。作为大学生村官的直接领导——村干部，必须要大力支持大学生村官，鼓励其大胆探索、创新，理解并包容其工作中的失误，及时纠正大学生村官工作中存在的问题，与大学生村官建立良好的信任；村干部要正确理解大学生村官性质、职责，善于发挥大学生村官的优势，及时给大学生村官交任务、压担子，并赋予他们相应的权力以便其有效行使职责。村干部不能把大学生村官当作是"外人""过客""闲职"，不让大学生村官参与村政村务管理，只安排他们做打字、写报告、送材料等简单工作，这样大学生村官的行政价值观就无法谈起。

最后离不开村民的反馈。大学生村官行政价值观的形成不仅需要村干部的大力支持，更需要广大村民的直接评价反馈。广大村民是大学生村官行政价值观外化为行为后的直接作用对象，他们直接感受着大学生村官的行政价值观，他们对大学生村官的行政价值观的构成内容最具有发言权，他们根据自身对大学生村官的感受，通过一定的形式提出自己的看法，这就要求大学生村官要主动与村民交流，深入了解村民对其行政价值观的评价和期望，大学生村官要认真听取，对善意的、有利于提高自身行政价值观的建议积极采纳并付诸行动。值得注意的一点是村民对大学生村官行政价值观的反馈必须建立在互相信赖的基础上，村民才会对大学生村官进行善意的提醒，大学生村官才会认真听取并采纳。

3. 以媒体为辅助，营造良好氛围 媒体宣传对大学生村官行政价值观的形成和规范具有不可忽视的作用。媒体要切实发挥其舆论引导作用，为大学生村官行政价值观的形成和规范营造一个良好的外部环境。媒体要加大对大学生村官政策的宣传力度，为社会群众了解大学生村官"造势"。大学生村官政策实施接近十年了，然而社会大众包括村干部、村民以及大学生村官的亲属对大学生村官政策不是很了解，产生了很多误解：许多村干部认为大学生村官没有农村经历、不可能真正在农村待下去，从而不能及时有效地给大学生村官压担子给任务；大部分村民认为大学生村官就是为村民服务的，因此大事小事都去找大学生村官；大学生村官的亲属们则认为好不容易读个大学，不往高处走，偏偏往下走，没志向。面对如此分裂的"大学生村官人格"，大学生村官不仅不能有效投入工作，且其行政价值观也根本无法形成，这就需要媒体充分发挥宣传作用，对大学生村官政策进行生动形象有效的宣传，使社会大众能够准确把握大学生村官的职能和作用，对大学生村官的角色和作用给予理性判断和恰当的定位——既不能产生过高预期，又不能产生毫无用处的想法，对他们工作中的失误给予尊重、理解和宽容。同时媒体要对农村工作中涌现出来的优秀大学生村官进行积极宣传，着重宣传具备完善行政价值观、表现优秀的大学生村官的先进经验、典型案例，深刻挖掘他们身上促使他们成为优秀的核心因素，塑造出大学生村官的榜样，使更多的大学生村官有了学习的目标。

三、发挥大学生村官自身的能动性

新时期，国家和社会为大学生村官营造了良好的行政价值观形成条件，同时大学生村官自身的能动作用发挥也至关重要。

1. 努力提升自身的素质　孔子曾强调"政者，正也；子帅以正，孰敢不正?"，行政人员只有自身品行端正，公平公正执法，以身作则，人民才会上行下效。大学生村官只有不断提升自身素质，才能顺利开展工作、获得村民的信任和支持，完善其行政价值观的重要作用。

第一，自觉提高自身思想政治素质。作为大学生村官所应当具备的多种素质中的核心素质——思想政治素质，在大学生村官素质中起着主导和决定性作用，同时也对大学生村官行政价值观的取向起着决定性作用。如果大学生村官具有高度的思想政治觉悟和较高的政治理论素养，那么当他在村政村务管理中遇到正确与错误两种行政价值观冲突时，就一定会坚持正确而抵制错误；反之，大学生村官很可能不能判断出行政价值观的正确与否，从而易受错误行政价值观的影响，导致行政价值观出现偏差。大学生村官应该腾出时间主动深入学习马克思主义基本理论、中国特色社会主义理论体系以及社会主义核心价值观，主动参与主管部门组织的思想政治教育等，从而能够自觉地用先进理论武装头脑，坚定理想信念，抵制身边的不正之风，用理论上的清醒保证行政价值观的坚定。

第二，自觉提高自身思想道德素质。提高大学生村官思想道德素质将有助于提高其选择正确行政价值观的能力，使大学生村官在行政价值观取向难以确定时，能够站在道德的角度做出正确的选择，主动排斥错误的行政价值观，从而坚持正确的行政价值观。大学生村官要主动学习并践行公民基本道德规范，和普通群众一样接受思想道德教育、履行公民道德义务，在道德修养上走在群众前列。

第三，自觉提高自身文化素质。文化素质主要是指大学生村官的业务素质、知识储备等，提高文化素质将有助于大学生村官对各种行政价值观进行全面的认识、把握，从而能够轻易地区分是非、善恶，做出正确的价值选择。在农村这个"大学"里，大学生村官之前的学习知识储备是远远不够的，大学生村官不仅要懂农村、懂农业、懂农民，还要懂管理、懂法律、懂经济等。大学生村官要养成自觉学习的习惯，工作中遇到不懂及时学习，同时要积极参加提升大学生村官职业能力的各种培训，全面提升自身的文化素质。

2. 明确自身担任的角色　大学生村官有什么样的角色认知就有相应的行政价值观，也就是说大学生村官担任的角色决定了其行政价值观的构成内容，所以大学生村官自身必须要有明确的角色认知。从大学生村官政策中对其职责的规定以及大学生村官在农村实际所承担的角色分析，大学生村官只要确立以下三种角色认知，则所有的角色冲突将会迎刃而解。

首先要树立服务意识，扮演好"村民"角色。选聘大学生村官到农村，其目的就是为新农村建设服务。大学生村官入职前必须将服务意识深深地扎根于农村，驻村后，一定要做到身处基层也心系基层，真正融入到农村这个大熔炉之中，充分锻炼自己，以群众的根本利益为重，充分发挥自身优势，踏踏实实为农民办实事。要想当好村官，真正树立服务意识，最重要的是先要当好"村民"，摒弃自己是"村干部"的官本位思想，要把自己当成农村的一分子，要有一颗农民心，从农民的角度看问题办事情，努力使自己由"外来人"转变为"自家人"。不管现实与理想之间有多大的心理落差，既然选择了，就要"既来之，则安之"，与其后悔不断，不如安身立本，服务村民。

其次要树立团结意识，扮演好"助理"角色。大学生村官作为村党支部书记助理或村委会主任助理也算是"村班子中的一员"，就应该讲大局、识大体，牢牢树立团结意识，把团结摆在第一位，不要因为自己被边缘化或者不被重视而不去团结村干部。大学生村官不仅要与村干部、村民搞好团结，创造融洽和谐的干群关系，更要紧紧地将村"两委"团结起来，使两委班子齐心协力，共同为农村建设出力。要多与村民交流、谈心，了解村民的想法与需求，并及时将这些信息反馈至村"两委"干部，当村"两委"对农村事务产生重大分歧而僵持不下时，这时大学生村官应主动发挥作用，充当两委的"润滑剂"，充分利用自身的优势，为解决僵持问题提供大量材料，从对方的角度出发重新考虑问题，做到"求大同、存小异"。

最后要树立创新意识，扮演好"领路人"角色。相比而言，农村信息、技术等资源匮乏，农村要脱贫致富、长期发展，就必须要有一个富于创新意识和开拓能力的村班子。大学生村官学历层次较高，理论知识丰富，反应敏捷，具备较高的思维方式，是农村工作中开展创新不可或缺的重要资源。大学生村官要敢闯敢干、敢为人先，充分利用自己的专业特长、信息技术资源及人力资源优势，结合本村实际，多为村民谋增收的好法子，多提使农村致富的金点子，大胆、创造性地开展工作。

3. 自觉践行行政价值观 大学生村官具备了完善的行政价值观还不够，必须要将行政价值观的具体理念外化为实际行动，用行政价值观来规范其行为，发挥行政价值观的作用。如果大学生村官不能将行政价值观有效地运用于实际工作中，行政价值观形同虚设，那么对其所进行的行政价值观的培养与规范都是徒劳的、没有实际意义的。这就要求大学生村官发挥其主观能动性，摒弃行政价值观只停留在思想意识层面的思维，自觉地将行政价值观运用于实际工作中，用正确的行政价值观指导其具体工作、约束其行为、完善其人格。大学生村官不能因为农村工作中的困难和阻力放弃服务观，不能因为在农村开展普法工作存在困难而放弃法治观，不能因为村干部陈旧的管理方式而放弃创新观。大学生村官要敢于突破困难和阻力，创造行政价值观指导实际工作的条件，变不能为可能，创造性地发挥行政价值观应有的重要作用。

大学生村官在农村网络信息建设中作用发挥研究

——以连云港市连云区柳河村为例

连云港市连云区高公岛街道柳河村村委会　张　超
淮海工学院　董志国
连云港市连云区高公岛街道柳河村村委会　胡海军　张祖宝

建设"生产发展、生活富裕、乡风文明、村容整洁、管理民主"的社会主义新农村是我国现代化建设进程中的重大历史任务，提高农村的生产力水平是其关键。而拓宽农村的信息渠道，加快农村科技与网络信息化的发展是发展农村生产力的核心。著名未来学家托夫勒在《力量的转移》一书中指出："未来生产和生活方式的核心是网络，谁控制了网络，谁控制了网上资源，谁就是未来的主人。"

对目前处于转型时期的农村而言，网络与信息技术已经成为建设社会主义新农村的必要手段。连云港作为江苏省的沿海开放城市，认真贯彻党中央关于建设社会主义新农村的相关路线、方针、政策，积极研究符合连云港地方发展特色的社会主义新农村建设方案，近年来先后创建了连云港农业信息中心、连云港市农业机械化信息网、连云港农业信息网、连云港农产品交易网、连云港市统筹城乡基层党建远程网络互动平台等网络信息平台，积极推进连云港市农村网络信息化建设，力图在发展迅猛的信息化时代，让广大港城农民跟上时代发展潮流，享受网络信息化时代成果。

在现代化农业逐步形成的关键时期，农民的组织化程度低，抗风险能力较弱，及时、准确的信息对农民在社会中各个环节的运作至关重要。大学生"村官"可以快速传递农产品的供求等信息，为农民提供微观市场指导，帮助农民正确决策。同时，可以帮助民众树立科学的经济发展观、信息观，科学的社会活动方式和健康的生活方式。

随着大学生村官工作的开展和农村信息化工程的推进，江苏省更加重视大学生村官工作和农村信息服务建设，在大学生村官工作和农村信息服务基础设施建设、组织机构、信息活动开展等方面已取得一定的成绩，但是，也存在一些不容忽视的问题。因而，探讨大学生村官在农村网络信息建设中的作用具有重要的理论和现实意义。

一、大学生村官在农村网络信息化建设进程中的作用

（一）增强村民信息化意识，提高信息化素质

只有提高广大村民的信息化知识和素养，才能提升村民的创造力，提升整个农村的

生产力，从而为建设社会主义新农村注入新的活力。大学生村官群体绝大部分是全日制本科及以上学历，除了具有深厚的专业素养外，还拥有丰富的计算机等信息化知识，同时能够迅速接受新的信息化知识，是农村网络信息化知识普及的传播者，肩负着重要历史任务。

（二）充分发挥农村信息基础设施建设成果的作用

近年来，国家加大了对农村的投入和开发，各项基础设施建设均进展顺利。如工信部牵头的"村村通工程"，中央组织部牵头的"全国农村党员干部现代远程教育工程"等，在解决农村网络信息化问题上取得了不错的成绩。然而，不容忽视的一个现实是，农民整体文化水平较低，难以驾驭这些设施资源，具有良好知识储备的大学生村官则恰恰能够填补这一空缺。据了解，很多大学生村官都能有效利用党员远程教育课程，将现代科技引入基层工作中来，建立起了村务电子档案，架起了村里与外部世界之间的桥梁。

（三）为农村带来新技术

"科学技术是第一生产力"，将现代农业技术应用于生产，将会产生良好的经济效益。许多大学生村官都是涉农专业毕业，他们学以致用，起到了良好的经济效益。大学生村官积极运用所学知识，将农业与网络相联系，利用信息化手段获得市场信息，并将信息及时反馈给农村，助力农民增收。信息不对称、对市场不了解是造成农民"买难卖难"的直接原因。大学生村官依托网络资源平台，建立与外部市场沟通和交流的信息化渠道，有利于及时掌握市场价格动态和买卖价格行情，通过网络招商引资，从而促进农民增收。

（四）推动农村政务管理信息化

政务信息化是农村网络信息化的着力点。积极发挥大学生村官的能动性，依托各种网络信息平台，实现信息发布、会议电话、政务办公、数据上报、政务公开、党建建设、特色农产品推介等功能，实现村镇的无纸化办公，不仅节约了成本，还提高了办公效率。

（五）推动农村文化生活信息化

建设社会主义精神文明是全面建设小康社会的重要组成部分。当前，绝大部分农村地区尤其是偏远地带，农民的文化生活都十分贫乏。据了解，很多大学生村官通过远程教育系统，建立了"数字影院""农家书屋"等资源，并利用网络信息平台开展了丰富多彩的文化活动，极大丰富了农民群众的精神文化生活

（六）运用新的信息技术推动农村信息网络化升级

随着信息技术的不断发展，网络信息化手段不断提高。农村网络信息化设备及其系统也需要不断更新升级，以适应社会经济发展的需要。大学生村官在推进农村网络信息化的同时，要积极接受再教育和信息技术培训，从技术上适应信息化时代的要求，学习新知

识、新技术，不断更新完善信息化知识，升级农村信息化系统。

二、农村网络信息建设的成绩与困境

农村信息化是新农村建设的突破口。江苏省高度重视农村网络信息化建设，农村信息网络初具规模。例如，电信的五险农家基站、移动基站和联通基站等与信息服务相关的基础设施在农村陆续建立；广播电视网、电信网、计算机网络等信息服务网络开始由城市向农村蔓延，省、市、县、乡四级信息服务网络逐步形成，且有了一定的规模。

但是，江苏省的城乡、地区之间发展很不平衡。在经济发达的苏南地区，已经基本实现了城乡一体化和农村网络信息化；对于苏北地区而言，由于受到客观条件的限制，农村的网络信息化水平还不高，网络覆盖率低，信息相对闭塞，信息服务载体与农民之间有很大的距离，很多信息难以及时入户。多数信息服务网站流于形式，贴近农民生活的热点、难点信息较少，利民服务的信息少，信息更新不及时等。同时，农村网络信息化建设过程中信息服务于农民信息需求在时间和空间上的错位现象比较明显。

作为农村的新型人才，很多大学生村官信息意识不强，对农村和农民都不够了解，对农村网络信息化建设的认识不够等，都使得很多地方的农村网络信息化建设止步不前。

三、连云区柳河村网络信息化现状分析

(一)村民信息化意识相对薄弱

由于对信息化知识不了解，柳河村大多数村民都没有意识到信息化建设的重要意义，村网络设施及村委办公设施虽然有很大改善，但与一些发达地区的农村尚有一定差距，在动员村民信息化基本设施上进行投资比较困难。很大一部分村民对网络信息化的认识仍然停留在电脑打字、计算机上网、在互联网上浏览网页等水平上；甚至有些村民甚至认为现在实施网络信息化建设还为时尚早，作用不明显，存在等待观望的思想。柳河村党政领导虽然已经认识到农村网络信息化的重要性和必要性，但是对如何开展农村网络信息化建设缺乏系统规划，利用网络信息技术改造传统产业的思路也有待清晰。

(二)电脑拥有量从无到有，互联网已逐渐被村民接受，手机普及率大幅增加

虽然目前柳河村的电脑用户还不够多，但已经开始影响农民家庭的生产和生活，手机在村民中的大幅度普及更是让村民与网络有了零距离的接触。农民通过网络可以获取大量信息，足不出户就可以了解天下大事，及时了解最新的农村农业信息，有些村民甚至学会了上网咨询各种农业问题，与农业专家一起探讨解决各种农产品问题。互联网为农民的生产生活提供了更好的信息和技术服务。

(三)农村电子政务开始实施

在农村网络信息化发展的过程中，大学生村官积极推进网络信息化工作建设，运用计算机网络对全村的工作进行调控引导和监管，并以此服务全村村民，柳河村政务工作发生

了前所未有的变化。电子政务工作的开展，使柳河村的行政效率得到了显著提高。

四、大学生村官推进农村网络信息化建设的主要方法和途径

（1）寻找并改建网络信息化的同时，开展信息化思想的传播和信息化培训；

（2）加强农村信息化基础设施建设；

（3）实现村政各部门办公系统一体化、沟通实时化；

（4）通过互联网实现信息采集、信息处理、信息发布与传递；

（5）建立农产品电子商务网络平台，大力发展农村电子商务。

五、柳河村大学生村官开展农村网络
信息化建设的实施步骤和内容

1. 柳河村大学生村官推进农村网络信息化建设的实施步骤

（1）深入村庄了解当地的风土人情和基本村情；

（2）进行数据采集，联系村两委成员了解村网络信息化建设基本情况；

（3）深入村民家中开展调研，收集村网络信息化数据和资料；

（4）分析总结调研所得数据和信息，认真思考柳河村在推进农村网络信息化过程中存在的问题和困难；

（5）根据柳河村的实际情况提出自己的建议，并在村委会同意的情况下开展各项活动和措施。

2. 具体实施内容　大学生村官深入柳河村调查了解，做好基础工作，收集本村资源、人文、经济、社会资料的相关信息，整理、编制成柳河村宣传册，以此为依据制作成网页发布到互联网，以互联网作为宣传介绍柳河村风土人情和特色农副产品等信息的平台。在具备一定条件后，成立柳河村网络信息服务平台，为村民提供农业技术、农产品销售信息，以及农村社会法律咨询与帮助等。

每周六由大学生村官组织村民学习网络信息化知识，周日组织村民学习电脑应用操作，全面普及计算机和网络信息应用知识。这样做不仅有利于提高农民知识素养，更让广大农民对网络信息化有了进一步的了解和认识。专门成立大学生村官网络信息化咨询服务中心，与村民进行网络信息化的零距离接触。

创建微信公众订阅号"柳河微码头"，实现农村电子信息化的零突破，对新形势下基于移动中的农村网络信息传播做了进一步探索与研究，让村民对大学生村官在其中所起的作用有了新的了解和认识。

六、结　　论

信息化是当今世界经济社会发展的一大趋势，是推动经济社会变革的重要力量，大力推进信息化是我国社会主义现代化建设的重要措施和举措。而农村信息化更是国家信息化

建设的重要组成部分，在此大环境下党中央推出大学生村官政策，为农村网络信息化建设注入了新的推动力，这不但减轻了大学生的就业压力，更培养了一批经过基层实践锻炼、对人民群众有着深厚情感的党政干部后备人才，进一步加快了农村网络信息化建设。

通过实践调查发现，选派大学毕业生到基层农村工作，真正为农村干部队伍带去了生机和活力，促进了农村经济社会的发展和社会主义新农村建设。在柳河村，大学生村官利用自己的长处和优势，在积极参与党政工作的同时，大力推进柳河村网络信息化建设，在坚持不懈的努力下，取得了可喜的成果，为柳河村的网络信息化建设做出了重要贡献，成为真正意义上的农村网络信息化建设的推动力。

总之，积极贯彻大学生村官政策，让更多的大学生服务农村，奉献基层，帮助农村进行网络信息化建设，实现我国农村网络信息化建设的目标将指日可待。

"新常态"背景下大学生
村官创业富民模式研究

淮海工学院学术期刊社　韩自波　淮海工学院商学院　易爱军

为更好地推动大学生"村官"服务基层、提高能力，中组部会同四部委于 2009 年联合下发了《关于鼓励和支持大学生村官创业富民的通知》，推动了大学生村官创业富民工作的蓬勃发展。近年来，一些专家学者就大学生"村官"创业富民问题展开了研究，并取得了一定的研究成果，但现在研究主要集中在大学生村官创业富民面临的问题分析、大学生村官创业意识培养等方面，且均为理论研究，实际可操作性不强，如何结合中国农村经济发展的新情况，解决大学生村官创业富民面临的新问题，成为摆在学界的一个新课题。

一、"新常态"背景下农村发展面临的新问题

"新常态"，是指经济发展由高歌猛进的阶段进入到了一个冷静、理性的、充满新亮点和新经验的新阶段，并且这种新的发展态势是长期的、趋势性的、不可逆转的。农业和农村经济的发展也应适应"新常态"的研判，因此，在经济发展"新常态"背景下，大学生村官创业富民的模式只有随之进行相应的变化，才能提高大学生创业富民的实效，也才能促进新农村建设的实现。

（一）农村发展环境发生了变化

经济发展"新常态"下，随着经济增速由高速向中高速转化，农业和农村的发展环境也相应发生着深刻的变化，新老问题和矛盾更加突出，只有主动适应经济发展"新常态"，加快现代农业的建设，农业和农村经济才能持续、快速、健康发展。适应新常态，首先就要着力解决农村经济发展中面临的突出问题。只有创新发展、加快转型，农业和农村发展才能突破制约，追求规模速度的粗放增长经济发展方式也才能向质量效率型集约增长方式转化，农业基础才能不断得到夯实。

（二）农业发展方向发生了变化

农业现代化是我国农业发展的根本方向，也是巩固农业基础的根本途径。近年来，农业资源偏紧、生态环境恶化、劳动力素质结构性下降、农业生产结构失衡等问题日益突出，只有推进"转方式、调结构"，才能真正提高我国农业的发展质量和产业素质，才能提高经营效益。经济发展"新常态"下，随着国内外经济增长速度的放缓，农产品消费、加工、出口等方面的需求增长也有所减弱，在一定程度上缓解了农业生产保数量的压力，

给农业发展向质量、效益、生态转变创造了时间机会。

（三）农业发展内容发生了变化

经济发展"新常态"下，农业发展的内容也发生了深刻的变化。只有通过多种途径，才能提高农业效益，切实增加农民收入，才能真正促进农业向高效农业转化。具体而言，注重经营方式创新和技术创新、提高农业科技进步贡献率、构建新型农业经营体系和新型农业结构、适度发展规模经营、提高农产品加工流通效率、引领种养业品牌培育、注重农业资源环境保护等成为农业发展应注重的主要内容。

二、大学生"村官"创业富民传统模式面临的挑战

大力推进大学生村官创业富民工作，既有助于大学生村官有效融入农村，同时也有助于弥补农村经济建设短缺的人力资源，改善基层干部队伍的结构，给农村剩余劳动力创造更多的就业机会，给当地发展带来新的契机，促进社会主义新农村建设的推进。为了切实推进此项工作的成效，各级政府通过营造创业氛围、树立创业典型、搭建创业载体、提升创业层次等多种途径鼓励和扶持大学生村官创业富民，并取得了非常明显的成效，涌现了付晓娟、吴小霞、刘明、刘希宇、胡涛、王明等一大批创业富民的大学生村官典型。从创业富民的模式来看，既有联合创业，也有自主创业，还有依托当地企业进行的创业，基本形成了返乡大学生自主创业、返乡大学生＋村组干部、返乡大学生＋返乡大学生、返乡大学生＋企业、返乡大学生＋专业合作社＋农户、返乡大学生＋大户＋基地＋贫困户等富民创业模式。

经济发展"新常态"下，随着农业发展面临的内外环境的变化，农业发展的方向和内容也随之发生了变动，大学生村官创业富民的传统模式也面临着新的挑战，具体而言，主要有以下几个方面：

（一）大学生村官的创业富民工作如何与农业发展大方向相结合

在经济发展"新常态"下，研究大学生村官的创业富民模式问题，一定要把握住农村和农业经济发展的大方向。我国是农业大国，只有促进传统农业向现代农业转型才能促进农业现代化的实现。经济发展"新常态"下，我国农业转型已进入了加速期并呈现出了规模农业、科技与装备农业、品牌农业三大趋势，农业企业的竞争方式和盈利模式也发生了根本转变，这就意味着大学生村官立足农村，创业富民的模式也必须进行相应的调整。只有紧密结合农业发展"转方式、调结构"的大方向和新趋势，将创业富民与规模农业、科技与装备农业、品牌农业建设相结合，才能促进农业向多层次、多功能、多途径的优质、高产、高效生产模式转化，大学生村官的创业富民工作也才能切实取得新成效。

（二）大学生村官的创业富民工作如何与农民创业相结合

大学生村官深入农村基层创业富民，农村是其建功立业的舞台，只有真正树立扎根基层、爱农村、爱农民的信念，把创业富民工作与农民的创业相结合，大学生村官的创业富

民工作才能真正落到实处，才能真正实现大学生村官的价值所在。近年来，各地农民创业队伍都在不断壮大，在富裕自己的同时也带动了地方经济的发展，但总体而言，农民创业者的素质普遍较低，创业环境亟待提升，创业模式也比较单一，主要有家庭工业模式、产业带动模式、企业裂变模式、家族孵化模式等。如何把大学生村官的创业工作与培养农民的创业意识、激发农民的创业激情、提高农民的创业能力相结合，成为经济发展"新常态"下提升大学生村官创业富民成效的关键所在。

（三）大学生村官的创业富民工作如何与新农村建设相结合

大学生村官计划是国家为建设新农村而实施的重大举措。鼓励大学生村官创业，既是为了让大学生村官能尽快在农村实现自己的价值，促进大学生村官的健康成长，同时也是为了促进新农村建设的顺利推进。在创业富民实践中，有些大学生村官把创业当成回城的跳板，不能把自己的创业热情与新农村建设工作有机结合；有些不顾农村的客观现实条件，急于求成，盲目蛮干，丧失了农民群众对其的基本信任；有些大学生村官在创业过程中眼高手低，只想做大事，不想干小事，导致创业失败，一事无成；还有些大学生村官在实际创业过程中轻视农村干部和农民，认为其素质低下，导致无法顺利融入当地，使创业工作无法顺利进行。只有真正牢固树立"扎根农村，服务农村"的良好心态，热心新农村建设，以实际行动服务新农村，建设新农村，通过新农村建设增长才干和见识，大学生村官的创业富民工作才能结出丰硕的果实。

三、"新常态"下大学生"村官"创业富民模式的改进建议

为进一步提升大学生村官创业富民的实效，结合"新常态"下农村发展面临的新问题和创业富民传统模式面临的挑战，笔者认为可从以下三个方面入手对大学生村官的创业富民模式加以完善。

（一）密切围绕农业"转方式、调结构"的发展大方向，完善大学生村官创业富民模式

"新常态"对农业和农村的影响全面而深刻，大学生村官的创业富民模式也只有主动适应新常态，才能取得切实的成效。近年来，我国农业发展虽然保持了较好的增长势头，但农产品的总量与结构、数量与质量、成本与效益、投入与产出、生产与环境等方面的矛盾仍非常突出；新型经营主体虽增长较快，但仍以小规模经营为主，限制了农业劳动生产率的快速提高；农产品市场体系虽已初步形成，但农产品的产业链条仍不完整，生产、加工、流通、消费等环节还没有形成较好的衔接，农业市场竞争力仍有待提升。适应新常态，大学生村官的创业富民工作首先必须与稳定农业、重视农业密切结合，要将创业的重心放在着力解决当地农业和农村经济发展面临的那些突出问题上来。在创业过程中，大学生村官要利用自己所学知识，以科技创新和改革创新为发展动力，紧密围绕农业"转方式、调结构"这个主题，在如何完善现代农业的经营体系、产业体系、质量保障体系、资源保护体系等方面做文章，以创业带动当地农业产业素质、经营效益、发展质量的提高。

（二）密切围绕农民创业，完善大学生村官创业富民模式

和当地农民相比，大学生村官受教育程度较高、思维活跃、敢想敢干。在创业实际工作中，既要发挥好带头致富的作用，以实现大学生村官自身的人生价值，同时也要发挥好带动致富的作用，增强帮民致富、服务群众的意识，将自身创业与农民创业相结合，带动广大农民致富，体现大学生村官的存在价值。在创业项目的选择上，要紧贴农村实际和农民实际，从当地农村的发展实际出发，从农民的实际需求出发，综合考虑当地的区位特点、产业基础、资源禀赋、市场条件，宜农则农、宜林则林、宜牧则牧，要依靠农民、发动农民，做给农民看、带着农民干、帮着农民赚，让农民真正参与到创业中。可结合农村留守人员年老体弱、负担较重等特点，选择来件装配、来料加工、来样定做、农副产品加工等操作方便、简单易学的项目，以促进创业项目的落地生根和成长壮大。同时，大学生村官在创业过程中，要主动加强与创业方面专家、村组干部、种养大户、民营企业家、经济合作组织等方面的合作，以提高创业层次，壮大项目规模。

（三）密切围绕新农村建设主题，完善大学生村官创业富民模式

鼓励大学生村官创业的初衷是要引导广大大学生村官投身新农村建设，实现大学生创业和农村社会经济发展双赢的局面。新农村建设的首要任务是发展现代农业，而发展现代农业的关键则在于发展农村生产力。因此，大学生村官的农村创业实践应紧密围绕如何提升农村创业能力和促进农村生产力的发展而进行，以大学生村官的创业实践促进新农村建设的稳步推进。具体而言，因为大学生村官均接受过系统的高等教育，具有积极进取、自强自立、敢干敢闯的新观念和新思维，其创业首先要围绕如何引导广大农民更新传统观念而进行，这样才有助于营造新农村建设和创业的良好环境氛围，有利于社会各界力量形成合力，共同促进新农村建设。其次，农民增收是新农村建设的核心，因此，大学生村官的创业实践要紧密围绕如何增加当地农民收入这个问题而进行，以通过大学生村官的创业实践，促进农村剩余劳动力的转移，提高农民生活水平，增加农民收入，推动新农村建设的发展。

大学生村官合作社创业模式研究

连云港市高公岛街道黄窝村村委会　赵　帅
淮海工学院　董志国
连云港市高公岛街道黄窝村村委会　张立祥　张　强

近几年，大学生"村官"计划作为中央加强"三农"工作、建设社会主义新农村的重要举措已成为社会关注的焦点。选聘高校毕业生到农村任职，是党中央作出的一项重要决策，也是党对当代大学生的殷切期望。国家派大学生村官到村任职具有战略意义，不仅为社会主义新农村建设注入新鲜血液，而且解了燃眉之急，尤其是在当前全国社会主义新农村建设如火如荼扎实推进的时候。

中组部等 12 个部委联合出台了《关于建立选聘高校毕业生到村任职长效机制的意见》，把鼓励大学生村干部创业作为长效机制的重要内容，明确将"创办、领办专业合作社组织、经济实体和科技示范园"作为大学生村干部的职责之一，鼓励大学生村干部、返乡大学生在农村创业，并通过适当政策倾斜和市场机制等办法，为他们提供支持，使他们更好地运用所学知识为发展农村经济、改变农村面貌多做工作、多办实事，使他们在具体实践中经受锻炼、干事创业。

一、合作社创业的优势

大学生村官参与、领（创）办合作社，符合建设现代农业和农村发展的实践需要，是实现大学生村官、合作社与农民群众三方共赢之举。

首先，大学生村官创业急需合作社这样门槛低、投入少、风险小的组织平台。作为国家大力扶持的农村新型经济组织，合作社具有注册程序简单、投入少、风险较低、贴近农业和农民等诸多优势，适于大学生村官作为首选的创业平台。

其次，合作社发展壮大急需大学生村官这样的高素质人才，合作社要发展壮大，不断增强市场竞争力，就必须尽快培养一批高素质的带头人和职业经理人。大学生村官知识水平较高、思维活跃、视野开阔、信息资源丰富、富有激情活力，引入大学生村官，是解决合作社人才匮乏问题的有效途径。

第三，农民群众增收致富，需要大学生村官与合作社的有机结合。鼓励大学生村官参与合作社建设与发展，把党的大学生村官政策与扶持合作社发展政策结合起来，既可以解决大学生村官创业就业难问题，又可以为合作社输送人才，促进合作社健康快速发展，最终实现促进农业发展、农民增收和农村繁荣的政策目标。

二、合作社创业面临的问题

短期内难以获得农民的认可和响应。大学生村官一般不是本地人、任期又短，而且初出茅庐、经验欠缺，短期内很难获得农民的信任。

专业不对口、社会资源少，多数大学生村官缺乏领（创）办合作社所需的专业技能和市场渠道。从调研的情况看，大学生村官学农的不多，书本知识又与实际操作有一定差距，造成多数村官在农业技术方面存在短板。

缺乏资金和风险承担能力，许多大学生村官对创业望而却步。自身积累少、银行贷款难导致大学生村官缺乏创业的"第一桶金"。除此，大学生村官领（创）办合作社还需要承担市场价格波动和自然灾害带来的双重风险。

缺乏合作社知识的学习和培训，影响了大学生村官领（创）办合作社的主动性。由于学校没有专门的课程，培训机会又很少，许多大学生村官对合作社应当如何运作和管理不甚了解。

受传统就业观念的影响，一些大学生村官主观上不愿在农村就业创业，更不愿领（创）办合作社。合作社大多定位于农村，位置偏远，工作条件差，物资和精神生活相对匮乏。受家庭和社会舆论的双重压力，部分大学生村官难以转变就业观念，认为在农村就业低人一等，不如在政府机关、外企等单位好的观念还广泛存在，主观上缺乏在农村创业、领（创）办合作社的主动性。

现行大学生村官制度也有不适于大学生村官参与、领（创）办合作社的因素。一是大学生村官任期一般为3年，时间较短，再加上期满去向不明，使得多数村官对创业难以有长期的规划。二是目前参与、领（创）办合作社的村官基本上都要同时兼任村内职务，需要两头跑，时间精力难以保证充分投入到合作社，对合作社的发展和壮大影响较大。

三、加强对合作社创业扶持的建议

加大政策力度，鼓励和引导大学生村官参与合作社建设与发展，实现大学村官自身价值与社会价值的有机结合。

1. 建议与组织、人事等部门积极沟通，推动出台鼓励和扶持大学生村官参与、领（创）办合作社的专门文件和具体政策　主要内容包括：进一步强调扶持大学生村官参与、领（创）办合作社对于促进村官创业就业和农业农村发展的重要意义；将选聘高校毕业生专职到县级以上合作社示范社任"合作社助理"作为选聘高校毕业生到村任职的一种重要形式；提高大学生村官选聘中农口专业大学生的比例；对于选聘期满到合作社就业创业的大学生村官，明确在一定期限内继续享受大学生村官待遇，鼓励大学生村官组成团队联合领（创）办合作社。

2. 积极协调财政、工商等有关部门出台措施，共同为大学生村官参与、领（创）办合作社做好服务工作　建议财政部门增加农民专业合作社组织专项资金，增量部分重点向大学生村官参与或领（创）办的合作社倾斜，鼓励有条件的地方设立大学生村官创业基金和风险基金，重点支持领（创）办合作社；建议工商部门在大学生村官领（创）办合作社注册时简化程序、降低门槛，开辟绿色通道；建议公安、民政、人力资源和社会保障等部门积极出台相关政策，解决大学生村官参与合作社建设和发展中存在的户口、档案、工龄、保险、党团组织关系等问题；建议林业、扶贫、团委、妇联等部门积极出台政策，对大学生村官参与、领（创）办的合作社进行优先扶持；建议有关金融机构尤其是农村信用社改进信贷方式，创新信贷产品，为大学生村官领（创）办合作社提供及时、方便、快捷的信贷服务；建议教育部支持有关农业或财经高校开设合作社专业或相关课程，为毕业后有意愿到合作社就业的大学生提前提供相关知识和技能储备。

3. 加强业务指导，为促进大学生村官领（创）办合作社做好培训、技术、信息、市场营销、规范化建设等方面的服务　把培训大学生村官合作社经营管理知识纳入"阳光工程""现代农业人才支撑计划"，提高大学生村官参与合作社建设与发展的能力；充分考虑大学生村官创业的特点和需求，有针对性地为村官参与合作社建设提供农产品市场信息、农业技术、农产品质量认证、农产品品牌创建和市场开拓等服务；各级经营部门要依法加强业务指导，帮助大学生村官领（创）办的合作社加强规划建设，对符合农业部农民专业合作社示范社创建标准的予以奖励。

4. 加强组织领导，形成多部门齐抓共管、支持大学生村官领（创）办合作社的长效机制　建议中央及各地建立扶持大学生村官领（创）办合作社的协调机构或联席会议制度，形成组织、财政、农业、工商、金融等部门相互配合的工作格局，明确责任，分工合作，定期召开会议，协调成员单位研究制订相关配套扶持措施，共同推进大学生村官参与合作社建设事业的健康有序发展。建议各地结合实际，把大学生村官参与合作社建设发展作为加快现代农业建设、推进城乡统筹发展、建设社会主义新农村的重要任务，纳入年度党建工作和政府经济目标责任制范畴来考核。

大学生村官在农村旅游
文化建设中的功能研究

淮海工学院　易爱军　韩自波　刘　勇

作为推动城市人才要素向农村流动、建设农村人才队伍的重要抓手，大学生"村官"工程自实行以来，就备受政府、学界、基层的高度关注，很多学者就大学生"村官"问题展开研究，取得了非常丰富的研究成果。但综合现有文献发现，虽然许多专家从不同角度，不同层面对大学生"村官"问题展开了诸多研究，但研究主要集中在大学生"村官"政策如何完善、在新农村建设中的作用和意义、选拔培养模式、培养机制、工作现状、长效机制等方面。随着新农村建设的发展和农村社会经济环境的巨大变化，农村的社会经济与环境之间出现了种种不协调的现象。大学生"村官"如何在"五个统筹""全面、协调、可持续的科学发展""社会主义新农村建设"的战略背景下，助力美丽乡村建设，成为学界的重要课题。

一、农村旅游文化建设的现状和问题

旅游活动尽管具有较强的消费属性，但内核的文化性使其从本质上来讲是一种文化现象，在统筹城乡文化建设中具有不可低估的重要价值。发展乡村旅游，可以充分利用农村的旅游资源，优化农村产业结构，延长农业产业链，拓宽农业功能，促进农民就业转移，增加当地农民收入；同时，可以增加农村人文资源、自然资源的价值，促进城乡统筹和互动，提高农民素质，有利于形成新的文明乡风，有利于保护乡村生态环境。乡村旅游文化建设则是大力发展乡村旅游的前提。从目前的情况看，我国乡村旅游文化建设虽取得了长足的进展，但仍存在许多亟待解决的问题，具体表现在如下方面：

（一）　缺乏制定科学系统旅游规划的意识

农村旅游规划是以农村村落、田园、郊野等环境资源为依托，形成的具有特色的、相对稳定的农村旅游发展方向。乡村地区有着独特的生态自然资源和人文历史资源，有开发旅游得天独厚的条件。实事求是、因地制宜，依据当地特有的旅游资源，定制科学合理的旅游规划，才能尽快培育出地方的特色经济，才能促进乡村旅游业的持续、快速、健康发展。在制定乡村旅游规划时，一般应在准备和启动的基础上，对当地旅游资源进行调查分析，然后确定本地旅游发展的战略方向，进而制定规划并组织实施，然后对实施情况进行综合评价。而目前，乡村旅游大都处于无序的状态，农家休闲旅游多是村民利用自己庭院自发创建，随意性大，缺乏统一规划。往往是甲村镇发展采摘旅游，邻近的乙村镇也开始发展采摘旅游；某村民发展农家乐，其他村民立马效仿，也发展农家乐。由于缺乏合理、统一的规划，导致恶性竞争频发，人为破坏了当地旅游资源的良好组合性，同时受硬件基础设施投入的制约，景区规模和档次也难以提升，无法发挥乡村旅游的品牌效应。

（二）缺乏打造特色鲜明旅游产品的意识

乡村旅游必须在挖掘农家文化、保持乡村独有田园风光的基础上讲求创新，才能引导消费需求。之所以有别于其他旅游产品，就是因为乡村旅游具有乡土特色。只有在充分挖掘本地特色的基础上，努力创新，做大规模和层次，做到"土洋结合"，开发出特色鲜明的旅游产品，才能把更多的游客引到乡村，乡村旅游才能真正做大做强。但做大规模和层次并不代表着大拆大建，因为大拆大建在抹去历史记忆的同时，也切断了乡村传统文化的根脉，切断了乡村旅游赖以生存的土壤和发展空间。目前，各地乡村旅游都不同程度地存在重旅游产品开发轻文化特色打造、重自然轻人文的情况，单体规模小，竞争力弱，特色不鲜明，产品雷同现象较突出，乡村旅游精品资源十分稀缺。绝大部分乡村旅游产品都是围绕着垂钓、打牌、吃农家饭、采摘做文章，基本上都是摘点水果，吃顿饭就走的状态，难以留住游客，也就难以带动乡村旅游的整体效益，乡村旅游的可持续发展难以为继。

（三）缺乏努力提升基础设施和服务质量的意识

良好的基础设施和服务是乡村旅游可持续发展的基础。随着生活水平的提高，旅游者出游时既注重精神文化方面的享受，同时也注重物质生活方面的享受。而那些有条件发展乡村旅游的地区，大都处于经济发展相对落后的地区，道路狭窄，乡村之间的交通十分不便，乡村旅游点之间的道路也没有硬化，游客难以方便地到达。旅游地接待设施也比较简陋，一般都是利用原有农业经济和设施，稍加改造就开门迎客，硬件和软件设施都离现代化相距甚远，居住条件和卫生条件都比较差，让很多游客望而却步，成为制约乡村旅游业发展一个很重要的因素。同时，乡村旅游的接待人员多为淳朴的乡村百姓，没有受过专业的服务培训，文化素质和服务水平都不高，难以为游客提供健身运动、娱乐休闲、商务会议等全方位、高质量的服务，更无法向游客传播当地的历史文化。

（四）缺乏经济发展与环境保护并行的意识

经济发展和环境保护之间的关系应是彼此依托，相互促进的。自然资源的丰富程度和持续生产能力是经济持续、稳定发展的保障，只有保护和改善环境，才能给经济发展提供持续、稳定发展的物质基础条件。习近平总书记曾说过："我们既要绿水青山，也要金山银山。宁要绿水青山，不要金山银山，而且绿水青山就是金山银山。"该表述生动形象地表述了党和政府推进生态文明建设的决心。广大农村地区，经济发展落后，生态环境比较脆弱，守着绿水青山不发展不可取，为了金山银山破坏生态环境同样也不可取。所以，发展乡村旅游的过程中一定要正确处理好旅游开发与环境保护之间的关系，使经济发展与环境保护齐头并进。当前，乡村旅游文化建设一般只重视经济发展，而忽略了环境保护。有的地区征集大量土地，进行不合理的开发，形成土地浪费；有的地区在建设乡村旅游设施时，盲目模仿城市化，极大破坏了原生态的乡村环境；有的地区没有相应的垃圾处理设施，大量的旅游垃圾和生活废水胡乱排放，也对农村生态环境造成了极大的破坏。

二、大学生"村官"在农村旅游文化建设中的优劣势分析

大学生"村官"文化程度较高，精力旺盛，思维敏捷，信息来源渠道广，接受新事物能力强，但缺乏对农村的深入了解，缺乏扎根农村的意识，办事容易冲动，如能充分发挥其优势，克服其弱势，则可在乡村旅游文化建设中发挥重要作用。

（一）大学生"村官"在农村旅游文化建设中的优势分析

要让大学生村官在乡村旅游文化建设中更好地发挥作用，就要充分地利用他们的优势。一般而言，大学生村官通常具有以下优势：（1）知识面较广、理论素养较深。农村居民和基层党员干部的文化水平都比较低，不太容易接受新思想和新观念。大学生村官可利用其所学知识，用通俗易懂、喜闻乐见的方式向村民传授科学发展观的内涵，讲授乡村旅游的意义和开发要求，让老百姓听得懂，记得住，用得上，并真正应用于乡村旅游实践。（2）视野宽、观念新、观察分析问题能力强。科学合理的旅游发展规划和特色鲜明的旅游产品是乡村旅游得以持续发展的根本保障，大学生村官可利用自身的优势，帮助查找分析本乡镇发展乡村旅游的优势和突出问题，协助制定乡村旅游发展规划，推动具有鲜明本土特色的旅游产品的形成。（3）协调、沟通能力比较强。由于接受过良好的教育，大学生村官的协调和沟通能力普遍比较强。既可以联系上级协助解决乡村旅游发展中遇到的困难和问题，又可针对农村旅游发展实际，就旅游产品、基础设施、服务质量，环境保护等方面存在的突出问题与村民协商，共同探讨解决办法。

（二）大学生"村官"在农村旅游文化建设中的劣势分析

由于缺乏对农村基层的深入了解，缺乏扎根农村、服务农村的意识，大学生村官在参与乡村旅游文化建设过程中也存在着以下劣势：（1）对农村情况不熟悉，缺少群众工作经验。大部分大学生村官都来自外地，短时间内难以深入了解当地农村自然和人文的实际情况，对当地农民的风俗习惯、历史人文背景、旅游资源的优劣势都不太清楚，提出的乡村旅游文化建设对策和建议可能脱离当地实际。（2）缺乏扎根农村、服务农村的意识。初到农村时，大学生村官往往都满怀激情，充满干劲。但受习俗、语言、环境等方面困难影响，激情和干劲很容易就会耗尽，难以承担起带领村民发展乡村旅游，脱贫致富的责任。（3）喜欢空想，容易冲动。大学生村官通常都怀有在新农村建设中大显身手的远大抱负，但对创业、干事缺乏正确的认识，一心只想干大事，不愿做琐碎小事。同时，由于大学生村官都是年轻人，血气方刚，容易冲动蛮干，喜欢凭感觉办事，容易给乡村旅游文化建设带来不利的影响。

三、大学生"村官"在农村旅游文化建设中的功能定位和对策建议

结合农村旅游文化建设中面临的现实问题和大学生村官自身的优势和劣势,笔者认为,大学生村官在乡村旅游文化建设中应着重发挥以下 4 个功能。

(一)参与乡村旅游规划的制定和发展资金的筹措

大学生村官应利用自己知识面广、观察分析能力较强的特点,积极主动地参与当地乡村旅游规划的制定,为乡村旅游景点的总体风格、空间布局、服务规范等献计献策。要经常深入田间地头和村民当中,了解当地风土人情和资源情况,然后把自己的创新思路与农村实际相结合,因地制宜地提出既符合当地实际又能满足村民需求的乡村旅游发展规划。

开发资金的短缺也是制约乡村旅游发展的重要因素。大学生村官信息量广、沟通协调能力强,可在旅游资金筹措方面发挥重要的作用。应帮助村民熟悉基础设施建设、小额贷款、直接补贴、税费减免等方面的国家政策,并利用好各种优惠条件,吸纳企业投资、外商投资和各种民间资本。

(二)参与特色旅游产品的打造与推介

大学生村官应利用自己视野宽,观念新的优势,参与乡村旅游线路开发,为打造具有当地特色的乡村旅游精品项目筹谋划策,为提高乡村旅游产品的文化含量和参与性服务助力。乡村旅游要取得长足发展,必须围绕乡土民俗文化做文章,为此,大学生村官可在挖掘整理本地重要的历史人物及重大历史事件等方面做一些工作,并可就如何描述此类特色献计献策。

旅游经济是品牌经济,而品牌需要通过宣传和推广才能深入民心。在深度开发乡村旅游时,依据当地特色资源打造的精品旅游路线必须经过大力宣传和推广,才能扩大该旅游产品的号召力和影响力。大学生村官应利用自身优势,参与当地旅游产品的宣传推广活动,借助电视、杂志、报纸、网络等宣传平台,大力推介当地的乡村旅游品牌,以提高当地旅游文化的知名度,为打造专业的旅游品牌提供服务。

(三)负责乡村旅游服务质量方面的宣传和培训

良好的服务是乡村旅游快速发展的保证,而提升服务的关键是要提升旅游从业人员的服务水平。首先,大学生村官可依托母校的教学资源,通过设立培训基地或聘请专业老师等方式对乡村旅游的从业人员进行培训,帮助他们提高市场竞争意识,树立正确经营理念,提高从业技能。其次,大学生村官也可以通过自学的方式,掌握职业道德、旅游常识、客房服务、餐饮服务、卫生防疫、导游讲解等相关方面知识,并通过培训的方式传授给相关旅游从业人员,以提高乡村旅游从业人员的综合素质,为营造高品位、高质量的乡村旅游服务环境服务。另外,也可通过组织乡村旅游从业人员去外地交流考察的方式,开阔旅游从业人员的视野,转变其传统落后的经营理念和思维方式。

（四）践行和宣传乡村环境保护

大学生村官在乡村旅游文化建设中要承担起践行和宣传乡村环境保护的功能。乡村旅游开发的同时，一定要注重对乡村原生态环境的保护，减少旅游开发对资源的破坏和对环境的污染。首先，大学生村官要主动践行环境保护，要带头参加乡村垃圾清理、污水整治等义务劳动。同时，要利用自己协调、沟通能力比较强的优势，加强对当地传统文化和民俗文化的宣传，激发村民对原生态乡村文化的自我保护意识。要经常深入田间地头，向村民宣传环境保护方面的法律法规，提高群众的环保意识，培养村民自觉保护环境的良好行为。其次，应积极配合村两委会，动员村民自觉治理"脏乱差"，自觉搞好乡村的绿化美化工作，促进乡村旅游开发和环境保护的齐头并进。

大学生村官在社会管理
创新中的作用研究

连云区高公岛街道　王建刚　淮海工学院　董志国

一、十六大以来我国社会管理现状

十八届三中全会提出了全面推进深化改革的总目标，要求完善和发展中国特色社会主义，推进国家治理体系和治理能力现代化。"治理"一词更多地体现了对公民权利的尊重，明确了全社会参与社会管理转型的必要性，是告别原有政府主导、垂直管理模式，向扁平化、全民参与治理模式的转变，指明了我国创新社会管理的发展方向。

传统的社会管理是坚持政府作为主导，通过协调其他社会力量，在政策、法规、法律约束下，利用不同方式对社会各个领域进行管理、服务、监督、完善的过程。一直以来，政府作为社会管理的"第一责任要素"，减弱了社会力量及公众的主体作用，形成了政府一手抓管理的局面，导致出现"大政府，小社会"的现象。不可否认，这种社会管理结构在一定时期、一定程度上弥补了我国市场经济发展后力不足的缺憾，对我国社会从计划经济向市场经济的平稳过渡起到了缓冲作用。具体表现在：一是促进了社会资源的合理配置，提高了社会资源的配置效率和流动性，提升了经济整体实力；二是建立了基本社会保障体系，在教育、医疗、就业等方面保障了公民的权利；三是逐渐形成了以人为本的社会管理理念。但从长远来看，这种社会管理结构使得政府权力过大、过度集中、乱象丛生、滋生腐败，导致政府公信力下降，甚至丢失。与此同时，我国居民生活水平逐渐提高，物质要求不断得到满足，参与社会管理的呼声日益高涨，互联网、移动智能等科技的快速发展，使得参与社会管理便捷化[①]。

党的十六大明确提出了政府职能要向"经济调节、市场监管、社会管理和公共服务的职能，减少和规范行政审批"的目标转变，拉开了我国社会创新管理、政府简政放权的帷幕。政府部门集中优势资源，把更多的精力转移到必要事务的管理上和对其他社会主体参与管理的监管上，实现了资源的合理流动，为打造"有为政府""责任政府"夯实了基础。

十八大的胜利召开，为我国经济建设与社会发展带来了前所未有的机遇与挑战，同时带来了进一步深化改革的福音。要把握住改革的机遇期，积极应对挑战，就要从不同层面、不同维度，建立健全社会治理体系，完善社会治理体制机制，积极推动社会治理体系和治理能力现代化向前发展。这就需要政府积极行动起来，下决心、动真格转变自身职

---

① 张楠. 十六大以来党对社会管理创新的推进［J］. 行政与管理，2014，11：28-31.

能，打造服务型政府；需要积极拓宽社会组织及个人参与社会治理的有效途径，努力营造大众化、平民化的社会治理氛围，形成全体公民共同参与治理环境①。

在社会管理创新的过程中，政策落实是基础，公民参与是支撑，人才到位是关键。大学生村官作为党中央在新形势下确定的一项人才战略，是创新社会管理的重要力量之一，大学生村官各项政策能否被不折不扣地落实到位，影响着我国政府能否取得社会管理的转型与创新，影响着社会结构的变革与优化进程，关系着大学生村官集体能否得到健康有序的发展，关系着村官自身能否顺利实现职业生涯、实现人生价值。因此，着实有必要引导社会大众重视大学生村官在社会管理中所能发挥的作用，进一步规范大学生村官参与社会管理的形式，充实社会管理内容，以期为今后各地方政府对大学生村官的培养、管理、任用提出合理化建议。

二、大学生村官参与社会管理的现状分析

大学生村官队伍是一支思想活跃、具有较高知识储备、怀揣创新创业梦想、乐意扎根基层的青年人组成的队伍。大学生村官更是党和国家人才战略的重要组成部分，理应通过自己不断的努力，为基层发展输送活力、注入动力、增强持久力、带去创新力。

在对大学生村官的培养使用情况调研结果来看，截至 2014 年底，全国共有大学生村官 180 960 人，本科生及以上学历 143 083 人，占总数的 79.06%，社科类专业毕业生 101 689 人，占总数的 56.2%，党员 122 843 人，占总数的 67.9%。全国进入乡镇领导班子的大学生村官有 4 492 名，进入县直部门领导班子的有 700 人，担任正职的 54 人，担任县处级领导干部的 16 人，全国被列为党政后备干部的大学生村官 13 337 人②。

从数据结构上不难看出，落实大学生村官政策对政府部门的发展和工作开展具有以下作用：第一，进一步稳定了就业环境，拓宽了就业渠道。越来越多的大学毕业生选择在基层发展，并且能呆的住、干得好、流的动，用实际行动向全社会证明了大学生村官政策的必要性和可行性。第二，优化了公务员队伍。大量高素质、专业知识丰富的大学毕业生选择基层就业，从年龄、文化层次、岗位内容等方面将进一步影响公务员队伍人事结构的合理化。第三，大学生村官政策的落实与推进，为政府社会管理创新提供了新思路、新方向、新动力。大学生村官作为上级政府在基层的特设人员，既能在基层的发展过程中发挥优势、贡献力量，又能向上级政府的决策制定与实施过程提供意见、建议，畅通了上下级的密切联系。第四，由大学生村官成长起来的党员干部是促进人民内部和谐的"催化剂"。大学生村官生活于基层，成长于群众之中，了解熟悉群众所思所想，由此成长起来的党员干部群众意识更强，更有利于开展群众工作③。

现阶段，在大学生村官参与社会管理多数以社会组织的形式开展。过程中出现了大批志愿服务者，成立了一批志愿服务队伍和组织，服务对象主要为弱势群体，例如孤寡老

① 顾清.国家治理现代化视域下社会管理创新路径研究［J］.广西职业技术学院学报，2014，7（6）：23-26.
② 吴子靖，井一龙.社会管理创新的本质、制约因素及路径选择［J］.党政干部学刊，2015（2）：77-80.
③ 王红梅.大学生村官发展困境及对策研究［J］.北京城市学院学报，2015，01：88-93.

人、留守儿童、残疾人等。也涌现出一批大学生村官依靠自身优势为当地老百姓、贫困农民担当致富带头人，成立了合作社、公司等，为地方经济腾飞插上了"翅膀"。还有一部分大学村官在具备一定群众支持的基础上，有些顺理成章地成为当地村（社区）两委成员或者主要负责人，也有些成为政府机构的工作人员，真正走上了管理岗位。

与此同时，从有些地方政府对大学生村官工作内容、工作环境、生活待遇等方面的政策落实情况分析，有些大学生村官的境遇在很大程度上偏离了设计轨迹，甚至背离了党中央对于大学生村官"管、培、育、用"的初衷。

具体表现为：

一是对大学生村官的截留、借用现象严重，使很多乐意在基层的土壤里扎根、发芽的大学生村官，得不到施展才能的机会。

二是对大学生村官职能定位不清晰，很多有理想、有抱负、有闯劲、有志愿助力基层建设的大学生村官得不到施展才能的机会，一直埋没在搞材料、写文章当中，郁郁不得志，为社会的管理创新、治理现代化贡献力量仅仅停留在理论层面，缺乏实践经验做基础。

三是大学生村官成长环境比较压抑，有些基层两委成员担心大学生村官抢了自己的饭碗，对村官的发展与利用"不走心"、不上心，甚者集体排挤、打压，致使村官们在压抑、被围困的环境中被动学习、工作、生活，以至于大学生村官计划在这些地方"流产"，人才流失严重。

四是对大学生村官政策的认识依然存在误区，有一部分人把大学生村官简单地归类为新时期的知青下乡，没有深入挖掘村官自身的优势，也没有发现其所带来的政策优势，错失了利用人才带动地方发展的良机。

五是大学生村官中存在"水土不服"的情况，有些大学生村官在刚刚接触基层的时候，像刚刚摆脱束缚、恢复自由的"雄鹰"，只身一人来到了一片广阔的天地，以为可以自由翱翔，但生活条件差、工作环境艰苦又把他们拉回了现实，在理想与现实反差的影响下，出现"水土不服"、桀骜不驯，扰乱了融入当地发展的进程[1]。

这种双向"夹击"的环境，不仅对大学生村官们在基层的生存与发展产生了影响，造成了人才的浪费，而且阻碍了大学生村官政策落地生根，导致政府部门错失了发展良机，对个人和集体造成无形的损失。

大学生村官作为一种特殊的历史现象，有其发生的必然性和存在的客观性。首先，大学毕业生下基层有效地缓解了就业压力，维护了社会的稳定；其次，基层为大学生个人成长、成才，建功立业实现人生理想提供了肥沃土壤；第三，大学生村官在基层锻炼的过程中，能够为基层发展送去科技知识，为完善组织结构带来新"血液"，为社会管理提供新思路，同时，基层政府在发展大学生村官事业的过程中也能依托有利政策加快发展步伐，推动选人、用人合理化建设；第四，解决人民内部矛盾需要"中间人"[2]。

作为建设新时代的生力军，大学生村官不论从群体还是个人都将对社会管理的创新进

① 钟桂荔. 村级两委冲突对大学生村官成长的影响 [J]. 华北电力大学学报，2014，12（6）：82-85.
② 刘亚平. 新形势下大学生村官选派中存在的问题及建议 [J]. 人力资源管理，2014，07.

程起到一定的推动作用。

三、大学生村官参与社会管理创新的建议

　　大学生村官怀揣梦想、肩负责任，在社会管理创新的进程中将发挥无以比拟的作用。大学生村官如何才能更好地发挥自身优势，不负时代的嘱托，如何更好地参与解决创新管理过程中出现的矛盾、问题。

　　就大学生村官个人来讲，首先，应该有更清楚的认识。这个认识是多方面的，一方面要对环境因素认识到位，我国正处在结构调整、社会转型的关键时期，不可避免要触动一些既得利益者的"神经元"，各种矛盾、问题随之而来，政府部门的压力与日俱增；另一方面要对自身实力认识到位，村官们基本上都是刚刚走出校园踏上社会的青年人，对自身的定位还不清晰，容易导致心理落差。作为刚入职的大学生村官，要做到"三多一少"：多听、多看、多想、少下定论，虚心求教、认真积累更多经验，为日后的创新发展打下基础。还要做到"言必出、行必果"，这也是考验一个人是否诚信的标准，只有得到群众的认可，才能做好本职工作。其次，大学生下基层要有明确、坚定的目标。明确并坚定的目标是指引大学生村官应对复杂环境的"灯塔"，是支撑大学生村官干事创业的"加油站"。目标不明确往往导致"眉毛胡子一把抓"的局面，目标不坚定容易被环境左右，滋生懈怠与懒惰。大学生村官作为当今社会建设、国家发展的生力军，应该时刻明确时代赋予的神圣责任，牢记历史嘱托，牢固在社会管理创新中的目标和责任，将个人成长经历同人民群众获得幸福安康的过程紧密联系起来，用实际行动书写无悔的青春，用丰硕成果回报国家的培育。第三，要保持学习的低姿态。大学生村官正处在人生的关键时期，处在这个阶段的年轻人应该时刻保持学习姿态，逐渐养成终身学习的理念，用谦虚乐学的低姿态，向实践学习、向群众问计，努力把参与创新社会管理的过程融入到现实工作中，以群众需求为导向，持之以恒①。

　　作为直接使用和培养大学生村官的村（社区）两委，应该重新考评大学生村官的优势与劣势。一方面，打造出一个平台。在对大学生村官政策理解到位，明确大学生村官的作用和意义的基础上，重新定义大学生村官在村（社区）内的工作性质和内容，搭建起平台，要求大学生村官一起参与社会管理，挖掘并利用大学生村官自身优势，拓宽大学生村官创新创优发展的途径。另一方面，建立起一个体系。俗话说："铁打的营盘流水的兵"，大学生村官集体也不例外。作为大学生村官接触最多的"营盘"，村（社区）两委需要建立起一个发展体系，将大学生村官岗位作为整体发展的"梭子"。就社会管理层面来讲，横向能够密切联系相关部门，参与管理；纵向能够深入群众、沟通上级，创新管理。

四、大学生村官参与社会管理创新的启示

　　随着我国农村城镇化、城乡居民一体化进程的加快，城乡居民的各类需求与日俱增，

---

① 候松涛. 大学生村官预培养机制的构建［J］. 安徽师范大学学报，2015，43（1）：105-113.

同时社会各阶层之间的矛盾也进入高发期，创新社会管理的呼声越来越高。在此背景下，各级政府一方面要积极拓宽群众参政议政的途径，为创新社会管理找到突破口、找准着力点。推进制定并落实听证会、一事一议、群众监督员制度，提高群众参与的积极性，积极借助新媒体营造舆论新氛围，大力宣传群策群力在当今社会管理中的必要性和可行性。另一方面要吐故纳新，积极吸取年轻力量为党的事业贡献力量，为解决好、发展好群众事务奉献精神，锤炼一支素质过硬的干部队伍。大学生村官作为一支具备党性修养和优良素质的年轻队伍，有理想、有干劲，但缺乏经验与方法，需要在现实中磨炼和学习[①]。

现阶段，社会管理创新过程是一次锻炼自我、促进个人成长成才的好机会。作为被时代选择的一批年轻人，大学生村官们应该紧紧把握住身边的机会，创造条件拼优势，迎难而上长经验。要以积极的姿态、坚定的信念融入到社会管理创新的进程中。创新管理不可能一蹴而就，创新管理的过程也充满艰辛与坎坷，正所谓"态度决定一切"，大学生村官在参与社会管理创新的过程中应保持积极的态度、饱满的热情、坚韧的毅力，同艰难困苦作斗争，为发展献策献力，从理论制度、方式方法、形式内容等多个方面、不同维度，为社会管理的创新发展积蓄经验和力量，为国家的发展、社会的繁荣、人民的幸福安康奋力前行。

---

① 曹京津．我国大学生村官政策实施中存在的问题及其解决对策［J］．农村经济与科技，2014，26（1）：174－176．

电商、微商与我省大学生村官创业新模式研究

山西体育职业学院　张晓蕊

一、前　　言

开展选聘优秀高校毕业生到村任职，是党中央作出的一项重要决策，是一项重要的人才培养工程，旨在为社会主义新农村建设培养后备和骨干力量，打造和强化党政干部来自基层一线的培养链，为各行各业培训输送优秀人才。

中共中央政治局委员、中央组织部部长赵乐际出席全国大学生村官工作座谈会并讲话，强调要深入贯彻学习习近平总书记关于大学生村官工作的指示精神，完善政策措施，促进大学生村官成长成才。

大学生村官计划在我省已经走过了9年的历程，在各级组织部门的共同努力和社会各界的大力支持下，大学生村官发挥特长优势、甘于吃苦奉献、主动干事创业，在服务农民、发展农业、建设新农村等方面作出了积极贡献。

《电商、微商与我省大学生村官创业新模式研究》是在2104年人社部劳动科学研究所课题《我国积极就业政策效果评估研究》中《中部"某省"大学生村官现状》调研报告的一个延续。

本次调研报告从大学生村官创业项目类别、形式，与所学专业的关联度、资金来源、创业初衷、前期的市场调研、如何化解压力、别的村官的态度、当地创业人数、目前创业需要的支持、如何规避风险、对待政府创业扶持的评价、身份认同问题、经营情况、对当地百姓的创业带动、电商微商的认可度、目前从事的电商微商行业、希望得到哪些方面的电商培训以及大家比较关注的工资和分流等问题多角度进行了探讨。

二、研究经过

在这一年的时间里，课题组成员不断深入基层开展实地调研，专访全省杰出的创业村官张新苗、巩波、杨红、孙涛等，通过问卷调查取得第一手资料。我们通过网络平台、QQ群、微信群等方式与大学生村官交流互动，以把握课题的发展脉搏。课题组成员在参加7月2~5日的全国大学生村官创业论坛期间，与全国大学生村官一起交流学习。我们于12月7~11日之间参加全省大学村官示范培训班，完成问卷的填写。

本报告在撰写过程中得到了团省委研究室、山西省委组织部二处处长于鹏飞、太原市

委组织部部委委员雷学义、大原市委组织部大学生村官处处长吕东来、山西体育职业学院党委书记赵晓春以及全省大学生村官的大力支持。感谢访谈中的每一个村官，你们是报告撰写的重要动力源，各位领导在报告撰写过程中的大力支持，提出了极具价值和意义的修改意见，在此表示诚挚谢意。

三、研究内容

电商、微商与我省大学生村官创业新模式研究问卷分析。

为期一年的调研报告，课题组通过 QQ、微信大学生村官群，电话访谈、实地走访等形式，针对当前大学生村官创业中存在的一些问题设置此次问卷。本次问卷于 12 月 7 日全省大学生村官示范培训班共发放 51 份，有效问卷 51 份。

大学生村官问卷填表情况如表 1（备注：王龙宇递交两次故编号 24 号取消，文中所有表格均来自问卷星自动生成表格，没有按照三线表格处理）。

第 1 题　您的姓名：_____性别：_____政治面貌：_____学历：_____大学专业：_____目前就职于_____市_____县_____镇_____村。入村官时间：_____创业时间：_____

表 1　山西省大学生村官问卷个人情况一览表

| 序号 | 姓名 | 性别 | 政治面貌 | 学历 | 专业 | 就职地 | | | | 入职时间 | 创业时间 |
						市	县	乡（镇）	村（社区）		
1	张新苗	男	党员	本科	市场营销	太原	清徐	集义	中辽西	2007	2007
2	刘文耀	男	党员	专科	城镇建设	吕梁	临县	大禹乡	火燎坡	2008	2014
3	石剑成	男	党员	本科	农林经济管理	晋城	阳城	润城	下庄	2007	2008
4	徐丽彦	女	党员	本科	安全工程	临汾	襄汾	南贾	上鲁	2008	2012
5	刘学敏	男	党员	本科	旅游管理	太原	阳曲	杨兴	坪里	2009	2010
6	李峰	男	党员	本科	法学	晋城	泽州	大阳	宋家掌	2007	2012
7	果洋	女	党员	本科	园艺	阳泉	孟	梁家寨	晓崔家	2011	2013
8	高柳	女	党员	本科	法律	阳泉	孟	路家村	红洞沟	2007	2010
9	王君妹	女	党员	本科	法律	晋城	陵川	万郊	西庄上	2008	2013
10	王俊	男	党员	本科	行政管理	忻州	原平	煤矿区	黄壁	2009	2012
11	石爱仙	女	党员	本科	财务管理	忻州	静乐	赤泥洼	松山	2012	2013
12	温晓红	女	党员	本科	经济管理	运城	永济	城北	西白	2008	空
13	赵俊鹏	男	党员	本科	环境科学	晋城	阳城	驾岭	瓦屋	2011	2015
14	张瑶	女	党员	本科	园艺	太原	娄烦	米峪乡	国练	2009	2011
15	张凯敏	男	党员	本科	动物医学	大同	天镇	卅里铺	魏家夭	2009	2010
16	刘波	男	党员	本科	行政管理	大同	灵丘	柳科	磨石沟	2009	2010
17	陈梁	男	党员	本科	计算机科学	大同	左云	三木方	八台子	2009	2011

序号	姓名	性别	政治面貌	学历	专业	就职地				入职时间	创业时间
						市	县	乡（镇）	村（社区）		
18	杨静	男	党员	本科	农林经济管理	晋中	榆社	云竹	羊圈垴	2009	2011
19	刘清河	男	党员	本科	园艺	长治	沁	杨安乡	南沟	2012	2012
20	郝泽明	男	党员	本科	国际商务	长治	武乡	贾南	王家垴	2009	2009
21	杨涛	女	党员	本科	数学	朔州	应	金城	吴庄	2012	空
22	张美玲	女	党员	本科	旅游管理	大同	城区	振华南街街道	振华北街社区	2008	空
23	李志强	男	党员	专科	空	阳泉	平定	娘子关	上董寨	2008	空
25	王龙宇	男	党员	本科	法律	临汾	襄汾	古城	南侯	2008	2011
26	柴茂	男	党员	本科	林学	阳泉	盂	牛村	南下庄	2009	2014
27	巩波	男	党员	本科	行政管理	晋中	和顺	松烟镇	七里滩	2008	2010
28	王彦芳	女	党员	本科	通信工程	晋中	昔阳	皋落	柳沟	2009	空
29	郭海林	男	党员	大专	机械自动化	临汾	永和	阁底乡	阴德河	2009	2014
30	吴俊晓	男	党员	本科	中医学	晋城	陵川	西河底	黄庄	2008	2012
31	武文君	女	党员	本科	农艺教育	太原	清徐	东于	申家山	2012	空
32	贾磊	男	党员	本科	美术学	太原	小店	刘家堡	王吴	2013	2013
33	张丽	女	党员	本科	学前教育	长治	平顺	北社	东河	2008	2015
34	秦雪枫	男	党员	本科	计算机科学与技术	晋城	陵川	崇文	小召	2013	2014
35	刘晓庆	女	党员	本科	食品科学	吕梁	岚	普明	南泉庄	2009	2012
36	龙海鹰	男	党员	本科	环境工程	朔州	山阴	后所	苏庄	2012	空
37	薛怀杰	男	党员	本科	经济管理	大同	广灵	南村	南土	2009	空
38	郭利	女	党员	本科	化学	吕梁	离石	交口	枣架	2013	空
39	刘飞飞	男	党员	本科	物流	吕梁	房山	马坊	条则鄢	2009	2011
40	杨红	女	党员	本科	机械工程	忻州	五寨	孙家坪	孙家坪	2012	2013
41	成晓敏	女	党员	本科	公共事业	晋中	左权	麻田	南会	2009	空
42	孙婧	女	党员	本科	行政管理	长治	潞城	合家乡	中	2009	空
43	吴中涛	男	党员	本科	行政管理	临汾	侯马	凤城乡	男王村	2009	2012
44	钱玮	男	党员	本科	临床医学	运城	盐湖	陶村	石碑	2008	2013
45	冯增平	男	党员	本科	旅游管理	运城	临猗	七级	张家卓	2009	2015
46	赵俊	男	党员	大科	药物制剂技术	晋中	介休	连福	东圪塔	2009	2013
47	高旭芳	女	党员	本科	汉语言文学	吕梁	临县	白文	花畔沟	2008	2013
48	王锦晖	女	党员	本科	旅游管理	长治	城区	延南	李家庄	2011	空

（续）

序号	姓名	性别	政治面貌	学历	专业	就职地				入职时间	创业时间
						市	县	乡（镇）	村（社区）		
49	孙涛	男	党员	大专	法律事务	临汾	古	古阳	上辛佛	2009	2011
50	武锦川	男	党员	本科	计算机	晋中	介休	义安	任家堡	2009	2009
51	张腾	男	党员	本科	经济学	太原	晋源	晋源	古城营	2012	2013
52	孔亚飞	男	党员	本科	法律	忻州	繁峙	集义庄	下永关	2009	2010

第2题　村官创业项目类别？［多选题］（备注：第2题开始括号内单位是人）

A. 种植业（37）；B. 养殖业（26）；C. 制造业（2）；D. 农副产品加工业（18）；E. 商贸物流（5）；F. 旅游业（10）；G. 其他（8）。

第3题　你创业的形式是？［多选题］

A. 自己独立（9）；B. 与当地大学生村官合伙（11）；C. 与当地农民合伙（30）；D. 其他（11）。

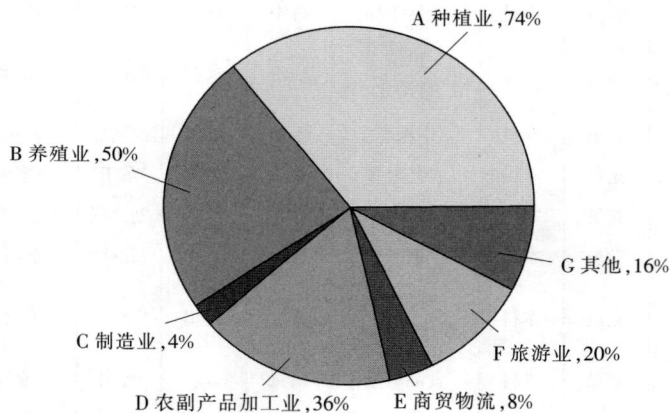

图1　创业项目类别

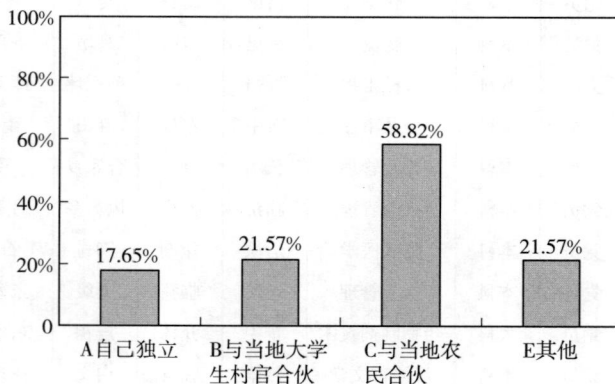

图2　创业形式

从图 1 可以看出，创业类型中排在前三位的分别是种植业 74％、养殖业 50％和农副产品加工业 36％。大学生村官在创业项目的选取中因地制宜，根据当地农村的实际情况选取自己的创业项目。从图 2 可见，创业形式中与当地农民合伙占 58.82％，与当地大学生村官合伙占 21.57％，自己独立创业的占 17.65％。

（1）种植业中的楷模当属太原市清徐县集义乡中辽西村大学生村官张新苗。张新苗是农业部青联委员，2013 年度全国大学生村官十佳"村民贴心人"，山西杰出青年创业奖，山西最美村官，山西省大学生村官首届创业设计大赛一等奖，太原市五四青年奖章，太原市"农村青年科技创业标兵"，2015 年全国十大大学生村官创业项目。

2007 年 10 月，全省第一个大学生村官创办的合作社——清徐县新苗葡萄种植专业合作社成立，社员 69 人，注册资金 69.6 万元，种植葡萄 160 亩。注册商标"新苗"牌，申请无公害葡萄种植基地，主营项目为无公害葡萄种植、技术培训和农产品销售等。2012 年 3 月，他联合集义乡 3 名村官成立了清徐县兴源农业有限公司，开始探索在太原市社区开展平价果蔬直销的惠民运行模式。他目前是全省创业村官规模最大的，形成了一个小产业链。目前，已经开设 42 家社区平价果蔬店，建设完成 2 000 吨冷库、1 500 平方米加工车间，直接提供 70 多个就业岗位，每年让利社区居民 126 万元。他现在又建起了培训基地，条件不错，集孵化、电商、产品展示多种功能于一体，全省各地村官合作社产品都有展示。

（2）种植业的典范还有忻州市五寨县孙家坪村党支部副书记杨红。2013 年在乡领导的大力支持下，在南山片区 7 个村两委主干的帮助下，杨红和其他 3 名大学生村官、部分村两委主干合办了和昌中药材种植农民专业合作社，同年在南山片区种植黄芪 400 亩。同时试验育苗桔梗、党参、大黄 15 亩。

今年，合作社人数由 30 人增加到 50 人，合作社带领 60 多户农民种植黄芪 300 亩、大黄 700 亩。以创业带动就业，常年雇用工人百余人，解决了周边富余劳动力近百人。

今年，杨红的创业团队要引进黄芪、大黄示范种植，其中种植黄芪 200 亩，种植党参 20 亩，大黄由 180 亩扩大到 300 亩，种植大黄、黄芪共 700 亩，带动 6 个村，30 户参与种植，改造荒坡地 500 亩，基本完成土壤改良，培肥土壤，以提高农田土壤有机质含量。特殊的自然气候条件和丰富的资源，为中药材发展提供了广阔空间，也给当地老百姓寻找到一条致富路。

（3）大部分大学生村官们都看过一部名叫《那山、那人、那狗》——讲述孙涛创业艰辛历程的微电影。孙涛，临汾市古县古阳镇上辛佛村党支部副书记。2011 年，孙涛经多方考察后成立了古县凯涛成强食用菌专业合作社，选址在深山中。从 2011 年开始带领村民种植花菇。经过几年的摸索，结合本地实际对花菇种植技术进行了改进，他所创办的合作社也从"干给农民看"向"带着农民干，帮着农民富"转变。经过几年的艰苦打拼，孙涛已经成为种植花菇的专家，花菇也开始盈利，2013 年孙涛的菇棚除去成本后有了盈利，在菇棚打工的 20 多位村民每人赚了几万元的工资，孙涛的摩托车也换成了轿车。看到孙涛的成绩，村里的农民都有跟着他种植花菇的想法，今年将带领 5 户农民一起种植花菇。

他们是山西省大学生村官创业的楷模，结合当地的实际情况带领农民致富。

第 4 题　村官创业项目与所学专业相关度？　［多选题］

表 2　村官创业与所学专业相关度

选项	小计	比例
A. 无关联	13	25.49%
B. 不太相关	21	41.18%
C. 部分相关	19	37.25%
D. 非常相关	0	0%
本题有效填写人次	51	

　　从表 2 可以看出，大学生村官创业项目中与所学专业无关联和不太相关的比例占到了 67.67%，所学专业和创业没有一个很好的契合点。51 人中，张新苗市场营销专业，石剑成农林经济管理专业、杨静农林经济管理专业，果洋、张瑶园艺专业，柴茂林学专业，武文君农艺教育专业，刘飞飞物流专业等，认为他们所学专业和创业部分相关。我们建议组织部门在村官准入过程中优先考虑适合农村发展的相关专业，如农业、林业等相关专业，选拔熟悉"三农"或有农村生活经验的学生。

　　第 5 题　已创业村官的资金来源？　［多选题］

　　A. 家人自助（25）；B. 亲友借贷（18）；C. 银行贷款（27）；D. 政府支持（22）；E. 民间赞助（3）；F. 自己工资积累（32）；G. 其他（8）。

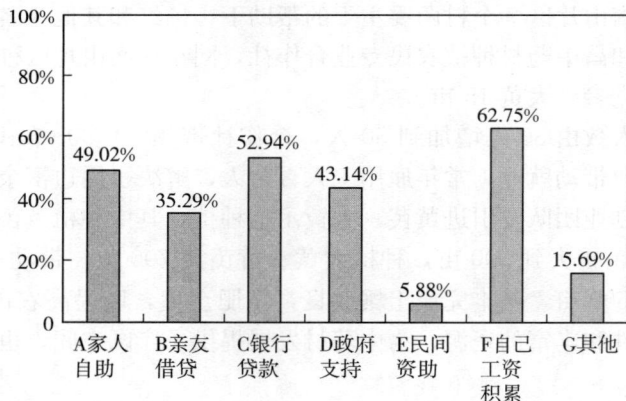

图 3　创业村官资金来源

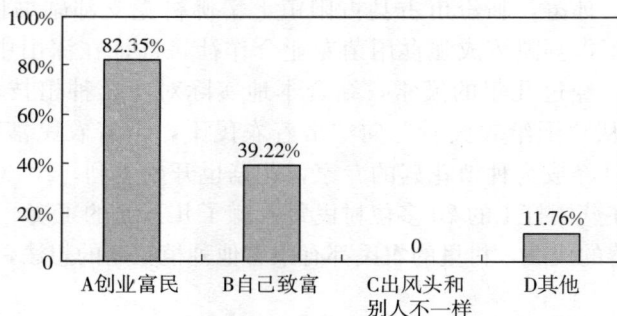

图 4　创业的初衷

第 6 题　自己创业的初衷是？［多选题］

A. 创业富民（42）；B. 自己致富（20）；C. 出风头和别人不一样（0）；D. 其他（6）。

由图 4 可见，村官创业的初衷是为了创业富民的同时自己致富。82.35％的村官出发点是为了带动当地农民致富。从图 3 可见，创业村官的资金来源中自己工资积累占62.75％，银行贷款占 52.94％，家人资助占到 49.02％，而政府支持仅占到 43.14％。在课题组 2014 年中部某省大学生村官的调研中，村官现在的工资参照当地事业编制，扣除保险外，大部分村官的工资是 2 300 元左右，而且创业人数中以 2007，2008，2009 年的村官人数较多，对于 2 000 元左右的工资，积累创业资金还是比较困难，银行贷款和家人资助为他们创业资金的启动起到了很关键的作用。在政府支持这项中，各级政府相应出台政策支持创业。

（1）找准政策支持的方向，才能获得政策支持的红利。2010 年，国家扶持大学生创业，张新苗凭借着《清徐县新苗葡萄种植专业合作社创业计划书》，申请到大学生村官创业资金 5 万元。

接着，他又凭借项目计划书"绿色葡萄种植，乡村旅游"参加山西省首届大学生村官创业设计大赛并获得了一等奖，当年获得省委组织部、省科技厅等多部门奖励及项目支持14 万元，对他的创业项目落实起到了积极的推动作用。"是党的好政策帮助我们大学生村官在农村成长。"张新苗说。

（2）保德县破解"四道难题"铺平大学生村官创业路，县财政拨款 500 万元设立大学生村官专项创业基金平台，对发展有前景、产品有市场的创业项目，经大学生村官本人申请，专项创业基金提供 5 万～10 万元的无息创业启动资金。同时，组织涉农部门、乡镇和村级组织进行联合跟踪服务，对一些发展前景好的创业项目在本人申请的基础上追加提供基金额度。

（3）蒲县"四道加法"破解大学生农村创业难题，今年以来，发放小额贴息创业贷款和 YBC 创业贷款共 75 万元，扶持创业项目 23 个。

（4）平顺县多举措打造平台引导大学生村官自主创业。近年来，共帮助村官申请YBC 无利息、无抵押、免担保扶持资金 65 万元，获得上级奖励性支持资金 90 余万元，争取上级扶贫帮扶性资金 60 余万元。同时，建立了上级扶持资金监管制度，每年分两次对资金的使用情况进行实地检查和账目核实，确保了上级的扶持资金都能用于村官的创业工作中。

（5）大宁县太德乡茹古村大学生村官冯晓斌、三多乡川庄村大学生村官贺荣，分别创办大盛苹果专业合作社和昕荣农牧业合作社，各争取到省扶贫办 30 万元无偿资金帮扶，累计辐射带动 55 户贫困村民致富，平均每户每年增收 1 万元以上。

第 7 题　村官创业项目前期的市场调研［多选题］

A. 没有调研（1）；B. 调研很少（9）；C. 适量调研（29）；D. 充分调研（14）。

第 8 题　如何化解创业期间的压力？［多选题］

A. 找亲人朋友倾诉（15）；B. 找同行（19）；C. 自我解压（39）；D. 寻求心理辅导（1）；E. 其他（8）。

由图 6 可见，对于化解的创业中压力，他们大部分人会选择自我解压，随后为找同行

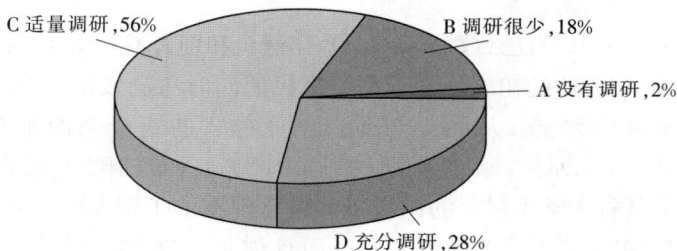

图 5　创业项目市场调研情况

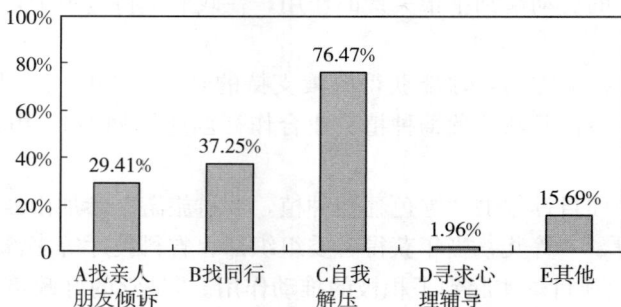

图 6　如何化解创业的压力

和找亲人疏导，访谈中他们认为自我解压是最有效的方式。而让课题组不解的是，寻求心理辅导只占到 1.96％，51 人中只有 1 人进行过心理辅导。课题组在访谈中问过他们，一些村官说没有条件也觉得没有必要，也有一些认为只有心理疾病时才需要去进行心理疏导。一些地方组织部会更关注他们，和他们定期进行思想交流，例如宁武县实施"三位一体"助大学生村官干事创业过程中，及时了解大学生村官思想、工作和创业状况，为他们解思想疙瘩、解决实际问题、解后顾之忧，力促大学生村官在干事创业中成长成才，实现健康有序流动。由图 5 可见，在村官创业之前，只有 28％的村官进行了充分市场调研，没有充分调研的创业会成为以后发展的制约。我们以张新苗、钱玮、孙涛的事例进行说明。

（1）张新苗在 2007 年 8 月，葡萄成熟的季节来到离家甚远的中辽西村，担任村委会主任助理一职。但这个以种葡萄为主的村子，面对葡萄丰收，村民们却满脸愁容，农民们种的是传统品种巨峰，集中涌向市场的巨峰销路成了问题……既然本地卖不掉，张新苗决定"去外面看看"。他叫上几个村民，带上村里最好的巨峰葡萄，向"最大的水果批发市场"——北京新发地批发市场进发。

充分调研考察后，他决定改变传统观念种植新的葡萄品种。然后开始步入新苗葡萄的规模扩大和市场化之路。

（2）运城市盐湖区大学生村官孙欢胜、钱玮在走访调研中发现本地农产品价格波动较大、附加值较低的问题，多方筹集资金 150 余万元，利用闲置学校，创办了维伊果蔬加工专业合作社，以保护价收购各村农产品，仅 2014 年收购梨枣就为周边农户减少损失 80 余万元，同时安置了一批周边农村闲置劳动力，切实增加了农民收入，成为全区大学生村官创业典型。

（3）临汾古县大学生村官孙涛，2011 年 4 月经过多方筹备成立了凯涛成强食用菌专业合作社。花菇在河南泌阳县种植很普遍，孙涛几次去河南取经回来开始种植。但由于气候环境不同，第一年孙涛种植的 2 000 袋菌棒全部霉烂了，他因此损失了 13 万多元。孙涛说他当时躺在床上，想到欠银行 10 万元贷款，想到自己生活的境况而痛哭流涕，但打击接踵而来，缺钱、亏损、散伙……曾经面对群山嚎啕大哭，最后他坚持下来并成为我们山西大学生村官的杰出代表。

第 9 题　当地创业的村官多吗？［多选题］

A. 很少（16）；B. 几个（24）；C. 联合创业（6）；D. 很多，但规模都不大（9）；E. 其他（2）。

第 10 题　当地别的村官如何看待你创业的？［多选题］

A. 佩服（21）；B. 怪类（8）；C. 爱理不理（11）；D. 其他（21）。

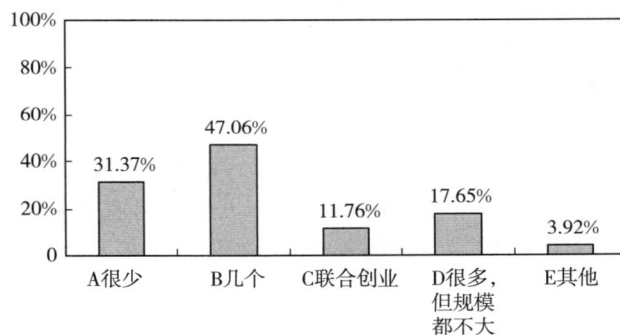

图 7　当地创业村官数

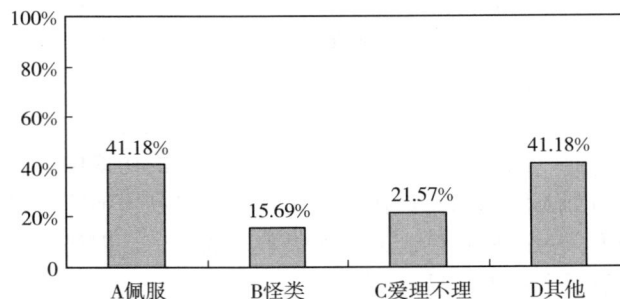

图 8　别的村官对你创业的态度

从图 7 可见，大学生村官认为当地创业的村官只有几个的占到 47.06%，很多但规模不大的占到 17.65%，联合创业的占到 11.76%。可能与他们所处的地理位置有关系。在访谈中，城市周边的村官没有合适的场地创业的困境更多一些，或一些边远山区不具备创业的条件。我们从 www.sxdygbjy.com 网站链接大学生村官看到一些县市目前大学生村官创业人数的数据。

（1）目前，保德县全县大学生村官中有 8 名创办了土鸡、奶牛、獭兔等养殖项目，有

6 名承包了日光温室大棚，有 3 名兴办起糖枣加工合作社。

（2）宁武县共有 7 名大学生村官创办农家乐、藜麦种植、散养鸡等项目 5 个，带动就业 343 人。

（3）蒲县，今年以来，发放小额贴息创业贷款和 YBC 创业贷款共 75 万元，扶持创业项目 23 个。

（4）目前，寿阳县有 40 名大学生村官领办、合办或参与了创业，其中独立创业 1 名，领办创业 3 名，合作创业 36 名，创业项目涉及养殖、种植、农副产品深加工、农业综合开发、农机服务、手工制作等 6 大类 15 个项目。潇河苗木基地、鸿农养殖园区、青青种植专业合作社、西洛镇设施蔬菜创业园区等大学生村官创业基地成为全市有影响的创业基地。

（5）在良好的政策支持下，截至目前，平顺县在岗大学生村官中，共有 28 余人独立创业，有 50 余人参与创业，创办专业合作社 20 余个，创建公司或实施工程项目 10 余个。

（6）据了解，从 2012 年以来，长子县先后有 17 名大学生村官获得了长治市大学生村官创业促进会的帮扶，项目涉及文化传媒、林木花卉、果蔬种植、畜禽养殖等行业和领域，为全县大学生村官投身创业实践树立了良好榜样。17 名大学生村官中，已有序流出 7 名（其余 2 个项目已实现有效接续），其余大学生村官继续创业。

（7）绛县在"管帮引"助推大学生村官成长成才中提供创业支持，帮助办理 YBC 创业基金扶持项目贷款，4 名大学生村官均争取到市大学生村官创业促进会无息贷款 5 万元，并配备导师进行一对一指导，尤其是么里镇东官庄村干果经济林种植项目，争取到省财政扶持资金 30 万元。

（8）一项统计显示，2013 年以来，浮山县先后有 35 名大学生村官领办了农民专业合作社，18 人申请了创业小额贷款 180 万元。

（9）太原市截至 2013 年有在岗大学生村官 615 名，其中 487 名大学生村官参与农民专业合作社，领办农民合作社 34 个，分别涉及种植业 18 个、养殖业 10 个、旅游业 3 个、加工业 2 个、其他 1 个（备注：没有 2013 年后详细统计数据）。

由图 8 可见，别的村官对创业村官的态度中，佩服和其他各占 41.18%，也有一些人认为无所谓反正我不创业，创业和我们没关系。在和巩波的访谈中，他曾经提到当地的村官创业失败后会遭受周围人们的嘲笑。在创业初期他就受到当地一些村官的取笑，认为他在出风头，甚至有些不作为的村官还会说一些很难听的话语。但访谈创业的村官中我们特别感动，为创业村官的艰辛和不容易点赞。

第 11 题　目前创业中需要哪些方面的支持？［多选题］

A. 创业导师（31）；B. 资金支持（42）；C. 技术支持（41）；D. 项目推介（30）；E. 其他（0）。

从图 9 可见，目前创业中资金支持占到 82.35%，技术支持占到 80.39%，其次是创业导师和项目推荐。资金是创业规模扩大的根本，访谈中的每个创业村官都提到了资金紧张和需要技术指导。张新苗通过研究银行支持小微企业贷款政策，为合作社申请贷款。五寨村官杨红在 10 月 8 日的路演中提到需要 10 万元的资金资助建一座黄芪加工车间，并希望得到相关领域专家的技术支持。目前各地市也指出有一些创业中的资金支持，但真正落

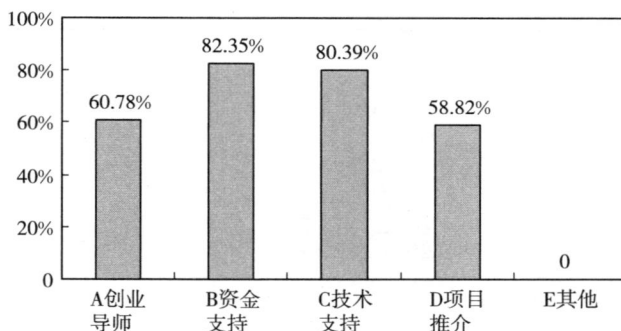

图 9　目前创业中需要哪些方面的支持

实到位才是根本。

（1）省委组织部积极争取省财政厅、省扶贫办建立大学生村官创业专项资金和扶贫到户项目，加大创业支持力度，目前已有 1 753 名大学生村官到民营企业和自主创业或自谋职业。

（2）为了实现人均一亩水浇地和人均一亩经济林"两个一亩"目标，绛县县里每年拿出 100 万元专项扶持资金，对樱桃大棚等设施农业进行补贴，引导群众成立合作社，引进新技术，抱团闯市场。积极打造特色板块，并扶持涉农龙头企业，引进知名电商，推动山楂、樱桃、草莓等生鲜农产品网上销售，促进第一产业接"二"连"三"，实现一、二、三产融合互动。

（3）为搭建平台，破"资金"难题。保德县县财政拨款 500 万元设立大学生村官专项创业基金平台，对发展有前景、产品有市场的创业项目，经大学生村官本人申请，专项创业基金提供 5 万～10 万元的无息创业启动资金。

（4）绛县提供创业支持，帮助办理 YBC 创业基金扶持项目贷款，4 名大学生村官均争取到市大学生村官创业促进会无息贷款 5 万元，并配备导师进行一对一指导，尤其是么里镇东官庄村干果经济林种植项目，争取到省财政扶持资金 30 万元。

第 12 题　创业时间如何分配？村官本职工作和创业时间冲突如何选择？

表 3　创业时间的分配及如何协调时间

1	带领农户创业是村官工作的主要内容，一心想干事，基层领导是支持的
3	确实冲突，村里的事情抓紧做。提前统筹安排
4	利用业余时间创业
5	尽量往出挤时间
9	统筹兼顾，总有时间做好两方面的工作
11	先做好本职工作，充分利用业余时间创业
12	做好村官本职工作的同时再去创业
13	按紧事办，在本村基本能兼顾，特别忙，晚上常加班

（续）

15	自行调配
16	事打紧处来，有冲突的时候，早晚在创业，白天忙村、乡镇工作
17	从要原则
19	尽量平衡
20	工作之余创业，尽量完成本职工作再去创业，两者兼顾
21	尽量让创业和工作的相关性更加密切
25	村官创业带动村民致富本身就是村官的本职工作，但是尴尬的身份还不能耽误政府工作，合理分配两不耽误
26	做好本职工作的同时兼顾创业，有冲突时优先工作
27	业余时间创业。干完本职工作后再去创业
28	创业在任职村并且与当地村民共同创业，也是村官带头致富工作的具体内容
29	根据工作重要性选择，一般以村官本职工作为重
30	优先本职工作
31	合理调配、保证按质完成任务，同时开展
32	业余时间
33	全身心投入创业中去，与上级领导讲清楚，尽量两头不耽误
34	和村里沟通协调，把时间合理安排，先办比较急的事情
35	本职工作中抽时间，时间冲突时由合伙人处理创业事项，自己做好本职工作
36	将各项工作按轻重缓急区别分类处理，如果冲突当以群众利益为主
37	创业时间选择在工作之余，不会出现冲突
39	利用空暇时间
40	做好本职工作前提下调整时间来规划创业时间
41	做好本职工作兼顾创业
44	业余时间创业，选择本职工作
45	自己保证工作时间，家人支持
46	灵活处理
47	没有冲突
48	合理安排解决矛盾冲突
49	除了必须外出情况下都在创业地呆着，合理安排时间
50	在不耽误工作的情况下多投入，前期投入多，后期较少
51	不冲突
52	自己分配，二者兼顾

从表3可见，创业的村官是在干好本职工作的同时合理分配创业时间。巩波讲到工作时间认真工作，不忙时多投入一些时间带领人们去创业。

第13题　创业有风险，配偶及家人是如何做的？　　［多选题］

A. 不支持（10）；B. 不支持也不反对（23）；C. 全力支持（18）。

第14题　你是如何规避创业中的风险的？

表4　如何规避创业中的风险

1	多学习，多考察，用市场化思维指导创业
3	经验学习
5	谨慎投资
9	加强调研，多学习，多请教
11	多人投资
12	参加创业培训，积累创业知识，拓宽资金渠道，做好市场调研
13	稳扎稳打，先期发展规模较小
15	谨慎投资
16	创业有风险，投资需谨慎
17	风险是必然的，能规避的不是风险
19	尽可能平衡资金链
20	请教专家，自己想办法
21	前提多做市场调查，过程中多学习新技术
25	组团合作小规模大经营，合作社统购统销，打品牌，抓质量抗风险
26	做好前期的市场调研，做好中期的管理等工作
27	和外地村官联合
29	先租后买，购买保险
31	多调研，将风险降到最低
32	低资产运营，多观察。很难规避
33	多向一些有创业经验的前辈学习
34	多请教年长的人，帮忙出主意，想办法找销售渠道
35	尽量多咨询、多考察，向有经验的创业者取经
36	找他人参与，风险共担
37	只要是创业都具有风险，不能完全规避，只有想办法降低风险
39	充分调研、论证，从小到大
40	多调研多考虑风险，评估风险预防为早

（续）

41	充分调研，多方取经，借鉴同行经验，尝试新模式
46	自己观察市场
47	创业风险无法规避
48	创业导师、专业技术人员指导
49	多了解多听取有创业经验，有些事情规避不了
50	要有韧性，不放弃，积极总结经验
51	风险不大
52	保守开支

从表 4 可见，充分的市场调研能降低风险系数，多调研多考虑风险，评估风险预防为早。访谈中问起永和的郭海林如何规避风险，他说到，整合资源，一开始能租的就不先买，这样便于调整市场，风险小。或通过合作规避风险，运输作业工程购买保险。对于种植业和养殖业的创业村官，自然灾害的风险是人为无法控制的，所以在品种的选取要考虑当地的实际情况，不要盲目跟风去种植和养殖。多向一些有经验的人学习，请创业导师指导，多联合一些人创业等可以降低自己的创业风险。除鼓励扶持"单打独斗"的创业模式，各地还积极引导大学生村官选择和合作社、农业大户、企业等群体进行合作，组团开展创业，共同抵御市场风险，提高创业成功率。临汾市引导"联户、联企、联会、联地"创业，鼓励村官以联合村民、加盟企业、成立协会、共建基地的形式组团创业。

2015 年 8 月 20 日，巩波与太原村官张新苗、临汾村官郭海林、介休村官温庆等组建山西省大学生村官创业联盟，群策群力、注册商标、统一包装、市场共享，组团参与市场竞争，降低企业风险。

第 15 题　如果创业失败，你是否选择再次创业？　　［多选题］
A. 会（42）；B. 不会（9）。

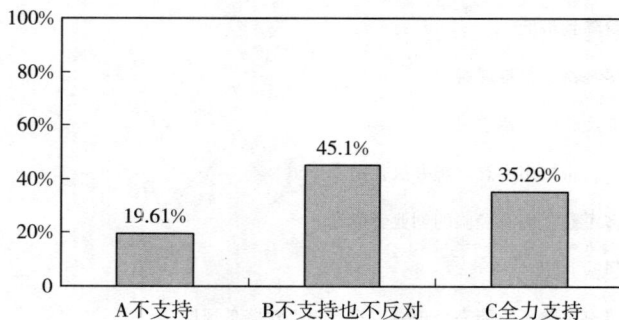

图 10　家人对待创业的态度

从图 10 可见，只有 35.29% 的创业村官得到家人的支持，还有 19.61% 的创业者得到

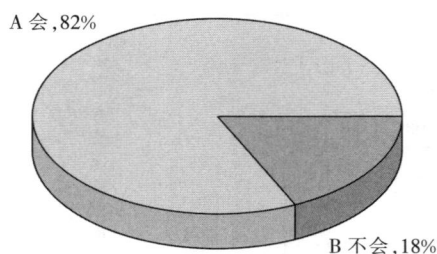

图 11　创业失败后是否会继续创业

家人的反对。永和县阁底乡阴德河村官郭海林在创业前期就得到了家人的大力支持，家人把所有的积蓄拿出来支持他的创业。和顺县松烟镇七里滩村官巩波讲到他在最初的创业时，家里是反对的，因为当地的大学生村官创业的都失败了，家里人不希望他也把钱赔进去。受当地自然条件的影响，种植业的风险规避很难，家人怕他血本无归，但他不怕失败继续创业，带领当地农民种植彩色小米。从图 11 可见，82％的村官失败后还会选择创业，例如孙涛，巩波等。

第 16 题　村官对创业扶持政策的评价？　　〔多选题〕

A. 当地总体政策支持力度不够（21）；B. 政策浮于形式，缺乏落实（26）；C. 政策缺乏宣传，村官不了解（12）；D. 政策缺乏长期可持续性（27）；E. 其他（7）。

第 17 题　你创业中遇到的问题中身份认同类方面？　　〔多选题〕

A. 家人是否认同并支持（26）；B. 村委会是否支持（23）；C. 乡镇是否支持（24）；D. 当地组织部门是否支持；（29）E. 其他（3）。

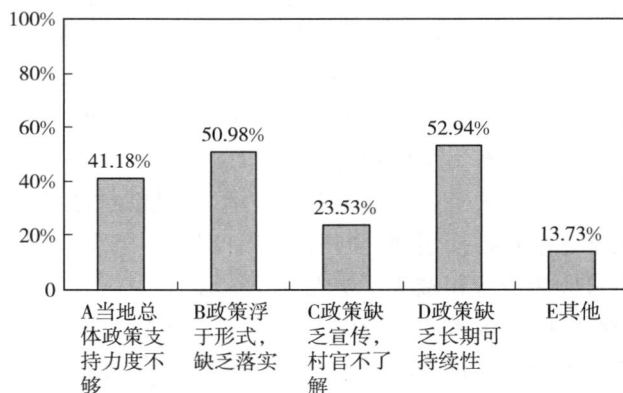

图 12　村官对创业扶持政策的评价

从图 12 可见，52.94％的村官认为政策缺乏可持续性，50.98％的村官认为政策浮于形式，缺乏落实，41.18％的村官认为当地政策支持力度不够。也有 23.53％的村官认为政策缺乏宣传，村官不了解。我们随机抽取一些县市大学生村官创业的扶持政策作为典型。希望有更好的创业政策的可持续性和创业政策落实到位，创业资金到位，落实到创业者身上，而不是流于形式。

（1）近年来，保德县针对大学生村官创业难的问题，进行深入探究，破解"四道难

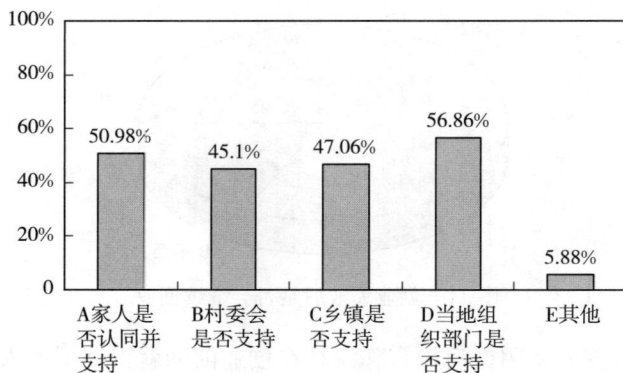

图 13　创业中身份认同方面

题"，为大学生村官创业铺路。一是部门联动，破"选项"难题。县委组织部牵头联合农委、科技、人社等部门组建创业项目信息库，精心筛选种植、养殖、特色产品加工等一批适合大学生开展的创业项目，供大学生自主选择。同时，通过开展赴外实地考察，与创业能人座谈交流等活动，帮助大学生村官找到适合发展的项目。二是搭建平台，破"资金"难题。县财政拨款 500 万元设立大学生村官专项创业基金平台，对发展有前景、产品有市场的创业项目，经大学生村官本人申请，专项创业基金提供 5 万～10 万元的无息创业启动资金。同时，组织涉农部门、乡镇和村级组织进行联合跟踪服务，对一些发展前景好的创业项目在本人申请的基础上追加提供基金额度。三是政府主导，破"政策"难题。县委出台《大学生村官创业政策优惠的若干意见》，积极协调工商、税务、国土等部门，对创业项目注册登记、税费减免、项目审批、场地选址、证照办理等环节给予便利和优惠，为创业开设"绿色通道"。四是强化培训，破"技术"难题。举办大学生村官创业培训班，聘请国家级 SYB 和 IYB 培训师进行主讲，提高村官科技创业的水平。同时，依托农村合作组织，建立大学生"村官"创业培训基地，帮助他们提高创业本领。

（2）蒲县"四道加法"破解大学生农村创业难题。

"典型示范＋外出考察"，破解"不敢创业"难题。开展农村致富能手、养殖大户以及科技种植专业户与大学生结对帮扶活动。同时，有针对性地组织大学生到甘肃、山东等地参观考察，让他们学习成功经验和做法，增强创业信心。

"专题培训＋实验基地"，破解"不能创业"难题。县委人才办协同农委、农资中心、劳动局开设创业技能培训班，进行专题培训。为提升大学生创业"实战能力"，在现代农业示范园建起 10 块"实验田"，扶持特色种植项目。

"创业指导＋政策保障"，破解"不会创业"难题。建立了创业项目动态推介制度，及时推介适合农村创业、投资小、见效快的创业项目。对大学生选定的创业项目，组织相关人员评估论证，提出修改完善建议，并提供项目开发、创业规划、贴息贷款等服务。今年以来，发放小额贴息创业贷款和 YBC 创业贷款共 75 万元，扶持创业项目 23 个。

"领导帮扶＋创新模式"，破解"创不成业"难题。按照"引导不主导、服务不干预、扶持不包揽"的原则，建立"2＋1"领导帮扶机制，即每个创业项目由项目所在地 1 名乡镇主要领导、1 名村党支部书记和 1 名技术人员全力帮扶，为村官创业解决实际困难。

（3）寿阳县加大培训创业帮扶力度，助力大学生村官成长成才。由县委组织部联合财政局、县邮储支行设立了200万元大学生村官创业基金，采取"小额资助、直接到人、滚动运作、财政贴息"的方式运作，对大学生村官创业给予担保贷款扶持，解决创业资金的问题。协调农业、林业、养殖等方面的专家组成项目评审组，并提供项目筛选、技术指导、跟踪帮扶等服务，为大学生村官创业给予技术支持。

（4）广灵县实施的"三个助力"促有序流动确保大学生村官队伍"一池活水"过程中，向创业实行政策倾斜，营造干事创业的鲜明导向，制定出台《广灵县大学生村官"创业行动计划"实施意见》，积极协调国土、信贷、工商等有关部门对大学生村官自主创业在用地、贷款、营业执照办理等方面给予政策倾斜，鼓励大学生村官自主创业，全力助推扶持大学生村官自主创业，拓宽流动"出口"。

（5）平顺县多举措打造平台引导大学生村官自主创业。近年来，为鼓励和支持大学生村官自主创业，带领群众脱贫致富，平顺县积极创新思路，通过结对帮扶、重点扶持、强化培训等方式，全面促进大学生村官自主创业。

一是加强创业培训，激发创业热情。依托各类培训资源，通过举办培训班、创业故事分享会、大学生村官月例会等形式，定期邀请县委党校、农业、农经、科技、税收等部门专家和农村致富能手、大学生村官代表等，采取集中辅导、录像报告、实地参观、现身说法等方式，对农村经济发展、农村实用技术等进行专题授课。通过选派大学生村官参加中国扶贫开发协会"支持贫困村大学生村官成长工程"，组织大学生村官积极参加YBC、新型职业农民等省、市创业培训，由专家面对面地介绍创业方法、传授创业经验，积极营造大学生村官创业的良好氛围，激发大学生村官的创业激情。

二是加大帮扶力度，增强创业能力。通过成立专业创业导师队伍，建立领导干部结对帮扶大学生干部制度，对大学生村官创业项目进行一对一实地帮扶指导，由创业导师、帮扶领导对创业大学生村官提出的创业项目进行市场分析和技术指导，并在创业过程中对所遇到的问题和困难给予引导和帮扶，鼓励大学生村干部结合任职村区域特点和产业特色，因地制宜创办、领办创业项目，带动群众创业致富。

三是加大资金扶持，提升创业信心。通过协调金融机构开通小额贷款"绿色通道"、申报特色创业项目、争取上级奖励资金等方式，帮助大学生村官申请扶持资金。近年来，共帮助村官申请YBC无利息、无抵押、免担保扶持资金65万，获得上级奖励性支持资金90余万元，争取上级扶贫帮扶性资金60余万元。同时，建立了上级扶持资金监管制度，每年分两次对资金的使用情况进行实地检查和账目核实，确保了上级的扶持资金都能用于村官的创业工作中。

四是加强协调联系，畅通创业渠道。积极加强与农经、工商、质监、税务、农业、水利、扶贫、财政等部门的沟通联系，争取为大学生村官创业开辟绿色通道，解决创业过程中遇到的各种困难，提供创业优惠政策，在工商登记、税收减免、项目提供、资金扶持和农药化肥等方面给予倾斜，帮助大学生村官实现创业梦想。

（6）宁武县围绕大学生村官创业过程中遇到的经验、资金、平台等问题，研究制定出台系列政策措施，形成了政策扶持、平台建设、优质服务"三位一体"的创业扶持体系，促进大学生村官干事创业、成长成才。一是政策创新吹响创业"集结号"。在创业培训、税费减免、房租补贴、贴息贷款、手续协办、项目可行性评估等方面出台一系列优惠政策，组织大学生村官参加专题培训、座谈交流及创业指导，并对接县内外专家学者、企业家，提供项目推介、经营管理、物流销售等"一条龙"服务。二是平台建设激活创业"源动力"。坚持政府引导、市场运作的原则，整合企业资源，依托宁武豪德集团、双千亩设施农业科技示范园区等载体，成立"大学生村官创业实训基地"，提供完善的配套设施支撑，鼓励大学生村官"抱团发展"，实现规模化经营。三是优质服务注入创业"催化剂"。建立县直单位帮扶、乡镇领导帮教、村干部帮带、老干部联系、全体组工干部与大学生村官结对的"三帮一联同结对"制度，即时了解大学生村官思想、工作和创业状况，为他们解思想疙瘩、解实际问题、解后顾之忧，力促大学生村官在干事创业中成长成才，实现健康有序流动。

（7）太原市始终把鼓励和扶持大学生村官干事创业作为抓手，以带领群众共同致富为目标，大力推进大学生村官干事创业，强化政策激励和典型带动作用，营造了大学生村官想干事、能干事、干成事的良好氛围。一是加强政策扶持。市财政列入预算 3 000 万元设立太原市大学生村（社区）干部创业资金，各县（市、区）设立创业资金 968 万元；出台了《太原市大学生村（社区）干部创业资金管理办法（试行）》，几年来，市、县两级财政分别对符合条件的 70 个大学生村官创业项目和大学生村官个人给予资金扶持和奖励 524 万元，促进了大学生村官自主创业。二是建立实践基地。三是开展技术服务。由团市委开展青年企业家与大学生村官"手拉手"结对帮扶活动，旨在帮助大学生村官谋思路、找信息、选项目、促发展，解决创业实践过程中遇到的困难和问题，加强创业项目的技术指导和跟踪服务等工作，确保大学生村官创业取得实效。

第 18 题　你创业项目总体经营情况？［多选题］

A. 仍在亏损（11）；B. 仅能保本（21）；C. 小有盈利（18）；D. 盈利较大（1）。

第 19 题　村官为当地农民创业提供服务和支持力度？［多选题］

A. 无力度（4）；B. 力度一般（25）；C. 力度较大（13）；D. 力度很大（6）；E. 其他（4）。

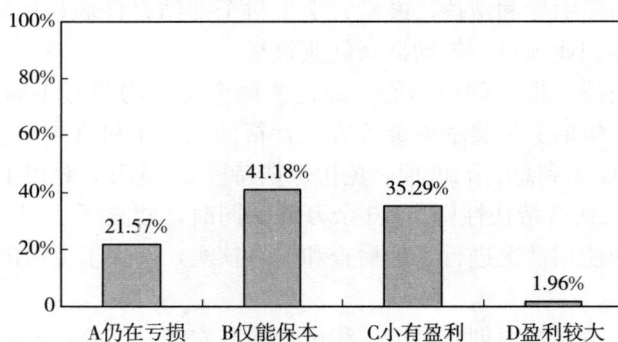

图 14　创业项目经营情况

从图 14 可见，仅有 35.29％的创业村官小有盈利，41.18％的仅能保本，21.57％的创业村官还在亏损。只有 1.96％的村官盈利较大。从图 15 可见，25.49％村官和 11.76％的村官为当地农民创业提供服务和支持的力度比较大和很大。49.02％的村官认为力度一般，有村官认为没有达到预期的期望值。下面我们列举一些带动当地老百姓致富的杰出村官。

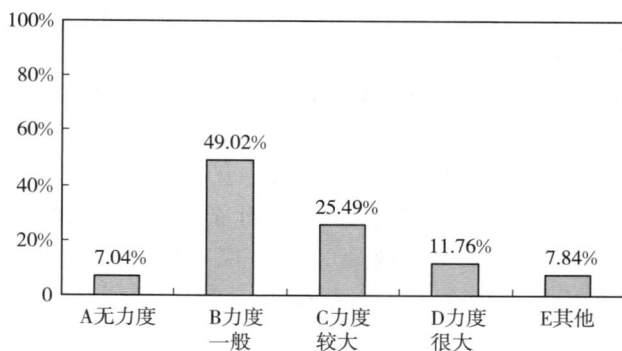

图 15　为当地农民创业提供服务和支持力度

（1）2013 年，太原市政府出台支持建设菜篮子工程的相关政策，张新苗又有了开办社区平价果蔬直销店的想法。如今，在太原市各大社区，张新苗的公司累计建设了 30 多家平价果蔬直营店。

"说实话，我们的菜卖得不贵，这 30 多家店都不怎么赚钱。但从市场的角度来看，这不仅能帮助周围农民解决卖菜难的问题，而且建起这个销售渠道，也能销售我们的葡萄，同时也能拓展我们的农庄旅游市场，有了渠道，还怕将来不挣钱吗？"张新苗的目光远大。

（2）2008 年，王龙宇在襄汾县古城镇当起了一名大学生村官；2012 年，他陆续帮助古城镇南侯村的高天喜、高步云等 6 户村民发展土鸡养殖；2013 年，他主导成立了"襄汾县桃花洞土鸡养殖专业合作社。"目前，合作社已渐入正轨，养殖户平均每年增收近 5 000 元。

（3）山西省晋中市和顺县松烟镇西沟路两旁，生长着一种秆很高，穗很粗大的谷子，涉及三个村子 50 户 60 余亩的土地，总价值 15 万元，这就是松烟镇七里滩村大学生村干部巩波带领老百姓致富的创业成果——彩色小米。

（4）忻州市五寨县孙家坪村党支部副书记杨红创办的"染绿山川富百姓"中药材种植农民专业合作，2015 年人数由 30 人增加到 50 人，合作社带领 60 多户农民种植黄芪 300 亩、大黄 700 亩。以创业带动就业，常年雇用工人百十人，解决了周边劳动力近百人。

（5）临汾市古县古阳镇上辛佛村党支部副书记孙涛，经过几年的艰苦打拼，已经成为种植花菇的专家，花菇也开始盈利。2013 年，孙涛的菇棚除去成本后有了盈利，在菇棚打工的 20 多位村民每人赚了几万元的工资，孙涛的摩托车也换成了轿车。

（6）长治市沁县杨安乡南沟村党支部书记刘清河，在艰苦的条件下带领乡亲们加工和制作戏曲盔饰。随着产品的相继问世，摆在眼前的唯一问题就是"如何销出去"。为了打开销路，他四处推介，并每天跑到乡里上网，借助多媒体、互联网向外界发送信息，终于使产品走向了北京、上海、香港乃至新加坡，甚至还入驻到了川剧博物馆。如今，"清韵"注册了商标和版权，成为了沁县的一个重要的文化地标，并被山西青年报评价为"中华戏曲，不可或缺的沁县盔饰"。

截至目前，刘清河带领村民已经整理完成了中华戏曲盔饰样片 211 套，设计制作改良盔饰 96 套，复制还原已失传盔饰 23 套，改革盔饰制作工艺 5 项，创新盔饰制作工艺 2 项。"做盔头不仅能让老百姓得到实惠，还能把这门老手艺传承下去，重要的是还能通过手工业带动文化产业的发展。"刘清河说，他们在尊重传统的基础上不断改良，又创新了三项盔头制作工艺，而且他心里还一直编织着一个美丽的"梨园梦"——把山西本土、带有晋文化的戏曲盔饰和服饰挖掘出来，把盔头制作发展成为一个有底气的文化产业。

第 20 题　任职期间你最能接受哪种培训方式？　［多选题］

A. 报告会或讲座（28）；B. 实地参观（48）；C. 座谈会（21）；D. 户外拓展（24）；E. 大学生村官论坛（20）；F. 网络培训（10）；G. 其他（3）。

第 21 题　你认为大学生村官培训内容重点是什么？　［多选题］

A. 农村事务管理（25）；B. 涉农政策（32）；C. 创新创业能力培训（43）；D. 沟通能力（19）；E. 职业能力规划（31）；F. 心理素质（22）；G. 其他（1）。

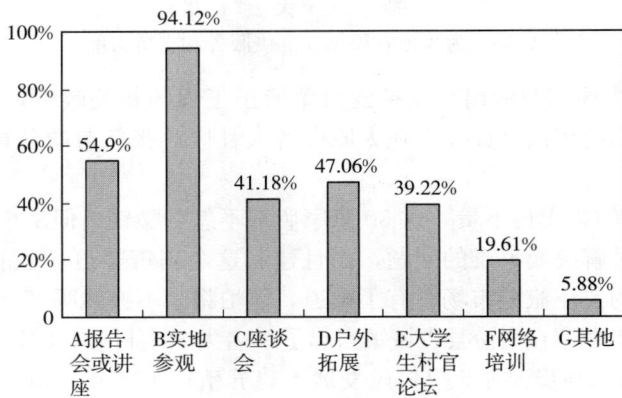

图 16　最能接受的培训方式

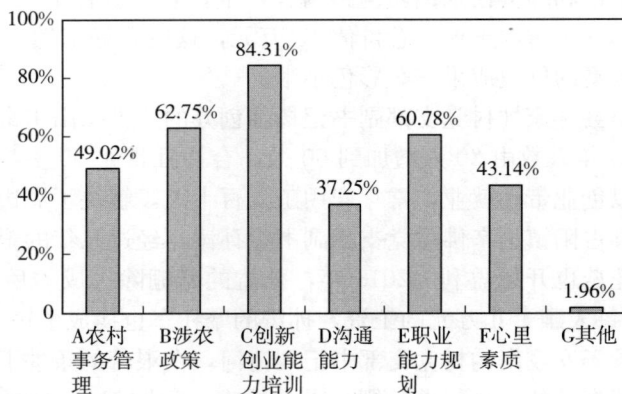

图 17　培训内容重点

由图 16 可见，实地参观考察是最受大学生村官欢迎的培训方式，占到 94.12%，报告会或讲座占到 54.94%，座谈会是大家很好交流的机会，占到 41.18%，这些都是各地组织大学生村官培训的常用方式。大学生村官论坛是一个全国大学生交流的平台，不是组织部门的官方论坛，但是欣慰的是，39.22% 的村官参加过一次或两次甚至更多次的会议，与全国同行交流促进学习。一些村官提到希望组织部门能提供全国大学生村官论坛学习的机会，去学习在相同领域的优秀创业村官的经验。值得提到的是户外拓展，有高达47.06% 的村官希望能进行户外拓展的培训，好多人表示他们此前没有接受过户外拓展，希望以后培训中能加入此项培训。这是大家的一种声音，我们也希望借助此次课题能够把大家的一些真实想法传递给组织部门的领导。

从图17可见，创新创业能力培训占到84.13％，涉农政策占到62.75％，职业能力规划占到60.78％，这些都是当前大家比较关注的问题。我们随后将会列举一些各地市的相关培训方式及培训内容。

（1）运城市闻喜县50余名大学生村官和组织部分管大学生村官工作的领导，在长治市大学生村官创业促进会工作人员的陪同下，到该县参观大学生村官创业项目，学习交流村官创业经验和做法。

在西沟村，闻喜县大学生村官们实地参观了西沟乡大学生村官创业基地和该县创业成功大学生村官创业项目，详细了解了村官的创业项目、创业思路、创业过程和营销模式等情况。两县分管大学生村官工作的领导并就大学生村官日常管理、教育培养、激励创业和先进经验和做法等进行了深入交流，相互学习，分享经验。

（2）古交市通过乡镇调研，合作社走访，有计划有目标地加大创业调研；利用到清徐、阳曲等好的创业基地实地参观培训加大创业工作引导；加强管理，深入论证，提升原有创业项目质量；前期谋划，制订方案，培育新的创业项目。

（3）7月6日，第九届全国大学生村官论坛暨全国"村长"论坛第十一次执委会议在江西省南昌市湖坊村落幕，我省参会的13名大学生村官收获颇丰，其中，大学生村官、清徐县集义乡中辽西村党支部副书记张新苗在农村致富带头人报告会作典型发言；平遥县段村镇横坡村党支部副书记邓琛巷获2015年"十佳村民贴心人提名奖"；阳城县润城镇下庄村党支部书记石剑成选送的《做"大众创业万众创新"的坚实实践者》一文获"创业与成长"主题优秀作品。

本届论坛由中国村社发展促进会、中国农业大学、中国农业出版社联合举办，围绕"新农村·新机遇·我创业·我成长"的主题，就广大村官如何更好地服务于新农村建设以及创业富民等问题进行广泛交流和探讨。

（4）针对大学生村官创业中缺乏税收知识，不能充分利用税收优惠政策的现状，近日，平顺县委组织部联合县国税局、地税局借助"税收宣传月"活动，召开了税收优惠助力大学生村官创业专题辅导会，为全县的120余名大学生村官送上了一顿丰盛的"税法营养大餐"，进一步提升了该县大学生村官创业的能力和水平。

（5）2015年12月8日，由山西省委组织部选拔的来自全省的50名优秀大学生村官齐聚在清徐县中辽西村山西省大学生村官实训基地新苗农庄。他们此行是学习和观摩山西省创业的大学生村官的产品展示并参加了全省大学生村官示范培训班路演。来自全省的10名优秀大学生创业村官精彩的路演得到了来自行业领域专家的一致好评。这是我省的首次大学生村官路演展示，得到了太原市委组织部、清徐县委组织部的大力支持！

特别值得提到的是中午的午餐全部食材均来自大学生村官自己的产品，我们为这些默默在基层工作的村官点赞！

（6）教育培训是大学生村官成长成才的重要保障。村官工作会议上，浮山县委书记孙京民特别告诫说，"生于忧患，死于安乐。人在艰难困苦的时候，往往能咬着牙挺过去，但是在条件好的时候，反而容易走弯路，容易懒怠，所以大家要坚持学习。"浮山县委将大学生村官教育培训纳入党员干部培训计划，吸收他们参加"两委"主干培训、领头雁培训、分类送学培训、电子商务培训等专题培训，以保障大学生村官队伍的战斗力。

第22题　你认为培训时间最合适的频次是？　　[单选题]

A. 每年1次（10）；B. 每年2次（17）；C. 每年3次；（4）D. 每季度一次；（20）E. 其他（0）。

第23题　您认为大学生村官对农村发展是否有帮助？　　[单选题]

A. 作用很大，有助于农村发展（45）；B. 作用不大，主要是锻炼大学生，提供就业岗位（6）；C. 没有任何作用，耽误青春（0）；D. 其他（0）。

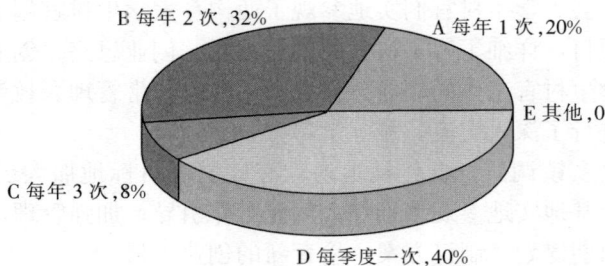

图18　最合适的培训频次

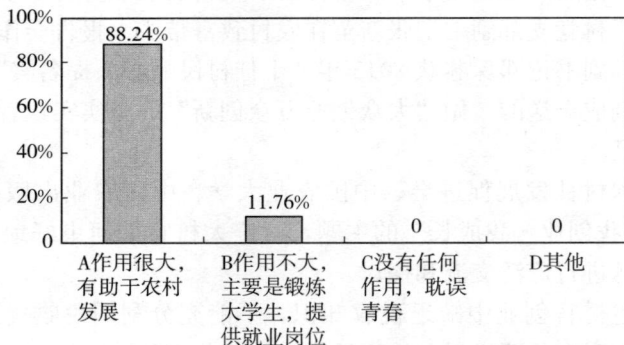

图19　大学生村官对农村发展的帮助

由图18可见，最适合的培训，每季度一次占到39.22%，每年2次占到33.33%，说明他们有很强的求知欲，希望能在培训中学习新的知识和技能。

每年各县、市、省级的培训基本符合大学生村官培训的需要，这也是我们各地组织部门一直努力在做的工作。

由图19可见，88.24%的村官认为他们对农村的发展作用很大，这和我们国家选派大学生村官在村工作的初衷是一样的，起到了很好的带动农民的效果。

第24题　您认为大学生村官的任期以几年为最好？　　[单选题]

A. 1～3年（7）；B. 3～6年（24）；C. 6～9年（11）；D. 10年以上（9）。

由图20可见，47.06%的村官认为3～6年是村官最佳任期，经过几年的锻炼，他们有一定的工作经验更利于和当地百姓的沟通以及创业的发展。6～9年占到21.57%，说明这些踏实的村官不存在跳板心理，是真真切切的想为人民服务。10年以上的村官占到

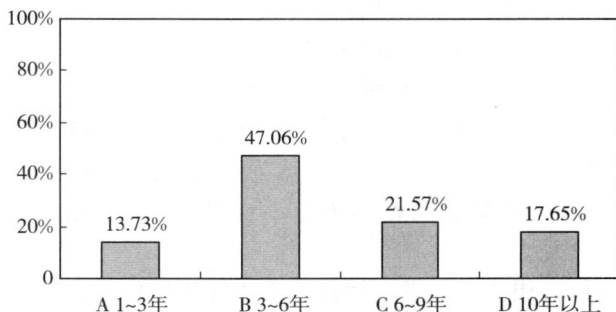

图 20　大学生村官任职年限

17.65%，他们是张新苗，巩波，孙涛，郭海林，刘学敏等一批创业的楷模，他们已经不在乎编制、身份等问题而更多的是实实在在的创业带领村名致富！

第 25 题　担任大学生村官以来，你的薪酬是否有变化？　　［单选题］

A. 没有变化（2）；B. 每年递增（25）；C. 不定期增加（17）；D. 有减少（0）；E. 有增有减（6）；F. 其他（1）。

第 26 题　目前的工资待遇您满意吗？　　［单选题］

A. 满意（8）；B. 还行（35）；C. 不满意（8）；D. 其他（0）。

第 27 题　您认为对于大学生村官的工资等级制度是否合理？　　［单选题］

A. 合理（25）；B. 不合理，必须尽快改进（18）；C. 有心发展不在乎这个（8）。

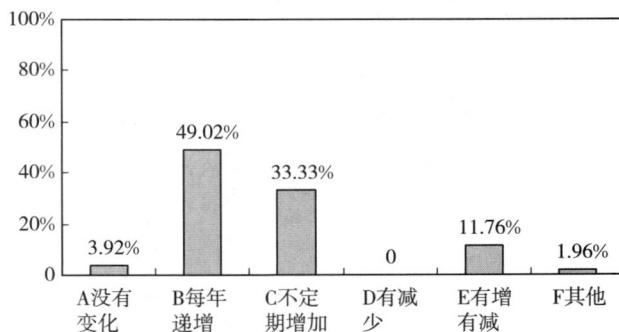

图 21　薪酬是否变化

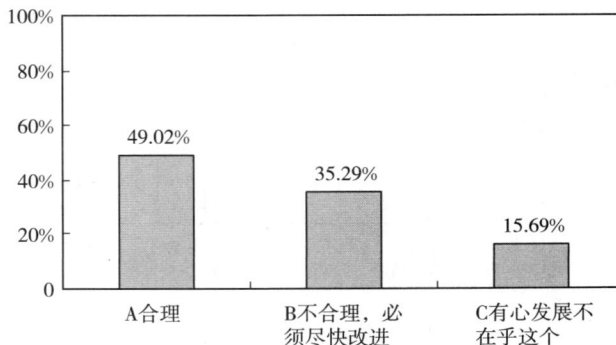

图 22　工资等级制度是否合理

由图 21，22 可见，为帮助大学生村官安心、舒心、称心服务基层，各地通过提升大学生村官补贴标准，强化生活保障，解决后顾之忧，逐年给大学生村官提高待遇。2014年的访谈中，一些城郊的大学生村官提到工资不够生活，每月 2 300 元（2014 年）的工资对于需要养孩子、租房子的已婚人来说，生活真的很艰辛。地域的差异直接导致他们不同的判断和看法，当地并没有合适的创业条件，认为不合理需要改进的村官真是被生活的压力所迫。有心发展不在乎工资的村官都是创业小有规模，自己富了，带动的当地农民也富了。

第 28 题　与传统村官相比，大学生村官的主要优势是什么？　　［多选题］

A. 头脑灵活，获取有用信息能力强（40）；B. 文化程度高，学习能力强（45）；C. 具有开拓创新精神（36）；D. 对于处理事务更加科学、合理（32）；E. 给农村注入新的活力（34）；F. 能给村民注入新思想和文化知识，使农村更加文明化（41）；G. 其他（1）。

第 29 题　与当地村官相比，您认为大学生村官的劣势是什么？　　［多选题］

A. 处理问题太过于理论化（24）；B. 缺乏工作经验（39）；C. 很难获得村民的理解（19）；D. 容易受到排挤（34）；E. 其他（4）。

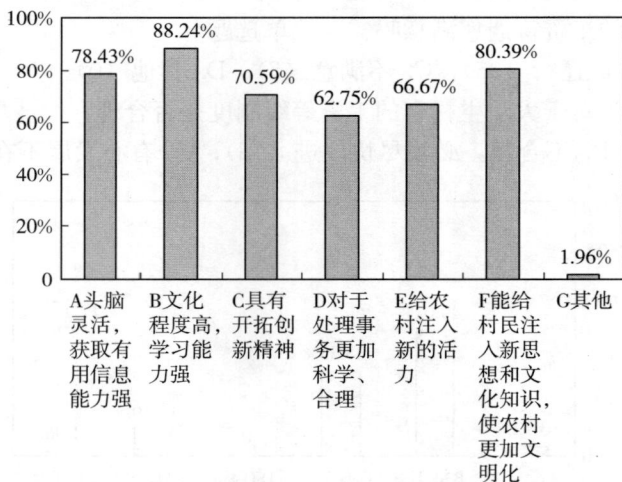

图 23　与传统村官相比的优势

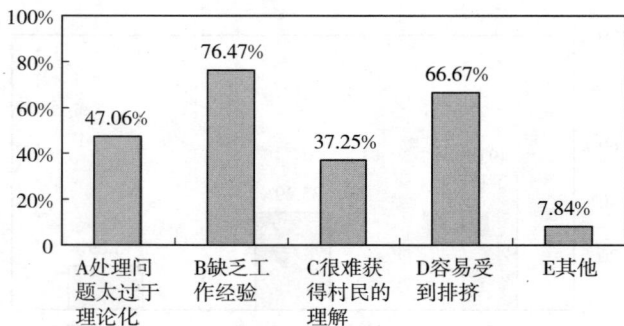

图 24　与传统村官相比的劣势

由图 23 可见，与传统村官相比，88.24％的村官认为他们文化程度高，学习能力强，80.39％的认为能给村民注入新思想和文化知识，使农村更加文明化，78.43％的村官认为头脑灵活，获取有用信息的能力强，70.59％的村官认为具有开拓创新精神等。大学生村官的自我认同感是一种积极的催化剂，很符合国家选派他们去农村就职的初衷。选聘优秀高校毕业生到村任职，是党中央作出的一项重要决策，是一项重要的人才培养工程，旨在为社会主义新农村建设培养后备和骨干力量，打造和强化党政干部来自基层一线的培养链，为各行各业培训输送优秀人才。

从图 24 可见，与传统村官相比，缺乏工作经验、容易受到排挤以及处理问题太过于理论化是他们在村里工作的劣势。这需要组织部门在村官入职前加强处理问题能力的培训，前期多疏导沟通解决他们的思想问题。真正在村里工作的村官前期会有类似的问题，但逐渐熟悉后会好很多。最为尴尬的是变"乡官"的村官。村官政策前期，大学生村官制度在实际运作过程中最严重的问题是，大量大学生村官被借调到乡镇。大学生村官是一股新鲜血液，但是乡镇抱着免费"雇用"劳工的心理，再加上乡镇政府工作任务重，人员紧张，个别村交通、住宿条件艰苦等因素影响，基层政府对大学生村官的截留现象普遍存在，有的甚至长期在乡镇政府呆着，很少或者几乎不去村里。这样，大学生村官在镇里从事闲杂工作，远离农村。2013 年后不允许借调大学生村官在乡镇工作，但访谈中村官提到还有类似的情况发生。加强对当地乡政府的监管，当地组织部门可以借助第三方机构或暗访等形式。

全国优秀县委书记，浮山县县委书记孙京民经常说，大学生村官到农村磨练，是人生一笔非常难得的财富，而关心大学生村官创业，更是培养大学生村官的重要举措，是促进全县农业现代化发展和培养年轻干部的重要抓手。他说，大学生村官是有知识、有头脑、有追求、有闯劲的年轻干部，但是在面对市场的时候，他们还缺经验、缺资金、缺项目、缺人脉关系。他要求各乡镇、县直有关部门要给政策、给项目、给平台、给指导，帮扶大学生村官干事创业，让他们少走弯路、茁壮成长。

第 30 题　你目前大学生当村官期间遇到的主要问题有哪些？　　［多选题］

表 5　大学生村官期间遇到的主要问题

选项	小计	比例
A. 婚姻问题难解决	10	19.61％
B. 食宿条件差	11	21.57％
C. 办公环境差	13	25.49％
D. 交通不便	31	60.78％
E. 工资和理想有差距	13	25.49％
F. 与当地人沟通困难，经常不被理解	8	15.69％
G. 建议不被理解采纳	16	31.37％
H. 理想和现实差距很大，内心难以接受	14	27.45％
I. 对农村发展前景感到非常迷茫	19	37.25％
J. 其他	3	5.88％

从表 5 可见，交通不便（60.78％）是大学生村官最首要的问题，对农村发展前景感到非常迷茫占 37.25％，建议不被采纳理解占到 31.37％，办公条件和工资待遇差占到 25.49％。交通不便是客观实际，很多村官讲到农村的实际情况和自己的心理预期差别很大。有一些地方交通不便，村里只有留守儿童和老人，去了没事可以做，连当地的村官都不在本村居住。19.61％的村官认为婚姻问题很难解决，村官的身份，非公非农，很快这个尴尬的身份问题就会解决。

（1）当地交通非常不方便的临汾市乡宁县西交口乡支家庄自行车村官——张红东。

张红东入职后就是靠自行车通行开始了晴天一身土、雨天一身泥，走百户、入百门的家访行程，经常蹬着自行车奔波于陡峭的乡村公路上和老百姓的田间地头。遇到特别难走的山路，就只能把自行车扛在肩上走，就这样用了 3 个月的时间，骑着自行车跑遍了 8 个自然村的各家各户，了解村情民情，向村干部了解村级组织建设情况，遍访村民小组长、挨家挨户走访党员和群众，对村里各方面情况慢慢较为熟悉了。

如今路修好了，但是已经习惯了骑自行车，离不开自行车了，因为骑自行车方便和老百姓沟通，大家不会觉得我疏远他们，张红东说他坚持了 7 年，骑自行车绝不是作秀，也没有必要作秀，是几年来山村走访养成的习惯，我做任何事情都问心无愧。自己当村官就像李克强总理说的，时时不敢任性而为，骑车更是为了亲民。

（2）永和县是临汾最偏远的一个国家级山区贫困县，阁底乡是永和最偏远的靠近黄河的一个乡镇，距县城大约有 30 公里的路程。阴德河村是这个乡镇最偏远也是距黄河最近的一个村，从乡政府到村里还有近 5 公里的山路。全村 500 来口人，百十户人家，青壮年都外出务工了，留下的只有老弱病残和留守儿童。4 年前，从太原理工大学毕业的学生郭海林来到阴德河村当了村长助理。上班第一天，县里把他送到乡政府后，村里的老支书领着他，走了 10 来里山路，才到了即将工作的地方。村委会腾了一孔窑洞，支了一张单人床，就是他的办公室兼宿舍。空荡荡的房间里，有一张没有上漆的课桌，黑板上还残留着粉笔字。虽说出身农家，但郭海林也没想到工作环境是这样。

第二天，他买了一辆摩托车，至少，对那长长的山路不再发怵了。

第 31 题　电商微商创业模式你认可吗？　［多选题］

A. 可行（35）；B. 考虑中（20）；C. 不可行；D. 其他（3）。

第 32 题　你认为目前电商不可行的理由是什么？　［多选题］

A. 当地自然条件不允许（16）；B. 农副产品质量不达标（20）；C. 没有创业平台（16）；D. 没有相应的政策支持（16）；E. 其他（7）。

从图 25 可见，大学生村官对电商、微商创业新模式 68.63％还是认可的，并且有 39.22％在创业中考虑实施，访谈中大家对电商的创业还是很感兴趣。

从图 26 可见，农副产品的质量不达标（39.22％）是目前大家认为不能上电商平台的首要原因。产品的质量保证是关键，如何提高产品质量是根本。当地自然条件不允许，没有创业平台，没有相应的政策出台也是制约村官电商发展的很大瓶颈。部分地区已经出台的政策鼓励大学生村官电商创业。

（1）绛县开展电商培训，助力创新创业。绛县大学生村官农村优秀人才电子商务专题培训开班，来自该县乡镇、专业合作社的相关负责人和大学生村官共 210 人参加培训。

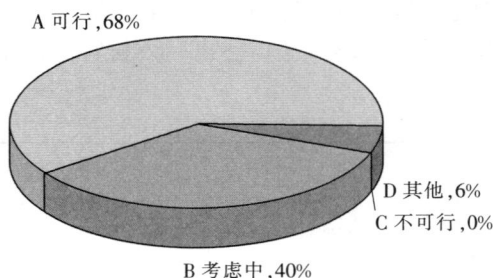

图 25　对电商、微商创业的认识

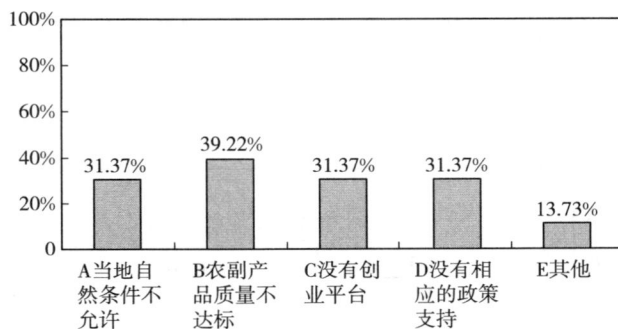

图 26　认为电商不可行的理由

　　此次培训内容涉及互联网与传统企业转型、新店运营思路、店铺页面设计等，并邀请曾任淘宝公司总监，现陕西电子商务协会副秘书长王中华老师为学员授课。培训会上，大学生村官电商辅导老师、山西尹美妞电子商务有限公司负责人尹瑞辅导如何经营网店。

　　绛县积极打造特色板块，并扶持涉农龙头企业，引进知名电商，推动山楂、樱桃、草莓等生鲜农产品网上销售，促进第一产业接"二"连"三"，实现一、二、三产融合互动。

　　（2）神池县大学生村官开网店卖土特产。神池县委组织部牵头，财政部门百万贴息支持，合作社以及农业散户提供货源，神池县大学生村官开设网店卖土特产品，进一步拓宽农产品、土特产的销路，促进农民增收。

　　在县委组织部的组织下，组建了大学生村官创业团队，在电商网站注册了网店，并在QQ空间、朋友圈广泛宣传，增加人气。网店卖的是神池月饼、冷榨胡麻油、小杂粮（莜面、豆面、红芸豆）、南山芥菜、马铃薯淀粉等神池本地出产的纯天然、绿色农产品，店铺对每件"宝贝"作了详尽介绍。货源主要从合作社以及农业散户手中进行收购，经过加工包装以后，通过物流销往全国各地。

　　针对特产来源、质量把关、店面装修技术、推广宣传等网店运营中存在的实际困难，县委组织部邀请了有关专家进行创业培训，答疑解惑，并选派代表进行外出培训，帮助神池土特产网店不断发展壮大。

　　第33题　如果你目前在电商微商创业，主要从事哪方面的业务？［多选题］

　　A. 农产品的销售（35）；B. 当地特产（27）；C. 手工业（6）；D. 艺术品加工（6）；E. 其他（7）。

第 34 题 你希望当地组织部门进行哪些方面的电商培训？ [多选题]

A. 物流（14）；B. 电商平台（28）；C. 搭建一个村官电商平台（36）；D. 请有经验的人传授一些方法（26）；E. 其他（2）。

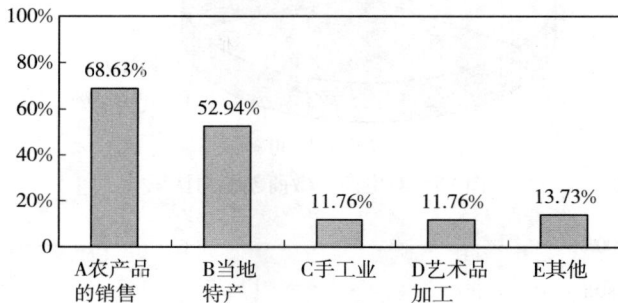

图 27 目前的电商方面的业务

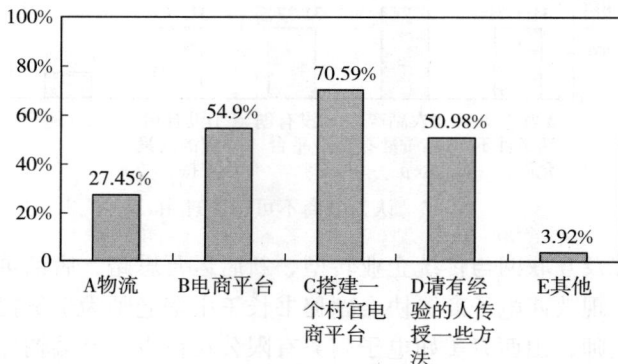

图 28 希望得到哪方面的电商培训

由图 27 可见，农副产品的销售占到 68.63%，当地特产占到 52.94%。这和大学生村官创业的类型有很大的关系。我们课题组在访谈中看到了很多在电商、微商领域很有建树的各地村官。从图 28 可见，70.59% 创业村官期望能在政府的帮助下搭建一个村官电商平台，54.9% 的村官渴望联系比较成熟的电商平台去推销他们创业的产品。也有 50.98% 的村官希望请有经验的人传授一些方法。全国大学生村官创业联盟成立后，山西省大学生村官创业联盟也于 2015 年 8 月成立，大家可以抱团创业，打造我们山西村官自己的品牌。全国首家大学生村官电商平台一品一村（http://www.yipinyicun.com）已经陆续开始接受来自全国各地的村官产品。

（1）吕梁市孝义市阳泉曲镇河北村主任助理贺正辉——一个大学生村官的"电商梦"。贺正辉，2007 年毕业于山西农业大学信息管理与信息系统专业，他利用自身专业优势创办网店。据他个人讲，在 2012 年创办"大学生村官山货店"的时候，整个淘宝以"大学生村官"直接命名的网店只有我们一家，自当年 10 月份创办到年底，已经为周围的村民销售了 2 500 多千克核桃。销售收益达到近 8 万元。

创办大学生村官山货店，不仅仅是帮村民销售农副土特产品，更是帮助村民在走正规化路子。

2014年5月，网店入驻孝义市科技孵化基地，搬到了崭新的办公场所，这是政府的认可，也是网店的春天。农产品电商化的路子目前来说仍是电商方面的处女地，发展空间无限。在国家淘宝村战略规划中，农产品电商将是非常大的一块蛋糕，目前进入还算是占领先机。

2014年9月，以大学生村官山货店为基础，他们成立了孝义市孝辉渊农业科技有限公司，公司化运作本土农产品电商事业。发展到目前，大学生村官山货店已然是本地电商的一颗明星。

他们规划在2015年，在做好大学生村官山货店推进本土农产品电商化的同时，努力将所学所知回馈社会，让更多的村民和孝义市民都学会从事电商，都参与本土产品电商化事业。让更多的待业青年找到自己的舞台，让更多的村民能享受到新时代电商营销带来的红利。

（2）太原市阳曲县杨兴镇坪里村刘学敏自己成立合作社，带领杨兴农民发展油松育苗，小杂粮种植及加工，胡麻油加工，并且通过微信平台，注册"阳曲县琼宇种植养殖专业合作社"进行销售小杂粮、胡麻油，这个举动得到广大市民的欢迎，并且得到山西晚报的关注，他通过自己的努力，把市民与农民联系起来，互通有无，这样将会为增加农民收入增加一些渠道。

（3）晋中市和顺县松烟镇大学生村官巩波——电商销售当地彩色小米。为了顺应时代潮流，让企业更好地发展，更好地帮助村民增收致富，巩波带着公司的农产品去北京，太原等地参加展销会，并获得全国大学生村官论坛执委会的邀请，作为山西省大学生村官代表于7月5日去江西南昌参加"第九届大学生村官论坛"，公司成为第一批加入"全国大学生村官创业联盟"的企业。2015年8月20日，与太原村官张新苗、临汾村官郭海林、介休村官温庆等组建山西省大学生村官创业联盟，群策群力、注册商标、统一包装、市场共享，组团参与市场竞争，降低企业风险。在联盟帮助下，公司的彩色小米成功入驻"农宝网""一品一村"等知名农产品贸易网站。巩波把彩色小米所有种植及长势以及收割的过程都公布在微信朋友圈，接受大家的监督，保证彩色小米的质量。

据巩波介绍，今年3月，该公司在松烟镇西沟三村推广种植彩色小米60亩，现已进入收购阶段。"下一步我们计划联系和顺县的创业村官组建和顺县大学生村官创业联盟，在2016年5月前在和顺县建立'村官电商超市'，不仅可以让和顺的老百姓品尝到来自全国各地的大学生村官农产品基地的农产品，还能帮助和顺的农产品销售到全国各地。"巩波说，在帮助和顺县电商经济发展的同时，他们也会助力公益组织帮扶对接困难家庭。

与此同时，巩波还以微商的形式帮助当地农民销售核桃。巩波认为，不少朋友都知道我在卖核桃，却不知道帮谁卖，我把核桃的主人和他的住房环境拍下来让大家看看，我认为这是"爱心核桃""扶贫核桃"，看看他们就知道奔小康的历史使命与实际差距有多远，他们需要我们每一个有爱心的人去帮助。每买一斤核桃就是对扶贫工作的一次支持。

（4）吕梁市兴县蔡家会镇狮子洼村党支部副书记樊婷和当地红枣企业联合创业，她以微商的形式为当地红枣滞销百姓卖红枣。

爱心助农活动现在开始啦！由山西省吕梁市兴县大学生村官樊婷发起，号召人们：献出自己的一份爱心，便可增加一份农民的收入，同时公布了自己的联系电话

（18636970804）和微信号，为这个爱心助农活动牵线搭桥。

（5）刘清河和他的微店——清韵盔饰。在艰苦的条件下，刘清河开始带领乡亲们加工和制作戏曲盔饰。随着产品的相继问世，摆在眼前的唯一问题就是"如何销出去"。为了打开销路，他四处推介，并每天跑到乡里上网，借助多媒体、互联网向外界发送信息，终于使产品走向了北京、上海、香港乃至新加坡，甚至还入驻到了川剧博物馆。如今，"清韵"注册了商标和版权，成为了沁县的一个重要的文化地标，并被山西青年报评价为"中华戏曲，不可或缺的沁县盔饰"。同时，他受到特邀参展第三届中国（山西）特色农产品交易博览会，参会全国第十三届村长论坛，参展第二届山西文化产业博览交易会。

（6）临汾市襄汾县古城镇南侯村王龙宇创办的古城镇桃花洞土鸡养殖专业合作社，在十里八乡都小有名气，虽然卖出的土鸡和鸡蛋比普通的鸡和鸡蛋价格要贵一倍，但是每天排队买的人却不少。现在，全镇有 9 名大学生村官加入到这个创业团队，养殖土鸡 3 000余只，开启了大学生村官组团创业之路。

和老关家食品开发有限公司一样，目前，山西三合成农副产品开发有限责任公司、景毛乡晋丰果业专业合作社已经成为大学生创业研究基地，打出了"大学生村官农副产品配送"这一品牌，下一步将进军太原、北京等高端市场。

"我们大学生村官不一定要参与到商业的所有环节。"作为这个创业团队的带头人王龙宇说，"做不了产品的生产也可以做销售这个末端环节嘛，这个环节成功了，也是创业的一部分。"开启微商销售模式，"去除了产品与消费者之间的隔阂"。

虽然古城镇大学生组团创业的时间不长，但是崔丽晶、赵琨、樊丰颖和贺素娅已经喜欢上了这个创业团队的氛围。"没事的时候我们就互相交流，常常可以碰撞出很多奇妙的火花。"贺素娅说，而赵琨正在雄心勃勃地规划着她的未来："现在我们的工作主要是把销售渠道建立起来，我把养鸡的图片发到了微信圈里，QQ 群里，现在好多的亲戚朋友都要预订呢。"

临汾市市民王女士说，"我女儿刚生完孩子，前些天通过微信向这些大学生村官订购了大量的土鸡蛋和土鸡，非常方便。"

家在太原的石先生说，"我在微信圈里看到同学销售辣椒，就订购了一箱，他们的辣椒酱吃着放心。"

"我们现在才刚起步，一切都在摸索当中，虽然每天的营业额比较少，但是我们相信，微商已经成为互联网销售的一支重要力量，今后的前途不可限量。"大学生村官赵琨说。

"微商与电商最大的不同就是，一般电商都以商品为中心，微商则是以人为中心，建立圈子才是最重要的。现在我们将土鸡、土鸡蛋、辣椒酱、老关家肘子、苹果等产品放在微信、朋友圈里，开启微商 O2O 模式，通过熟人关系链实现口碑传播。"王龙宇介绍说，"这种销售方式最大的好处就是去除产品与消费者之间的隔阂。"

现在，在这群大学生村官的微信群里，每天都会发布一些产品的图片，有土鸡的成长照，有苹果的采摘照等。"这是属于我们大家的空间，这里不光有我们创业的心得体会，还是一个有故事的地方，有人与人美好的相遇，有思维的碰撞，有心灵的交流。"

（7）"村官群体应该引领新风尚，否则就是死水一潭。"这是孙京民对大学生村官干事创业的要求。今年，浮山县着力推进电子商务产业，孙京民首先想到的便是大学生村官，

4月份组织的浮山县首届电子商务培训班，他要求为大学生村官留足参训名额。在领导的倾力支持下，大学生村官虚心学习，耐心交流，逐渐从电子商务的门外汉变成了行家里手。目前在岗的74位大学生村官，有40余人有意愿开展电子商务创业，已有5人开办了网店，从事土特产、化妆品、服装销售等项目。

（8）全国首家大学生村官电商平台——北京一品一村网络科技有限公司（一品一村Taste&Village）是致力于全国第一家大学生村官的保姆式电商平台，通过大学生村官，致力于为大家寻找特色农产品，特色生态旅游。服务理念是包装，设计，宣传，免费。"一品一村"，品"即为产品品质的保证，又为村官的品质素养的保证"；村"不仅仅代表一个村子，还代表整个村的历史追溯，文化习俗和生态文明"。

"一品一村"始终有五个坚持：坚持原产地，坚持无污染，坚持可追溯，坚持最新鲜，坚持原生态。网址：http：//www.yipinyicun.com。

（9）3市8县将建农村电商服务中心，解决山西农村电子商务"最后一公里"物流配送难题。10月24日，省供销社旗下我省首家大型涉农电商综合服务平台"农芯乐"商城农村电商项目签约仪式借农博会平台举行，临汾、运城、长治3市8县的农村供销社与其签约，近日将在涉及的县城设立电商服务中心，在乡镇设立电商服务站，年底在全省完成20个县级服务中心，2 000个村镇服务站点的建设任务，5年内覆盖全省行政村，解决我省农村电子商务"最后一公里"物流配送难题。

山西供销"农芯乐"商城8月8日上线以来，功能逐步完善，目前可实现展示、交易、培训和物流四大功能。商城目前设有6个业务板块，入驻优质商户63家，上线商品达1 800余种，商城会员超过800个，每天点击量有2 000多，预计年销售额将突破1亿元。未来5年，"农芯乐"将实现电商人才培训万人计划。2017年，争取业务范围覆盖全国，新三板上市。2020年，力争实现全省供销合作社约5万个经营网点和行政村全覆盖，年交易额突破500亿元。

"农芯乐"商城未来业务范围将覆盖全国。前不久，中国邮政与省供销社达成战略合作协议，将通过中国邮政物流把"农芯乐"商城上线产品送往全国基层村庄，并承诺省内村庄一日到达，有效解决我省农村网上购物"最后一公里"配送难题。大学生村官可以借助上面现有的平台推广自己的产品！

（10）国务院办公厅印发《关于促进农村电子商务加快发展的指导意见》。新华网北京11月9日电：近日，国务院办公厅印发《关于促进农村电子商务加快发展的指导意见》（以下简称《意见》），全面部署指导农村电子商务健康快速发展。

《意见》指出，农村电子商务是转变农业发展方式的重要手段，是精准扶贫的重要载体。通过大众创业、万众创新，发挥市场机制作用，加快农村电子商务发展，把实体店与电商有机结合，使实体经济与互联网产生叠加效应，对于促消费、扩内需，推动农业升级、农村发展、农民增收具有重要意义。

《意见》强调，按照全面建成小康社会目标和新型工业化、信息化、城镇化、农业现代化同步发展的要求，深化农村流通体制改革，创新农村商业模式，培育和壮大农村电子商务市场主体，加强基础设施建设，完善政策环境。到2020年，初步建成统一开放、竞争有序、诚信守法、安全可靠、绿色环保的农村电子商务市场体系。

《意见》明确三方面的重点任务：一是培育农村电子商务市场主体。鼓励电商、物流、商贸、金融、供销、邮政、快递等各类社会资源加强合作，参与农村电子商务发展。二是扩大电子商务在农业农村的应用。在农业生产、加工、流通等环节，加强互联网技术应用和推广。拓宽农产品、民俗产品、乡村旅游等市场，为农产品进城拓展更大空间。三是改善农村电子商务发展环境。加强农村流通基础设施建设，加强政策扶持和人才培养，营造良好市场环境。

《意见》提出七方面政策措施：一是加强政策扶持力度。深入开展电子商务进农村综合示范。制订出台农村电子商务服务规范和工作指引。推动电商扶贫。二是鼓励和支持开拓创新。开展农村电子商务创新创业大赛和农村电子商务强县创建活动。三是大力培养农村电商人才。实施农村电子商务百万英才计划，培养农村电商人才。四是加快完善农村物流体系。加强农村物流服务网络和设施的共享衔接，加快完善县乡村农村物流体系。加强农产品产地集配和冷链等设施建设。五是加强农村基础设施建设。完善电信普遍服务补偿机制，加快农村信息基础设施建设和宽带普及。促进宽带网络提速降费，加快农村公路建设。六是加大金融支持力度。加大对电子商务创业农民尤其是青年农民的授信和贷款支持，简化农村网商小额短期贷款手续。符合条件的农村网商，可按规定享受创业担保贷款及贴息政策。七是营造规范有序的市场环境。加强网络市场监管，打击制售假冒伪劣等违法行为，推进农村电子商务诚信建设。

第35题　任职期满后，你期望？　　［多选题］

A. 转为公务员（33）；B. 进入事业单位（28）；C. 继续留任（20）；D. 考研（3）；E. 自主创业（15）；F. 其他（2）。

第36题　如果分流后，你目前的合作社和或企业，你希望？　　［多选题］

A. 继续保留法人，继续创业（29）；B. 交给留任的村官（14）；C. 由当地村干部接管（23）；D. 矛盾的心里，不想交给他人（4）；E. 你的好建议（1）。

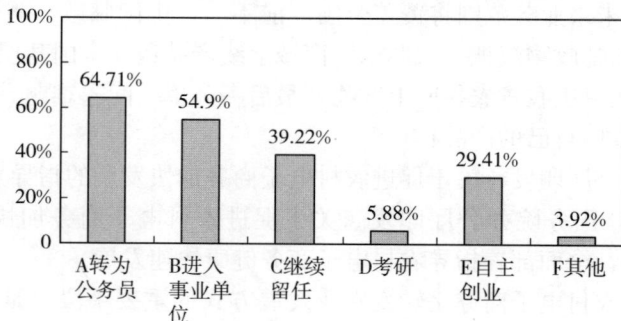

图29　期望的岗位

第37题　对于目前当地2006、2007、2008年任职村官分流的岗位，你觉得合适吗？［多选题］

A. 与专业不相符，很难适应（10）；B. 能分流就很不错了，不在乎岗位（21）；C. 对目前分流的岗位不太满意（5）；D. 分流没有达到期望值，期望更好的岗位（17）；E. 其他（8）。

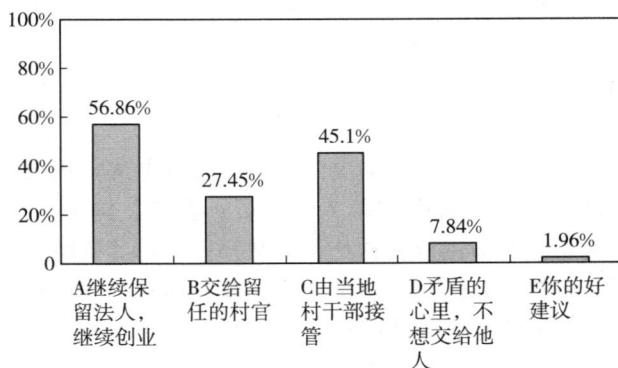

图 30　合作社的去向

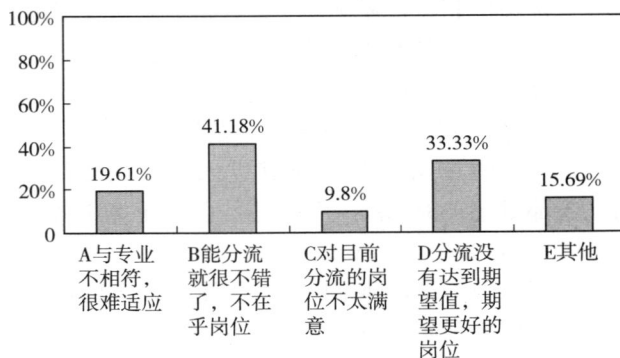

图 31　对目前分流岗位的态度

从图 29 可见，村官身份的转变一直是他们关注的问题，64.71％及 54.9％的村官期望转入公务员或事业编，39.22％及 29.41％的村官希望继续留任及自主创业，留任的村官有张新苗，巩波，刘学敏，郭海林等。仅有 5.88％的村官继续考研。

从图 31 可见，41.18％的村官认为能分流就不错了，不在乎岗位，33.33％的村官认为分流达到预期值，期望更好的岗位，19.61％村官认为与专业不相符很难适应。我们组织部门根据各地的实际安排促进村官的有序流动。

（1）针对我省大学生村官基数大、流动压力大的难题，省委组织部在积极引导大学生村官服务农村社区的同时，实行了省市县三级联动多样化择业的大学生村官有序流动机制，收到明显成效。截至 5 月底，全省 20 176 名大学生村官通过不同渠道转岗择业，在岗大学生村官已由峰值时的 3 万多人降至 9 880 名。

大力开展三级联动。省委组织部下达了全省各市县有序流动指导计划，明确了 11 个市、119 个县（市、区）和 2 个开发区大学生村官有序流动任务和重点，分解了"老村官"流动的比例和数量。同时建立了市县大学生村官有序流动月报制度、专项报告制度和招聘招考的惩戒制度，对在岗村官人数在 100 名以上的县（市、区）进行重点督导帮助。去年 7 月以来，共有 4 293 名大学生村官实现了流动，其中有 86％为服务满两个聘期的大学生村官。

全力破题考核招聘。积极办调省人社厅等相关部门，明确了省市县乡四级事业单位的招聘比例，即：在社会招聘中省市两级事业单位招聘占到12％比例，县级事业单位招聘占到40％，乡镇事业单位招聘的占到100％。仅2014年，全省就有3 600名大学生村官进入县乡事业单位工作。

奋力拓宽流动渠道。采取函询和主动上门征集需求等办法，积极争取中央驻晋单位和省属国企、金融机构从大学生村官中招聘工作人员。去年，神华集团、邮储银行山西分行、中国人寿山西分公司、晋商银行和省产业扶贫开发公司共招聘大学生村官178名。同时积极争取省财政厅、省扶贫办建立大学生村官创业专项资金和扶贫到户项目，加大创业支持力度，目前已有1 753名大学生村官到民营企业和自主创业或自谋职业。

着力从严考核管理。修订出台了《山西省大学生村官考核办法》，统一了全省考核标准、实施主体和考核程序；开展了全省集中清理乡镇等单位借用大学生村官工作，进一步严明了到村工作纪律，规范岗位职责，强化了乡镇（街道）党委书记和分管领导的责任意识。据统计，近年来全省共有156名大学生村官因违反工作纪律被解聘。

倾力培育村社干部。经过连续两年开展践行党的群众路线教育实践"六个一"活动，一大批有知识有能力的大学生村官得到组织推荐和基层群众认可。在去年开展的全省村"两委"换届选举中，90.3％的在岗大学生村官进入村"两委"班子，比上届提高了22.1％，其中担任村党支部书记1 845名，担任村委会主任449名（资料来源：http：// www. sxdygbjy. com/gzdt/ 235 262 609. html）。

（2）对大学生村官有序流动工作，孙京民也特别重视，亲自安排。浮山大学生村官存量基数大、流动任务重，而机关事业单位空编又很有限。为此，孙京民多次与有关领导和部门商量，亲自到上级申请计划，并将有限的名额全部用于大学生村官流动，最终成功流出49人，超额完成流动指标。

从图30可见，56.86％的村官希望分流后保留法人继续创业，但目前没有政策扶持结束村官的人可以继续创业。这也是已经创业并有一定规模的村官不想分流的一部分原因。45.1％村官谈到可以由当地村干部接管，但又担心他们后续的管理以及一些经营理念出现问题。交给留任的村官占到27.45％，已经有一些地方的村官实现了这样的衔接。但还有一些村官讲到他们分流后法人还是自己，但合作社已经不再运营，他们该如何办？是继续保留还是取消原有的合作社？这些都是曾经或正在创业的村官的一些困惑，我们会在以后的调研中给予更多关注。目前很多创业村官将分流出去，缺乏后续政策的延续，希望组织部门领导能帮助他们解决这些问题。

张新苗选择继续留任创业，而已经分流的贺正辉在纠结中，苦心经营的大学生村官杂货店由于工作原因不能全身心地投入，相信后续会有政策出台，鼓励创业的大学生村官们！

据了解，从2012年以来，长子县先后有17名大学生村官获得了长治市大学生村官创业促进会的帮扶，项目涉及文化传媒、林木花卉、果蔬种植、畜禽养殖等行业和领域，为全县大学生村官投身创业实践树立了良好榜样。17名大学生村官中，已有序流出7名（其余2个项目已实现有效接续），其余大学生村官创业项目运作正常，为当地农民群众增收致富发挥了积极作用。

我们可以学习长子县的经验，使创业项目继续延续下去。

第 38 题　你认为"大学生村官计划"还需要哪些改进？　　　［填空题］

表 6　大学生村官计划还需要哪些改进

1	选一些真正干事的人到农村来工作
9	对表现优秀的大学生村官在考录公务员和事业单位人员能有充足的优势，保证干得好的流动好
10	希望组织能够更多关心那些扎根基层，一心扑在工作上的村官
11	可以有一些专门针对村官的公务员考试，比如之前的乡镇公务员招聘现在取消了
12	大力提高在职村官待遇，吸引年轻有为的青年加入这个队伍，为"十三五"规划贡献更多力量
13	一是在招考时加大宣传；二是加强村官与选调生制度结合；三是加强选调生政策宣传和政策支持
15	确定身份，严格管理
16	少而精，实干型多招收
17	更大的空间，更多的舞台
18	多给点政策，真正让大学生村官能够为新农村建设和全面建成小康社会做出应有的贡献
20	加大政策扶持，对创业的部分村官，加快流动速度
25	专业对口进入农村，应以更高更好的条件留住原有的村官，最好就地留任，有经验的村官分流对于基层工作是损失
29	重质少量，因岗招人
31	大学生村官进村尽量与专业相符，比如学农的村官分配到以种植业为主的农村更能发挥其专业优势，更好更快地适应当地的环境
33	对大学生村官之后的出路更明确些

从表 6 可以看出，大家期待更多更好的政策出台，在准入之初就解决村官的身份问题，使他们可以安心踏实地工作，加强大学生村官与选调生制度的结合，选取专业更适合农村发展的村官，让真正干得好的村官流动得好等。

第 39 题　针对你目前创业中面临的困难，期望得到哪些方面的支持？　　　［填空题］

表 7　目前创业中的困难期望得到哪些扶持

1	政策，资金
9	政策支持，资金支持，上级的关注
11	政府资金的支持不应当流于形式
12	资金方面，政策优惠，技术方面
13	技术，资金
15	管理资金
16	土地协调问题，加大资金投入

（续）

17	得到组织的支持
18	政策支持，资金支持！
19	政策方面的支持，市场机遇的灵活掌控
20	资金方面和管理方面的帮助
25	技术方面辅导，和专家及成功人士的引领指导，才能在疑惑中不断克服困难前进
26	技术指导，政策扶持的力度
27	相关政策和资金支持
28	需要更完善的指导

从表 7 可见，政策的支持力度以及落实程度和资金的支持还是目前大部分创业村官期望得到的扶持。政策落实到位，村官才能受益，我们真诚希望各地组织部门能够把创业资金落实到位并有后续的监管措施。

我们组织部门可以学习浙江金华样本，为山西创业村官的电商微商之路牵线搭桥。金华市 2014 年下半年就出台"村官创业贷款指导意见"，为村官提供 100 万元以上额度的贴息贷款；启动大学生村官电商创业富民"百人计划"；开展千名村官电商创业大轮训；举办村官电商创业大赛；成立村官电商工作室……

四、结　　论

农村电子商务方兴未艾，大学生村官作为随着互联网成长起来的一代，在电商发展大潮中有天然的优势。然而，相较于发达地区，贫困地区思想易趋于保守，创业服务保障不到位，这种情况下，大学生村官即使有了好点子，往往也难以鼓起勇气，付诸实践。因此，各级党组织要顺势而为、因地施教、因境施策，推动贫困地区大学生村官积极参与低成本、低风险的农村电商创业，帮助他们"练胆""熟手"。

要搭台唱戏，成立村官电商创业协会，整合本地特色农产品，以此为平台向村官提供电商代运营、电商美工、员工培训等低价高质的配套服务。要树立导向，对实效明显的电商项目进行专项奖补，优先评先评优；对创业活动中表现突出的大学生村官，重点培养，优先使用，条件成熟的推荐为村"两委"正职，充分发挥创业典型的宣传带动效应。要营造氛围，定期组织策划"创业富民"大讨论、创业论坛、创业成果展示等活动，积极引导大学生村官树立创业意识，点燃创业激情，营造"比、学、赶、帮、超"的创业氛围。我省部分大学生村官已经在传统创业的模式下进行电商、微商新模式的运行，很多人刚刚起步，规模还不是很大。一些县市也在出台相应的政策对大学生村官进行电商的培训，创业的村官期望得到创业资金的扶持和政策的长效扶持。创业扶持资金的监管希望得到各地组织部门的重视，保证资金的合理有效利用。各地组织部门帮助村官搭建电商平台，多一些创业村官的电商培训，更好地促进他们的成长。同时目前全省加大大学生村官的分流将面临新的问题，创业村官的创业项目将由谁来接管或如何保证创业项目能继续下去，希望有新的政策能够推动。

以"小农经济"为鉴
开创中国特色现代农业新局面

中共苏州市吴江区桃源镇委员会　钱振华

"农为邦本，本固邦宁"。2016 年，中央 1 号文件发布，已连续 13 年聚焦"三农"问题，并首次提出农业供给侧改革，着力构建现代农业产业体系、生产体系和经营体系，加快推进农业现代化进程，以发展新理念破解"三农"新难题。在向农业现代化大举迈进中，在"小农经济"一词快要被现代农业"高大上"的词汇淹没的今天，我们是否思考过，如果脱离中国农村实际和"小农"根本利益，贸然推进农业现代化，反倒有可能会使农民、农村进一步边缘化，进而产生新一轮"三农"问题。

一、以史为鉴、立足国情，辩证看待"小农经济"利与弊

经济基础决定上层建筑。发展什么样的现代农业，还得看建立在什么样的农业经济基础之上。中国古代经济是以"小农经济"为主体的自然经济，长期领先世界，以此为基础形成了历史悠久的中华农业文明，并延续数千年之久，至今仍是中国最大国情之一。从我国现代化进程来看，"小农经济"符合中国人多地少，城镇化发展不充分的现状。尤其是改革开放以来，我国农村实行家庭联产承包责任制，充分调动了亿万农民的生产积极性，极大地解放和发展了农村生产力。这期间推行的"统分结合"经营模式，尽管在规模化、机械化层面实现了一定程度的"统"，初步形成了现代农业生产体系，但本质上还是以一家一户"小农"分散经营为主，还未从整体经营层面上解决"统"的问题。但与历史上的"小农经济"相比，已经发生了本质性的变革。总体来看，"小农经济"不仅保证了我国粮食安全，为工业发展和城镇建设提供了富余劳动力，而且还带来了稳定的社会体系。

习近平总书记强调："任何时候都不能忽视农业、忘记农民、淡漠农村。"随着经济社会的发展和进步，"小农经济"的组织形态、农民意识和其固有的分散性、封闭性和孤立性等不足，已逐渐不适应农业生产力发展水平和社会化大生产需要。但由于目前我国仍有 6 亿多人口常年居住在农村，加之当前外部经济下行压力加大、工业经济转型艰难、城市生活成本高涨，在外创业、打工的 2 亿多农民随时有可能回流到农村维系生计，轻易否定以家庭联产承包责任制为基础的"小农经济"，盲目追求规模流转，快速挺进现代农业，则无益于农村社会稳定，尤其是诸多贫困地区的农村，更需要依靠农业来致富农民、发展农村，解决基本温饱问题。"小农经济"的稳定器与蓄水池作用在未来一段时期内依然需要，并将搭乘城乡一体化和农业现代化的东风再次绽放别样光彩。

二、以供给侧思维凝聚"小农"合力，破解"三农"难题

目前，我国农业的生产力已达到一定水平，尽管科技力量尚显薄弱，但机械化程度显著提升，关键是改变农业生产关系，提高全要素生产率。"小农经济"农民有积极性，但不具竞争和组织优势，这导致我国农业在现代化过程中出现了结构与市场的错位，还有新型农业经营主体的越位等问题。一方面从农产品供给来看，我国农产品基本能保证供给，但农产品大路货居多，还不能满足人民群众消费升级的需求，这使得"小农经济"无力也无从应对市场大环境，未能有效参与市场竞争和效益分配；另一方面农村中青年人大量外出就业或就近打工，老龄化严重，劳动力减少，农地流转现象普遍，这让资本下乡成为可能，但大都简单以土地租赁代替合作开发，采取与农民收入增长脱钩的经营模式，致使农民话语体系和主体地位逐渐被削弱。

习近平总书记指出："中国要强，农业必须强；中国要美，农村必须美；中国要富，农民必须富。"最近，中央首次提出农业供给侧改革，与当前经济转型升级方向相一致，农业供给侧改革不是聚焦数量问题，主要是结构和效益问题。农业作为农民增收、农村发展的最主要载体，发展得当可以普遍致富农民，首要的是想方设法提高农民主体地位，叠加好农村综合改革其他方面优势，促进"三农"问题的整体解决。由此而言，农业供给侧改革其实质就是"三农"侧改革，这就要求我们从供给侧思考"三农"，首要考虑的一个问题就是"三农"的主体供给，专业大户、家庭农场、农业龙头企业等新型农业经营主体只是农业生产的基本主体，真正的"三农"发展基本主体应该是以家庭联产承包责任制为基础的农民合作共同体。按照这个思路，农业现代化必然首先是农民的现代化，具体是农民组织制度的现代化，重在提高其平等参与市场竞争的能力。对此，我们要通过组织制度变革，发挥"1＋1＞2"的"乘数效应"，着重在"三权分置"基础上深化土地确权成果应用，实现农民合作组织成员权与管理权统一下的土地流转和适度规模经营，从"组织农民"向"农民组织"转变，从组织上保证农民利益的长效性，以此为基础构建现代农业经营体系。所以，新时期"小农经济"的基础性作用依然值得高度重视，并在农业现代化过程中更好地将"小农"，还有土地等资源要素组织起来，由小到大、由点及面，成倍放大农业经济。

三、促进"小农经济"与现代农业互融共促、相得益彰

谈古论今，以史为鉴，"小农经济"尽管有其落后的一面，但也有着诸多的内在优越性。"小农经济"中的农民有充分开发土地和提高劳作效率的本能，有着"敬时爱日，非老不休，非疾不息，非死不舍"的惊人生产能力，最为典型的就是家庭联产承包责任制，既搞活了微观农业，又保障了宏观需要。此外，"小农经济"生产过程中体现出的资源高度整合、物质生态循环、农村文化文明等农业天然属性，是一般现代农业所不具备的。从中国国情农情出发，我国地大物博、人多地少，城镇化发展不充分，经济步入新常态，单就农村来看，村庄形态多样、农业资源丰富、地域文化各异，发展现代农业必须适应各地

农业基础的多样性，因地制宜甚至因村制宜，宜大则大、宜中则中、宜小则小，这契合"小农经济"生产模式，灵活多样、普遍适用，能容纳各种不同生产力。所以，以"小农经济"为鉴发展中国特色现代农业，既坚持了正确的改革方向，从"小农"立场推进农村综合改革，又能以史为鉴，取其精华、去其糟粕，在合作发展基础上更好地延续和发挥农村文化文明优势，使"小农经济"与现代农业互融共促、相得益彰。

以"小农经济"为鉴，推进农业纵向一体化。"小农经济"虽小，但却能充分整合家庭范围所属人员以及农业农村各类资源要素，通过家庭成员分工与合作，最大限度服务于农业从生产到经营一条龙。但以家庭为核心，一定程度上限制了"小农"分工半径的延伸。要实现"小农"生产方式的转型，就是要让农民跳出家庭，参与更大范围内的分工合作。如今，大企业跻身现代农业已成为时尚潮流，农业龙头企业与"小农"的合作，可以有效对接市场，解决产品销路问题，让农民尝到甜头，还可以通过打造上下游全产业链，推动产加销衔接，达到纵向一体化整合的目的，让农民承接现代农业"溢出效应"。但需要注意的是，要谨防资本之意不在"农"，引进龙头企业是要带动农民发展现代农业，而不是代替农民发展现代农业，绝不能只讲土地流转，而偏废以家庭承包经营为基础、统分结合的双层经营体制，在这个问题上不能迟疑动摇，防止发生"挤出效应"。当下，随着"互联网＋农业"的推广运用，通过重建新型消费关系，有望破解食品安全问题，更大提升农民受益空间。

以"小农经济"为鉴，发展农业循环经济。"小农经济"的生产方式，最重要的原则是遵循了"物质可循环原则"。例如，一些地区农民种植双季稻的同时，在自留地上种植蔬果、自给自足，栽桑养蚕、缫丝织绸，还可以利用余粮供养家禽，甚至让垃圾入地、粪肥还田，农闲时农民制作的手工艺品又能进入市场流通销售。这种原生态的微观农业循环体系，与中央提出的大力发展农业循环经济的思维模式不谋而合。以此为鉴，我们要深入挖掘农业多种功能，发挥农村独特优势，将各种工农业新型农业经营主体横向并联，形成相互之间循环化利用的格局，最大可能让农业生产资源"零浪费"，生产过程"零污染"，让更多新型主体成为"大自然的搬运工"，实现横向一体化发展。通过以上两种形式，可以将纵横交错的涉农产业网络串联起来，这不仅有助于构建现代农业产业体系，还能促进外围产业，比如物流、新能源、生物科技等新兴产业的集群发展，拓宽有机农业发展空间，从更高层面推进产加销衔接、农牧渔结合、一二三产业融合，满足更多农民就业、创业需求，带动广大农民增收致富，培养造就新型职业农民梯队。

以"小农经济"为鉴，助推农村发展再平衡。"小农经济"既是一种文明形态，更是一种生活方式。长期在都市打拼的人们都羡慕田园牧歌般的生活，"采菊东篱下，悠然见南山"，而"小农经济"却可以让我们开启"乡愁模式"。这要求我们转变农村发展理念，绣好城乡发展这块"双面绣"，让乡愁有所寄托，让美丽形神兼备，用好城市和农村两种资源、两个市场，助推新型城镇化渐进式、可持续发展。党的十八届三中全会通过的《决定》提出："慎重稳妥推进农民住房财产权抵押、担保、转让，探索农民增加财产性收入渠道。"对此，我们要大力发展休闲农业和乡村旅游，凭借"一亩三分地"或联合或单独开发"农家乐"，发挥农民住房财产旅游开发或金融杠杆作用，通过优化农业农村发展环境，吸引大量城市人口进住农村，特别是互联网信息技术的运用，使乡村从"小农经济"

的封闭性走向开放性，让农村看得见、摸得着，更能享受得到，让每一亩土地都成为每家农户的一个"创客空间"，最终使农村土地升值、农业增值，产生"溢价效应"，实现新型城镇化的就地突破，取得城市发展与农村发展之间的再平衡。可以说，乡村旅游和休闲农业作为中国农民的再一次创业，将使中国农村发生"五千年未有之变局"。

四、在中国特色现代农业框架下为"小农"发展保驾护航

当前，"三农"政策中存在的明显问题，就是缺乏将"三农"问题置身于特殊国情农情语境下考量的担当自觉与历史耐心，对"三农"的政策供给与服务对象不够精准和清晰。各级党委和政府作为"三农"政策与服务的重要供给者，当务之急是要改革自身，切实为"小农"保驾护航，为现代农业指点迷津。特别是在中央大力推进城乡一体化和农业现代化的大背景下，要紧紧围绕农民增收这个核心，保持战略定力，从"小农"立场出发，重点处理好以下四对关系，为"三农"事业发展打开更大腾挪空间。

一是处理好左与右的关系。长期以来，西方霸权主义给中国预设了一条以发达国家为模板的普适性发展路径，在农业上也不例外，这种意识形态以排斥或取代"小农经济"为目的，与中国实际背道而驰。但反过来也不能单纯力挺"小农"而忽视规模和效率双重问题，使农业经济落得个"三个和尚没水喝"或"各人自扫门前雪"的不利处境。要尽快厘清极左极右、非此即彼的两种不当农村改革思潮，摒弃分歧、统一思想，变各行其道的探索实验为更加统一的制度供给，确保政策符合发展之要、农民之需，全面清理当前"三农"领域的话语、政策和组织体系。

二是处理好内与外的关系。现今，城镇建设靠政府大量投资造城，通过外部行政力量推动农民进城、上楼已并不完全可行，随着经济步入新常态，新型城镇化瓶颈也日益凸显。而农村天地广阔、资源富硕，要不断探索多种形式的土地流转适度规模经营新模式，并通过统筹利用、调优盘活农村集体土地，对牵涉农民的土地利益进行再调整、再优化。要严守"农民得实惠"这一改革"生命线"，着力增强"三农"发展的内生动力，切忌把大量的精力、财力投入到城镇建设上，导致对新农村建设厚此薄彼，要坚持推进新型城镇化与新农村建设"双轮驱动"。

三是处理好上与下的关系。对上负责就是要在思想上、政治上、行动上与党中央保持高度一致，将上面的要求与下面的实际有机结合。农村改革没有屡试不爽的模式，各地农村发展历程不尽相同，切忌落实上级政策"照葫芦画瓢"，搞"一刀切"。要因村制宜，一村一策，不能集中于几个"点"专搞典型样板，要提升推广实现"面"上发展。要善于整合各种涉农政策平台，农村政治精英、经济精英和社会精英，构建起支持农民首创的"统一战线"，并提供网上、网下，横向、纵向等各种经营方式和产业链条的服务与支持，只有真正对数以亿计的农民群体负责才是最好的对上负责。

四是处理好大与小的关系。近年来，随着城镇化、工业化的快速推进，相比于经济建设政府所获得的丰厚GDP相比，地方政府往往"善小而不为"，农业发展客观上受到诸多因素干扰，导致资本下乡"非农化"现象普遍，这些都背离了农村改革的初衷，致使农民利益不断被"边缘化"，农业可持续发展面临严峻挑战。对此，各级党员干部要谨防"政

绩冲动症"，树立科学政绩观，心怀"小农之情"，以"挖地三尺"的决心和"入农三分"的耐心，与农民一道发展，特别是要抓住农村基层党员干部这个"关键少数"确保农民群体这个"最大多数"，把新型农民合作组织培育成未来农业经济的"操盘手"。

富含中国特色的现代农业，可以说是 21 世纪最具想象力的产业，恰如万花筒一般色彩斑斓，令人眼花缭乱。现代农业的利益空间与发展空间，正向创新创业的年轻人招手，并即将掀起一波造福亿万农民的"现代农业新浪潮"。以"小农经济"为鉴开创中国特色现代农业新局面，可以有效激发"三农"发展活力因子，致富农民、发展农业、建设农村，释放农民消费巨大潜力，拉长农业"四化同步"短腿，补齐农村全面小康短板，为新常态下经济社会发展作出新一轮贡献。

用"五个精准"发挥大学生
村官脱贫攻坚青春力量

重庆市丰都县委党校常务副校长　　代正光

2016 年是"十三五"开局之年，是脱贫攻坚"啃硬骨头""攻坚拔寨"的关键之年。大学生村官作为脱贫攻坚的新生力量，必须要进一步强化政治意识、精准意识、攻坚意识、打赢意识，以"五个精准"为依托，助理脱贫攻坚。

一、用精准派遣"定向滴灌"

一是明确派遣原则。按照政治素质好、热爱农村工作、敢于担当、善于做群众工作、开拓创新意识强的要求，按照回原籍和就近安排的原则，重点派往建档立卡贫困村、工作后进村。同时，尊重本人意愿，注重发挥专业特长，把大学生村干部派驻到贫困村与驻村帮扶组一起开展脱贫攻坚工作。二是定位任务目标。大学生村官和扶贫（驻村）工作队以完成"治穷、治弱、治乱"任务为限，驻村时间不少于 1～2 年，引导大学生村官向精准扶贫户开展致富脱贫、关爱帮扶、就业创业、矛盾化解、助学圆梦活动。三是加强岗前培训。立足于大学生村官扎根农村、干事创业、锻炼成长，助推精准扶贫、精准脱贫，推行以岗前培训、专题培训、赴外培训、网络培训和结对帮带、以老带新为主要内容的"四培两带"培养机制，提升其工作能力。四是实施结对帮扶。按照"一对一""一对多"帮扶的模式，大学生村官与贫困户结成对子，通过精准介入、精准帮扶，千方百计带动农户如期实现脱贫。

二、用精准识别"采样成像"

一是深入调查。充分发挥大学生村官熟悉基层，了解群众的工作优势，通过深入群众、调查摸底，全面了解掌握贫困户生产生活状况，分析致贫原因，并将贫困现状梳理归类，为开展精准扶贫提供第一手资料。二是建立档案。大学生村官要与驻村帮扶组一起，按户精准建档立卡，摸清贫困原因，找出致贫根源，建立"一户一卡"脱贫档案，有针对性地进行帮扶。三是制定规划。大学生村官要协助驻村工作队，按照"一户一策"要求，制订脱贫规划，通过落实产业扶持、创业贷款、教育资助、救灾补助、大病救助等政策性保障措施，确保脱贫销号。四是争取项目。要加大工作力度，与驻村工作队积极向帮扶单位、上级单位争取脱贫项目，积极筹措资金。要坚决杜绝套取、截留、挪用、挤占扶贫资金等违纪违规行为，确保每笔钱用在刀刃上。

三、用精准宣讲"传声配音"

一是及时宣讲。重点围绕深入学习扶贫攻坚专业知识、政策法规及上级相关文件精神等相关内容，定期深入田间地头和贫困户家中，全方位、深层次地宣传中央、省市及地方精准扶贫相关会议精神及精准扶贫政策措施。二是全面释疑。对照脱贫目标，运用自己的知识帮助贫困户寻找切实的致富点子，提供农村法律法规帮助，及时解答贫困户的疑惑和提出的问题，用听得懂、记得住的语言和道理引导贫困户转变思想观念，增强主体发展意识。三是宣传典型。要加大脱贫攻坚政策、脱贫致富事迹、先进典型人物的宣传力度，激励、鼓舞、引领贫困户脱贫，并及时总结在扶贫攻坚思路、举措、机制等方面的探索创新，积极向各大主流媒体、网站报送并力争多刊用。四是反馈信息。大学生村官要发挥"一线情报员"的作用，实行动态汇报监测制度，及时向上级汇报贫困户的收入情况、帮扶情况、政策落实情况等信息，为加大精准扶贫工作成效提供依据和保障。

四、用精准作战"挂图销号"

一是抓好政策落实。大学生村官要协助驻村工作队，通过落实产业扶持、创业贷款、教育资助、救灾补助、大病救助等政策性保障措施，确保脱贫销号。二是抓好动态调整。抓好贫困户动态管理，让扶贫对象"当出则出、当进则进"。要采取"倒排序"法，精准识别贫困户，建好贫困档案，再将识别数据全部录入全国扶贫信息网络系统大数据平台。三是抓好产业发展。对照产业项目清单，大学生村官要定向"喷灌"，帮助贫困群众"换脑、增智、造血、夯基"，采取"大户＋基地＋大学生村官＋贫困户""工作队＋高校专家＋大学生村官＋专业合作社"、抱团创业等多种发展模式，引导大学生村官挖掘优势资源，发展本地特色产业。四是抓好驻村帮扶。大学生村官要妥善处理好贫困村与非贫困村的贫困人口的矛盾化解工作，为脱贫攻坚工作的开展奠定稳定基础。要把短期脱贫攻坚任务和长期脱贫致富结合起来，建立利益链接机制，把重心放在发展致富产业上，确保贫困户实现稳定脱贫。

五、用精准建制"添码加筹"

一是严格管理制度。制定出台大学生村官助推脱贫攻坚管理办法，明确由组织部门和乡镇党委共同负责大学生村官日常管理，引导其带头勤奋学习，带头争创佳绩，带头服务群众，带头改进作风，带头弘扬正气。二是严格召回制度。组建督导组对大学生村官实行每月督查、检查通报，对不称职的实行"回炉"教育、"召回"问责，确保工作有力推进。三是严格纪律制度。要求大学生村官不准擅自离开工作岗位，不准收受驻点村群众的任何财务，不准接受群众的宴请，不准在驻点村报销应由个人或者派出单位支付的任何费用，不准挪用帮扶资金。四是严格考核制度。大学生服务期满，由组织部门会同乡镇党委，采取述职测评、走访群众、实地察看、民主测评等形式，对其驻村情况进行考核，结果作为选聘期满是否考核合格的重要依据。五是严格待遇保障。要求各级财政落实大学生村官驻村期间的艰苦边远地区工资水平补差和乡镇工作岗位补助、工作经费等。

寓教于乐 以练代学
沙盘演练创新大学生村官培训新模式

陈晓萌

　　大学生村官是建设社会主义新农村的一支生力军，但如何能让走出校门就跨入农门的学子能快速适应农村基层工作，针对大学生村官的培训工作就显得尤为重要。然而，由于一些地方政府对大学生村官教育培训的目的认识不足，对培训的价值不够重视等原因，造成培训中存在着走过场、程式化、随意性较大等问题，其结果是"有培训之名，无培训之实"，大学生村官对这样的培训也很无感。那么，怎样才能提升大学生村官培训效果呢？

　　在刚刚过去的 2015 年，一种创新的大学生村官培训成长沙盘模拟演练在北京、江苏、山西等地悄然开展。它一改原有的传统授课模式，培训就像在玩游戏，学员们完全"自主"地在"村庄"里工作 3 年，来全程体验基层村务工作、模拟农村创业富民等核心内容，并在老师的引导下认识自身不足，梳理与开拓工作思路。新颖独特的培训形式、鲜活生动的基层案例，以及险象环生的创业之路都集合在一张小小的沙盘中，大学生村官们被这种寓教于乐的体验培训所深深吸引，并感慨受益颇多。甚至有人戏称：基层工作可不简单，沙盘演练让我变成了一粒会思考的种子，要学会用脑工作才能茁壮成长。

注重知识应用，精准定位学员主导模式

　　沙盘模拟，是源自西方军事上的战争沙盘模拟推演。《大学生村官培训成长沙盘》则是一款借用军事推演方式，结合大学生村官实际工作、生活而设计出的情景体验式培训教具，目的是让学员开阔视野、梳理思路，助力大学生村官健康成长。

　　众所周知，传统的大学生村官培训，都是"老师讲—学员听"的课堂教学模式。它是以老师为主体，注重的是知识经验的传播，但却忽略了对学员知识应用的教育。而大学生村官大都在基层独立开展工作，这就要求培训要以大学生村官适应农村工作方式，提高他们的工作热情和效率为出发点，更要注重对"知识应用"的培训。相比之下，传统的培训方式显然难以达到这样的效果。

　　沙盘演练正是从知识应用的角度出发，结合大学生村官年轻喜新、追求自我实现等特性设计而成。《大学生村官成长沙盘》重新界定培训者的角色关系，创新性地把大学生村官放到主角位置，让其"自主"体验村官 3 年工作全过程，并充分运用沙盘的听、说、学、做、改等一系列学习手段，从中获得丰富的实践感悟和宝贵经验。在这一培训过程中，培训老师始终只起到引导和启发的辅助作用。这种自我担当、自我实现的角色体验，很符合年轻人的口味，极大地激发起学员们的参与热情，培训的目的也就在他们"真刀实

枪"的实战中达到了。

打破"条块式"培训藩篱，快速展现3年工作全景图

大学生村官从事农村基层管理工作，其工作具有复杂性、多样性、灵活性等特点，这就要求培训内容要具有广泛性与针对性的结合。而常规的大学生村官集中培训，往往是3～5天时间里要安排多个培训课程，培训内容多由授课老师自行编写。这种拼盘式的培训看似全面，但课程内容已被人为地"条块式"分割开，学员学到的只是村官整体工作的几个部分而非全部，返回到基层常因碰到培训未涉及的"新问题"而束手无策。可见，让大学生村官快速认知基层全面工作、对复杂问题提早做好预案准备是非常必要的。

针对大学生村官培训广泛性问题的缺失，《大学生村官成长沙盘》给出了自己的解决方案。首先，它创造性地将大学生村官3年工作历程整合在一起，包括村务工作和创业工作两大部分，犹如在学员脑海中迅速展开一幅3年村官基层工作的"全景图"。其次，沙盘真实模拟农村场景，以强烈的情景代入方式让学员亲身体验，让培训内容"看得见，摸得着"。如在村务工作中，学员可按大学生村官工作职能体验：主任书记助理员、政策法规宣传员、村情民意调研员、文体活动组织员、农业科技推广员、创业致富示范员、公共事务服务员、矛盾纠纷调解员等八大角色，学习百余个全国村官优秀案例，快速熟悉农村基层工作。在创业中，学员可根据沙盘提供的8个创业项目和4种创业模式自主选择，零成本感受农村创业0-1的全过程，并通过创业成果来反推创业思路。第三，沙盘模拟培训并不是取代传统培训课，而两者恰恰是良好补充关系。在学员快速领略3年村官工作全貌后，才发现自身不足而渴求学习，正好为专项培训课做好铺垫。

由此可见，《大学生村官成长沙盘》不但极大地缩短了学员认知基层工作的时间历程，督促他们提早做好工作规划，更将原来"条块式"的培训课串联在一起，使培训效果大幅提高。

做会思考的种子，倡导大学生村官"自驱式"成长模式

俗话说：师傅领进门，修行在个人。其实，沙盘演练只是为学员们打开了一道"门"，让他们领略到大学生村官的工作"风采"。而沙盘演练的真正目的，是在于引发学员学会思考，学会用更好的方法改进工作。所以，每次沙盘演练后许多学员都在反思：自己的工作有哪些需要改进？调解村民纠纷有什么技巧？大学生村官在农村创业有捷径吗？如何才能真正帮农民致富？……可见，沙盘演练并未因活动结束而停止，而恰恰是学员下一个新行动的开始。

所以，沙盘演练倡导大学生村官要走"自驱式"成长之路。它包含三个关键点：首先，在培训演练中，学员会在沙盘模拟的虚拟与日常工作的现实对比中产生认知反差，这种反差即是对自身工作的深层感悟。其次，在学员回到村官岗位时，会尝试运用沙盘演练中的所学去调整优化工作方法。第三，针对自身不足，学员渴求主动学习以提升工作效率。正是在这种"自我感悟—自我调整—自我学习"的循环发展中，大学生村官的潜能在被激发，工作能力在不断提升，也成功地走上"自驱式"健康成长之路，也正是《大学生村官成长沙盘》的真正意义所在。

　　《大学生村官成长沙盘》由北京金农门沙盘演练机构（北京易创博智咨询服务有限公司旗下品牌）潜心研发而成。它创新了大学生村官培训理念，首创了情景体验式模拟演练培训模式，更首屈一指地提出了大学生村官"自驱式成长"观，也展现出越来越多的社会力量对大学生村官成长的关爱与支持！

村官风采篇

燃烧了自己　照亮了牧民

——追记茸安乡格尔登玛村大学生村干部罗州仁青

2015 年 6 月 23 日以来，四川省阿坝县普降暴雨，山洪肆虐、山体滑坡，道路中断、桥梁冲毁，数十年不遇的暴雨洪灾接踵而至，麦昆乡告急、哇尔玛乡告急、龙藏乡告急、洛尔达乡告急……全县 16 个乡镇严重受灾。县委、县政府大楼灯火通明，电话声此起彼伏、行人步履匆匆，院内暴雨如注、车辆川流。灾难面前，联系乡县级干部、"挂包帮"单位干部、乡村干部、包村干部、公安、武警、民兵都在抗洪抢险一线。

格尔登玛村灾情严重，成为孤岛，亟待救援！

茸安乡格尔登玛村离县城 83 公里，离乡政府 90 公里，与县城、乡政府呈三角之式，是全县最偏远的乡村之一。

盛夏，正是格尔登玛村药山远牧季节，多数的青壮年牧民都在远牧点和药山上，只有留守的老人和小孩。村庄就在河谷的"瓶口"处，下了这么多天的暴雨，一旦山洪暴发，这 200 多个老老小小怎么办。大学生村干部罗州仁青和村"两委"的干部如热锅上的蚂蚁一样，已经在格尔登玛河上游来来回回察看了十多次。雨越下越大，浑浊的河水已经翻过河堤，冲到路面，漫入群众的房屋。

"书记、主任，必须马上转移。万一死了人，我们咋向山上的父老乡亲交待。"罗州仁青焦急地催促。

"好！听仁青的，马上转移。"村支部书记嘎让狠狠踩了一下脚，终于下定了决心。

"书记组织搭帐篷，我和主任去动员大家转移。"仁青说完，一头扎进滂沱的大雨中，挨家挨户地动员向安全地点转移。愿走的、不愿走的，听劝的、不听劝的，拖儿带女的、牵马赶牛的，一时间，小小的村庄内雷雨声夹杂着呼唤声顿时喧闹起来。部分群众还是不听劝、不愿转移，仁青急得都快哭出来了。

"我在这里过了一辈子，都还没看见什么洪水，我死都不走。"80 岁的切里爷爷就是不肯走，仁青见时间紧迫，不容分说，强行背起切里爷爷就在滂沱大雨中往山坡上爬去。

"快点、快点，这里还不安全，到上面那个坡地上就安全了。"雨势越来越大，在如注的暴雨中仁青背着切里爷爷，不停地催促群众快点转移。

"仁青、仁青，你能不能组织几个人再搭个帐篷，晚上群众过夜的地方还不够。"村委会主任机机边往回走，边和仁青商量。"好的、好的。你让那几个抢救东西的人快点上来，东西不重要，人最重要"仁青边跑边回答。

群众已经转移，帐篷基本搭好，仁青还在村里来回搜寻遗留的人员。

"轰隆隆、轰隆隆"。河谷中远远传来沉闷的声响，大地在颤抖着，不一会儿山洪席卷着巨石和树木，排山倒海地向村庄呼啸而去，在村庄内张牙舞爪、横冲直撞，一瞬间大半个村庄已经被山洪吞噬，巨浪已经冲上了仁真家的二楼，扎西东周家房屋已经倒塌、阿木成的房屋也倒塌了、切里爷爷的房屋也倒塌了……

熟悉的家园已经面目全非，切里爷爷从噩梦般的现实中惊醒过来："要不是仁青，明天你们就要给我念超度经了。"

10：25时，224名群众全部安全转移，没有一例伤亡。

22户房屋冲毁，33户房屋严重受损，224人缺衣少食、无家可归。通村公路塌陷，塌方20余处，8座桥梁冲垮，电力通信完全中断，格尔登玛村成为"孤岛"，灾情还在不断发生……

仁青和几个年轻人回到村里，尽可能地抢回一些衣食，生火起灶，安置村民。"接下来，群众吃什么、穿什么、电话打不通、路又断了，这样肯定过不了两天，怎么办？"村"两委"的干部围拢在一起，最后大家决定只有派人到乡到县求援。

谁都知道这就是要徒步穿越死亡线送"鸡毛信"。"我去，你眼睛不好，留下来安置群众。"村委会主任机机提议。"不，你们熟悉情况要留下来，我年轻，我去。"仁青站起身准备出发。

机机还是放心不下，"夺哇老书记留在这里，我带几个人送你们。"

"仁青被卷走了，仁青被卷走了……"

山路崎岖，道路塌陷、桥梁冲毁，路越来越难走，雨越下越大……

格尔登玛河还在咆哮，仁青和机机等十来个人沿河而下，在雨中艰难前行。

"我们应该安排几个人上山，让山上的青壮年回来帮忙。"仁青还是放心不下受灾的群众。"好的，就你们俩去吧。"机机安排身后的两个人到山上送信。

"这几头牦牛好像是索南家的，你帮忙赶回去一下，别走丢了"，仁青又组织身后的牧民帮忙。

"这里还有一处塌方"，仁青不时还用身体勉强挡住雨点，在笔记本上记录着灾情。

一路在雨中爬行下来，仁青总有操不完的心。"仁青你不要再想其他的了，小心一点走路"，机机心头闪过一念不祥的预感。

当行进了32公里左右时，仁青看到去年和牧民修筑的"幸福桥"已经被冲毁，回头对同行的牧民说"要不了多久我们还会把它修好的"。

但是现在怎么过河。牧民们沿河上下察看了一下，还是没有办法过河。时间已经是15：30了，还有很长的路要走，如果往回走，灾情就没办法及时送到，仁青和牧民们焦急地思考着。"一定要想办法过河"仁青给牧民们加油。

这时仁青发现岸边有一棵较大的杉树，灵机一动："砍倒大树搭桥过河。"牧民们把河边的大树砍倒在河岸两头的河堤上，准备从所谓的"桥"上爬行过河。但是湍急的河水冲拍着树干和枝蔓，"桥"像绳索一样来回晃荡着，一不小心就会落入汹涌的河中。村委会主任机机说"你们站到不要动，我先试试"。"我身子轻，我先过去了你们再过来。"说着仁青把准备上桥的村委会主任拉了回来。

当仁青爬行到河中央时，不幸的事情还是发生了：一股山洪突然席卷而来，仁青被卷到了汹涌的河水中。

"仁青被卷走了，仁青被卷走了……"

牧民们被眼前的这一幕惊呆了！

一位牧民下意识地把身上的雨衣丢入河中，希望他能抓住，但是没有！

村委会主任机机，奋不顾身跳入河中，伸出手去，但还是没有抓住。

要不是身后的人抓住了他的衣领，机机也险些被洪水冲走。

"仁青、仁青"同行的牧民沿河疯狂地奔追着大声呼喊。

仁青在浑浊汹涌的河水中挣扎着，冒了两下头就看不见了。

牧民们丢掉身上的东西，在暴雨中呼喊着他的名字，沿河紧急搜救。村内正在开展抢险自救的牧民、僧人也闻讯赶来，加入到搜救行动中。沿河两边，每一个角落、每一个河滩，牧民们在希望着、在搜寻着。时间一点一点过去，天一点一点暗下来，但还是没有找到！

已经 18：00 了，前面的路已经走不通了，怎么办。牧民们只好原路返回，急行翻越 8 座大山，最后在红原县查尔玛乡境内一座高山有电话信号处，向乡向县汇报了仁青失联的消息。

"组织力量，全力搜救！"

接到仁青失联电话报告时，已经是晚上 20：02。5 分钟内，在县城的县级干部全部紧急赶到了县委会议室，会开得不长，主题只有一个："组织力量，全力搜救"。专业搜救组 130 人立即行动，连夜行军赶赴事发现场，闻讯自发参与搜救的基层干部群众 200 多人加入了搜救队伍。

后勤组准备物资，确保搜救组在哪里，后勤保障就跟进到哪里。

联络组第一时间联系家属，第一时间向下游的马尔康、金川两县发出协助通告。

由于道路塌方，搜救组乘车 21 公里后，只能徒步前行。汹涌浑浊的阿曲河拍打着河岸上的路基，天已经完全黑下来，道路已经塌陷，山洪还在滚涌，不时还有飞石滚落，搜救队伍已经在黑暗崎岖的山路上徒步前行了 50 多公里。

7 月 1 日早晨 5：00，天刚微亮，搜救组及时赶到格尔登玛河和阿曲河的交汇处。搜救组决定分成三个组，在格尔登玛河和阿曲河上中下三个地段分别进行搜救。沿河两岸，到处是自发参与搜救的群众，在深水处、在河滩上、在礁石间、在树根下，一步一步搜救、一寸一寸寻找，到了中午 12：00 时还没有任何消息。

时间一点一点过去，时间就是生命。这样的好干部，大家决心一定要找到他，一定要给家属一个交待。搜救人员没有放过任何一处可能的地方，徒步行走已经达到 90 多公里，好多同志脚上都起了血泡，还在往返寻找。

"找到了、找到了"。下午 15：00，搜救队伍终于在一处被山洪掏空的树根下找到了他。他遍体鳞伤，紧握双拳，心脏停止了跳动，年仅 28 岁的生命就这样永远地离开了我们。搜救人员围拢在他身边，悲从心起、雨水汗水和泪水交织在一起。牧民们拉开人群

"不可能、不可能"，他们不能相信自己的眼睛。

"死去的宁愿是我，而不应该是他呀！"

"这么好的一个小伙子，怎么就走了啊！"在遗体打捞现场，村委会主任机机满脸泪水的说"死去的宁愿是我，而不应该是他呀！"

"2010 年 10 月，茸安乡分配来了 6 名大学生村干部，6 个村中格尔登玛村不通电、不通手机信号，如何把他们合理分配下去让我很为难，征求他们意见时，没想到第一个站起来的就是仁青，他选择了格尔登玛村，这让我很意外"。时任乡党委书记范文辉回忆说。

仁青在格尔登玛村一呆就是 4 年多。"2011 年，仁青对我说他平时存了 1 000 多元钱，让我通过朋友从广东订购一批牛仔服，不要好看，只要质量好、耐穿就行了。他说乡里的孩子们条件差，有很多大人都上山采药去了，家中只有老人照管，六一节想给他们买件新衣服"，大姨阿波回忆。"他父母长期生病，家里很困难，他每个月都要给家里寄钱，我不晓得他是怎样节省下来的这些钱。"

村官的工资并不高，很多村官还是"刮家干部"，但他却不一样，对自己很"吝啬"，对村民和同事却很"大方"。安坝村会计的爱人去世，他不仅主动上门帮忙，还自掏腰包送去慰问金；蒙古村村民患白血病的消息传到他耳里，他主动上门捐款；甲尔多乡格玉村支部书记俄郎患病，他又将自己仅有的几百元生活费捐出来；同事李文坤、尕尔让生病住院后，他自己买好水果、牛奶到医院看望他们……

"我不饿，忙完了再去吃。"村支部书记嘎让回忆，仁青忙起来饭都可以不吃。刚到我们村，仁青就挨家挨户上门，整理编制全村农户信息表，当起了牧民的文书，代写各种申请证明，整整在村上呆了半年没有离开过一次。2011 年国家对大骨节病区实施大骨节异地搬迁工程，他主动到牧民家中出谋划策、指导修建新居，经常在劳动力少的村民家中帮忙。2012 年茸贡寺举办 600 周年庆典活动，仁青同牧民和武警官兵一起拿起铁锹、铲子修筑道路。2013 年实施幸福美丽家园建设，很多村民不了解政策，怀疑观望，仁青挨家挨户耐心讲解政策，在最短的时间里说服各家各户都动工修建了澡堂和厕所，村里也有了垃圾池，现在环境改善多了。格尔登玛河上没有桥，仁青带着我们多方筹集资金，与群众一起投工投劳修建"幸福桥""连心桥"。2014 年修建光伏电站，仁青主动当起了村上的管理员和监督员，协助工程队选址、平场地。村民们把对仁青的片断记忆拼凑起来，一个瘦高俊朗、满脸笑容、质朴肯干、积极热心的形象在每位格尔登玛村牧民的脑海中浮现。

"这么好的一个小伙子，咋就这样离开我们了呢"，牧民们还是不能接受眼前的现实。

连续三年他被评为"优秀大学生村干部"，还参加了省委组织部举办的藏区大学生村干部培训班。后来他在《入党申请书》中写到，"在这偏远的村寨里，村支部书记和党员把牧民当成自己的亲人，把牧民的事当成自己的事，帮助牧民、服务牧民，我希望自己能像他们一样加入共产党，虽然还有很多不足，但我会加倍努力。"

"格尔登玛就是他的阵地，是战场就会有牺牲。"

"我的孙儿工作在格尔登玛，格尔登玛就是他的阵地，是战场就会有牺牲。他牺牲在阵地上，没有辜负党的培养和我们的教育"。在失去最引以为豪的宝贝孙儿后，仁青的爷爷老泪纵横、泣不成声。"你们冒着生命危险全力搜救，我已经很感谢你们了。"

1987年3月，仁青出生在若尔盖县达扎寺镇一个普通的藏族家庭，父母一直体弱多病，他和妹妹从小就由大姨带大。一直以来就很懂事、很听话。为减轻家庭负担，完成学业后他怀揣着梦想，以优异成绩考入了阿坝师范专科学校。

"听说阿坝县维稳形势最严峻，我是藏族人，应该能开展好工作。"毕业后他告别了家人，定向应考到了阿坝县茸安乡，并选择了条件最艰苦、交通最偏远的格尔登玛村。

2012年夏天，仁青的父亲因低钾反应住进了省医院。半年时间里，父亲一直都是在兄弟姊妹的关心照顾下，在医院接受治疗。由于每天需要按摩、进行身体康复训练，父亲总想儿子能挤出一点时间来看看自己，但在父亲住院期间，仁青没能到医院来过一次。在电话中，他对父亲说："阿爸，对不起，这儿的老百姓正在搬远牧，等他们安置好了我就来看你。""阿爸，对不起，这几天我们在修路，我走不开，过两天来看你……"阿爸忍不住埋怨："他比县委书记还忙。"

就在今年3月，仁青的妈妈由于很久没见到儿子，专程拖着病体来阿坝县看他。一见面，阿妈就拉着他的手说"儿子，你又瘦了。""你头发这么长了，怎么不去剪啊？""最近身体咋个样？""什么时候带个漂亮的媳妇回来？"

仁青回答妈妈"阿妈，今天村委会主任又教了我一句方言。"他调皮地说到"外表好看不管用，心地善良才是最美。"妈妈高兴地发现，儿子已经能说一口流利的当地藏语了。

"没想到那是最后一面。"妈妈回忆，"从小他就是一个懂事的娃娃，我和他阿爸病多，没能怎么管过他。现在他每个月都要寄钱回来，只要有信号他每天都要打个电话。"

"就在前些天他还和我通了话，这个娃娃撒谎了，他都没有告诉我格尔登玛被洪水淹了，我什么都不知道，一直被他蒙在鼓里"，仁青阿妈悲痛欲绝。"阿妈，我手机快没电了，我挂了噢！"，电话就这样匆匆挂断了……

牧民们强行推开所有的人，"这是我们自己的亲人，就让我们自己送他最后一程吧。"

"既然这个地方的牧民想留下我的儿子，就让他留在格尔登玛村吧！"长叹一口气后，仁青阿爸用颤抖的声音答应了牧民们的恳求。

是夜，茸安乡格尔登玛村的1 000多名僧众，自发地汇聚在一起，按传统习俗点亮千盏酥油灯，双手合十，祈福声在阴霾的河谷中回荡，祈祷他们的亲人——仁青，去往天堂的路阳光明媚、鲜花盛开……

一名阿坝县干部在参加了罗州仁青同志的告别仪式后，在微信中写到："你的躯体温暖了洪流，挡住了肆虐的洪水，你的灵魂滋润了山体，挡住了咆哮的泥石流，从此以后，那里的山川、河流、丛林都是你……"

生命止步最美年华　精神永流传

——追忆最美大学生村官张广秀

张　群

"看到消息，心情沉重，我们的战友，我们的榜样，一路走好！"

"我不敢相信！"

"新时代精神。"

"一路走好。"

……

8月22日，"全国大学生村官论坛｜创业联盟"微信群里一则关于最美大学生村官、山东省烟台市福山区福新街道垆上村村委会主任助理张广秀于8月21日下午病逝的消息，震惊了微信群里的众多大学生村官同仁，浙江衢州黄炊、湖北洪湖曾德安、河南驻马店万佳等纷纷送上对张广秀的哀悼与祝福。

"听到广秀去世的消息我感到特别震惊和伤心。我去年还曾和她电话联系过，她身上那种坚毅和对事业的执着精神值得我们全国大学生村官学习。"中国村社发展促进会大学生村官创业工作委员会秘书长胡建党认为，张广秀用短暂的生命证实了大学生村官事业的荣耀和光荣，是可以真正载入大学生村官事业历史史册的一个优秀大学生村官代表。

23岁，新任大学生村官干劲足

2009年7月，23岁的张广秀从鲁东大学政法学院毕业。同年8月，她顺利考取大学生村官，到山东省烟台市福山区福新街道垆上村担任村委会主任助理职务。

张广秀担任大学生村官后，干劲十足，尽职尽责，以实际行动真真切切地为老百姓答疑惑、解难题、办实事，赢得党员干部群众的一致好评。

在人们的刻板印象中，大学生似乎都是"娇气娃"，往往吃不了苦，受不了累，经不起风吹日晒。"80、90后的小姑娘都很爱打扮，但是张广秀却给人很淳朴的印象，一年也看不到她换几件新衣服。刚开始大家还都担心她能不能适应村里的工作和环境，后来大家就发现，她适应能力很强，还肯主动了解村里的情况，帮助村民卖樱桃。"在原垆上村党支部书记王子龙的印象中，张广秀一点都不娇气，干起活来更是毫不含糊。

刚刚参加工作的张广秀对村里事务不熟悉，村支书不忍心让这个水灵灵的姑娘在外东奔西走，就安排她在村委会"看家"。可是张广秀哪能闲得下来，发现村里很久没整理的纸质版旧资料，张广秀就加班加点将资料录入电脑，进行量化整理；为了能更快地熟悉村务，她挨家挨户走访，了解村民的疑难问题和实际需求……

"广秀来到村里为我们做的最大的贡献就是实现了村里办公的现代化。她用电脑知识帮我们建立电子档案，使得村委的工作效率提高许多，现在查找村委工作的一些数据资料非常方便。"烟台福山区垆上村会计于学超称赞张广秀真打实干有想法。

24 岁，被诊急性白血病噩梦袭

张广秀在自己所挚爱的工作岗位上兢兢业业，全心全意服务村民，时时刻刻心牵百姓。然而，命运似乎对这个风华正茂的姑娘格外残忍，让她年纪轻轻就要遭受病痛的折磨。

2010 年 8 月，张广秀开始明显感到身体不适，连续两周不敢动脖子，不敢写画，每天痛得直流眼泪，即使服用大量抗生素，也不见好转。看到身体素质一向很好的张广秀突然出现这般症状，同事们有点隐隐的担忧，便带她去医院检查。检查结果显示，情况很不乐观，事实并非张广秀起初以为的感冒那么简单。

2010 年 9 月，一个令人悲痛的噩耗降临到这个年仅 24 岁的女孩身上，她被确诊为急性白血病。

"在电话里听到女儿被查出急性白血病的时候，我一下子都蒙了！"张广秀的父亲张玉欣此前接受媒体采访时说，他做梦也没有想到这种病会发生在自己女儿身上。

病情确定后，张广秀暂时离岗，去医院接受治疗。住院期间，即使遭受病痛的折磨，张广秀依旧心系垆上村村民，时刻惦记着村里的情况。她坚强乐观，还坚持读书不断充实自己，并期盼着早日出院，回到那座已经被当成第二个家的小村庄——垆上村。

张广秀的事迹和病情被媒体广泛宣传报道后，引起了全社会的广泛关注。人们为她的不幸感到惋惜，也被她的坚强乐观所感动，更为她的爱岗敬业精神所深深折服。

习近平、李源潮、姜异康等中央和山东省委领导做出重要批示，对张广秀扎根农村、无私奉献，全身心为村民服务，身患重病不忘本职的精神给予高度评价，号召向张广秀同志学习。

2011 年 2 月 14 日，习近平同志作出重要批示指出，要注意总结宣传张广秀同志这样的先进典型，进一步引导大学生村官扎根基层、奉献才干、锻炼成长。习近平同志还要求有关方面组织医疗专家对张广秀进行精心治疗。

2011 年 2 月 18 日，山东省委书记、省人大常委会主任姜异康专程到北京大学人民医院探望山东省优秀大学生村官张广秀。卫生部副部长尹力，山东省领导高晓兵一同看望。

27 岁，收到习近平回信引关注

2013 年 6 月 17 日，经过 33 个月的精心治疗，张广秀的身体康复，她迫不及待地返回到那个她日夜思念、惦记的小小垆上村。像迎接久别重逢的亲人一样，那一天，村两委工作人员和村民们早早地在村头等候张广秀。而回村后的张广秀一刻闲不下来，热情帮村民为新摘的大樱桃装箱包装。

2014 年 1 月 15 日，临近春节，张广秀致信习近平总书记，详细汇报了自己的生活和工作情况，表示一定不辜负习总书记的殷切期望，努力工作，服务群众，勤奋学习，不断进步，为实现中国梦做出自己的贡献。

2014年1月30日，正值大年三十，山东省委常委、组织部长高晓兵连夜赶到烟台福山区，将习近平总书记于1月28日给张广秀的回信亲手递交到她的手中，习近平总书记在信中写道："得知你康复良好、重返岗位的消息，我感到很欣慰，同时希望你仍要注意保重身体。"朴实无华的言语里无不透露着习近平总书记对张广秀的亲切关怀。

习近平总书记还对张广秀寄予厚望："希望你和所有大学生村官热爱基层、扎根基层，增长见识、增长才干，促农村发展，让农民受益，让青春无悔。"毫不知情的张广秀又惊又喜："我当时真的不敢相信，还一直问高部长，这是真的吗？作为一名大学生村官能收到习总书记的回信觉着太荣幸了，也很振奋。"

当天，中国青年网、大学生村官之家网首发了《习近平总书记给大学生村官张广秀复信》的报道，在全社会引起了极大的反响，张广秀也一度成为大学生村官群体中的"明星"人物。"这不是给我一个人回信，而是给全国30万大学生村官共同回信。"张广秀很谦虚，并表示这封信将成为鞭策她更加热爱基层、扎根基层，不断增长知识才干的动力源泉，她将继续努力为新农村建设贡献青春力量。

为进一步走近大学生村官张广秀，中国青年网记者于2014年2月5日来到烟台市福山区垆上村进行了实地采访，从原垆上村党支部书记王子龙、会计于学超、大学生村官于克武等同事口中了解到一个更加坚强、敬业的张广秀，并于2月7日发布《张广秀——最美大学生村官的典范》的报道，引发社会的广泛关注。

同年2月14日，中国青年网发布《团中央书记处专题学习贯彻习近平给大学生村官张广秀复信精神》的报道，团中央书记处召开会议，专题学习贯彻习近平总书记给大学生村官张广秀的复信精神并对全团作出部署。

30岁，生命止步最美年华精神永流传

病愈返岗后，张广秀的生活有条不紊地进行着。然而，命运似乎喜欢和这个姑娘开玩笑，当人们都以为她的病已经痊愈时，噩梦再次向她逼近。

2014年上半年的一次复查，让所有关心她的人的心脏提到了嗓子眼——张广秀的有些小指标不正常。于是，她二次进京治疗。

然而，这次长达两年的治疗，她没能扛过去。2016年8月21日下午4时许，张广秀因感染在家乡临沂市人民医院去世，年仅30岁。

8月22日下午6时许，张广秀在亲朋好友、同学同事的陪伴下，在山东省临沂市罗庄区罗庄街道办事处桥西头村入土为安。"这么好的闺女说走就走了，真舍不得……"垆上村的村民舍不得这个善良朴实的姑娘。

青春在雪域高原绽放

——王东海扎根西藏、服务百姓纪实

王东海，男，汉族，中共党员，1985年6月5日出生，籍贯江苏宿迁，于2009年毕业于中南民族大学民族学与社会学学院民族学专业，本科学历。2009年7月至2012年10月曾在仁布县帕当乡切村担任党支部副书记（大学生村官），2012年10月至2016年1月担任日喀则市仁布县德吉林镇党委副书记、纪委书记、组织委员，2016年1月至今担任日喀则市仁布县德吉林镇党委副书记、政府镇长。

在他任职的8年来，他以坚定的信念和不懈的努力，克服了重重困难，取得了优异的工作实绩，并获得了良好的群众口碑，先后被评为2011年度中国大学生村官十大新闻人物、2012全国十佳"村民贴心人"、2012全国"农业科教兴村杰出带头人""西藏自治区第四届先进工作者""第二届感动日喀则十大人物"等荣誉称号。8年来，王东海用实际行动兑现了诺言，从大学生村官一步步成长为党委副书记、政府镇长，在雪域高原书写了人生的华彩篇章。

"留下来，为老百姓干点事儿"

从平原江城武汉，陡然空降到平均海拔4 100米的日喀则市仁布县帕当乡切村，王东海高原反应强烈，有些头痛难忍。为了迎接全村首位汉族大学生村官，切村像过节一样热闹。村里条件远比想象中艰苦，一天只有2小时的水电供应，没有网络，也没有手机信号，上交的工作材料和简报都要靠手写。更让王东海苦恼的是，全乡没有一家饭馆、菜店、馒头店，买东西要到30公里外的县城，做饭极不方便，经常只能吃泡面。在切村3年，他至少吃了580包方便面。

吃、住等生活小事还能设法克服，语言不通却严重影响了王东海开展工作。村里60多户村民全是藏族，几乎没人会说汉语。王东海下定决心学藏语。他拜乡政府的一名藏族干部为师，用汉语谐音一字一句记下藏语发音。一年多后，他终于能用简单的藏语与村民们交流了。

当时在对未来发展感到迷茫的时候，王东海也曾动过回家的念头。

在强烈的思想斗争中，他想到了群众在欢迎仪式上满怀期待的目光，想起当初选择村官路时下过的决心，做出一个艰难的决定，"留下来，为老百姓干点儿事！"。

"感情就是这样慢慢建立起来的"

不懂藏语、不会劳作，王东海刚到切村时很难打开工作局面。对他这样从内地来的

"白面书生",群众也不知道如何跟他打交道。

一个偶然的机会,王东海发现了自己的用武之地。国家为每个村配发了一辆轻型货车,却没人会开。有驾照的王东海自告奋勇当起了司机。他开着这辆被村民们称为"宝马"的金杯货车,拉牛犊、拉牧草、拉水泥、拉化肥,送村民看病、接生、上学。

听说王东海会开车,切村周边5个村的村民都来请他帮忙。王东海一下忙了起来,一星期中,三四天都在外开车,每天早出晚归。

王东海做的这一件件小事,村民们都看在眼里、记在心上。慢慢地,村里人不再把他当外人。村里的五保户次仁玉珍老人去世后,按照当地习俗,要举行天葬。村"两委"班子请王东海开上"宝马",一起前往天葬台。"天葬是藏族的神圣仪式,只有把我当家人了,才会叫我参与其中。"村民们的信任,让他分外感动。

在天葬台这个灵魂升天的圣洁场所、生与死的轮回之地,王东海获得了对生命意义的禅悟:"活着时,好好活,活出精彩;死去时,才能安心地去。"

在他看来,扎根西藏、服务百姓,就是活出精彩的最好方式之一。

"干事创业不能总待在办公室里"

在切村的每一天,王东海都在思索:"我能为乡亲们做些什么?"

切村自然条件相对恶劣,可利用资源少;人多地少矛盾突出,全村400人仅有560亩耕地;经济结构单一,以种植青稞、土豆为主。经过一年多的走访调研,王东海做了"切村发展规划",提出了几个可行性较强的发展项目,先后带领群众创建农牧民劳务输出合作社、开办馒头店和蔬菜店、建立黑白花奶牛养殖基地,帮助群众增收百万余元,先后使40余名贫困户脱贫致富。

"干事创业不能总待在办公室里,要拿出实际行动来,干些对群众有益的事,才能带动村民致富。"总结8年来的工作经历,王东海深有感触地说。

2012年10月,由于工作表现突出,王东海被提拔为仁布县德吉林镇党委副书记;2016年1月,他担任了德吉林镇镇长。从管理1个村到管理9个村,从偏远的帕当乡来到了县政府所在地,尽管身份、职务发生了变化,但王东海为群众干实事的初心,却始终没有改变。

"重视发挥党员的先锋模范作用"

王东海在大学时入了党,毕业时还被评为"优秀共产党员"。在他的心中,"党员"是一面旗帜。不论是做村官,还是做乡镇党建工作、当镇长,他都特别重视基层党组织建设和党员先锋模范作用的发挥。

切村党支部书记伦珠,就是王东海一手培养起来的。当时,整个帕当乡没有一家馒头店,村民买馒头要去几十公里外,一次买一大口袋,时间长了,很不利于健康。王东海和村里的党员商议后,利用大学生村官创业项目贷款3万元,带领贫困党员伦珠开起了馒头店。王东海以一天200元的工资,从拉萨请了一位馒头师傅当老师。

馒头店开张以后，生意格外好，伦珠每月至少收入 2 000 多元。不久，他被评为村里的致富能手，现在还当上了村党支部书记。

让党员富起来，是王东海打的第一步"算盘"；让党员带动村民改变观念富起来，是他打的第二步"算盘"。

伦珠的示范带动作用十分明显。随后，王东海又带领一名贫困党员在全乡开了第一家"党员惠民蔬菜店"，彻底改变了帕当乡干部群众吃菜难的问题。现在，蔬菜店每月盈利 3 000 元，贫困党员很快也实现了脱贫致富奔小康。

"脱贫攻坚工作不仅要做好政策宣传，不能让贫困户只想着'等靠要'，更要发挥困难群众的主观能动性，变被动帮扶为主动参与，通过发展扶贫产业，让贫困户自身造血脱贫。"王东海说。

当上镇长以后，王东海走遍全镇 9 个行政村、62 个自然村和每一个贫困家庭，掌握全镇贫困状况，特别是在全镇的脱贫攻坚工作中，更加重视发挥党员的先锋模范作用。

艾玛村的贫困党员贡觉，在发展藏香猪养殖过程中，遇到了资金、场地难题。王东海帮他争取 10 万元资金，在村外建成了一个占地面积 1 500 平方米的养殖场地，又从林芝引进纯种藏香猪 10 头，改良藏香猪品种。如今，贡觉的藏香猪养殖规模从 50 头扩大到 120 头，带动了全村 6 户 30 人建档立卡贫困户脱贫致富。

在全面实施"九个一批"工程，切实抓好"九项措施"前提下，王东海确立并实施扶贫开发"五个一"工作思路，提出"产业扶贫助力脱贫攻坚大事业"，以点带面，示范推动，依托城郊区域优势及各村特色产业优势，重点打造德吉林村温室大棚、强钦村藏鸡养殖、奴日村藏靴加工产业、强钦村德旦康萨民族手工艺等特色产业，使德吉林镇实现种、养、加工为主的各种产业纷呈的良好创业格局，真正让贫困家庭实现自主创业、自主经营、稳定收入、脱贫致富，过上小康生活。目前，司龙村藏鸡养殖场带动 3 户 15 人，强钦村德旦康萨民族手工艺合作社带动 16 户 51 人，奴日村藏靴合作社带动 15 户 35 人，残疾人民族手工艺合作社带动了 12 户 50 人，卡若村桑吉农牧民民营造林专业合作社带动 6 户 23 人。

全镇贫困人口由 2016 年的 301 户 1 424 人降至目前的 262 户 1 208 人。

"人生不过短短数十年，不论生前如何荣华富贵，死后不过一堆白骨。在西藏，虽然获得的物质财富不多，但我觉得人生过得有价值，每天过得有意义，到 2020 年，全镇贫困人口如期脱贫，实现贫困对象'三不愁'，'三保障'，'三有'，让贫困人口享有更高质量的吃、穿、住、行、学、医、养保障，享有更加和谐的安居乐业环境，享有更加均衡的基础设施条件和基本公共服务，享有更加完善的社会保障体系，享有更高的获得感和幸福指数，我的心里就感到非常满足、心安。"王东海说。

小梦想大作为　用心构筑基层梦

——90 后村官的感悟

江西省宜春市袁州区寨下镇园岭村大学生村官　谢　璐

"梦想还是要有的，万一实现了呢"。阿里巴巴创始人马云说道。每一个人都怀揣着属于自己的梦想，每一个人都拥有坚持、追求梦想的资格，80、90 后的我们曾一度被定位为温室中的花朵，象牙塔里长大的娇子。如今，在党委政府的关心支持下，我们毅然加入了大学生村官的队伍，为基层注入时代的新鲜血液，在基层抛洒自己的汗水、热血，为基层奉献自己的青春，在那一片黄土地上追逐心中属于自己的基层梦。

扎根基层，做好农村的暖心人。生活在都市的我们，习惯了一应俱全的商场、车水马龙的街道、霓虹灯点亮的夜晚，初入基层要尽快让自己染上乡村的黄土底色，感受黄土地上的每一次呼吸、律动，体察真正的乡土乡情，尽快和村民打成一片。首先，最重要的是：听懂老百姓的话，说老百姓能听懂的话成为老百姓的亲心人，语言的魅力无法言喻，它往往能够在无形中拉近人与人的距离，进入基层听懂百姓的话，说老百姓的话是需要拿到的首张入门卡；其次，要注意多关注农村的弱势群体，常走访困难户、帮扶留守儿童、照顾孤寡老人是基层工作的常态，他们需要更多的是关心，即使只是简单的嘘寒问暖、举手之劳也会让他们倍感温馨；再次，微笑服务暖民心，微笑是最美的天使，要坚持用一颗红心、爱心为每一位村民服务，让村民感受到家的温暖；另外，勤走访、常座谈，始终保持一颗热心，做好农村的常客，实时了解村民的各种动态，掌握村民的真实意愿，切实为村民着想，成为农民真正的贴心棉、暖心袄也是走进基层的重要基石。

服务基层，做好农村的细心人。农村是一个小社会、大课堂，它牵涉的事情繁多、涉及范围广、关系复杂，时刻充满着挑战和机遇，不只能够积累基层工作经验这笔人生宝贵财富，更加能够切实提高解决实际问题的能力。服务基层我们第一要学会"望"村情，主动查阅村里的各种档案材料、工作资料，掌握农村的实际情况，阅读党委政府制定的各项农村政策、法规文件，把握农村的工作动态；第二要学会"闻"村声，倾听各级领导、村两委、村民的谈话，做好有心人，留意每一次谈话的有效信息，在每一次倾听中进一步掌握农村的现状；第三要学会"问"村法，基层工作千头万绪，可谓是"剪不断，理还乱"，新手遇到的重重困难是再正常不过的了，老党员、老干部就是基层工作最好的老师，在"山重水复疑无路"的时候向他们询问基层工作的方法会让我们顿时"柳暗花明又一村"；第四要学会"切"村务，了解村民的真实意愿，掌握农村的实际情况，把握农村的发展脉搏，拿到开展工作的关键钥匙，就要积极开展工作，不放过任何细节，为村务贡献出自己的力量，为基层工作添砖加瓦，静下心，低下头，更加贴近黄土地。

深入基层，做好农村的要员。"巧妇难为无米之炊"。不同学校、不同专业毕业，拥有不同性格、不同经历的我们，虽然每个人都有自己的一技之长，但是"术业有专攻"对基层而言我们只是一个新手、初学者，对我们而言基层却像是浩瀚的大海、浩渺的天空触不可及。要想深入了解基层，虽说不用将铁杵磨成针，但在掌握农村整体情况后，首先当好"学习员"知晓更多的专业知识，发挥自己专业特长的同时多学习农业相关专业知识、惠农惠民政策，提升自身的素养。不仅要让自己的专业成为聚光灯，更要多学习新技能，使自己的才华像散光灯一样辐射每一个方面。其次当好"宣传员"传播更多的政策信息，再好的政策，没有传达到位，百姓没有得到实惠都只是"纸上谈兵"，一堆没有生命力的文字而已。受过高等教育的大学生村官无疑是传递政策信息的最佳人选，成为政策走进基层的最好对接窗口。再次当好"执行员"加强政策的落实，政策落实到位才能实现真正意义上的物尽其用。政策落实的短板问题是需要每一位执行员加大力度，坚守原则，全力贯彻政策。

夯实基层，做好农村的创新人。梦想绽放的机会很多，人生出彩，终会成为天空中最璀璨的那颗星，照亮整个夜空。村官这份工作不仅仅体现着个人的人生价值，更多的是寄托着梦想的实现。安逸工作，按部就班，这样的人生远远不够，更不应该成为人生的常态。基层工作一方面要秉承相应政策法规，结合村情民意，因地制宜地开展；另一方面，开展基层工作更要有创新助力。"因循二字，从来误尽英雄"。只是一贯的墨守成规开展基层工作，将成为永远的落后者。在传承的基础上，要有自己的创新，创造工作的亮点，才能将基层工作完成得更加漂亮。

"雄关漫道真如铁，而今迈步从头越"。青春变的是年代，不变的是我们追逐梦想的信念。在基层这片黄土地上扬帆起航的我们是激活沉寂已久的农村生机的有生力量。韶华易逝，青春无悔，在农村这片黄土地上我们放飞心中的梦想，成就记忆长河最深刻的烙印，谱写人生道路最炫丽的诗篇，弹奏事业旅途最动听的乐章。在喜悦与泪水、甜蜜与汗水共存的村官生活真实写照下，扎根基层、服务基层、深入基层、夯实基层，怀揣着心中的梦想，在农村黄土地上大有作为，用心构筑属于我们的基层梦！

在乡间的道路上，要靠实干回报祖国

山西省临汾市乡宁县西交口乡支家庄村党支部副书记　张红东

习近平总书记在给村官复信中说："改变农村面貌，帮助农民群众过上好日子，推动广大农村全面建成小康，需要党和政府的好政策，也需要千千万万农村基层干部带领广大农村群众不懈努力。"

除了把自己生命交给伟大祖国，这个很多人不理解，这个思想是7年大学生村官这个平台，山西省乡宁县委组织部副部长师进培养出来的，因为他分管村官工作，对我们经常教导，他是个好部长。但我从农民的眼神中感受到更需要实干。

我经常站在村党支部的大门前，泪流满面，内心是痛苦的，为什么？因为自己7年没有完全与老百姓站在一起，当然除了有些老百姓被不作为的干部利用阻挠农村发展，这也是很正常的，因为在复杂的农村环境中，这种因素存在也是现实。因为他们恐惧、他们害怕、他们担心现有见不得人的东西失去，拿出手的东西也失去。所以抱成看似团结的小队伍。若干年后，为了自己的一点私利，都会后悔，因为都是历史的罪人，阻碍农村发展的罪人。

我面前有两条路：左边的，是这个村委会连接外面世界唯一的水泥路，通往西交口，然后到达乡宁城区，那一端是繁华的都市，也是刚来时的返回路；右边的，通往他任职的大崖村，通往更加偏僻的深山，并延伸到更原始的农村，直到赤食沟村！这一端是非常非常贫困的令人心寒的农村。满脑子想的都是村子里的事情，自己没有大胆去做，再由于当时环境还不太好，村里的事情进展不大，有点怨恨自己。7年多的村官生活，虽然知道要改变农村，任重道远，但是当我知道刘老石老师为了中国农村各项事业的发展，积劳成疾，不幸去世，我虽然没有见过他一面，我知道整整10天了，5年前就应该知道，我知道的太晚了。与当年母亲去世时的心情一样沉重，自己连死的心情都有，愿意替他们去死。自己也跟李昌平老师一样有很多事情像他汇报，有很多话想向他说，还需要向他请教。我在电脑上每打出一个字，内心都像扎针一样，刘老石老师您就是永垂不朽的石头，真的也给了我前进的方向，继续战斗的勇气和力量！

自己所说的两条道路和老百姓吃水的问题，不管将来是否能够引起高层领导重视，自己的遗憾也将不再需要弥补，过去的已经过去了，还有两年坚守乡土继续实现最初的梦想，我真的需要时间再深思通往右边道路的农村的出路在哪里？但是刘老石老师您给我回答了，当然您的老师温铁军老师也知道，他也能够教导我。还有李昌平老师也可以。其实说句心里话，在乡建的学习，收获很大，自己还没有来得及认认真真地反思和总结，又知道了刘老师的去世，心情难受就不知道如何下笔，延误了交总结时间，这就没有遵守了纪律，也是我7年村官工作以来，唯一一次从灵魂上愿意检讨的。因为我想刘老师是全国大学生的精神导师，更是我们村官的导师，因为农村太需要他的全方位指导！

　　7 年的村官生活，一晃就过去了。对于这个十字路口，我没有丝毫迷失，非常清楚自己下一步的方向：让自己强大起来。2004 年我有了李昌平老师的一本书《我向总理说实话》，过去 11 年，2015 年我又有了李昌平老师的一本书《我再向总理说实话》，而且得到李昌平老师的签名，我兴奋不已，这将是我以后工作的动力。

　　"其实大学生村官要想在基层做点实事，需要有为的领导支持，不要阻止，多表扬和鼓励，少批评"。有时候的批评是违心的，不切合实际的，党中央、中组部选派大学生村官去农村是干什么？不就是习近平总书记说的要带领农民脱贫致富吗。在村官张红东的心中，只求付出，不求回报，为老百姓服务不计较得失，不惧怕风险，只想拥有一颗真诚的心为山西省乡宁县支家庄村的老百姓持续服务。

　　理想和现实的碰撞，等待我的是什么？这一切都很清楚！在一起工作的村官，几乎所有中途离开的大学生村官，有的进了事业单位或政府部门，还有许多副科。都是考试起了作用，当然也有不考试，直接考核的，选择离开农村。我留在农村继续锻炼自己。工作上受挫，生活中也有一些不如意。在村，娱乐活动就是数数星星、看看月亮，偶尔有朋友给我发来短信，我才知道还有人记得。论自然条件，环境更为恶劣。

　　但是认识了乡建，就要走在乡建的道路上，要靠实干回报祖国，实干要靠党和国家的好政策，靠山西省乡宁县委、县政府的好政策和支持，靠乡宁县西交口乡乡党委、乡政府的好政策和支持，在好的领导和政策的支持下，才有可能取得一点成绩。

　　困难是暂时的，在我服务三农的 7 年时间里，也积累了一些经验，在乡建的学习，也印证了自己的经验是对的，就是建立广泛的支农或服务三农的统一战线，就是要更多地调动山西省乡宁县县城那些还保留有乡愁的这部分人。哪靠什么实干？哪靠什么呢？我想先把乡宁我家乡中的那些文化人，情感相对比较敏感的，那些音乐人，那些诗人，当然还有爱心作家闫仁旺老师，爱心企业家刘启堂，乡宁爱心书法家乔汉明，医生，理发师，慈善机构等，把他们先调动起来。

　　虽然把这里当作自己家一样爱护，也受到当地老百姓对你的爱戴和好评，但忘不了他们渴望致富的眼睛、忘不了他们脸朝黄土背朝天的辛勤耕作，忘不了每次到村宣传政策分别时他们依依不舍的表情，但总体上你还并不完全快乐，让你思考，让你彻夜无眠，你的确要很小心地努力，把每一步走好。

　　我也呼吁有更多爱乡宁、爱我们故乡的人都参与到乡宁的乡建的道路上，让我们发挥出故乡的力量！我也希望乡宁的年轻人用你们这些尽可能现代的工具，如微博、微信、互联网等，去把我们应该发现出来的人物发现出来，宣传他们为乡宁做的事情，宣传他们爱故乡的感情，鼓励和支持，影响更多朋友爱故乡，只要是爱乡宁，为乡宁做事情的人，如果需要我能够做点什么，村官红东义不容辞。

　　在乡建的道路上，我要靠实干回报祖国，实干爱乡宁，带动一部分人实干爱祖国、爱乡宁，通过这样成千上万的"人"的发现，我相信我们这个社会会更加平和，更加美好！我们人与自然之间会更和谐。人和自然本身多样性的生存方式才能得到保存。

把群众的"表情包"作为检验脱贫攻坚工作的"晴雨表"

凤山镇团委副书记　杨永强

我是 2016 年 10 月到文明社区挂钩 5 户贫困户，说实话，最初文明社区开展"挂包帮转走访"工作，我还是信心满满的，认为文明社区不会有太多矛盾和问题。因为这几年文明社区发展态势很好，连续几年在凤山镇年度综合考评中名列前茅。但第一轮走访贫困户下来，我有三个"想不到"：一是想不到意见建议那么多，二是想不到困难群众还不少，三是想不到有些好政策群众还不"领情"。三个"想不到"给我浇了一盆冷水，我不停地在走访中反思，在反思中走访。这里，我想用刻在脑海里的一组表情，来与各位交流我在走访贫困户中获得的一些感受和体会。

第一个表情，是一户贫困户的"愁容"。我走访的第一家，是文明社区的一户贫困户，10 岁的小男孩，父亲坐牢，母亲改嫁，跟祖母、爷爷和奶奶一起生活，家里几乎没有稳定的收入来源。祖母身体不好，躺在床上流着泪，拉着我的手跟我讲着家庭的不幸。那个小男孩很内向，站在一旁一声不吭。听着老人的诉说，我既为他们家的遭遇感到心痛，也为他们将来的生活感到担忧。虽然低保补助已经到位了，但是不是这样党委政府就没有责任了？离开小男孩家，老人和孩子的"愁容"始终萦绕在我眼前。现在经济发展这么快，却还有一些群众依然这么贫困，我感到很愧疚，更感到沉甸甸的责任。我们挂包帮转走访，不是去施恩，而是去报恩，而是应该带着对人民群众的感恩之心、感激之情走下去、沉下去。目前文明社区还有 10 户贫困户，这些家庭致贫的原因多种多样，家庭状况也各不相同，简单地建档立卡、给钱给物解决不了问题，用同一把钥匙、同一把尺子也解决不了问题。我与文明社区文书马楠同志对 10 户贫困户的实际情况进行了具体分析，对不同的贫困户采取了更有针对性的帮扶措施，做到每户都有挂钩干部、每户都有解决方案，力争不脱贫不脱钩、不小康不松手。

第二个表情，是一个老大爷的"怒容"。在文明社区走访时，远远看见一个老大爷，正站在冒着浓烟的垃圾池旁边发火，嗓门很大。上去一问才知道，原来他家就住在旁边，黑烟直往家里蹿，而且已经不是第一次了。老大爷告诉我，这两年社区搞环境整治，老百姓很高兴，但是没想到，仍然有人偷偷焚烧垃圾制造污染。我感到很诧异，县委政府每年从财政收入中挤出部分资金，作为村环境整治专项资金，每个社区还建立了 5～8 人的管护队伍。为什么我们投了这么多钱，配了这么多人，垃圾处理还不到位，老百姓还不满意？我们的很多工作，不能满足于做了，而是要看有没有做好、有没有做到位，千万不能干部很有成就感，到头来群众却没有获得感。目前，我和社区的相关同事正在对各贫困户享受的各项惠民政策进行梳理，对落实情况进行回头看，看看到底有多少还"在路上"，到底有多少卡在了"最后一里路",到底有多少是"虎头蛇尾",确保落小落细落到位。

第三个表情,是一位老大叔的"笑容"。春节来临前我和社区的同事们带着镇党委、政府的温暖深入文明社区的贫困户家中,每户贫困户对我们的到来都是热烈欢迎和衷心感谢,其中凤山脚组赵忠户的笑容让我倍感温馨。赵忠大叔面露微笑紧紧拉着我的手对我说"共产党的好作风又回来了",我们的一次普通节日慰问换来了赵大叔真诚的笑容,让我对做好脱贫攻坚工作更有信心。百姓的幸福其实是很具体很简单的,你帮他换个家门口的路灯泡、疏通一下小区里的下水道,甚至在路上跟他握个手、问个好,他都能高兴一阵子,都能记住你的好。那么群众的笑脸从哪里来?我觉得,就是从一个个具体问题的解决中来,就是从面对面、手拉手的交流沟通中来,就是从过去现在的变化中来。

在多次走访贫困户的过程中,我最大的体会是:做好群众工作没有捷径可走,一家一户地走访、一个问题一个问题地解决,看似一个笨方法,但这是一个行之有效的好方法,也是我们党永远少不了的传家宝、好传统。群众的表情是最生动、最真切的,群众的"表情包",就是检验我们工作的"晴雨表"。

创业富民　心系群众

——记陕西省商洛市商南县富水镇
沐河村大学生村官周衍江

商南县委组织部　余磊

是不是一名百姓认可的好村官，百姓说了算。能不能成为老百姓心里的好村官，要看他能不能为老百姓办实事，只有真正情系百姓，一心为百姓着想的村官才能被老百姓所认可，才能称得上"好村官"。商洛市商南县富水镇沐河村大学生村官周衍江就是这样一位一心为民，敢闯敢干的"好"村官。

2012年9月，出身农村普通家庭的周衍江从贵州大学毕业后便回到了偏远贫瘠的家乡商南县，在人口仅有1033人的偏远山区沐河村当起了一名大学生村官。来到村子第一天，看着贫穷落后的村貌，看着穷困潦倒的留守老人，看着闲置荒芜的土地，周衍江心里酸酸的，有种说不出的感觉，感到肩上的担子沉甸甸的。从那刻起，性格倔强的周衍江就下定决心，一定要改变村子贫穷落后的面貌，为家乡的百姓做点实事，让身边的群众看到希望，让村民们踏踏实实地过上好日子。

农村的生活很平淡，但对大学生村官周衍江来讲却很充实，每天有干不完的事，有操不完的心。2012年冬天的一个早晨，周衍江来到村子上班，恰好看到村子留守老人王大伯家自来水管由于天气寒冷被冻破了，水不断地往外喷涌，王大伯由于身体不便，看着水柱不断往外喷，心里干着急，却没有办法，自来水喷的满院都是。周衍江看到后，不顾天气寒冷，骑起摩托车就往3～4公里之外的集镇赶去，自费到五金门市部买来新的水龙头，顶着寒风，找来工具，帮助王大伯把水管修好，前前后后一个多小时，当水管修好后，周衍江的双手冻得通红，衣袖和裤脚早已湿透，但是周衍江全然不在乎，心里很开心，因为他知道王大伯的急事解决了，老人家脸上露出了笑容。

经过3年的农村历练，周衍江已经深深地融入了这片土地，爱上了村里的一草一木，关心参与着村子的每一项事业，村子人口信息统计，产业项目申报，家庭情况调查，重点产业发展，他都烂熟于心。经过周衍江与村"两委会"班子三年如一日的共同努力，沐河村实现了大变样。周衍江和村"两委会"班子先后帮助村子搞农田水利基础设施建设180多亩，建老年活动室3间80多平方米，购置各类休闲娱乐器材价值25 000余元，在村修建陕南移民搬迁房6栋102户，让350多人搬进了新家，协调有关部门改建水泥道路3条共计5.2公里，把水泥路打到农户家门口，发展特色养殖，带领群众发展养羊2 300只，养土蜂400多箱，发展香菇种植10万袋，年实现农业产值达800万元。村子变美了，百姓变富了，这一切都离不开周衍江的付出与努力。

沐河村群众的日子过得越来越好了，但是周衍江心里总觉得还欠缺些什么，因为他心里还有一个更远大的理想，那就是大学生村官自主创业，帮助群众解决就业难题，让更多的青壮年农民在家门口就业，让留守老人、留守儿童有来自亲人的陪伴。2014 年 7 月开始，每天扑在电脑前，查阅相关信息，希望能够从网上找到创业的好点子。周衍江认为，要想实现就地创业，就要把家乡先宣传出去，让更多的人了解家乡，知道当地的优势产业。于是周衍江先后为全镇 4 个村子建立起了村村乐门户网站，在镇里建立起了富水镇 QQ 群，为村里建起微信公众号，把村里的农副特产发布到网上，平时借助微信、微博、QQ 等互联网工具把村里的产品拍成图片，发布到网上，令他意外的是很多网友对他拍的东西非常感兴趣，积极互动，给予评论，问这些图片在哪里拍的，哪可以买到这些产品？这让周衍江喜出望外，心想：既然这么多人喜欢咱农村的东西，那何不把农村的特产放到网上来卖，这样可以很好地解决农产品销售难题。于是他就把农村平日里采茶、割蜂蜜、放羊、种香菇等农活图片发到网上，让更多的人看到。渐渐地关注他网站的人越来越多，逐渐就有人就问他："你那茶叶看起来不错，能帮我买 2 斤吗？"他说："可以呀，都是农家自己的茶叶，品质非常好，我这就给你用快递邮寄过去。"就这样，周衍江的第一单生意就成了。逐渐，他把家乡更多的农副产品晒到网上，经常有顾客让周衍江帮助他们选购，由于周衍江的产品价格实惠，质量有保证，所以很畅销，周衍江的网上销售让农户的收入实现了大幅增长，老百姓们可开心了。卖产品的农户激动地说："没想到网上不光能买东西，还能卖东西，我们这乡下的'土'东西这么受欢迎，小周真有办法！"听着老百姓的夸赞，周衍江的心里甜滋滋的。

2015 年初，周衍江从李克强总理政府工作报告"互联网＋"这一概念中发现了新的商机，他运用以前在学校学的互联网知识，在淘宝网申请注册了"商南县大学村官淘宝店"，开始了新的电商创业。周衍江自己在网上搜索教程，学习如何装修店铺，怎样拍摄图片，怎么上传产品，怎么开展售后服务等知识，由于电子商务对山区农村来说是一个全新的东西，周衍江只能一点一滴地从零开始学习，每天晚上要查看很多资料，网上搜索相关内容，熬到很晚才睡，由于刻苦学习，在短短的一个月时间里，周衍江就基本熟悉了淘宝和微店的操作及经营要点。周衍江开始通过淘宝和微店等互联网平台把村里的优质茶叶、土蜂蜜等土特产上传到淘宝店铺，销售到全国各地。同时，为了让更多的人了解和利用互联网平台，他还把村里的青年团员和镇上的大学生村官以及有一定电脑基础并有意愿学习电商知识的群众集中起来举办电子商务培训班，邀请专家老师进行系统培训，让更多的村民加入电商行业。先后举办了 4 期淘宝培训班，培训村里及周边群众 120 余人，帮助村民申请淘宝店 6 个，帮助群众购物 180 多件。

发展电子商务得有产品支撑，必须要创建自己的品牌和基地，这样才能走得更稳。于是，今年年初，周衍江联合镇上 6 名返乡创业大学生一起，注册 1 000 万元资金，成立了陕西秦溢生态农业发展有限责任公司。邀请四川专业策划团队，为公司设计了"金丝十三花"主题的品牌策划方案，申请注册了"秦岭印象"商标，开始走自主品牌营销路线。同时周衍江还结合商南本地的土蜂蜜，茶叶，核桃，板栗，葛根粉等优质产品优势，积极营造产品文化，通过让产品富含文化底蕴，把产品与文化有机融合，实现了故事电商，文化电商，生活电商的有效接轨。周衍江在做好平台和基地的同时，还联合商南宅急送快递公司，富水镇电子商务服务站，广东电子 3C 产品公司等进行行业合作，建立淘宝、微信、微博网站，体验店，实体店铺等线上线下相结合的综合电商平台，实现多元营销。

2015年10月26日，周衍江的"大学生村官第一店"迎来了一位特殊的客人，中共商洛市委书记胡润泽来到了他的淘宝店，了解了周衍江的村官产品和销售业绩后胡书记非常高兴，胡书记对大学生村官周衍江创业做法予以充分肯定和高度评价。胡书记说："大学生村官是发展农村电子商务的重要传播载体和新兴力量，你们既熟悉农村，又精通互联网，一定要带好头，发挥好大学生村官在农村电商发展中的生力军作用，把商洛的电子商务做好，助力农村经济发展、帮助农民发家致富。"市委书记的一番鼓励，让大学生村官周衍江备受鼓舞，让他更加坚定了自主创业的信心和勇气，周衍江在向胡书记汇报工作时说："我一定不负使命，再接再厉，艰苦创业，发扬大学生村官创业精神，把农村电子商务做得更好。"

创业的过程是艰辛的，但是创业的结果是甜蜜的。大学生村官周衍江从2013年自主创业开始，通过多方努力，克服了重重难关，已经先后帮助了周边127户群众销售了香菇、木耳、核桃、板栗、茶叶、土蜂蜜、野生猕猴桃等各类农副产品4吨多，帮助群众网购手机、耳机、服装、农具、家庭生活用品300余次，通过淘宝、微信、QQ、支付宝、实体店铺等交易平台实现线上线下交易额150万元。仅今春一个季度，周衍江的大学生村官淘宝店就帮助村里茶农销售了200多千克价值30万元的茶叶，帮助100多户茶农实现了增收。

沧海横流方显英雄本色，村官创业引领村富民强。"我脚下的土地有多厚，我就有多热爱这片热土和乡亲，作为一名大学生村官，我将矢志不渝地扎根在这里，用勤劳和汗水为村里的发展贡献着自己的力量，让青春在农村无悔。"周衍江如是说。

点燃村民致富梦

——记大学生村官卢文达

永州日报　蔡再明

　　眼下，正是烤烟生长的黄金时期，在江永县夏层铺镇水源头村的田间地头，常常可以看到一位 25 岁的年轻人，蹲在地里精心侍弄着绿油油的烤烟。他个子不高，皮肤黝黑，其貌不扬，但从挥舞的锄头中能看出他浑身有使不完的劲。他操着本地口音，和村民们亲切地拉家常。两年多前，对村里人而言，这个年轻人只是一个不相干的外人，而如今，他已成了水源头村的自家人。他就是水源头村的村支书卢文达，一名 90 后的大学生村官。近日，记者采访了卢文达。

交纳违约金选择当村官

　　2012 年，卢文达从湖南工学院毕业后，顺利地与武汉一家生物发电公司签订了就业合同，当时合同上规定一个月有 3 000 多元的工资，正当他准备去武汉上班时，突然接到一位朋友打来的电话："你想当村官吗？"这句话激活了他的梦想。原来一个重新选择的机会摆在他面前，那就是当年省里正在组织选聘高校毕业生到村任职的考试。

　　卢文达执着地说，当时认为是一次难得的机会，可能会给自己带来一个更好的发展平台，而且自己从小就有为家乡的村民实实在在做点事的梦想。"于是，我就毅然放弃了去大城市工作的机会，为此还交了 2 000 多元的违约金，然后通过省里的招聘考试，来到水源头村当起了村主任助理。"

　　尽管是抱着吃苦的精神而来，但初到水源头村看到的和遇上的事，还是让卢文达感到一时难以适应。卢文达说："吃住暂且不说，村上的干部和村民都认为自己太年轻，只是过来'镀镀金'，不会呆很长的时间，把自己当作一个'不相干'的外人，这让我很难过。"而说起工作环境之差，他告诉记者："上班后不久，一个大学的室友来看我，在村上呆了半天后就对我说：'收拾行李，赶快跟我走吧。'"

租地 120 亩带头种烟

　　刚到水源头村，卢文达人生地不熟。村民都怀疑，这么个年轻小伙，能帮村里做什么事？卢文达认识到，帮村民脱贫致富，才是自己最大的任务。

　　经过实地调查，卢文达了解到，水源头村是一个资源贫乏的贫困村。全村共有 8 个小组，1 230 人，有 1 472 亩耕地，耕地土质为沙土，如果种植水稻、玉米等农作物，亩产效益只有 1 000 元左右，县委和镇里面对种植烤烟有很多扶持政策，而种植烤烟亩产效益则可达 2 000 多元。为此，他和村两委成员共同商量，提出了以烤烟种植为主，水稻、玉米、红薯为辅的种植模式，以此带动当地村民致富。

然而，由于历史原因，村民的积极性不高，许多村民不想种、不敢种。如何才能打消村民的顾虑？卢文达决定自己带头种。为了让全村村民看到希望和奔头，他毅然决定自己率先租种 120 亩土地，带头增收致富。

决心有了，行动也有了，但随之而来的各种问题和困难也来了。当记者问到，种烤烟资金怎么解决时，卢文达说："当时，种烤烟租金和翻土等共需投入 5 万多元，主要是靠国家政策补助和自己在大学期间自主创业赚的钱来解决。"为了早日使自己由"门外汉"变成"行家"，他白天在田里劳作，虚心向有经验的种烟能人请教，晚上则通过书籍、网上远程教育等方式，认真学习种植方法和技术，不断开阔眼界，提高自己的生产能力和水平。在种植烤烟的过程中，卢文达还积极利用远程教育平台，常将村中那些缺乏种烟经验的村民组织在一起观看烤烟种植的视频，同时请经验丰富的老烟农给村民们进行现场解说，帮助村民科学管理烟田。

科学种烟让村民增收致富

功夫不负有心人，2013 年卢文达种植的烤烟喜获大丰收，2013 年当选村支部书记，带领村民种烟的势头更加火热，2015 年水源头村烤烟种植达 600 多亩，烟叶产量达 1 100 多担，仅此一项收入，就使村民人均收入增加了 1 000 多元。如今水源头村通过种植烤烟，村民的腰包越来越鼓，日子越过越红火。

今年，针对烟田不能连种的情况，卢文达还对水源头村传统的烤烟种植模式进行了大胆创新，推出了"烤烟＋红薯＋油菜＋X"的新型烤烟种植模式，使村民能够通过土地更多地增加经济收入。目前，全村的土地均采取了这种新型烤烟种植模式。

在希望的田野上，一路走来，一路欢悦。

卢文达还特地向记者透露道："现在通过带领村民们增收致富，村民们对我很信任，让我感觉到很温暖！"从卢文达的笑脸上，记者读懂了一名大学生村官的梦想，那就是希望在，成功在。

在农村的沃土上做一朵骄傲的小红花

盐城市建湖县庆丰镇东乔村大学生村官　周艳红

　　2013年刚刚走出大学校园的我，带上行李毅然踏上了乡间的小路，伴随我一起的还有年少的心和最初的梦想。我的梦想很普通，躬身于新农村充满希望的沃土，释放火热的激情，燃烧青春的梦想。因为，我的名字中有一个"红"字，"红"寓意着热情，活泼，张扬。我愿做一朵小红花、渺小、平凡、微不足道，但却可以肆意挥洒青春的汗水，尽情绽放青春的美丽，在农村的沃土上做一朵骄傲的小红花。

　　很多人不理解，我有那么多选择，可以留在大城市有一个体面的工作，拿一份很高的薪水，却为何要坚持回到农村去吃苦受累当一名大学生村官。他们不知道的是，我在农村长大，可以深切地感受到父老乡亲们对农村改变的渴望，可以真切地体会到留守老人、妇女儿童孤寂的身影和对美好生活的渴求……"看过太多，我应该为我生活过的地方做出改变"，我少年时就立志将来有机会一定要回来贡献自己的微薄之力。深深埋藏在心底的梦想小种子终于在我毕业的那一年开始生根发芽……

　　"梅子金黄杏子肥，麦花雪白菜花稀"，诗人眼中的田园风光固然美好，但是现实的农村生活却远远不是如此的诗情画意。她需要的不仅仅是能发现她美的人，她更需要的是能够为她创造更多美的人。

　　记得第一天到单位报到时，村干部都围着我看，有人小声地嘀咕道："来了个小丫头片子，刚出校门，什么都不懂，能做什么！"我在心里暗暗较劲，一定要以最快的速度迅速熟悉工作环境，融入工作中去。记得刚工作被分配到的第一个任务就是做好村里计生优生宣传工作。一开始对于妇女计生优生还有点不好意思，别人问我一些生理知识还显得羞涩。但是转念一想，连这项最基本的工作都无法做好，还怎么融入农村工作中去？我克服心理障碍，大胆放开手脚，发挥自己的专业特长，通过自己的努力，连夜创作了一组漫画，简洁明了、通俗易懂、科学细致地体现了计划生育和优生优育内容，贴到村里的宣传栏上，后来又印成宣传小彩页发到村民手中。村民们都夸我说："有文化就是不一样，画上讲得多清楚！"村干部们通过这件事也说，"丫头呀，不错嘛！"听到大家的赞美，我越发坚定了自己能为农村做点事的想法。

　　随着入户走访工作的开展，我接触了全村的留守儿童，他们渴望关爱的眼神愈是深深触动我，想要为留守儿童做点事情的想法就愈发强烈。有一天晚上，我看新闻的时候，看到有的地方妇女儿童之家活动丰富多彩，为留守儿童创建了一片天空。我心里特别激动，也想做好我们村的妇女儿童之家工作，为此，我失眠了一晚上，做了认真的谋划。第二天一大早，顾不上吃早饭，骑上村里的一辆旧自行车，拉上村妇代会主任，就到镇上找到妇联主席，向她们表达了我的想法。领导十分支持我的想法。在镇、村领导的共同支持帮助下，我们启动了"微爱助飞蒲公英"项目。首先通过村里出一点、争取县镇妇联奖补资金贴一点，对村里原来简陋的妇女儿童之家进行了充实，配备了电脑、文体器材等，我又发动社会力量捐赠了一些图书，建起了快乐驿站、阅读时光、"QQ 亲情屋"等功能室，让全村留守儿童有了一个喜爱的家。一有时间，孩子们纷纷到这里来看书学习娱乐，写完作业我帮助他们检查订正。看到孩子们灿烂的笑脸，一种由衷的成就感、幸福感溢满了我的心头。为了更好地关爱留守儿童，我们还在妇女儿童之家为留守儿童爷爷奶奶开设了"做智慧型的爷爷奶奶""怎样纠正孩子的不良习惯"等贴近实际的家教知识讲座。针对暑期留守儿童无人看管的情况，我们吸收假期回家大学生志愿者共同开展了"安全知识大课堂""艺术熏陶大课堂"等多项关爱留守儿童活动。2015 年，我们的妇女儿童之家工作参加全省创评，还获得了优秀案例奖。

我们妇女儿童之家还开展了关爱留守老人、留守妇女活动。我积极与有关部门联系，为留守妇女争取到了免费电商创业培训，亲自跟踪一名留守妇女开起了一个网店，在网上销售农村手工艺品、土特产品等，增加了收入。我还筹划开展了"让我们做美丽留守妇女""美丽村姑广场舞大赛""给孤寡老人撑起一片天"等活动。

"待到春花烂漫时，她在丛中笑"，我愿做那万花丛中的一朵小红花，在新农村的沃土上骄傲绽放，用我满腔的热情和服务农村的赤子之心，在新农村建设的舞台上播种希望的种子，让新农村绽放出美丽、绚烂的朵朵红花。

靖边闫家湾"女娃娃"村官推进 农村基层组织建设发展纪实

——记陕西省靖边县席麻湾镇 闫家湾村党支部书记李佳佳

张 庚

靖边县席麻湾镇闫家湾村是陕北黄土高原上白于山区腹地的一个小山村。这里因地处偏僻，村民文化水平较低，民主自治的能力偏弱，再加之村委班子不团结、党组织涣散等原因，2014年年底被该县确定为镇上的基层党组织建设重点整建村。

李佳佳作为80后从小在城里长大的新时代大学生，2011年大学毕业后没有选择留在城里面就业，而是专心报考村官，自愿接受组织分配来到闫家湾担任村官。参加工作以来，她一心扑下身子，深入群众中，学习群众语言，与村民积极主动交流，将群众遇到的困难当成自己碰到的难题，帮助村民办理各种农村农业补贴所需的材料；遇到不懂办事程序的，就耐心地给他们解答；遇到不懂国家相关农村农业惠民政策的，就详细给他们讲政策、作解释……3年多来，她就这样默默无闻地从大学生村官、到村务委员一步步走来……她将自己最宝贵的青春年华无私地奉献给这个小山村，赢得的是当地村民对她的逐渐理解与信任。群众亲切地称呼她为他们的贴心"笔杆子"！

2015年年初在村委换届工作中，经过村民党员推选，党组织慎重考察，决定任命李佳佳为闫家湾村支部书记。这也是她3年辛勤工作所换回来的一份沉甸甸的回报。一上任，她因曾经深刻体会到村委班子不团结、党组织涣散、党员群众民主自治能力不强给全村发展带来的不利影响，首先从凝聚人心、充分调动农民党员、群众参与村务的积极性着手，在全面征求群众、农民党员建议的基础上，逐渐形成村委的决定，充分发挥农村基层党组织的战斗堡垒作用，增加村党组织在群众中的影响力、号召力。在与农民党员、普通群众交谈时，有不少人都希望在村里面像2007年以前一样能有个村办小学，这样他们就不用把孩子再送到外面读书了。不要像现在这样，送到县城读书吧，没钱；送到镇里吧，家长来回接送又辛苦、孩子年龄小住校又不放心。听到村民反映的这个情况，李佳佳当即召开了村支两委会进行协商了解，在得知村里面存在不少这种情况各异、大小不等的上学不易问题时，她决定一边向镇里和县教育局报告申请，一边深入到村里面有小孩的家里再具体了解一下实际情况。一天，李佳佳来到一户村民家中，推开虚掩的家门，只见一位70多岁、衣着破旧的老奶奶，怀抱着显得脏兮兮的两个四五岁的小孩哼唱着"东方红"，祖孙3人都静静地沉浸在沙哑的歌声里，丝毫没有发觉家里来了外人，她一时愣住了……不知过了多久，门"吱呀！"响了一声，紧接着，一位老大爷惊喜的一句"你们在哪来来?"打断了这屋里好似很久的宁静,也同时终止了祖孙3人让人听起来有点心酸的"东方红"。李佳佳转过身,看到一位与老奶奶年龄相仿、头发花白的老爷爷怀抱一捆柴禾站在她的身后。当听到李佳佳是新上任的支书时,老大爷更加热情地招呼她赶紧坐。当听到两个孩子,一个5岁、一个4岁时,李佳佳若有所思地询问道:"两个孩子都到了上幼儿园的年龄了,为什么不送孩子去上学呢?"同时,她的眼神落到了孩子身上,她突然发现这两个孩子眼神看起来很呆滞,仿佛没有这个年龄段小孩子所应有的活泼、灵动劲。两个孩子就这样迎着她的目光一动不动地盯着她,好像是看一个外星人一样!李佳佳立马有一个思绪飘过来:这两个小孩是不是智力有问题?但她看看身边的两位老人,立马又否定了自己不应该有的这种想法!老大爷听到李佳佳的这个问话,脸上立马露出了痛苦之情,他声音低沉、苍凉地说:"哎……李支书,你是不知道我们家的难啊!孩子她妈在她们很小的时候,就撇下她们走了。孩子爸又得出门挣钱养家,所以这俩孩子就由我们老两口带。可是,现在我们俩都年岁大了,腿脚不灵便,村里离乡上上学的地方又那么远;送到城里供,她爸又没钱,所以没办法就把孩子给耽搁着。不过,好在他奶奶年轻的时候念过几天书,给他俩慢慢地教着了。老二,数数都会数10个数了喽!"伴随着一丝自慰的声音,老大爷的眼泪却不由自主地流了下来了……李佳佳听到这,不由为之动容,同时也更加坚定了她办学的信念,她充满深情地对老大爷说:"村上准备今年再把原来的学校办起来,您看怎么样?"老大爷听了李佳佳这话,立马激动地站了起来,破涕为笑:"好!好!真是太好了!李支书,您真是个好官啊!我们家的孩子上学终于有着落了!"但,紧急着,他又慢慢地坐下来,声音灰塌塌地说:"就让老大先去念吧!老二嘛……再等大点吧!"屋子里的气氛又好像一下处在死寂中!李佳佳仔细盘算了一下,她对老大爷说:"我看老二也三周岁了,像城里面一样也该送到幼儿园接受学前教育了!这样吧,到了秋季开学的时候,就把孩子们都送来学校念书吧!灶费全免!"看到这一幕,李佳佳不禁陷入了沉思中:"老百姓真是苦啊!不管遇到什么样的困难,我也一定要在今年秋底把这个学校办起来!"说干就干,李佳佳在调研结束后,立马召开了村委会,会上确定了办学是当前首要集中精力抓紧办理的头等大事,当众宣布由她本人亲自担任闫家湾村办学校筹备处主任并兼任学校校长,同时,细化了村干部分工:要指标的要指标、跑项目的跑项目、联系工程队的联系工程队、负责工程队监工的监督工程、动员学龄儿童上学的动员上学……充分发挥农村党的基层组织在紧要难关面前的战斗堡垒作用。村干部在支书李佳佳的组织领导下,密切分工、互帮互助,克服重重困难,终于时隔7年之后,在2015年8月29日这一天,闫家湾村办学校在重新修缮原有学校校舍的基础上,正式开学了!村民们这天像家里过喜事一样纷纷来到这里,庆祝村里的学校再次开办……学校经过半年的运营,今年春季开学的时候,正式配备了专业校长。那两个小孩子也发生了很多变化,性格变得开朗了,眼神也不再像以前那样呆滞,充满了灵动劲……

能否凝聚村委会一班人团结干事,心往一处想,劲往一处使,取决于农村基层党组织在农业生产生活中的战斗堡垒作用发挥的好坏。李佳佳在村委会日常工作中首先从自身做起,明确党组织工作纪律,带头执行;细化村支两委班子成员分工,明确各自工作职责,加强日常督促检查落实;坚持村集体党务、政务、财务公开,完善"四议、两公开"制度,将群众在日常农业生产生活中发生的矛盾纠纷主动化解在萌芽状态中;定期召开农民党员会议，集体学习国家在农村实施的具体政策方针，当好政策的宣传员，提高农民党员的在党意识；针对农村党员日益老龄化的现状，有意识地给一些有文化、有知识、热心于村务工作的年轻人创造机会参与到日常村务管理工作中来，作为农村入党积极分子进行重点培养；在生活中关心村支两委班子成员在日常农业生产生活中遇到的困难，注重维护好班子的团结，将原来的管理型村委逐渐成功转型为现在的服务型村委。根据中央要求加强村级基层党组织建设的政策和村民在农业生产生活中遇到的现实需求，李佳佳带领村民自力更生，重新整修了村委阵地、新建了村卫生室、计生服务室和文化广场，村委面貌在短时间内发生了根本性的改变；在村上设立了党员活动室、法律咨询点、群众诉求台、农家书屋授课点、爱心服务站、百姓说事点、计生卫生服务室、人口校园等8大服务窗口，分别成为村民民主决策、懂法、办事、学习、获得生活基本保障、矛盾调解及议事、民生服务、优生优育的服务窗口。

村委会阵地修建好了，但它要真正成为凝聚全村人心、村民心中有分量的农村基层组织阵地却需要村委会一班人做更多的工作。在农村，一家庄户人是不是会让同村人称赞、佩服，村民往往会从这户村民院落是否收拾得整洁、家里是否拾掇得干净、东西是否摆放得适当，庄稼地里是否经常见到这户人务农锄理的身影进行评价，评价的结论也和实际情况往往惊人的相似。同样，村民们也会通过观察村委会平常是否经常被拾掇得干净整洁来从心里评判村委会一班人是否能真正承担起带领村民脱贫奔小康的重任。在农村经过几年工作锻炼的李佳佳深深明白这个道理，但有的班子成员却不理解：村委会嘛，有什么好打扫上的，大老爷们一天正儿八经的事都忙不过来，哪还能顾得上这些碎事！再说，现在的群众都一天顾着忙自己的事，哪还有人闲的没事整天来村委会专门观察这里的卫生打扫得怎么样？但李佳佳却不这样认为，一天，她瞅着村干部都来村委会开会议事的机会，在议事临结束的时候，对在场的人郑重地说："今天的会结束得早，时间还有不少！看大家都来了，没多大事，就一块把咱们的办公场所打扫打扫！"紧接着，她第一个走出屋子，拿起大扫帚，一声不响地扫起了院子。大家看她这样，虽然眼中流露出异样的神情，但也不知道说什么好，看着她的额头随着她的肩膀起伏，慢慢沁出了汗水，一个接一个地不声不响拿起扫帚、铁锹、土盘、抹布打扫起了卫生……居住在周围的村民看到村委会的干部热火朝天地打扫起了卫生，都稀奇地走出家门观看这好多年都没再见到过的"奇景"！不知谁喊了一句："咱们也帮他们拾掇个来！"话音一落，村民们就纷纷跑了下来，和村干部们一块打扫起了卫生。一会，天空布满了乌云，随着震耳的雷声，紧接着汗珠般大的雨点就飘落了下来，但这时大家都干得十分起劲，就好像都商量过了一样，谁也没有停下手中的活计……就这样，大家在雨里把院里的东西收拾得干干净净，就连多年无人搭理、任其生长的杂草也不知道什么时候被清理得干干净净……从这以后，像此类情况的事情就经常在这个村发生，村干部像一家人一样，互帮互助，共同谋事、干事。村民们也私下里纷纷议论："现在的村干部在李支书这个女娃娃的带领下，确实和以前大不一样了！"有的上一点年纪的村民甚至说："依稀好像，当年毛老社会的好干部又慢慢回到了我们身边！"这正如李克强总理2015年年初在深圳调研时所讲的一个道理："一个人干不过一个团队，一个团队干不过一个系统，一个系统干不过一个趋势。团队＋系统＋趋势＝成功。一个人可以走得很快，一群人会走得更远！"李佳佳也正秉承着这样一个信念，带领着闫家湾村民正奋进在齐心筑梦的路上……

村民的饮水安全问题是新上任的村支书李佳佳同样挂心的事，因闫家湾的人畜饮水基础设施基本都修建于十几年前，使用年限长，设施老化，在几年前就被村民废弃不用了。新的饮水设施建设步伐又跟不上，村民们只好到周围修了新的饮水工程的村子买水用，要么就是直接把雨天、雪天收集储存在水窖的雨水、雪水经过村民的土办法简单地"澄"一下，就当日常家用水用了。村民对此有不小的怨言。李佳佳想："既然党组织和村民这么信任我，我就一定要尽快把村民的这个现实难题尽快解决了，才不会辜负组织、村民对我的这份沉甸甸的重托！"她带头组织村支两委一班人积极到县镇两级政府争取项目，2015年当年就为村民打水井 3 眼，修建水房和蓄水池 5 处；安装 50 千伏变压器 2 台，架设高压线路 1.5 公里，铺设管网 6 000 多米，解决了全村 1 800 多村民的饮水安全问题，该村的人畜饮水工程覆盖率一下子就达到了 95％。村民对此交口称赞，纷纷夸道："咱们新上任的这个支书女娃娃工作力度真大，几年没有解决的老大难问题一下子就在她手上解决了，真是厉害！"过年的时候，有热心的村民就邀请她在家里一块和他们过年，还张罗着要专门组织个活动好好感谢李佳佳一年来给他们所做得这一切……李佳佳同样被村民的善良与淳朴深深地感动着，也更加坚定了她要为村民踏实做事的信念。恰逢过年，这时很多在外拼搏奋斗的村民都会选择这个时候回乡祭祖、走亲访友，李佳佳和村干部利用这个有利时机，积极组织动员在外工作、经商的村民自发成立了闫家湾村民理事顾问团，充分发挥他们在村民中影响力大、见识广、致富门路多的优势，为村民增产增收、发展第三产业想办法、出点子、引路子。

通过李佳佳一年的辛勤努力工作，闫家湾村今年 2 月底在靖边县委全委会上正式扔掉了"整建村"这个耻辱帽子。面对来之不易的成绩，她并没有骄傲，因为将会有更多的发展任务落到她年轻看似稚嫩的肩上……

面对今年"十三五"开局之年，村民昔日眼中的"女娃娃"村支书李佳佳充满了对闫家湾村未来美好发展的憧憬："今年，我们村委会将利用我县大力发展农村电商的有利时机，组织村里面学习电子商务相关专业的大学毕业生争取为村上建立农村电商营销平台，让村里生产的农产品、畜产品通过现代网络销售渠道，走向更广阔的天地。同时，尝试利用农村电商平台，带动贫困户发展一些应时而需、适宜当地气候土壤条件、风土人情的一、三产业，助推村民脱贫致富，按时按标准按进度完成精准扶贫工作。此外，充分发挥村民理事顾问团的作用，计划新发展成立 1 家种植合作社、1 家养殖合作社和若干家小规模、示范性强的农村家庭农场，为繁荣周边的农村经济发展充分发挥示范带动作用！"

让青春在激情中闪耀

——搏击"互联网+"浪潮的大学生村官罗蓉

罗蓉，沈高镇沈高村的一名大学生村官。在大家看来，她是一个喜欢捣腾的人，只要跟创业有关，她都感兴趣，只要能带动身边的人行动起来的活动，她都参与。

抢抓机遇试水电商大潮

2013年，罗蓉参加了泰州市组织部举办的大学生村官创业学院的封闭式培训。在听完淘宝大学讲师王小建的精彩授课后，罗蓉作为一个新妈妈，便萌生了开一家母婴服饰网店的想法，10月11日淘宝店正式上线，罗蓉从资深淘宝买家转换成了淘宝卖家，当起了"掌柜"。一开始，由于资金投入大、款式偏少、压货严重，加之网络访问量较小，一个月下来只有两三单生意，鉴于此种情况，她开始考虑如何选择有竞争力、投入偏小的产品。于是借助亲戚在新西兰国际贸易公司工作的优势，转行做婴幼儿奶粉代购，经过两年多的摸爬滚打，她凭着一手货源的价格优势与正宗原产的质量保证，赢得了越来越多的客户，生意越来越好，现在她的客源"老带新"的比例达到75%。

深挖资源打开销售市场

淘宝店是成功了，但是罗蓉并不满足于此，因为做的淘宝销售产品与沈高的农业并没有关系。罗蓉联想到2011年因在省委书记罗志军讲的"沈高村必须要大力发展高效农业才能促进农民增收致富"的影响下，创办的绿之园蔬菜种植专业合作社，大棚蔬菜面积达300多亩，每年产出的瓜果蔬菜基本都是靠蔬菜贩子来收，或者走菜市场和超市销售，而没有与互联网沾上边。2015年，合作社的西瓜大量上市了，作为西瓜中的"经典款8424"一直很受市场欢迎，但是因为销路闭塞，只能局限于瓜贩子批发，出现中间商得利、瓜农收入微薄的状况。发现这一情况后，罗蓉将绿之园蔬菜种植专业合作社生产西瓜的情况实时发布到网上，仅仅是同年6月，她就利用互联网帮助合作社销售5吨多价值15万元的8 424西瓜，解决了瓜农的销售问题，提高了农产品的附加值。她在让合作社的种植户感到惊讶的同时，也让他们感受到了网络销售的魅力，提升了老百姓参与农产品电商的信心。

互联网销售农产品不是一件容易的事情，卖了一个月的西瓜，罗蓉的皮肤晒得与瓜农差不多黑。而卖西瓜的过程也不是一帆风顺的，在送货的过程中，因为西瓜非常新鲜，一颠簸西瓜就容易爆裂开，为了不影响对客户的信誉，她将这些都个人承担了下来，并将网销西瓜坚持了下来。她说，与瓜农在田垄上讨论实体销售和网络行情是件幸福的事情，能帮助合作社将农副产品通过网络销售出去，更是体现个人价值的事情。

模范引领带动大众创业

作为大学生村官中的一员，罗蓉是创业的先行者，但是她并没有落下身边的同事，而是积极鼓励身边的大学生村官也加入投资小、见效快的电商创业大潮中。双星村的大学生村官邱婷，正是在罗蓉的影响下，也在淘宝网上开了一家销售农副产品的店，帮助沈高的农户在 2015 年卖出了 800 多只螃蟹，6 000 多只草鸡蛋。冯庄村的沈玲玲、万众村的陈婷也都跟在罗蓉后面积极在网上发布沈高绿色农副产品的信息，她们说这样做既学到了电商知识，锻炼了自己，丰富了工作生活，也是对外宣传了沈高。

沈高的部分村民也在罗蓉的带动下，搭上了互联网的顺风车。大棚蔬菜种植户陈拥军在罗蓉的影响下，用起了 QQ 和微信，学着在网上发布草莓、番茄等瓜果信息，售卖自家熬制的草莓酱、番茄酱并招揽网络客人来大棚体验采摘。汉土家庭农场主孙飞跟在罗蓉后面，新建了微信公众号，制作了二维码，及时在网络上发布农场信息，网销生态鱼米，并获得了很好的收益。现在，沈高农业园区内的鑫生园蛋品厂、三泰酱菜厂、河横禽蛋专业合作社等企业也都做起了网络销售。

作为一名走在一线的大学生村官，罗蓉正琢磨着联合沈高的大学生村官一起抱团创业，让更多的农产品搭上互联网＋的顺风车，打造出大学生村官自己的品牌。

奋斗的青春最美丽

陕西榆林府谷县古城镇园则湾行政村党支部副书记 王 强

（一）

我叫王强，1988 年 9 月出生于陕西省府谷县黄甫镇西王寨村。大学毕业后，本着对农村这片土地的热爱，2013 年 4 月，我报名参加了陕西省选拔高校毕业生到村任职考试，经过笔试、面试、体检等环节后，很荣幸地成为古城镇的一名大学生村官，从此开启了我根植乡土、奉献青春的村官旅程。

古城镇位于陕西省最北端，有"陕北之北，三秦门户"之称，这里天蓝地绿，生态良好，属纯农业乡镇。我任职的园则湾行政村位于古城镇南 9 公里处，全村 226 户 880 人，行政村辖园则湾、李良坪、李家坡、贾米湾 4 个自然村，总土地面积 19 平方公里，交通便利、民风淳朴，农业主导产业以地膜玉米、小杂粮种植、海红果和家畜养殖为主，系我县海红果主产区。

（二）

2013 年 8 月，接到上级组织部门通知，我被分到榆林市府谷县古城镇园则湾行政村担任村党支部书记助理。办理完报到手续，按照分工安排我的主要工作是镇党政办和协助村党支部书记。

办公室工作琐碎繁杂，有收发文件、整理归档、上传下达、证明材料办理、盖章及帮助村里网上年检组织机构代码证等，这些都需要有高度的责任心，认真地完成，并做到"勤、细、精"。一进村任职，我就扑下身子，放下架子，主动与村三委班子成员搞好团结，增进班子的整体活力，积极协助村三委负责人将村委会的制度、村规民约等资料进行了全面更新，使得各项制度能够与实际情况相符。

为尽快熟悉村情，我利用闲暇时间和村干部走村入户，了解村民诉求，为乡亲增收创富出主意、想方法。通过走访、了解村情，虚心向村干部"取经"，学习农村工作方法。当我与留守儿童、留守老人交流时，他们的眼神让我久久不能释怀，从他们的眼神里我看得出他们对父母的想念之情和对异乡打工儿女的思念之情，特别是在徐沙梁村看望走访杨三、杨五（五保户）兄弟二人时的场景和在园则湾村看望慰问因病致贫的那位阿姨的流泪倾诉……，这些情景都深深地刻在我的脑海里，是我奋斗路上的力量之源。村官路上我愿努力做孩子们的眼睛，指引他们看到更远的未来；我愿做留守老人的知心人，尽力帮助他们度好晚年的生活；我愿做贫困群众的贴心人，全力帮助他们脱贫致富，早日过上小康生活。

任职以来我坚持每周到村里，通过进村入户使我对农村的饮水、道路、环境卫生、村容村貌等情况有了深入的了解，群众收入微薄、饮水困难、出行不便、环境卫生状况差，他们非常渴望能改变诸如村级经济发展方式单一、村容村貌整治进度缓慢、种养分散、基础设施滞后等老大难问题，作为农村出身的我完全能看得懂、听得透，能从中听出乡亲们的心声与期盼。

为解决群众的人畜饮水难题，2014 年初，在全村实施惠民水窖工程期间，我利用闲暇时间学习绘图和设计，挨家挨户进行现场勘测，做到每户一图，每户一方案，在分析汇总的基础上形成了全村的水窖工程施工方案和工程预算等前期工作。在 6 个多月的紧张施工期间，我经常到工地了解施工进度，确保了全村 80 多个水窖如期完工，解决了 500 余名群众的饮水困难问题。

为解决乡亲们反映的出行困难，2015 年我积极向上级部门反映，经多次协商沟通，最终向古城集运公司争取到了 10 万元帮扶资金对园则湾至李家坡的村级道路进行了硬化改造，彻底改变了村民"晴天一身土，雨天一身泥"的出行困境。

为进一步改善乡村环境卫生条件，我积极与县上有关部门取得联系，争取帮扶，在全村开展村容村貌整治活动，2015 年重点对贾米湾自然村的 40 余户群众的院落、大门、道路进行了改造整治，使全村面貌有了很大改变。

2016 年 3 月，在镇党委政府的支持下，村三委班子动员村民群众开展了"为陕北之北添绿"植树活动，在村级道路两侧栽种垂柳、云杉、油松等花卉、苗木，实施环境"美化、净化、绿化"工程，努力建设天蓝、地绿、水清、宜居、增收的美丽乡村。

为扩大地方农特产品的销售份额，2016 年 3 月，我积极筹措资金带领群众创办了府谷县华强农产品专业合作社，通过产品、资金、技术、人才、品牌、营销等资源的整合，以"合作社＋农户"的方式，帮助村民规范种养流程，扩大种养规模，引进新品种、新技术，提高专业化程度和市场竞争力。

2017 年 4 月，在春耕期间积极联系县农机管理站，在园则湾等 4 个自然村深耕土地 800 余亩，改善土壤，打造良田沃土。

（三）

转眼间，我在大学生村官的岗位上工作已经 4 年了。4 年来，在上级部门、镇党委政府及村民群众的大力支持下，我积极围绕村级发展规划和工作思路，理论联系实际，主动开展工作，热情服务乡邻，创新工作方法，积极带领群众增收致富，为村级经济社会发展理思路、做规划，以实际行动赢得了组织和群众的认可和肯定。

4 年来，我始终以党员的标准从严要求自己，用智慧和汗水在新农村建设的广阔舞台上挥洒青春，用真心、真情、实干、肯干的饱满热情描绘着新农村建设的美好蓝图。4 年的农村基层生活，让我历经了磨炼、明白了责任、学会了感恩、接受了成长和洗礼，体会到了奋斗的青春最美丽！

农村工作量大面广，上面千条线，下面一根针，大到房屋拆迁、筑桥修路，小到地界不清、邻里纠纷，都需要虚心苦学、扎实苦干，以积极的心态融入农村、融入乡亲。在镇机关，当我看到困难群众在民政办办理完医后救助时那舒展开来的眉头，我的心里是幸福的；下乡时，当我看到农忙时邻里间你帮我种谷子，我帮你点豆子，那种不是亲人更显亲情的画面，我的心里是幸福的；秋收时，当我看到历经春播秋收的庄稼喜获丰收时农民那喜悦的心情，我的心里是幸福的。

4 年的时间，在人生长河中，是短暂的，但在青春时光里，却是弥足珍贵的，这段经历让我再次品味到了儿时乡村泥土芳香的回忆。四年来，吃过苦，流过汗，下过村，入过户，参加过换届，跑遍村里的每一片土地。很庆幸，经过 4 年的锻炼，我已完全融入了基层，农村这个大舞台教给我的，将是我前进道路上最宝贵的财富。我对大学生村官工作充满感恩之情，对这片充满希望的土地和生活在这片土地上的人们充满了感恩之情，乡亲们春种秋收时忙碌的身影和领到惠农资金时灿烂的笑容时常在我的脑海中浮现。

4 年来，虽然没有轰轰烈烈的业绩，我却用朴实和执著，得到了组织和群众的认可。2015 年、2016 年在府谷县年度目标责任考核中，我被评为"优秀大学生村官"；2016 年 12 月，我荣获了府谷县"最美大学生村官"称号；2017 年 1 月，我被镇党委评为"机关便民服务标兵"。这一切使我明白了"青春是用来奋斗"的道理，更坚定了我在大学生村官这条道路上继续走下去的决心。

一路走来，学习着、经历着、成长着，大学生村官生涯将是我生命中最为难忘、最为灿烂的人生经历，也是青春路上最亮丽的一抹色彩！

（四）

梦在前方，路在脚下。在未来的日子里，我将一如既往地勤于实践，以务实的作风和优良品德，扎根基层、融入农村，带领全村党员干部，艰苦创业，精准脱贫，积极推行"阳光村务"，时时以群众利益为重，认真走好基层工作者的"长征路"，为建设"生产发展、生活宽裕、乡风文明、村容整洁、管理民主"的社会主义新农村努力奋斗。

在践行"中国梦"的征程中，作为一名大学生村官，我将坚持不忘初心，继续奋斗，保持和发扬共产党员的为民服务本色，继续加强对农业和农村政策法规的学习以及对农民脱贫致富路径的思考，以诚挚的心去拥抱乡村，倾听乡情民意，讲好基层故事，努力为村民群众的脱贫致富和实现农业、农村追赶超越目标贡献自己的力量，展现新时代大学生村官风采！

铸就青春梦　当好小村官

高平镇许家坡村党支部副书记　力　鹏

我于 2013 年 7 月从陇东学院毕业后，回到本乡本土当了一名大学生村官。记得是在大二的时候听说有关大学生村官招考的事情，经过一番打听之后，我被深深地感染了，从此便与之结下不解之缘，而全国村官楷模张广秀的事迹更是坚定了我扎根基层服务农村的梦想。都说毕业后要到哪里去实现梦想，我觉得农村就是我实现梦想的地方，因为农民需要我们这些 90 后的大学生村官。就这样，我与村官"干上"了。

在农村工作的 520 多个日日夜夜里，我感触良多。每当与群众一起工作、劳作、生活、聊天时，我都感觉特别踏实，这时时激励着我一定要服务好群众，让群众真正增收致富，安居乐业。

选择村官是一份荣耀，当好村官是一份责任

大学毕业后，根据自己实际，找到能实现自己人生价值和社会价值的地方，条条大路通罗马，而选择村官是一种执著，是一种信念，是一种青春在农村燃烧的响应，是怀有故土情怀投身三农的不错选择。当然，做村官是人生不一样的积淀，更是人生难得少有的历练大舞台，因此，我做村官不后悔。

吃苦·担当·接地气

吃苦精神是干好村官工作最基本的要求。做村官，你就要首先做一个好农民，每次到果园管理的时候，我就是一个农民，吃穿倒无所谓，白天和群众一起施肥、拉枝、覆膜、间作、收割，那才叫真正的快乐，我所负责完成的主要是那些常年锁门户的园区，这样既与群众管理好了果园，扎扎实实地落实了各项管理措施，也利用务作实践，给群众讲政策讲果品发展前景，更让群众看到了奋斗的希望，对未来生活充满了期待。晚上，发挥自己的电脑优势，好多工作都需要电子版，一杯茶，一首歌，就投入到了日常资料的完善当中，从低保规范到养老保险，还是群众路线，都严格按照要求高标准完成。有担当、敢担当、能担当是对于当好村官极其重要的一把尺子，特别是对于群众的每一件小事，要勇于担当，遇事不推诿扯皮，以高度责任心对待群众关切的事情，一份小小的表格，一份贷款的迫切，一份辛苦钱的讨要，诸如这些都是群众信任我们的体现。记得一次村上叫了 10 个群众做鱼鳞坑，我当时负责和他们一起完成这项工作，两个月后，这点辛苦钱还没得到解决，眼看就要过年了，我主动找村干部协商，我们可以暂时先欠着工程队老板的钱，但老百姓的这点工钱，我们必须立马解决，在我的努力说服下，终于一分不差地发给群众，

保证群众过一个祥和年。低保办理中，有些情况确实困难的农户，由于资料难以完善，我都做一代劳，少数农户还想争取一下，我了解确实符合标准，积极地向村"两委"争取，建议，上会研究，评议投票，最终从最困难到特困，都遵循公正、公开，在全镇民政工作中做了表率，得到了表扬。接地气是村官事做得实不实的重要判断标准，接地气是否彻底，是否是正能量，是否直通群众心坎，只要我们能把村官"给基层架天线，给上级接地气"的作用发挥好，真正走进群众，领导好群众其实并不难，更能得到拥护和爱戴。记得12月，北风呼啸，在评选全村年度"产业发展模范户"和"孝老敬亲模范户"时，我与村干部深入被推选户里，了解家里的详细情况，我们到园区地里看产业，到猪棚里问收成，和群众拉家常，准确评选出有代表性的12户，在表彰大会上，宣读事迹材料，得到了全村群众的一致好评，能得到群众的"点赞"，感觉特踏实。

守信·实惠·赢民心

群众对于我们大学生村官的作为都比较关注和期待。因此，要做一名诚信的村官。一件小事，答应群众的，无论经历什么艰险困苦，一定要做到，如遇困难或政策原因，一定给群众解释清楚，讲解明白。把群众最需要的带给群众，民生得实惠，产业须实在，精神文化生活更应该充实，只有让群众踏实，我们的工作才有意义和价值。贫困户史军红是个实在人，那次入户时，碰巧他父亲在外转时，由于头晕、年纪大，差点摔倒在庄子旁，我急忙上去搀扶回去，她的女儿从婆家来送馍送饭，洗衣服，我与其交谈后，得知她儿子今年33岁了，还没结婚，也没什么收益，谈了个对象，面临结婚，靠打零工生活，准备考驾照，跑运输，最后找到了我，我和他谈了好久，最后我给担保，在信用社协调了贷款3万元，发展产业，考照结婚，当时看到了他感激的眼泪。大事兴而民富，小事顺则民稳，通过实实在在的改善和发展投入，群众逐渐形成新风尚。有时群众需要的或许是一点资金技术，但有时候更需要我们的一个眼神和微笑，一句问候，一句话，使他们感觉到自己的价值。想当年习总书记在梁家河村，同群众同吃同住，磨练七载，和群众打成一片，群众基础深厚，给以后的下基层奠定了坚实的基础。这正是我们这一批新时代上山下乡大学生村官所要学习的最好榜样。

交流·求学·结人缘

村官是个大家庭，全国有近41万，我们都是奔赴于各个不同村庄的年轻人，为了一个共同的小康新农村目标。刚步入工作岗位，我们应该多与省内外和本县的村官朋友们探讨交流，"他山之石，可以攻玉"，借鉴经验，服务村民，提高自己引领群众发展的能力，提升自己管理村务的能力，交流中有火花，现智慧。求学于比我们更智慧，更有实践经验，更加优秀的村官朋友，在自己的发展上是一种享受，是一种机遇，更是一种双赢。能在如此贫瘠的西北，与各地村官建立联系，畅谈人生，是助推本村乃至本县经济社会跨越式发展的重要途径。在秦安，领略天水风情，学习秦安商贸的发达历程，面对当地合作社加农户的发展模式，感受先镇村组各级干部克服困难，带领群众发展蜜桃产业的决心和朴实，借鉴人们思想的解放和外界的交流，感知丰厚的秦安历史和永远的秦安精神。在户县，见证现代农业科技的魅力，体会了农业现代化的异军突起，体味到中国名村建设和完善的艰辛，认识到了一名村两委好领导的辛酸点滴。在杭州，全国大学生村官各抒己见，有发展农业种植，带领全村群众致富的北京"西瓜王"胡建党，有发展野生蘑菇合作社，当老板的"四川哥"，有把青春奉献给基层民族地区留村任职的云南大村官保虎，有在村官岗位上奋战七载，毅然选择了公益事业，担任爱飞客公益基金会秘书长，并出席今年两会。学习和交流是每位村官在工作之余的必修课，交流能更好地促进工作，而工作是交流的平台，只有不闭门造车，墨守成规，才能使村官的这条服务奉献之路、历练拓宽之路越走越宽广。

为民·尝试·不辛苦

西方有句谚语，如果一个人对一件事有着像教徒对宗教一样的狂热、虔诚，并付诸努力，那么他离成功也就不远了。"空谈误国，实干兴邦"，做村官，引领群众发展产业，就要有一种"神农尝百草"的精神，为群众的增收致富大业打开一条路子。刚入村，啥也不懂，就是个愣头青，不会开证明，不会处理与村干部的关心，不会走访群众，不懂农作物时令节气，不会倾听民意，但这都不是问题，只要学习，从一词一事开始，一年下来，俨然成为一名亲民、能干、务实、合格的村官。当向村民问计产业发展时，有抱怨，有失落，经过几天研究，对症下药，做好群众工作，通过自己小小的尝试，树立了群众发展果品产业的信心，坚定了群众能自己管理好果园的决心。当然，任何尝试都是有风险的，但没什么事是一蹴而就的，干事创业怎会没有牺牲，为了让群众多点收入，自己没日没夜地请教许多"田秀才""土专家"，研究间作高效益农作物，带头种植，引领群众做好幼园间作得收入，抓好果园促管理，近抓养殖远谋果，果畜间作良循环，取得了群众的一致好评和认可。

也许一年多的村官工作，还不能带富一个村，造福所有群众，但是我扎扎实实做的工作，得到了群众的广泛支持和认可，让农村的面貌发生变化，让群众的生活质量得到提高，给群众讲的一些惠农知识，这些都是拿不走的，这就是价值。

我喜欢关注三农，关注村官，关注那些农村中最可爱的人，关注那些贫困户的脱贫故事，我也希望全县广大村官朋友们能够精诚团结，做自己能做的，认真履行"宣传落实政策、促进经济发展、联系服务群众、推广科技文化、参与村务管理、加强基层组织"六大职责，无论你是创业富民、便民服务，还是村庄管理、文化公益，都是组织和领导需要的栋梁人才，都是群众眼里最信赖的守护神。

不辱使命，不负重托，让青春在全面建成小康社会的伟大实践中焕发绚丽光彩，让大学生村官在农村农业工作中大胆实践创新，建功立业，让年轻人在农村大舞台中完善自我，成长成才，在自己的人生伟业上留下浓墨重彩的一笔。

我是一棵翅果树　村庄就是我的家

张红东

　　作为支家庄村的村官,我认识了支家庄人,支家庄村艰苦的环境造就了支家庄人自强不息、坚韧不拔的性格。当了近6年多的村官,我基本上不回老家。原先我一直认为妈妈在哪里,家就在哪里。失去妈妈就没有家,没有家的温暖。老百姓让我找重新找到家的感觉。我觉得自己就如同村子里的一棵翅果树,只有把根继续深深扎向土里更深处,才能持续长得枝繁叶茂,永不枯竭,而农村就是我的家、我的沃土。让我汲取养分,不断伸展向上。我最盼望的是2015年老百姓可以喝上自来水。让老百姓收入多一点,生活更好一点。

　　第一件事是,与老百姓相处就要经常交往,这样可以互相了解、互相理解,我根据不同人群的特点安排不同的走访方式,在走访过程中把村里有手机号码的老百姓全部记录下来,自己拿相机给他们照相,到照相馆洗出相片,回到村里去落实,去认清认准人,然后标记上姓名、年龄和生日,把每一个人的身份证和户口本全部复印,按照村名和家庭住址的顺序订起来,不断查看。按照年龄大小拜访老年人,每月一次要与村里的198位老人拉家常,问他们本月生活状况,本月子女对待如何,收集线索。

　　给我印象最深的,是有一户老百姓靳创花就不配合,说:"我们这里非常贫困,你老问我这,问我哪,有什么用,你能解决了,比你有本事的人多了,都没有办法,你能改变了?你能够帮助我增加收入吗?帮助我的残疾孩子靳迎泽找份工作吗?"当时我心里为时一震,心里想:"如果我没有能力带领这个村庄的老百姓致富,那么我将用我的笔写出老百姓的诉求,让更多人关注他们、关爱他们。"

　　虽然慢慢接触了农村一些事务,渐渐了解熟悉农村一些工作,然而这些还不能表示我就能够做好农村工作,以及帮助老百姓解决困难。

　　我在工作中接触最多的是农村的弱势群体,但是这些历经磨难的人们却更重视家庭,更懂得感恩。自从靳创花反问我以后,有一段时间,我几乎每个星期都要登门去拜访碾岭村的靳创花,他们家有两个残疾人,一个是妻子,一个是20岁的儿子。原本就经济困难,每年还要支出大笔的医疗费。我帮他残疾儿子靳迎泽办了残疾证,从县残疾人联合会要下指标,送他第一次走出大山,去临汾市残疾人学校免费学习计算机技术3个月,管吃住,第一次使用了双拐杖,回来后,征求他本人意见,又在在乡宁县城找一个学补鞋的工作,今年,他的儿子已经存款5万元,我与他沟通4个小时,已经没有残疾人的阴影,与刚认识时想自杀、不想拖累家人的心态完全不同。我告诉他,"哥哥帮你找对象,好好发展,有任何困难打电话。"而对我的帮助,这家人总是说:"谢谢你的关心。慢慢来,我们总会好起来的!"目前这家人在困顿情况下对未来饱含的希望和家人之间不离不弃的呵护,令我总忘掉自己的烦恼,内心充盈着感动和温暖。从此以后靳创花不仅对我的工作非常支持,还替我主动做别的村民工作,每家每户的困难，都尽力帮助解决好。

农村工作就是这样，每天面对的都是琐碎的小事，但却关乎老百姓生活的方方面面。对这些小事，用心去做、用情投入，才能收获温暖和感动。

第二件事是，由于支家庄地处偏远，不通公路，村里的农畜产品无法外销，"出门便是山，有点东西挑破肩"曾是支家庄群众生产生活的真实写照。能够修一条平坦宽阔的水泥路是支家庄三代村民的梦想，为了能够带领全体村民实现这一梦想。我拿着自己的工资，印制名片，策划见每一个领导如何去说，晚上想，白天练习，怕忘记就记到笔记本上，如果对方又问，如何回答，求助媒体好朋友出主意，让农村老党员常义有教方法。到了省城太原，不熟悉，提前联系，住最便宜的地方，吃最便宜的饭菜，经常碰壁，感受到了事情比较难办，但开弓没有回头箭，准备打持久战。每次从支家庄村又去太原时候，我的心就难以平静，支家庄 700 多口人利用陡峭的山坡地顺势挖出一孔孔土窑洞，我为当地老百姓感动，等钱花完了，又回村里，等下月发了工资又去，又担心人家讨厌自己，有一次没有钱了，回临汾坐火车逃票，没有想到运气差极了，被抓住了，说了很多好话，拿出村官名片，才把我放走，其中的心酸只有自己最清楚，在绝望的时候想过，实在不行就去北京找交通部领导。去县城、临汾、太原，我四处奔走一年多，跑断了腿、磨破了嘴，终于借助各级政府和媒体朋友的力量，筹集 239 万元帮助支家庄村修了 4 个村的水泥路。

领导同意下拨资金后，回到村里，面对有些村民阻拦，不让路在自家房屋前通过的情况，持续一个月，我十分着急，不知道如何打破这个僵局，只得一户一户做工作，一家一家协调，我多次给他们讲意义、讲政策，讲法律，苦口婆心地劝说，晓之以理，动之以情，再加上平时积累的群众基础，终于以坚定和执着感动了全体村民，得到了全体村民的支持。由于工程难度大，经公路部门测算，修通公路最低也还需要 100 多万元，面对天文数字，村民们修路的决心没有动摇，没有因为遇到了困难和阻力就半途而废，工程继续施工，即使有人想退步当时也没有人敢说出。

我对老百姓说："哪怕是用手一块块地扒，也要把路扒通"。为了节省时间，村党员都自带被褥、米菜，搭起帐篷，砌起锅灶，吃住在工地上，与老百姓一起，克服没有炸药、雷管、铲车，推土机的重重困难，硬是用钢钎凿、大锤砸，把公路推进了剩下的 2 公里，经过近半年的奋战，硬是在悬崖峭壁上、崇山峻岭间修通了一条长 10 公里的通村公路。2010 年支家庄的历史终于翻开了崭新的一页，彻底结束了没有通村公路的历史。

在全村老少用汗水换来的通村公路通车的那一刻，全村老百姓含着泪水欢呼雀跃的情景，我历历在目。路修好了，村里的特产可以运出去了，外面的货物也能运进来了，人们吃上了新鲜的蔬菜和水果，生活质量逐年提高。

回过头想来，人生的路很长，平和的心境，乐观的态度有助于从容面对复杂的工作和人际关系，只要我们扎根农村，相信在农村这片土地上会让我们慢慢就有了大智慧。

在村官这个岗位上我做过的小事，慢慢都会被遗忘，但我总会记得那些或熟悉惑陌生的面孔，那些开心的笑脸或悲伤的泪水，这是属于我独一无二的存在和感动。这就是那些小事带给我的，关于人与人之间细小而琐碎的、感动心灵的小事。

大学生村官大事记

（2015 年度）

2015 年 1 月 20 日，"中国网事·感动山东"2014 年度网络人物颁奖典礼在济南举行，烟台市大学生村官张广秀当选年度十大网络人物。

2015 年 1 月 30 日，中组部组织二局邀请荣获农业部、团中央第九届"全国农村致富带头人""全国乡村好青年"称号的四位大学生村官座谈，听取他们对大学生村官工作的建议，勉励他们戒骄戒躁、埋头苦干，更好地奉献基层、锻炼成长。组织二局局长李小新，巡视员、副局长石军参加。

2015 年 1 月，团中央、农业部联合评选出 10 名第九届"全国农村青年致富带头人"标兵、490 名"全国农村青年致富带头人"。

2015 年 1 月，2015 年江苏省"985"高校大学生村官选聘方案正式公布，该省 2015 年将继续面向"985"高校招聘大学生村官，其中要求男生不少于推荐人数的一半，同等条件下回原籍任职的优先，本地紧缺专业优先。

2015 年 2 月 4 日下午，安徽省委组织部召开全省选派干部和大学生村官迎春座谈会，来自全省的 40 名选派干部和大学生村官代表参加座谈会。安徽省委常委、组织部长邓向阳就如何进一步做好大学生村官工作发表讲话。

2015 年 3 月 7 日，云南省委组织部、教育厅、财政厅、人力资源和社会保障厅联合发出公告，部署 2015 年大学生村官选聘工作。

2015 年 3 月 11 日上午，中央组织部邀请出席十二届全国人大三次会议的张秋香、朱虹、赵雪芳、王玲娜、李欣蓉、梁丽娜、叶瑜、牙生·吐尔逊等 8 位大学生村官代表到中组部做客并座谈，交流参加全国两会的体会感悟和一年来工作、生活情况，听取他们的意见和建议。中央组织部组织二局巡视员、副局长石军及有关同志参加。

2015 年 3 月 24 日，北京市 2015 年大学生村官选聘工作正式启动，该市人力资源和社会保障局在北京大学举行首场选聘政策宣讲，13 个涉农区县大学生村官管理部门和近 300 名高校应届毕业生参加了宣讲会。该市 2015 年计划选聘大学生村官 1 500 名，首次设立本科起步"学历门槛"，专科生不能报考。

2015 年 3 月 26 日晚，2015 年博鳌亚洲论坛青年领袖圆桌会议在博鳌国际会议中心举行。湖南省衡山县福田铺乡白云村的大学生村官秦玥飞作为现场嘉宾参与讨论。

2015 年 3 月，安徽省委宣传部、省文明办等单位联合举办的 2014 年度"心动安徽·最美人物"评选活动揭晓，活动评选出 10 位年度人物，广德县桃州镇山关村大学生村官卢志龙名列其中。

2015 年 4 月，安徽省委组织部启动 2015 年大学生村官选聘工作，2015 年全省共选聘大学生村官 1 200 名。其中，面向"985""211"重点院校毕业生择优选聘 200 名，面向社会公开选聘 1 000 名。

2015 年 4 月 7 日，陕西省委组织部发布 2015 年选聘高校毕业生到村（社区）任职公告，2015 年将选聘 792 名高校毕业生到村（社区）任职，聘期 2～3 年。

2015 年 4 月 13 日，中国扶贫开发协会第十七期贫困村大学生村官培训班在杭州开班。来自浙江、江苏、山东、安徽、山西 5 省的 200 名大学生村官参加了培训。据悉，贫困村大学生村官培训班 2015 年计划举办 10 期，共培训大学生村官 2 000 名。

2015 年 4 月 18 日，2015 年江苏省大学生村官选聘考试举行，让人真切地感受到村官岗位的报考热度。江苏省选聘工作领导小组办公室通报的一组数据显示，除 500 多名"985"高校毕业生驻村实习外，共有 22 659 人报名，报名人数与选聘人数之比为 23∶1，高于 2014 年的 18∶1。经过资格审查、缴费确认等环节，最后走进考场争夺 980 个职位的有 14 033 人。

2015 年 4 月 23 日，由共青团中央、人力资源和社会保障部联合开展的第八届"中国青年创业奖"评选活动初评揭晓，70 名候选人名单公示。山西大学生村官张新苗入围"中国青年创业奖"候选人。

2015 年 4 月 25 日，中共中央组织部发布关于做好 2015 年大学生村官选聘工作的通知。

2015 年 5 月 3 日，第十九届"中国青年五四奖章"评选结果在北京揭晓，辽宁省沈阳市苏家屯区八一街道党群办主任、官立堡村党支部第一书记、大学生村官吴书香荣获"中国青年五四奖章"。据了解，"中国青年五四奖章"是共青团中央、全国青联授予中国青年的最高荣誉，本届共有 25 人获此殊荣。

2015 年 5 月 4～9 日，河北省与农业部联合举办的大学生村官示范培训班在农业部管理干部学院举行。来自河北省内的 258 名村党组织书记、村委会主任和部分担任村"两委"副职的优秀大学生村官参加了集中培训。

2015 年 5 月，湖北省发布 2015 年选聘高校毕业生到村（社区）任职公告，2015 年该省将公开选聘 1 200 名大学生村官。

2015 年 5 月 16 日，2015 年广西面向全国选聘大学生村官笔试在南宁和桂林两地同时举行，计划选聘 1 000 人左右。

2015 年 5 月 30 日，安徽省选聘大学生村官统一笔试顺利举行。该省 2015 年共吸引了万名高校毕业生报考大学生村官。其中，报名公开选聘的 9 754 人，报名择优选聘的 601 人。

2015 年 5 月，内蒙古自治区发布 2015 年选聘高校毕业生到村（社区）任职公告，2015 年将选聘 500 名大学生村官。

2015 年 5 月，云南省委组织部、省财政厅联合发布《关于发挥大学生村官作用促进财政支农政策落实的通知》，把大学生村官落实财政支农政策、领办创办经济实体情况纳入日常考核内容，并作为评定年度考核等次的重要依据，让他们在服务农民、发展农业、建设新农村中作出更大贡献。

2015 年 6 月 5～6 日，全国农村基层党建工作座谈会在杭州召开，中共中央政治局常委、中央书记处书记刘云山出席会议并讲话。刘云山在座谈会上强调，做好大学生村官和选派"第一书记"工作。

2015 年 6 月，青海省人力资源和社会保障厅发布消息，2015 年计划从该省生源的应届毕业生和毕业 1～2 年的往届生中，选聘 350 名大学生村官到全省各市（州）的县以下乡镇基层单位从事服务。

2015 年 6 月，宁夏提出 2015 年将选聘 100 名大学生村官到村任职，聘期 2 年。期满后经所在县（市、区）党委组织部考核合格、群众反映良好、本人自愿的，可继续聘任。选聘工作 6 月 16 日起报名，21 日报名截止。

2015 年 6 月中旬，新疆维吾尔自治区党委组织部启动大学毕业生基层培养锻炼"天池计划"试点选聘工作，已有 8 万余人报名应聘。新疆维吾尔自治区党委决定，从 2015 年起实施自治区大学毕业生基层培养锻炼"天池计划"试点工作，采取与公务员、选调生考录和事业单位工作人员招聘相衔接的方式选聘大学生村官，统筹安排，并轨运行，确保 2015 年底实现"一村一名大学生"的要求。2015 年计划选聘 3 742 名大学毕业生到村级组织任职，其中"天池计划"选聘 2 530 人。

2015 年 7 月 3～5 日，由中国村社发展促进会等单位主办的第九届全国大学生村官论坛在江西省南昌市青山湖区湖坊村举行，来自全国各地的 230 多位大学生村官参会。

2015 年 7 月 5 日，第九届全国大学生村官论坛主办方举行新闻发布会，成立中国村社发展促进会大学生村官创业工作委员会（简称"大学生村官创业联盟"），同时发布了大学生村官十大创业项目。

2015 年 7 月 21 日，2015 年中组部、农业部农村实用人才带头人和大学生村官示范培训班在拉萨开班，来自西藏各地的 100 名大学生村官参加了培训。

2015 年 7 月 26 日，中国村社发展促进会大学生村官创业工作委员会（大学生村官创业联盟）在北京召开 2015 年度创业峰会。20 余位专家学者、投资企业家和 61 位大学生村官代表出席了会议。

2015 年 7 月，安徽省政府正式批复"创业江淮"行动计划（2015—2017），从 2015 年起 3 年时间内，每年将帮助 200 名大学生村官创业，符合条件的项目可获得 10 万～300 万元的信用贷款。

2015 年 8 月初，重庆市发布选聘公告称，2015 年选聘大学生村官 800 人。

2015 年 8 月初，安徽省委组织部、省委宣传部等单位联合发出通知，对全省 50 名优秀大学生村官标兵进行表彰。

2015 年 8 月 15 日，由河南省委组织部和团省委主办的"青年之声·河南"大学生村官电商专题培训活动在济源市愚公移山精神干部学院开班，全省 18 个省辖市 70 名大学生村官代表参加了此次培训。

2015 年 10 月 9 日，国家林业局召开全国奋斗在林改一线的十佳大学生村官座谈会，鼓励支持更多青年才俊为林业改革发展和生态文明建设事业贡献力量。2014 年 9 月，国家林业局启动全国"奋斗在林改一线的优秀大学生村官"遴选活动。通过各地林业部门层层推选、各级组织部门审核把关、公示、网络投票、专家评审等环节，国家林业局党组决定，并经中央组织部审核，评选出 10 名全国奋斗在林改一线的十佳大学生村官，91 名全国奋斗在林改一线的优秀大学生村官。

2015 年 10 月 17 日，江苏省委组织部、江苏省教育厅在南京联合举办首届大学生村官专场招聘会。100 多家国有企业和规模以上的非公企业向来自全省 13 个市的 1 000 多名村官提供了 1 000 多个就业岗位。

2015 年 10 月 21 日，江苏省委组织部、省委老干部局联合组织的"银发人才牵手大学生村官服务苏北活动"在宿迁市启动，首批 29 名离退休专家与宿迁市数十名大学生村官"牵手"，采取实地指导、技术服务、业务咨询、建立"银发人才工作站"等形式，开展规划新兴产业、发展特色项目、拓宽营销渠道、致富农民群众等方面的服务。

2015 年 10 月 31 日，大学生村官报宣传工作会议在江西省南昌市召开，31 个省份和新疆生产建设兵团党委组织部分管大学生村官工作的负责同志出席。与会代表就进一步提高办报水平、拓展服务空间、扩大报纸覆盖面、更好地发挥舆论主阵地作用积极建言献策。江西省委组织部副部长周训国介绍了江西村官工作的创新实践，中组部组织二局六处处长鲁晓东到会讲话。

2015 年 11 月 3 日，甘肃省委组织部下发《关于在精准扶贫中促进大学生村官成长成才的意见》，推动大学生村官在精准扶贫主战场建功立业。

2015 年 11 月 21 日，"寻找最美大学生村官"活动正式启动。本次活动由中青网大学生村官之家网、大学生村官报、四川省委组织部和成都市委组织部主办，中组部共产党员微信公众号、新华网四川频道和成都村政学院具体承办。

2015 年 11 月 16～21 日，第三届东盟＋3（东盟 10 国与中国、日本、韩国 3 国）村官交流项目活动在广西南宁举办。来自中国、柬埔寨、老挝、新加坡等国的农业和农村发展官员及基层村官代表进行了为期 6 天的交流，共同探讨农村扶贫减贫、区域发展等议题。广西陆川县乌石镇陆河村党支部书记梁丽娜和江西东乡县邓家乡嵇坊村党支部书记梁志强两位大学生村官应邀出席。

2015 年 12 月初，由共青团江苏省委、省文明办等单位主办的 2015 "江苏好青年"评选结果揭晓，100 名优秀青年从近 7 000 名推荐者中脱颖而出，入选"江苏好青年"百人榜，王建宏、陈文凯、蒋帅、谢昌翔 4 名大学生村官榜上有名。

2015 年 12 月 12 日，广西大学生村官及"三支一扶"大学生就业专场招聘会在广西大学举行。这是广西自 2012 年起连续四年举办这样的招聘会，来自区内外的 100 家企事业单位现场提供了 3 000 多个就业岗位，近 600 名大学生村官应聘。

2015 年 12 月 18 日，在中国扶贫开发协会于广东省顺德市举办的 2015 年第 10 期贫困村大学生村官培训班座谈会上，来自全国 18 个省（自治区、直辖市）的贫困村大学生村官代表们争相发言，讲经历、求经验、谈打算，讨论着怎样贯彻习近平总书记重要讲话和中央扶贫开发工作会议精神，充分发挥自己的优势和特长，带领村民群众脱贫致富奔小康。

2015 年 12 月 30 日，江苏省委组织部发布公告，对 2016 年大学生村官选聘、管理和优秀应届大学生选调工作作出安排。2016 年全省共选聘大学生村官 951 名，选调优秀应届大学毕业生 400 名。

2015 年 12 月，江苏省 97 名省聘大学生村官被正式纳入选调生培养管理，这是江苏省首次开展从村"两委"正职中选拔选调生工作。江苏省委组织部表示，将继续开展选拔优秀大学生村官纳入选调生培养管理工作，坚持实绩导向、民意导向，让干得好的发展得好，使受群众欢迎的受到组织关注。

2015 年 12 月，由共青团安徽省委、安徽省委组织部、安徽省财政厅共同命名的第二批安徽省大学生村官创业示范基地（园）揭晓，肥西县大学生村官创业园、亳州市谯城区五马镇绿粉乐粉皮有限公司、阜阳市颍州区马寨乡富邦家庭农场等 10 个大学生村官创业基地（园）被命名为第二批安徽省大学生村官创业示范基地（园），安徽省财政将分别给予 5 万元的以奖代补资金，扶持资金总额 50 万元。同时还将在财政贴息、技能培训等方面给予倾斜。

大学生村官大事记

（2016 年度）

2016 年 1 月 4 日，安徽省委书记王学军批示："徐锋同志的感人事迹，反映了新时期共产党员的优秀品质，是大学生村官和当代青年的优秀代表。要进一步总结宣传徐锋同志的先进事迹，作为深入推进'三严三实'专题教育的身边典型，大力宣传，引导更多人见贤思齐，奉献社会，服务人民。"

2016 年 1 月 24 日，海南"最美村官"颁奖典礼在海南国际会展中心举行，海南省委书记、省人大常委会主任罗保铭亲自为文昌市大学生村官苏子涵等 10 位"最美村官"颁奖，称赞他们比海南的绿水青山、蓝天碧海更美。

2016 年 1 月 26 日，中共中央组织部办公厅下发通知，要求各地在春节前，对近年来因重大疾病、意外伤害、意外身故等原因导致生活困难的大学生村官或其家庭普遍开展一次走访慰问。

2016 年 1 月 29 日，中央文明办在江西赣州举办全国道德模范与身边好人现场交流活动，并发布 2016 年首期"中国好人榜"，107 位助人为乐、见义勇为、敬业奉献、诚实守信、孝老爱亲的身边好人光荣上榜，吉林、安徽大学生村官艾红叶、徐锋榜上有名。

2016 年 1 月 31 日，山东省发布《2016 年选调优秀高校毕业生到村任职公告》，2016 年将选调 1 350 名优秀高校毕业生到村任职，其中本科生 1 022 名，研究生 328 名。到村任职两年后，考核合格的将录用为选调生，新录用选调生人员在国家行政编制限额内予以公务员登记。

2016 年 2 月 19 日，山西省专门出台了《关于在全省扶贫开发工作中充分发挥贫困村大学生村官作用的意见》，明确了四项职责，包括健全完善贫困人口档案、协助开展劳动力转移培训、帮助实施好扶贫开发项目、带头组织实施创业扶贫项目等。

2016 年 3 月 12 日，江苏省大学生村官选聘考试在全省 13 个考区正式开始。同时开考的还有江苏省公务员、选调生考试。

2016 年 3 月 14 日，浙江省 2016 年招考选调生村官注册及报名工作结束。本次招考计划选聘 350 名选调生村官，比 2015 年增加 150 名。

2016 年 3 月 7 日，海南省委组织部发布公告，正式启动 2016 年大学生村官选聘工作，将在全省范围内公开择优选聘大学生村官 150 名。这些新聘村官将全部安排到党组织涣散村、建档立卡贫困村工作，为海南省精准扶贫贡献力量。

2016 年 3 月 9 日，云南省委组织部、省教育厅、省财政厅、省人社厅 4 部门联合发出选聘公告，部署 2016 年大学生村官选聘工作，2016 年计划选聘大学生村官 3 000 人。

2016 年 3 月 21 日，河北省委组织部发布简章，正式启动 2016 年大学生村官选聘工作。2016 年，河北省计划选聘大学生村官 1 200 人，男女各占 50%。

2016 年 3 月 23 日，2016 年新疆维吾尔自治区面向社会公开考试聘用大学毕业生基层培养锻炼"天池计划"人员（下简称"天池计划"）报名工作开始。2016 年计划选聘 3 626 名，其中专门面向在岗大学生村官选聘 1 000 名，占选聘总数的 28％。

2016 年 3 月 26 日，陕西省首部大学生村官题材电影《定军山情歌》在勉县开机。该片讲述了法国青年艾菲在定军山下巧遇女大学生村官胡静瞳并由此展开一场心灵之旅的故事，反映了当代大学生村官积极向上、热爱家乡、为家乡建设奉献青春的精神风貌，展现了中国乡村环保和发展的现实矛盾，提出了未来乡村如何发展、年轻人应该如何定位价值取向等诸多社会热点问题。

2016 年 3 月 30 日下午，江西省委书记强卫在宜春市调研期间，考察了宜春市大学生村官及"三支一扶"大学生创新创业孵化基地。强卫饶有兴趣地观看了宜春市大学生村官联合会系列展板，详细了解联合会的发展历程和创新创业孵化基地建设情况，对村官们的创业项目给予肯定。

2016 年 4 月 8 日下午，江苏省首届大学生村官创业大赛半决赛在镇江举行。此次大赛由江苏省委组织部、团省委共同主办。经过激烈角逐，6 个项目从 30 个参赛项目中脱颖而出进入决赛，其他 24 个项目获得大赛优胜奖。

2016 年 4 月 18 日，由中央组织部组织二局和中国扶贫开发协会联合举办的 2016 年第一期贫困村大学生村官培训班在福建泉州理工职业学院开班。200 多名大学生村官在此接受为期 5 天的脱贫攻坚政策知识培训。

2016 年 4 月 24 日，由共青团中央主办的 2016 年"全国向上向善好青年"推选结果揭晓，来自各个行业和领域的 100 名模范践行社会主义核心价值观的优秀青年获此殊荣。其中，山西大学生村官田玲榜上有名。另外，山西临汾市古县古阳镇上辛佛村党支部副书记孙涛、西藏阿里地区措勤县磁石乡刀青村大学生村官达瓦卓玛获得"全国向上向善好青年"提名荣誉。

2016 年 4 月 25 日，由中央组织部主办、四川省委组织部承办的中西部地区农村党组织书记培训示范班在四川成都村政学院开班，来自全国 21 个省（自治区、直辖市）的 84 名村书记参加培训，其中有 5 名大学生村官，他们将就新时期如何当好村书记接受为期 5 天的培训。

2016 年 5 月 3 日，第 20 届"中国青年五四奖章"评选结果在北京揭晓，全国 27 位优秀青年获此殊荣。大学生村官河南省济源市高新区良安新村党支部书记李涛榜上有名。

2016 年 5 月 4 日下午，共青团中央在北京海巢社区青年汇举办"青春建功中国梦"座谈会。大学生村官、第 19 届"中国青年五四奖章"获得者、辽宁省沈阳市苏家屯区官立堡村党支部第一书记吴书香在座谈会上作了交流发言。

2016 年 5 月 20 日，由江苏省委组织部、团省委共同主办的首届大学生村官创业大赛在镇江落幕。6 个入围决赛的项目经过三轮激烈角逐，最终由徐州市铜山区大学生村官单云飞牵头创办的"互联网＋食用菌生态循环农业"项目拔得头筹，其余 5 个项目分别获得二、三等奖。江苏广电总台对决赛进行了全程录播。

2016 年 5 月 20 日，甘肃省委组织部发布大学生村官选聘公告，2016 年全省拟选聘 500 名大学生村官到建档立卡贫困村或条件艰苦、工作基础比较薄弱的村工作。

2016 年 6 月 6 日，湖北省委组织部正式发布 2016 年大学生村官选聘公告。公告显示，湖北 2016 年计划选聘大学生村官 1 000 人左右，并将全部安排到建档立卡贫困村任职。

2016 年 6 月 8 日，宁夏大学生村官选聘工作领导小组发布消息，2016 年全区将选聘 100 名大学生村官到农村任职，其中中共党员比例不低于 70％。另外，新聘大学生村官要安排到条件艰苦、脱贫攻坚任务重的建档立卡贫困村任职，且男性比例不低于 50％。

2016 年 6 月 12 日，"让青春在希望的田野上闪光"——2016 年湖北省选聘大学生村官政策宣讲及招募活动在华中农业大学举行。此次活动由湖北省委组织部、省委高校工作委员会、共青团湖北省委联合举办。湖北省委组织部副部长李建红现场向来自数十所高校的千名学子发出了报考村官的邀请，湖北省历届优秀大学生村官代表蔡富勇、刘良娟、翁新强与学弟学妹们共同分享了自己的青春故事。

2016 年 6 月 18 日，在北京举行的首届全国大学生村官微电影大赛启动仪式上，来自全国各地的优秀大学生村官代表对比赛充满期待。他们表示，大学生村官群体是青春故事的富矿，大家一起用镜头定格成长，用影像记录精彩，一定会收到见微知著的效果，集体书写一部厚重的"励志书"。

2016 年 6 月 29 日，江西省委隆重举行庆祝中国共产党成立 95 周年暨优秀共产党员、优秀党务工作者、先进基层党组织表彰大会，三名大学生村官受到表彰。赣州经济技术开发区黄金岭街道办大坪村党支部书记刘芳，九江县新合镇涌塘村党总支书记、村委会主任李洪亮获优秀共产党员称号；贵溪市塘湾镇唐甸村党支部书记周建获优秀党务工作者称号。

2016 年 7 月初，中央对 100 名全国优秀共产党员、100 名全国优秀党务工作者、300 个全国先进基层党组织进行表彰。重庆市大学生村官张雪和河北省大学生村官段妍青荣获全国优秀党务工作者称号。

2016 年 7 月初，山西省清徐县集义乡中辽西村党支部副书记、大学生村官张新苗获得山西省优秀共产党员称号。

2016 年 7 月初，四川省委召开常委会议，讨论表彰全省优秀共产党员、优秀党务工作者、先进基层党组织等有关事项，决定追授巴中市大学生村官张雪梅同志为全省优秀共产党员。张雪梅生前先后被授予四川省三八红旗手标兵、2013 年度感动四川十大人物、全省优秀大学生村干部、全国农村青年致富带头人等荣誉。

2016 年 7 月初，四川省委隆重表彰了 200 名全省优秀共产党员、100 名全省优秀党务工作者和 200 个全省先进基层党组织。其中，犍为县敖家镇水井村主任张凤根、长宁县竹海镇双凤村书记杨秋洁、开江县沙坝场乡石垭口村书记黄东升获全省优秀共产党员称号，普格县东山乡高峰村书记杨志当选全省优秀党务工作者。

2016 年 7 月 1 日下午，安徽省庆祝中国共产党成立 95 周年大会在合肥举行。会上，表彰了 100 名优秀共产党员、198 名优秀党务工作者、100 个先进基层党组织。受表彰的优秀党务工作者中，有 3 名是大学生村官，分别是余刚强、化文强和朱宁。

2016 年 7 月 1 日，海南省召开庆祝中国共产党成立 95 周年暨表彰大会，授予大学生村官、海口市琼山区国兴街道米铺社区书记兼主任陈厚宜和三亚市育才生态区明善村党总支委员林德明全省优秀共产党员称号，三亚市天涯区金鸡岭路社区组织委员杨兴日当选全省优秀党务工作者。

2016年7月初，《宁夏大学生村官队伍建设的调查报告》出炉，报告介绍了自治区大学生村官队伍建设的主要做法、存在问题和对策建议。据了解，2015年宁夏回族自治区党委组织部及相关部门组成联合调研组，实地走访了固原市等5市和兴庆区、金凤区、贺兰县、青铜峡市、西吉县、原州区、中宁县等15个县（区），与大学生村官、村书记、村主任举行座谈，并听取了村民、乡镇负责人、县区有关部门领导的意见，最终形成调查报告。

2016年7月5日，辽宁省委组织部、省人社局、省教育厅、省财政厅联合下发通知，2016年将选聘500名高校毕业生到村任职。

2016年7月8日，重庆首部大学生村官题材电影《返乡》在荣昌区首映，市区领导及电影主创团队出席首映发布会，现场讲述大学生村官扎根农村的创业故事。该片7月9日起在全国公映。

2016年7月5日起，由中宣部、文化部组织的全国基层院团戏曲会演在北京举行，甘肃庆阳市正宁县红河演艺有限公司创编的大型现代眉户剧《女大学生村官》入选此次会演。

2016年8月8～16日，山东省2016年新选聘的1305名大学生村官在临沂大学举行岗前培训。山东省委常委、组织部长杨东奇亲自审定培训方案，对培训内容及课程安排提出明确要求。

2016年8月15日，福建省召开选调生和大学生村官座谈会，为村官"精准导航"。福建省委常委、组织部长王宁出席并讲话。会上，9名选调生和大学生村官代表分别结合自身岗位实际作了交流发言。

2016年8月22～24日，湖北省新聘的1110名大学生村官在华中农业大学接受了岗前培训。湖北省委常委、组织部长于绍良在结业仪式上勉励新聘村官，要以"归零心态"，尽快转变角色，更好地融入社会、融入农村，在服务农民群众中砥砺前行、成长成才。

2016年8月，福建省委组织部从全省遴选出50名优秀选调生、48名优秀大学生村官的先进事迹，汇编出版《选调生风采》和《大学生村官风采》。福建省委常委、组织部长王宁为两本文集作序。

2016年9月5日，甘肃省建档立卡贫困村大学生村官示范培训班在庆阳市大学生村官实训基地开班，来自全省14个市州的80名大学生村官进行了为期一周的培训。

2016年9月8日，宁夏回族自治区大学生村官创新创业现场推进会在贺兰县召开。会议在实地观摩的基础上，总结、交流、推广贺兰县大学生村官创新创业的经验做法。自治区党委常委、组织部长傅兴国出席会议并讲话。

2016年9月6～7日，农业部在江苏苏州召开"互联网＋"现代农业工作会议暨新农民创业创新大会。会议同期举办了"互联网＋"现代农业暨新农民创业创新展览展示、"互联网＋"现代农业百佳实践案例和新农民创业创新百佳成果推介、"互联网＋"现代农业暨新农民创业创新论坛等七项活动。在这场盛会上，大学生村官创客的身影引人注目。

2016年10月18～29日，中组部、农业部相关部门分别在山东省荣成市西霞口村和浙江省嘉善县缪家村举办两期贫困村大学生村官创业富民专题研修示范班，来自河北、山西、湖南、陕西等21个省份贫困村的60名优秀大学生村官参加了研修，他们均带上自己的创业项目或项目计划前来寻求导师的精准指点。

2016年9月24～25日，第十六届全国"村长"论坛在四川省彭州市宝山村举行。来自全国各地的知名村官、优秀大学生村官和著名专家学者等600余人齐聚宝山村，把脉智慧农业，共话合作发展。

2016年10月初，人力资源和社会保障部网站发布2017年度中央机关及其直属机构招录公务员考试公告和职位表。公告明确，中央机关直属市（地）级机构职位、县（区）级及以下职位（含参照公务员法管理的事业单位）15％左右的计划用于招录服务期满考核合格的大学生村官、"三支一扶"计划、"农村义务教育阶段学校教师特设岗位计划"、"大学生志愿服务西部计划"等服务基层项目人员。其中，2016年扩招的计划重点面向服务期满的大学生村官。

2016年10月5日，湖北省大学生村官创业"扬帆计划"第九批项目评审结果公示结束，共有35个项目入选，发放创业扶持资金总计130万元。

2016年10月24～28日，安徽省大学生村官示范培训班在安徽组织干部学院举办，全省80名优秀大学生村官参加了培训。安徽省委组织部部务会成员、省委非公工委专职副书记唐汝平出席开班式并讲话。

2016年10月30日起，安徽省第十次党代会在合肥市召开，来自全省各行各业、各条战线的780名党代表参加了会议。与会代表中，有3名大学生村官，他们分别是朱宁、余刚强、陈蒙。

2016年11月1日，中央全面深化改革领导小组第二十九次会议审议通过了《关于进一步引导和鼓励高校毕业生到基层工作的意见》等10多个重要文件。会议指出，高校毕业生是国家宝贵的人才资源，基层是高校毕业生成长成才的重要平台。引导和鼓励高校毕业生到基层工作，要深入实施就业优先战略和人才强国战略，进一步创新体制机制，完善政策措施，健全服务体系，畅通流动渠道，加快构建引导和鼓励高校毕业生"下得去、留得住、干得好、流得动"的长效机制。

2016年11月11日，《大学生村官报》宣传工作会议在山西省运城市举行，各省份和新疆生产建设兵团党委组织部分管大学生村官工作的负责同志出席。与会代表充分肯定了《大学生村官报》在推动村官工作、服务村官成长中取得的明显成效，并就进一步提高办报质量、加快媒体融合、扩大报纸覆盖面、更好地发挥宣传舆论主阵地作用积极建言献策。中组部组织二局有关同志参加会议。

2016年11月12～16日，江西省第十四次党代会在南昌召开，参会的663名代表中，有6人是在岗业绩突出、深得群众信任的大学生村官。他们分别是抚州市临川区罗湖镇党委委员李淑娟，九江县新合镇涌塘村党总支书记、村委会主任李洪亮，庐山市横塘镇红星村村委会主任郭威山，余干县白马桥乡港边村党支部书记助理陈元锋，横峰县岑阳镇团委书记、蔡坞村党支部第一书记李凯，樟树市经楼镇两江村党支部书记聂珊珊。

2016年11月15日，湖南省第十一次党代会隆重开幕，来自全省各条战线的747名代表出席会议。参会代表中有3名是大学生村官，他们分别是浏阳市柏冲镇新南村村委会主任廖冰，衡阳县集兵镇白马村党支部副书记贺婷，郴州市苏仙区五盖山镇三口洞村党支部书记田剑凤。

2016 年 11 月 18 日，江苏省第十三次党代会在南京召开。在参会的 890 名党代表中，出现了 3 位大学生村官的身影。他们是南京栖霞区栖霞街道办事处主任兼西花村社区党支部书记石磊，苏州太仓市沙溪镇半泾村党委书记王建宏，徐州沛县张寨镇张庙村党支部书记王景光。值得一提的是，1988 年出生的石磊，已是第二次当选省党代表。

2016 年 11 月 21～25 日，河北省第九次党代会在石家庄召开。来自全省各地各条战线的 796 名党代表出席会议，其中 4 名是大学生村官，他们分别是邢台沙河市柴关乡大康村党支部副书记赵鹏、邢台临西县大刘庄李楼村党支部第一书记徐培培、沧州南皮县潞灌乡后康村党支部书记谢南、张家口宣化区王家湾乡闫家联合村党支部书记张宏霞。

2016 年 11 月 23～27 日，福建省第十次党代会在福州举行。在参会的 528 名代表中，霞浦县水门畲族乡半岭村党支部书记雷陈珠是唯一的大学生村官代表，也是两名 90 后代表之一。

2016 年 11 月 28 日，2016 年云南省大学生村官骨干培训班在昆明市委党校开班。云南省委常委、组织部部长李小三对本次培训班高度重视，要求认真做好大学生村官教育培训工作。

2016 年 12 月 2 日，内蒙古自治区党委组织部下发《关于进一步加强大学生村官管理工作的通知》，从规范日常管理、强化工作责任等五方面提出明确要求，以提高全区大学生村官工作水平。

2016 年 12 月 6 日，2016"江苏好青年"百人榜揭榜暨"奋斗的青春最美丽"分享会在南京举行。本次评选活动历时 5 个月，通过社会推荐、资格审查、网络投票和专家评审，最终产生包括爱岗敬业、创新创业、诚实守信、崇义友善、孝老爱亲 5 个类别的 100 位好青年。其中连云港赣榆区城西镇曲坊村党总支书记彭秀政、扬州市油坊镇油坊村委会副主任于海涛和泰州市姜堰区梁徐镇前时村副书记杭海娟 3 位大学生村官分别获得创新创业、诚实守信、孝老爱亲三个类别好青年称号。